北戴河年鉴

2017

BEIDAIHE YEARBOOK

秦皇岛市北戴河区地方志编纂委员会办公室 编

方志出版社
Publishing House of Local Records

北戴河区地方志年鉴编纂委员会

《北戴河年鉴》编辑部

编 辑 说 明

一、《北戴河年鉴》2017年卷是秦皇岛市北戴河区人民政府主办、区政府办公室地方志年鉴编辑部编纂的权威性、综合性资料文献。力求全面、系统、真实地记述2016年度北戴河区的社会经济发展进程，客观反映新变化、新成就及经验、教训。为读者了解北戴河提供全方位信息。

二、《北戴河年鉴》以马克思列宁主义、毛泽东思想、邓小平理论、“三个代表”重要思想、科学发展观、习近平新时代中国特色社会主义思想为指导，坚持辩证唯物主义和历史唯物主义的立场、观点和方法。

三、《北戴河年鉴》以出版年号为卷次名称，逐年出版。2017年卷所收资料自2016年1月1日始，至2016年12月31日止。主要记述2016年度的基本情况，兼有适当的年度对比，供读者了解区情的发展脉络。

四、《北戴河年鉴》采用分类编辑，相关或相近的部类合用，基本分为类目、分目、条目三个层次。部分类目设综述，绝大多数分目设概述。

五、《北戴河年鉴》涉及政区、机构、会议、文件、职衔等均依当年规范称谓，名称较长且重复出现者，则采用规范简称。

六、组织机构收录范围为区委、区人大、区政府、区政协、区纪委五大班子2016年在职领导干部和其他重要部门在职正科级以上干部。所录领导名录，年内任职的不注任离时间，年内有变化的，在姓名后括注。

七、人物类目的收录范围，为2016年度市级以上报刊登载的籍属本地或籍属外地在北戴河工作的新闻人物，各行各业技术能手、创业先锋、劳动模范，民间能工巧匠，籍属本地在外工作的名人、学子。

八、《北戴河年鉴》所用数字一般以区统计局统计数字为主，并经统计局审核。

九、《北戴河年鉴》所用稿件、图片大部分来自各承编单位，并经单位负责人审阅、盖章，部分内容参考了《人民日报》《河北日报》《秦皇岛日报》《秦皇岛晚报》以及区委、区政府及相关部门的稿件、简报、网站等方面的信息。

1月11日，召开中国共产党北戴河区第十一届委员会第七次全体会议

2月25日，召开秦皇岛市北戴河区第十四届人民代表大会第六次会议

2月24日，召开中国人民政治协商会议秦皇岛市北戴河区第八届委员会第五次会议

2月27日，换届选举北戴河区第十五届人民代表大会人大代表。

中共北戴河区委“两学一做”民主生活会

8月18日，召开北戴河艺术论谈会

中共秦皇岛市委常委、北戴河区委书记刘宝岐，北戴河区人民政府区长陈秋华等视察北戴河艺术村落

中共秦皇岛市委常委、北戴河区委书记刘宝岐等调研开发区民生电力有限公司

4月30日，北戴河第十二届轮滑节安全保卫执勤

海警支队特勤队救助船艇失控游客

4月11日，武警河北省总队第三支队赴昌黎县扑救十里铺乡西山场村山林大火

北戴河公安分局监控大厅

政务服务中心服务大厅

暑期警务亭

港城先锋·红色义工志愿者服务站服务暑期游客

医疗服务志愿者义诊

朝阳似火

日暮西山

夏日缤纷

静谧海岸

春意盎然

联峰秋色

章瑞廷（中国）别墅

五凤楼（美国）别墅

乔和（瑞士）别墅

新河路

保二路雪景

海北路

新驼峰路

太平庄村

西古城村民中心

牛头崖镇街区一景

牛头崖镇街区一景

西古城村民宿

费石庄村桃源居特色民宿

北戴河村特色民宿

关内第一集

市场质检监察

公平秤

2016年北戴河国际光雕园灯光展（一）

2016年北戴河国际光雕园灯光展（二）

岩画

北戴河村艺术村落一角

“7·25”石塘路艺术街区

2016“滑启”杯中国（北戴河）
自由式轮滑公开赛

沙滩赛跑

“点燃激情·筑梦同行”迎
“五一”职工团体操大赛

2012——2016年北戴河区主要经济指标

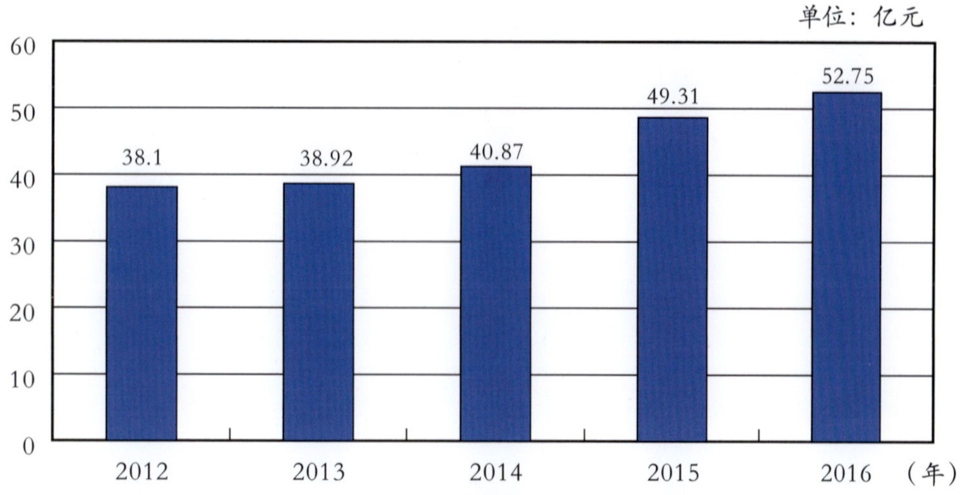

全区生产总值

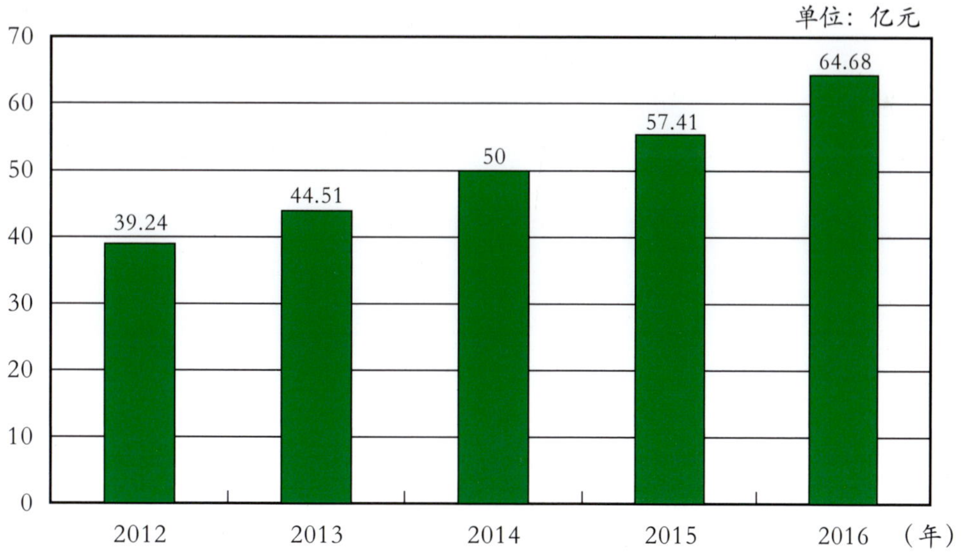

社会消费品零售总额

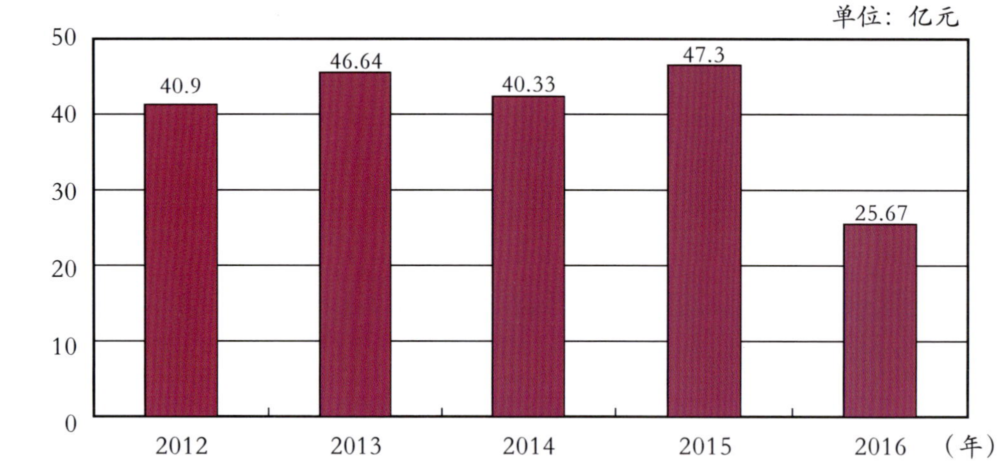

固定资产投资

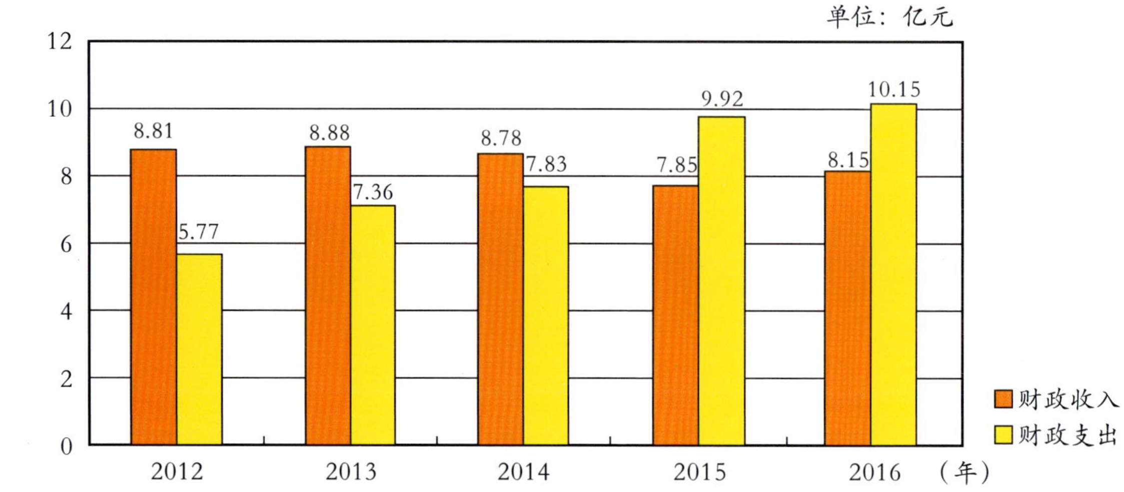

地方财政收支

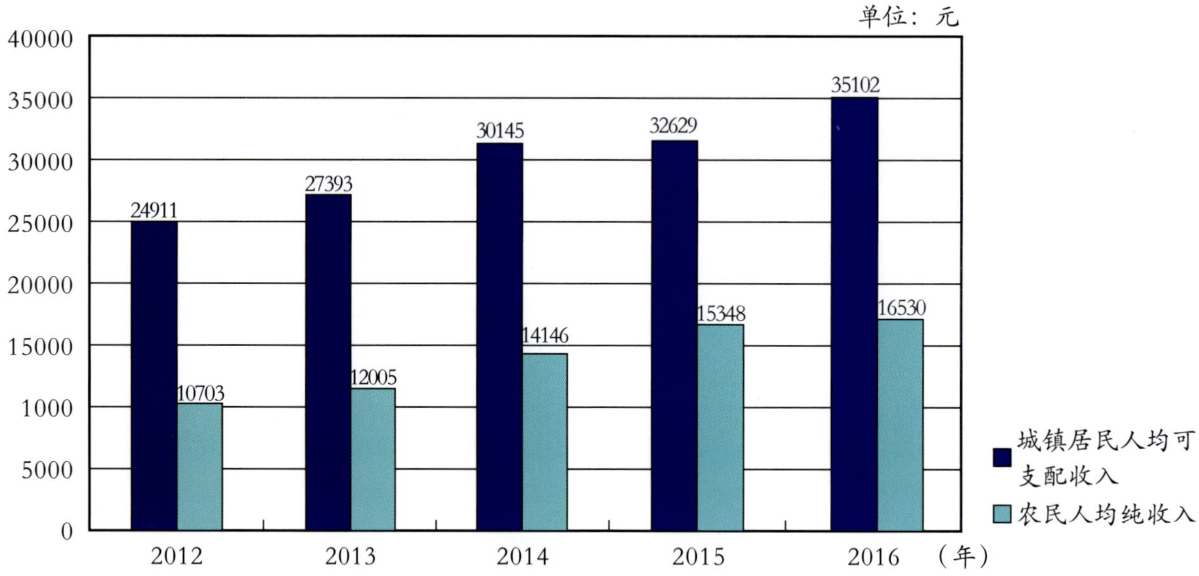

城乡居民收入

目 录

特 载

大事记

区情综述

中共北戴河区委员会

北戴河区人民代表大会

北戴河区人民政府

政协北戴河区委员会

民主党派·工商联

社会团体

法　治

军 事

城乡建设

旅游·度假

农业和农村经济

工　业

经济开发区

商贸流通业

交通·通信

金　融

财税管理

综合管理

社会事业

社会生活

镇·街道

人　物

荣誉专版

附　录

特 载

持续艰苦奋斗 走好发展新路 推动全区经济社会实现又好又快发展

——中共北戴河区委常委会工作报告

（2017年2月17日）

田金昌

一、2016年主要工作回顾

2016年，我们深入学习贯彻党的十八届六中全会和习近平总书记系列重要讲话精神，全面落实省委、市委重大决策部署，攻坚克难、开拓创新，圆满完成了各项既定目标任务，实现了“十三五”顺利开局起步。一年来，我们主要抓了七方面工作。

（一）抓项目、促转型，经济发展达到新水平。坚持把项目建设作为经济发展的支撑点，狠抓立区项目，中俄文化艺术合作产业园二期、东海岸民宿等一批重点项目扎实推进。主动融入京津冀协同发展，积极承接非首都功能转移疏解，超额完成内、外资引进任务。扎实推进园区建设，怪楼文化创意产业园、北戴河艺术村落、费石庄桃源小镇等融合多产业的特色园区初具规模，北戴河国家生命健康产业创新示范区获批。全年实现地区生产总值52.75亿元，同比增长6.0%；全部财政收入8.15亿元，其中一般公共预算收入4.46亿元，同比增长3.8%和9.5%；城乡居民人均可支配收入分别为35102元和16530元，同比增长7.6%和7.7%。

（二）抓常态、促转变，旅游旺季工作实现新提高。贯彻“日常化、正常化、全年化”要求，坚持问题导向、责任落实和机制保障，先后梳理和完善班子成员集中办公、县级干部包片等工作机制，出台、完善并严格执行“门前五包”等一系列管理制度，全面取缔店外经营和招手揽客，严厉打击欺客宰客，擦亮了北戴河诚信品牌。规范道路交通秩序，新建停车场，设立单行线和步行街，有效缓解旅游旺季期间交通拥堵问题。成功抵御“7·20”强降水和风暴潮极端恶劣天气。圆满完成噪声防控、物资供应、市政保障、旅游服务、海蜇防治等工作，旅游旺季各项工作达到历史最好水平。全年累计接待游客793万人次，景区门票收入1.46亿元，分别增长2.81%和7.33%。

（三）抓治理、促改善，生态环境展现新优势。坚持生态立区、绿色发展的理念，持续加强对空气、水质等监测和综合治理。积极调整农作物结构，完成植树造林6000亩，绿化覆盖率、绿地率和人均公共绿地面积等指标居于全省前列，被评为全国绿化模范县区。管控秸秆焚烧，启动燃煤锅炉及移动污染源管控等治理工程，空气质量综合指数全市排名第一。严格落实“河长制”，实施北部污水管网、入海排洪沟整治等近岸海域环境综合整治重点工程，河流水质明显改善，海水质量达到近年来最好水平。北戴河国家湿地公园（试点）和国家级海洋公园通过相关部门审核。

（四）抓创城、促精品，城乡面貌发生新变化。以创建全国文明城市为契机，以全域旅游示范区建设为抓手，着力打造精品城市。深入推进街区景观改造提升，欧风小城、万国建筑的城市风格更加彰显。大力推进美丽乡村建设，被评为省级先进县区。强势开展“双违”整治，整治面积18.4万平方米，困扰城市多年的顽疾得到有效治理。全面实施城乡精细化管理，落实环境卫生片长、路长负责制，推行“以克论净”、百分制考核，坚持“全民洗城”常态化，推行农村保洁市场化运作，被评为河北省最洁净城市。高度重视意识形态工作，围绕践行社会主义核心价值观，大力推进文明城区创建工作，广泛开展学习李保国同志先进事迹、评选“最美共产党员”等活动，城市文明程度和市民文明素质明显提升。

（五）抓源头、促和谐，社会治理呈现新局面。坚持“实现三个大幅下降、确保四个不让、做到五个坚决防止”总要求，全力推进信访稳定、安全生产攻坚行动。广泛开展群防群治活动，夯实铁路护路联防基础，筑牢反恐防暴铜墙铁壁，全年没有发生重特大案件。积极推进智慧网格建设，着力打造网格化社会服务管理“升级版”。严格落实区级领导包案督访和接访、约访、下访制度，圆满完成重大敏感时期信访稳定工作。强化日常监管，安全生产形势保持了持续平稳的态势。大力推进法治北戴河建设，强化依法行政，广泛开展普法教育，被评为省“六五”普法先进县区。

（六）抓服务、促实效，民生事业取得新突破。坚持以人民为中心，下大力解决关系群众切身利益的问题。安置房办理产权证、桃园村安全饮水应急工程等遗留问题取得突破性进展。城乡居民收入稳步增长，城乡保障体系建设总体走在全市前列。大力发展文化体育事业，创新开辟了“7·25”艺术街区，承办了2016秦皇岛·京津冀文化创意产业（交易）博览会，新春灯展、国际轮滑节、铁人三项赛、冬泳文化节等活动精彩纷呈，极大丰富了广大游客及群众的文体生活和旅游体验。全面深化改革，20项重点改革事项取得突破性进展。

（七）抓基础、促巩固，党建工作实现新跃升。坚持党要管党、从严治党，认真贯彻执行民主集中制，打造坚强领导集体。支持人大和政协依法履行职责，统一战线、民族宗教、党管武装和群团建设等工作不断加强。强化理论武装，深入学习贯彻习近平总书记系列重要讲话精神，扎实开展“两学一做”学习教育。加强基层组织建设，北戴河村“七彩阳光”等系列党建品牌得到省市领导充分肯定，戴河古城联村党总支获得“全国先进基层党组织”称号。创新工作落实和督导模式，把工作日志作为强化干部队伍考核监督的有效方式，大力推行任务书、路线图、时间表、军令状“四明确”工作法，确保各项工作高效落实。树立正确用人导向，探索一线培养干部机制，一批实绩突出的干部被选任到重要领导岗位。区委先后召开5次常委会，任免干部123人次，其中，县级干部任免履行程序12人，提拔干部13人，调整交流科级干部98人次，消化超职数配备干部12人次。严格落实党风廉政建设“两个责任”和中央八项规定，注重运用“四种形态”，深入开展谈心提醒教育和机关作风整顿，始终保持惩治腐败的高压态势。全年共立案47件，结案47件，处理违纪人员47人。

过去的一年有着不同寻常的重要意义，我们经受了较大的经济下行压力，创新探索了旅游产业的高端转型，积极适应了旅游旺季的要求和变化，维护了生态环境的持续向好，打响了整治“双违”等顽疾的攻坚战役，进行了城乡精细化管理的初步实践，掀起了“全民洗城”支持创城的热潮，抵御了历史罕见的特大暴雨灾害，经济社会各方面出现了积极的变化，为全区“十三五”发展奠定了坚实基础。这些成绩的取得，是市委、市政府正确领导的结果，是社会各界积极参与的结果，是全区各级各部门和广大党员干部群众团结拼搏的结果。在此，我代表中共北戴河区委，向所有为北戴河发展做出贡献的同志们和朋友们表示衷心的感谢！

一年来的实践，使我们更深刻地体会到：实现又好又快发展，必须强化看齐意识，精准把握中央、省、市决策部署的核心内涵，瞄准更高目标，坚持更高标准，不断凝聚和激发加快发展的精神动力。实现又好又快发展，必须牢牢把握发展主基调，树牢旅游立区战略，大力培育战略性产业和项目，为全区经济发展积蓄强劲动力。实现又好又快发展，必须提升城市文明程度，以创城为契机，以一流的标准建设和管理城市，以文明的风尚引领和带动市民素质提升。实现又好又快发展，必须坚持统筹全局，注重调动和激发各方面的积极性与创造性，形成聚精会神搞建设、一心一意促发展的强大合力，确保各项工作整体推进。

在总结成绩的同时，我们也不能忽视存在的短板：一是经济总量小，新常态下发展动能转换不够快。二是城乡建设与管理标准不够高，基础设施和公共服务不足，城乡一体化任务仍然繁重。三是城乡居民收入差距较大。四是一些干部的思想观念、能力素质和工作作风还不能完全适应新常态、新要求。对此，我们将高度重视，努力改进，力争整体工作再上新水平。

二、2017年主要工作任务

近几年，我区经济发展面临的形势十分严峻，与先进地区相比，我们的经济发展严重滞后，经济总量偏小、综合实力不强的局面始终没有得到根本扭转。2012—2016年，地区生产总值分别增长8.0%、5.5%、6.9%、5.5%和6.0%，均低于全市增速；固定资产投资由2012年的40.58亿元下降到2016年的25.28亿元，尤其是与2015年相比，降幅达46.3%；财政收入分别完成8.81亿元、8.88亿元、8.78亿元、7.85亿元和8.15亿元，总体呈现波浪式下降的状态，财力捉襟见肘。我区经济发展缓慢，固然有国内外大环境的影响，但长期以来我们思想上存在的重暑期、轻发展的问题才是主因。发展是根基、是尊严，是解决所有问题的关键所在，是全区上下的根本利益所在。经济发展上不去，富民强区就是一句空话，我们的责任就没有尽到位。2017年是迎接党的十九大胜利召开的重要一年，是实施“十三五”规划和推进供给侧结构性改革的深化之年，省第九次党代会和市委十一届十次全会明确了今后发展的目标任务，我们既面临着空前严峻的竞争和压力，也面临着重要的发展机遇。综合研判国际国内形势，经济下行压力依然存在，发展将面临更大困难，但我们对北戴河处于重大机遇相对集中期的判断没有改变，京津冀协同发展战略的深入实施，休疗机构改革的加快推进，北戴河生命健康产业创新示范区、全域旅游示范区等先行先试平台的获批为北戴河提供了重大的发展机遇和广阔的发展空间。我们一定要牢牢抓住这些重大机遇，坚持把发展作为第一要务，在发展竞争中抢得先机、赢得主动。

2017年全区工作的总体要求是：全面贯彻中央和省委、市委重大决策部署，认真落实习近平总书记系列重要讲话精神，牢牢把握发展第一要务，积极推进供给侧结构性改革，紧紧围绕高端旅游、总部经济、文化创意、健康养生四大产业，加快推动转型升级，扎实推进生态建设、城乡统筹、旅游旺季、干部作风等各项工作，促进经济又好又快发展和社会和谐稳定，以优异的成绩迎接党的十九大召开。

全区经济发展主要目标是：地区生产总值增长7%以上；固定资产投资增长9%以上；一般公共预算收入增长7%；城镇居民人均可支配收入增长7.5%，农村居民人均可支配收入增长8%。

制定总体要求和发展目标既是区委基于现实情况的对策，又是向全区发出的号召，我们必须迅速行动起来，举全区之力、聚全民之智，唱好经济发展“大合唱”，一个问题接一个问题的剖析，一条措施接一条措施的制定，撸起袖子加油干，不忘初心向前走，以强烈的责任感肩负起历史使命，以脚踏实地的工作确保既定目标的实现。就今年的重点工作，我强调十个方面。

（一）关于产业项目建设。项目建设尤其是产业项目建设是经济发展的源动力。当前我们在项目建设方面存在着明显的差距和不足，如立区大项目很少，一些已建成项目没有达到预期效果；在建项目和开工项目严重不足，且进展缓慢；在谈项目和签约项目落地不快，项目储备不足；抓项目建设的氛围不浓等。要改变这种状况，就必须进一步强化项目意识，把培育大项目、好项目作为主攻方向，凝心聚力抓好项目建设。一要围绕产业抓项目。把握转型升级主线，注重引入战略投资者，围绕高端旅游、总部经济、文化创意、健康养生四大产业着力谋划、储备和引进一批符合城市定位的立区大项目。今年要抓好永立文化艺术主题酒店等在建重点项目，力促协鑫热电联产等已签约项目落地开工。稳妥推进东海岸民宿建设。积极推进富力集团五星级酒店、必玉公司君御山庄、国华集团海滨会馆二期等高端项目。依托怪楼片区文化创意和旅游产业资源，谋划启动富力文旅小镇建设。年内开工建设产业项目5项，总投资16亿元；谋划产业项目13项，预计投资81.81亿元。二要围绕项目抓服务。强化完善“项目代办制”“保姆式服务”“四个一”推进机制等项目服务措施，实行全过程管理、全动态跟踪，在谈项目盯签约、签约项目盯落地、落地项目盯开工、开工项目盯进展、完工项目盯运营，真正使每一个项目发挥出最大的经济效益。三要围绕实效抓考核。加大对项目建设和招商实绩的考核力度，完善招商引资引税责任制，落实奖励政策，压紧压实责任，鼓励和倡导广大干部职工积极投身项目招商一线，在经济发展的战场建功立业。四要推进开发区扩区。开发区是全区经济建设的主战场、招商引资的平台、对外开放的窗口，其重要性不言而喻。区委、区政府始终高度重视开发区建设，千方百计拓空间、优体制、促升级，全力扶持开发区做大做强。但与省内外先进开发区相比，我区开发区建设还有明显差距，还存在发展空间局促、产业结构不优、体制机制不活等问题。对此，我们要进一步统一思想，切实把开发区扩区作为经济建设的头号工程，打好开发区建设攻坚战，打造经济发展新引擎。要抓紧启动编制开发区扩区规划，迅速组建工作团队，聘请国内外知名设计公司，围绕扩区方向、范围、功能分区、产业布局等内容广泛调研，深入研究，高标准制定扩区规划。要加快推进开发区基础设施建设，完善信息、金融、法务等服务平台建设，实施智慧园区工程，全面提升开发区承载功能。

（二）关于全域旅游示范区创建。旅游业是现代服务业的重要组成部分，是经济发展中的先行产业、动力产业和优势产业，也是最具活力的“朝阳产业”。北戴河因旅游而兴，去年又入选全国首批全域旅游示范区名单，做大做强旅游产业势在必行。近年来，我区旅游产业的发展步入了瓶颈期，低端化、同质化问题严重，全区没有一处国家AAAAA级旅游景区，拿得出手的还是鸽子窝、老虎石、联峰山等几个老景区，游客来了还是洗海澡、吃海鲜、住民宿，旅游要素缺失，旅游产品单一，高端性的体验和消费几乎没有，导致游客停留时间短、消费水平低，旅游业对财政收入的贡献率低。根据去年的游客抽样问卷调查，我区客源主要集中在500公里范围之内，停留3天及以下的占52.3%，每个游客平均消费2000元以下的占83.8%。2016年，旅游及相关产业实现税收7430万元，仅占全部财政收入的9.1%。反观省内其他地区，“涞涞易”借助全省首届旅发大会，叫响了“京西百渡休闲度假区”的名声，逐步实现了由“景区游”向“全域游”发展模式的转变；张家口大力打造冬奥品牌，唱响“冰雪大戏”，今年春节期间就接待游客239万人次，实现旅游收入20.3亿元，分别增长29.4%和57.1%；石家庄依托正定、滹沱河、鹿泉西部山区等重点资源，致力于规划打造全省旅游休闲中心，京津冀世界级旅游目的地“第三极”。没有对比，就显不出差距，各地的动作都很快，我们也不能只停留在“百年胜地”的过去时上，旅游产业的转型升级迫在眉睫，发展全域旅游是唯一的选择。习近平总书记在宁夏视察时强调，“发展全域旅游路子是对的，要坚持下去”，全省旅游工作会议也对推动全域旅游新发展做出了具体部署，全区上下必须高度统一思想，在狠抓落实上下功夫、在打造亮点上做文章、在追求创新上求突破，全力打造全域旅游样板区。一要抓全域规划。尽快完成全域旅游示范区规划编制工作，构建“多规合一”的全域旅游规划体系，把北戴河整体作为一个大景区来建设打造。二要抓设施提升。借助全省第二届旅发大会契机，扎实推进景区上档升级和公厕、停车场等旅游基础设施建设，谋划实施游客服务中心、建川博物馆群落等项目，提高旅游公共服务水平。精心打造北戴河村艺创小镇，进一步完善细节，提高品位，凸现特色，打造全新的旅游看点。三要抓产品开发。积极把握旅游发展趋势，引进知名品牌和专业化管理，谋划高端旅游项目，开发自驾游、康养游、体育游、生态游、乡村游、海洋游、体验游等休闲度假产品，不断丰富旅游新业态，提升旅游竞争力。四要抓服务管理。推进“智慧旅游城市”建设，谋划创建旅游大数据及旅游产业运行监测与应急指挥平台，促进旅游管理智慧化、营销精准化和服务人性化。

（三）关于美丽乡村建设。我们提出的“两个率先”，其一就是在全市率先实现城乡一体化。城乡一体化目前的短板在农村、潜力在农村、希望也在农村，我们要以美丽乡村建设为抓手，全力做好城乡统筹发展这篇大文章。一要加快推动农村产业发展。推进美丽乡村建设，不仅要改善农村人居环境，更要加快农村产业发展、拓展农民创业就业空间、促进农民增收致富，为农村发展提供长久支撑。要积极推进农业产业结构调整，年内全域范围内玉米大田全部退出。要把积极稳妥、有序推进农村土地流转作为做好“三农”工作的创新举措，通过土地流转促进农村特色产业规模化、集约化发展，让广大农民能够拿到租金、薪金和股金，不断拓宽增收渠道。要扎实推进北戴河村、西古城村农宅合作社试点建设，盘活资产资源，逐步实现“创建美丽”向“经营美丽”转变。要深入研究农村产业发展方向，结合村庄资源优势，大力发展文化创意、休闲农业和乡村旅游业，积极推进丁庄村、陆庄村、河东寨村“旅游小镇”、西古城村“音乐小镇”等特色小镇建设，努力使农村成为北戴河旅游度假的新功能区、产业发展的新增长极和农民收入的新增长点。二要全面加强农村基础设施建设。要用好政策性贷款，加强农村基础设施建设，统筹做好单庄、崔各庄等12个村污水管网、自来水管网、燃气管网、道路硬化、厕所改造等基础设施建设。要加大牛头崖片区农村基础设施改造提升力度，使其迅速达到原区域基础设施建设水平。三要统筹推进农村公共服务事业。要完善社会保险制度，扩大各项社会保险在农村的覆盖面。要强化农村卫生服务体系建设，完善村级卫生服务室功能，提高基层卫生服务人员专业水平，让广大农村群众小病不出村的愿望得以实现。要加强农村中小学校舍建设和师资队伍建设，全面提升农村教育教学质量。要注重对村庄文化的挖掘，尤其是对重点村的古树、古建筑进行深入研究，提炼出每个村独有的“乡愁”。要加大文化惠民力度，开展更多群众喜闻乐见的文化活动，推动农村文化繁荣发展。

（四）关于生态治理工作。良好的生态环境是北戴河的生命线，我们一定要持续加大生态治理力度，不断增强生态涵养能力，全力守住北戴河的金字品牌与核心竞争力。一要实施大气污染防治工程。要强化淘汰燃煤锅炉、查处施工扬尘和道路遗撒等措施，认真做好煤改气等重点工作，持续改善空气质量。今年计划淘汰35台燃煤锅炉。二要实施水环境治理工程。要不断深化“河长制”，加大近岸海域综合治理力度，持续强化对新河、戴河等流域和入海排洪沟综合整治，计划投资7800万元完成污水治理、污水管网支线和入海排洪沟整治等3项工程，严格控制陆源污染直排入海。三要实施造林绿化工程。要充分挖掘可利用空间，年内实现造林1.5万亩、森林覆盖率增长5.4%的目标，更好发挥造林绿化对生态环境的支撑作用。四要加强生态环境监管。要建立健全长效管护机制，加强对生态资源和城乡环境的常态管护，特别要加大监管执法力度，严厉查处违规排放、乱砍滥伐等破坏生态环境的行为。

（五）关于城市管理工作。要按照精细化、规范化、人性化的要求，积极探索城市管理长效工作机制，确保实现城市管理全国一流的目标。一要提升管理标准。按照“最干净城市”的标准，深入开展“全民洗城”活动。继续推进垃圾治理市场化、居民区垃圾分类等工作，严格清运标准，做到车走地净、车容整洁、密闭运输。加快社区物业化管理进程，提升老旧小区管理水平。制定细化管理标准和措施，优化流程，抓好市政设施维护。二要改进管理方式。建设数字化城管信息平台，本着“整合资源、提高效率”的原则，将城市道路、环境卫生、园林绿化、城市路灯、公交客运等一并纳入数字化管理系统，提升城市管理数字化平台功能。三要健全长效机制。持续完善包片巡查、综合执法等工作机制，强化“六个严禁”整治，严格落实“门前五包”和城管网格化责任制，大力治理招手揽客、店外经营、欺客宰客等违规行为，不断擦亮北戴河诚信品牌。四要强力整治“双违”。继续加大“双违”整治力度，对既有违法建筑实施分步处理，对新产生的违法建筑依法严厉打击。各相关单位“一把手”要切实负起领导责任，凡重要的拆违活动必须在一线靠前指挥。要强化责任追究，凡是对新增违建管控不力、隐瞒不报的，将严肃追究相关部门和领导责任。

（六）关于信访稳定工作。要牢固树立“稳定压倒一切”的理念，狠抓矛盾隐患化解，加强信访维稳，为全国“两会”和党的十九大召开营造和谐稳定的社会环境。一要强化责任落实。各级各部门主要负责同志是信访稳定工作的第一责任人，要切实履行“一岗双责”职责，对信访稳定工作负总责，真正做到守土有责、守土尽责。要把稳定工作的各项措施落实到镇街、农村、企业、学校等基层单位，划分责任片，明确责任人，确保信访稳定工作全覆盖。二要强化基层基础。要认真做好初信、初访工作，开展纵向到底、横向到边、不留死角的矛盾纠纷大排查、大调处工作，切实做到矛盾纠纷底数清、情况明。镇街、村居干部要切实发挥维稳指导员、情报信息员和矛盾排解员作用，尽最大努力把问题隐患解决在源头、吸附在基层。要加快推进群众工作中心建设，为群众反映信访问题提供一站式服务，让群众的意见坐上“直通车”，让群众的诉求能够得到及时有效解决。三要强化应急处突。要时刻绷紧应急处突这根弦，进一步完善应急处突预案，认真落实各类突发事件风险防控、应急处置、救援救助措施，确保一旦发生重大突发事件，能够快速反应、妥善处置。

（七）关于旅游旺季工作。旅游旺季是北戴河独一无二的优势资源，是展示我区形象的重要窗口和促进发展的重要平台，我们要坚持旅游旺季效益最大化，借助旅游旺季工作撬动全区发展建设再上新台阶。要牢固树立“以人民为中心”的发展理念，按照旅游旺季工作“日常化、正常化、全年化”要求，加强涉暑项目谋划和包装，积极争取政策、资金支持，努力把旅游旺季优势转化为服务经济社会发展的新动能。要严格落实“高、严、细、深、实、快”工作标准，统筹抓好安全稳定、环境提升、市政保障、物资供应、医疗保健等各项工作，切实做到服务优质、保障有力。要坚持以问题为导向，进一步固化、完善、创新旅游旺季工作长效机制，打造高效指挥运转体系，持续提升旅游旺季工作水平。

（八）关于全面深化改革。改革创新是推动发展的动力和源泉。我们要适应新常态，坚定走新路，必须打破传统思维的束缚，以全面深化改革激发发展活力。2017年是全面深化改革的攻坚年，也是破解制约北戴河发展瓶颈的集中攻坚期。习近平总书记在中央第三十二次深改会上要求，党政主要负责同志要把改革放在更加突出位置来抓，亲自抓、带头干，挑最重的担子、啃最硬的骨头。我们要坚持以全面深化改革统揽经济社会发展全局，把上级的改革部署不折不扣落实好，同时要结合区情实际，坚持问题导向和目标导向，大力推进重点领域改革。一是加快开发区体制机制改革，围绕四大产业组建招商平台，完善人才引进、绩效激励等机制，激发开发区发展活力。二是实施行政管理体制改革，设立行政审批局，进一步简化审批程序和环节，提升政务服务和管理水平。三是深化城市管理体制改革，成立城市综合执法局，完善停车场管理、旅游市场秩序管理等机制，出台沿海浴场、火车站站前广场和环卫精细化管理办法。四是推进环境监管改革创新，完成环保监测监察执法垂直管理机制改革，建立完善总量减排、绩效考核等环保评价指标体系。五是启动旅游行政管理和景区管理体制改革，推动旅游景区企业化管理，谋划设立旅游警察。六是强化民宿行业星级管理，实施民宿星级评定规范化管理办法，建立民宿准入和退出机制，构建政府政策引导和乡村旅游协会主体监管的管理模式，实现民宿业特色化、高端化、精品化发展。七是推进农业供给侧结构性改革，探索农村管理改革，以草厂等村为重点，启动村改居工作。八是完善网格化管理体系建设，打造全国一流的立体化、信息化社会治安防控体系，完成互联网平台共享和省级综治视联网平台建设。

（九）关于基层组织建设。基础不牢，地动山摇。虽然我们一贯高度重视基层组织建设，也取得了明显成效，但仍然存在一些不容忽视的问题。比如个别村“两委”班子软弱涣散，成员之间不够团结；个别“一把手”有独断专行倾向，干工作自行其是，对区委、区政府的决策部署存在消极应付的现象；部分村干部思想观念陈旧，缺乏开拓创新精神；多数村发展意识不强，缺乏干事创业的魄力和能力等。上述问题之所以存在，主要原因还是我们对基层组织建设抓得不够紧、不够实、不够严，必须在今后的工作中加以改进。一要加强“三支队伍”建设。要严格规范镇党委书记选用标准，科学制定考核评价办法，全面压实管党治党责任，着力打造乡镇发展“主心骨”。要优中选优配强村党组织书记，实施村干部任期目标责任制和“双述双评”制度，从严从实管理村书记队伍，着力选育农村引路“领头雁”。要建立农村致富带头人信息库，积极吸引大学毕业生、创业人才投身农村经济发展，加速农村致富带头人队伍建设，着力培养奔康致富“排头兵”。二要加强村居党员干部队伍建设。针对农村和社区党员干部业务能力、学历层次较低的实际，编制培训计划，定期开展政策理论和专业技能培训，全面提升村居党员干部能力水平。要善于培养壮大农村党员队伍，注重把创业行家和致富能人发展成为党员，进而带动农民共同增收致富。要充分发挥社区党员先锋模范作用，注重在宣传思想、结对帮扶、志愿服务、基层阵地建设方面发挥作用，夯实基层“战斗堡垒”。三要强化村级组织制度管理。要进一步明确村党支部和村委会的职责，建立健全村级议事决策机制，真正使村“两委”形成一个有机整体，协调运作，确保区委、区政府各项决策部署能够贯彻好、落实好。

（十）关于干部作风建设。省委在春节假期刚结束就召开机关作风整顿动员大会，充分体现了作风建设的极端重要性和现实紧迫性，全区上下要迅速把思想和行动统一到省委要求上来，落实到具体工作中去，全力抓好干部作风建设。一要增强岗位责任意识。工作岗位是展示个人能力素质的平台，同时也是实现自我价值的舞台。岗位意味着责任，岗位意味着担当，必须在其位，谋其政。要努力找准岗位需要与个人作用发挥的结合点，把心思用在“想干事”上，把本事用在“能干事”上，把目标定在“干成事”上，用实际行动回报组织的培养和信任。要始终做到守土有责、履职尽责，时刻牢记岗位职责要求，不失职不渎职，在位一分钟、干好六十秒，踏踏实实在本职岗位上交出一份党和人民满意的答卷。二要培养能谋善断本领。谋事是做事的开始，也是干事成事的前提。现在有些领导干部，一年到头确实十分辛苦，“两眼一睁，忙到熄灯”，但关注的焦点往往集中在一些具体事务上，抓不住重点，结果是捡了芝麻，丢了西瓜。我们每名领导干部，一定要注重培养能谋善断的本领，要善谋大事，善于运用新的理念、新的思路、新的办法，开创工作新局面。要吃透上头，正确理解党和国家的大政方针，认真贯彻上级党委的决策指示，这是搞好谋划的方向。要摸清下头，通过深入实际，调查研究，熟悉本地区本单位的情况，做到对分管领域了如指掌，这是科学谋划的基础。要融会贯通，结合工作实际，制定出适合本部门本单位特点的思路举措，真正把谋事方略转化为发展成效。三要狠抓工作落实。全区上下要认真落实市委提出的“五到四从四多”工作法和区委确定的“四明确”抓落实机制，大力倡树立说立行、雷厉风行的工作作风，对已经形成共识的事，要大胆坚持，果断实施；对已经定下来的事，要咬住不放，按住葫芦抠籽；对已经着手干的事，要排除万难，一抓到底。四要强化廉政建设。要严格落实党风廉政建设“两个责任”，严守政治纪律和政治规矩，着力打造干净担当的干部队伍。要从严落实“八项规定”，健全长效机制，扎紧制度笼子，坚决遏制“四风”问题反弹。要广泛开展巡察，推动全面从严治党向基层延伸。要深化纪检监察体制改革，持续加大纪律审查、案件查办力度，对一切腐败分子和消极腐败现象要抓紧查处，坚决打击，绝不手软，真正形成“不敢腐”的惩戒机制和社会氛围。

各位委员、同志们，目标催人奋进，关键在于行动。历史的重任落在我们的肩上，让我们紧紧团结在以习近平同志为核心的党中央周围，在省委、市委的坚强领导下，团结带领全区广大党员干部群众，锐意进取、攻坚克难，以更大的决心和更强的举措，齐心协力把北戴河发展好、建设好。

稿件来源：北戴河区委办公室

政府工作报告

——在北戴河区第十五届人民代表大会第一次会议上

（2017年2月25日）

北戴河区人民政府区长　陈秋华

一、2016年及过去五年工作回顾

2016年，区政府紧紧围绕中央和省、市、区委的工作部署，全力稳增长、调结构、优环境、惠民生，顺利完成了区十四届人大六次会议确定的各项任务，实现了“十三五”良好开局。一年来，我们主要做了以下几个方面工作：

持续推进产业升级。加快旅游管理体制机制改革，积极推进国有景区“三权”分离。启动国家级全域旅游示范区创建，鸽子窝景区AAAAA级、联峰山景区AAAA级创建进展顺利。制定《拉动北戴河淡季旅游工作实施方案》，成功举办第十二届轮滑节、首届中国·北戴河冬泳文化节，承办2016秦皇岛国际马拉松赛、第十届北戴河铁人三项大赛，推动北戴河旅游向旺季品牌化、淡季品质化、各季差异化、四季均衡化发展。积极搭建总部发展平台，总部大厦已入驻或达成意向企业6家。狠抓总部经济招商，全年引进各类总部企业70家，其中规模以上51家。与河北港口集团建立战略合作关系。大力推进文化创意产业特色化、融合化发展，中国（北戴河）中俄文化艺术合作产业园土建工程全部完工。北戴河村“艺创小镇”进驻企业46家。全省文化产业发展工作现场交流会在我区召开。鼓励中小微企业技术创新，扶持兰德科技、铸业达公司建立工程技术研究中心。审核认定科技型中小企业15家，科技小巨人企业1家。大力推进农业产业结构调整，退出玉米大田作物7000亩。

持续加强生态建设。将生态环境视为北戴河的“生命线”，保护好北戴河的蓝天碧海青山。植树造林6000亩，超额完成市定目标任务，荣获“全国绿化模范县区”称号。争取到位专项资金4420万元，实施近岸海域环境专项整治工程5项。认真落实“河长制”，清理河道及两岸垃圾6万立方米。完成际牧牛业搬迁。开展水污染防治，加强污水管网建设,实施崔各庄排洪沟污水入网、赤土山污水沟治理、滨海小区污水管道改造等7项河道排污治理工程。取缔燃煤锅炉31台、26.2蒸吨，全区餐饮单位全部安装油烟净化设备，高标准完成大气污染防治任务。开展兰炭制气供热锅炉改造试点，积极推进协鑫智慧能源公司北戴河区燃机热电项目。全年空气质量达标天数284天，比上年增加15天。PM2.5浓度同比下降14.3%，空气质量综合指数排名全市首位。

持续改善城乡环境。以“三城同创”为抓手，下大力加强城乡环境建设。制定出台取缔招手揽客、露天烧烤、双人骑等“六个严禁”制度，各类城市管理顽疾得到有效治理。完成“14+1”街区景观改造提升工程，改造道路总长28.2公里。实施海宁路、驼峰路大修工程，在全市率先实现交通公路全部“白改黑”。谋划7个城乡基础设施提升项目，累计获批政策性银行贷款15.1亿元，到位7.61亿元。落实城市环境容貌“片长、路长负责制”，全面开展“全民洗城”“沙滩清洁”等行动，加快向“全国最洁净城市”目标迈进。强势整治“双违”，累计拆除违法建筑18.4万平方米。加强道路交通综合治理，整治取缔非法营运“三车”94台。对海二路中段、育花路、黑石路等6个路段实行单行管理，进一步畅通了中心城区内循环。

深入开展“美丽乡村”建设，扎实做好“两改一清一拆”，清运垃圾1万余吨。坚持清管并重，在牛头崖镇、海滨镇实行环卫市场化运作。

持续做好旅游旺季工作。始终把旅游旺季各项工作作为贯穿全年工作的主线，努力实现旅游旺季工作的“日常化、正常化、全年化”。坚持问题导向，先后解决8批次214项问题，高标准完成安全保卫、物资供应、环境治理、市政保障等任务。新建停车场4个，增加停车泊位1000余个。在主要干道设置引导屏和停车场车位显示屏，进一步提升了智慧交通水平。全区第一条民宿区商业步行街红石路精彩呈现，石塘路“7·25”艺术街区备受好评。努力营造平安和谐的旅游环境，排查整改各类安全隐患1424处，刑事发案数量同比下降72%。积极妥善应对“7·20”特大暴雨和风暴潮灾害，有力维护了人民群众和广大游客的生命财产安全。

持续发展民生和社会事业。坚持从群众关注的问题出发，着力解决历史遗留问题，刘庄、单庄安置房产权证办理“破冰”，完成单庄村260户产权证办理。持续稳定扩大就业，安置就业困难人员426人。积极推进城乡居民基本医疗保险一体化改革，全面完成社会保险扩面征缴任务。促进教育均衡发展，投资478万元对全区学校基础设施进行改造提升。实施文化惠民工程，放映农村公益电影300余场。医药卫生体制改革工作进展顺利。北戴河医院病房楼改建工程开工。开展“送医下乡”活动，在牛头崖镇18个村挂牌成立“红色义工”医疗服务站。在育花路一区、二区，三建小区开展老旧小区物业管理试点。

需要向大会特别报告的是，一年来，我们积极承诺践诺，始终带着感情和责任认真办理各项为民实事，2015年度未能如期推进的“7000延长米老旧城区和农村供水管网改造提升工程”已全面开工。2016年度十件为民实事中，开展老旧小区物业管理试点、为2.3万户农村家庭投保财产保险、改造提升居民聚集区周边环境及建设便民市场等7件实事顺利完成。但由于工程手续办理制约，三件实事未能按计划进度完成，其中，社区卫生服务中心和“文图”两馆正在办理施工许可证，预计3月份可以进场施工。北戴河新初中项目正在办理土地证和工程规划许可等手续。对于这三件实事，我们将持续下大力气认真办好，确保向全区人民交上一份满意的答卷。

各位代表！2016年各项任务的顺利完成，为本届政府的任期画上了圆满句号。五年来，全区人民团结奋进、求真务实，主动适应经济发展新常态，战胜了一个又一个困难和挑战，北戴河发生了令人瞩目的深刻变化：

经济发展更加扎实稳健。五年来，我们积极应对宏观形势的深刻变化，注重提升发展质量，经济运行稳中有进。综合实力得到新提升。2016年，全区实现生产总值52.75亿元，是2011年的1.36倍，年均增长6.4%。五年全部财政收入累计完成42.47亿元，一般公共预算收入22.82亿元，分别是上一个五年的1.3倍、1.5倍。项目建设迈上新台阶。2012年以来，全区累计完成全社会固定资产投资169亿元，是上一个五年的1.6倍。五年累计实施省、市重点项目17个，完成投资30.56亿元，有力带动了产业的快速转型和经济的平稳增长。

产业档次更加高端合理。五年来，我们认真践行五大发展理念，加快推进产业升级步伐，经济转型取得了积极进展。深入推进旅游产业高端化发展，华贸喜来登酒店、松石国际球会、海滨会馆等一批高端旅游项目建成使用。全区累计接待国内外游客3687.7万人次，年均增长3.9%。大力推进文化产业融合发展，怪楼文化艺术产业园区日臻完善，北戴河村“艺创小镇”初具形态，文化创意产业渐成规模。农业产业结构调整深入推进，累计实施农业产业化项目32个。坚持农业与旅游相结合，发展观光、采摘、体验、休闲等乡村旅游项目，打造了费石庄桃花节、采摘节等农业旅游品牌。完成农村土地确权6.22万亩。农民专业合作社从2011年底的9家增加到2016年底的48家。丰硕生态农业公司荣获2016年省级休闲农业示范点称号。

对外开放更加广泛深入。五年来，我们主动融入京津冀协同发展大局，不断扩大对外开放，经济社会发展的动力和活力竞相迸发。深化与北京朝阳区战略伙伴关系，派出17人赴京挂职锻炼。主动承接北京非首都核心功能疏解转移，北戴河医院成为北京医院联合体成员单位。为企业与科研院所牵线搭桥，兰德科技、大开电子等企业与中科院、北京铁科院、机械科学研究院等院所深化技术合作，联合研发新产品。瞄准具有较强影响力的企业进行招商，与国华置业、富力集团等大集团、大企业开展战略合作。中国四大煤企中的中煤、同煤、伊泰三家在我区设立分支机构。五年累计引进内资143.49亿元，实际利用外资13806万美元，分别是上一个五年的2.47倍、1.41倍。帮扶企业上市融资，碧螺塔公司成为全省旅游企业上市第一股。

城乡建管更加精细高效。五年来，我们突出规划引领，坚持生态先行，打造品质之城，推进城乡统筹协调、集约高效发展。完成《北戴河区土地利用总体规划（2010—2020年）》修编，累计编制《北部片区城市设计》等13个专项规划，基本形成全域统筹的规划体系。以前所未有的决心和力度推进污染防治和生态建设，集中力量实施了一系列水质、大气、森林、湿地保护工程。取缔燃煤锅炉204台。淘汰黄标车442辆。单位GDP能耗五年累计降低12.6%。加强基础设施建设，实施一批水、电、路、气、讯等城乡基础设施改造工程，改造道路16892延长米、小街小巷7条。高标准完成32条道路和2个片区景观改造提升工程。推进城市管理综合执法，重拳整治各类城市顽疾。“双违”整治和停车场管理经验在全市推广。深入推进美丽乡村连片建设，建成10个省级美丽乡村。戴河镇荣获“全国避暑小镇”称号，北戴河村、刘庄村、古城村、费石庄村分别获得“中国农业公园”“中国特色村”、全国“一村一品”示范村等多项“国字号”荣誉。

社会事业更加繁荣进步。五年来，我们时刻把群众冷暖放在心上，带着感情和责任做好民生工作，努力让全区群众生活得更加殷实幸福。区财政累计投入30.21亿元，用于发展民生事业，占财政支出的75%。实施46件为民实事，解决了一批群众关心关注的热点难点问题。认真做好就业再就业工作，城镇登记失业率连续5年好于全市水平。城乡养老、医疗、失业等保险制度实现全覆盖。城乡最低生活保障水平走在全市前列。人民生活水平不断提高，城乡居民人均可支配收入年均分别增长9.3%和10.8%，2016年达到35102元、16530元。启动中小学教育布局调整，狠抓课堂教学改革，高标准通过国家义务教育发展基本均衡督导评估验收。完成国家公共文化服务体系示范区创建。春节灯会渐成品牌，完成由政府主导向市场化运作的成功转型。街头音乐文化人活动被文化部授予第十届中国艺术节项目类“群星奖”。深化医药卫生体制改革，基层卫生院全部实现药品零差价，区镇村三级全覆盖的医疗服务体系逐步完善。完成东经路、宁馨苑等5个社区标准化达标建设。东山街道被评为“全国和谐社区建设示范街道”。“北戴河轮滑”走出国门，被国际轮联授予“国际轮滑之都”称号。培养出全国首名速度轮滑男子世界冠军，荣获“全国轮滑项目推广贡献奖”。完成行政区划调整，接收牛头崖镇18个村，2.6万人，接收面积37.1平方公里。圆满完成全省食品药品安全示范区创建。创新网格化社会管理体制，抓实各领域安全监管，平安北戴河建设深入推进。法制、外事侨务、民族宗教、审计、统计、地方志、档案等工作取得新进展，妇女儿童、残疾人、老龄等事业取得新进步。国防教育和后备力量建设深入开展，双拥共建工作取得新成绩。

政府建设更加规范务实。五年来，我们坚持朝夕勤勉、从不懈怠，努力加强自身建设，行政效能得到持续提升。认真开展群众路线教育、“三严三实”专题教育、“两学一做”学习教育、解放思想大讨论活动，严格落实“八项规定”和反对“四风”各项要求，政府系统作风建设得到进一步加强。切实加强廉政建设，将行政权力主动放进制度的笼子。自觉接受人大的法律监督和政协的民主监督，五年累计办理各级人大代表建议365件、政协提案486件，满意或基本满意率达到100%。办理各类民情事项9272件，一批群众关心关注的实际问题得到高效解决。加强法治政府建设，落实会前学习制度，政府常务会议累计学法25次。严格做好政府文件审查，保留规范性文件22件，废止政策性文件53件。完成政府机构改革，直属事业机构由3个减至1个。推进预算管理制度改革，建立全过程绩效预算管理新机制。深化行政审批制度改革，取消各类行政审批事项117项，行政权力进一步“瘦身”。完成三级政务服务体系建设，办结各类审批和服务事项17万件。推进公车制度改革，拍卖公车46台。

各位代表，本届政府任期的五年，是北戴河朝着“国际名片”“世界名区”目标阔步迈进的五年。五年的拼博和奋斗使我们深切地体会到：无论形势如何变化，只要坚持发展要务不动摇，坚定信心，精准施策，就一定能够赢得更强的实力和更大的尊严；无论遇到什么难题，只要坚持改革创新不停步，向改革要动力，向创新要活力，就一定能够在新一轮竞争与挑战中抓住机遇，乘势而上；无论财力多么有限，只要坚持执政为民不忘本，矢志不渝地践行为民宗旨，就一定能够实现好、维护好、发展好人民群众的根本利益；无论承受多大压力，只要坚持保护生态不放松，做到经济发展服从生态保护，不贪一时之利，不求一时之功，不走“小路”、不跨“捷径”，就一定能够开辟出绿色崛起的新路径；无论面临哪种诱惑，只要坚持廉洁底线不触碰，依法行政、廉洁从政、高效执政，就一定能够在复杂环境中干出一番非凡实绩。这些经验是我们的宝贵财富，我们只有在新的发展征程中，坚持好、继承好、发扬好，才能不断开创北戴河新的辉煌！

各位代表，五年的历程很不平凡。一路走来，我们同心聚力、担当实干，收获了累累硕果。国家服务业综合改革试点、旅游综合改革试点成效显著，被纳入国家公共文化服务体系示范区范围。获得国家海洋公园等称号，先后两次被评为“河北省文化产业十强县（市、区）”。这些成绩的取得，得益于市委、市政府和区委的正确领导和科学决策，得益于区人大的热心监督和区政协的鼎力支持，得益于历届区委、区政府奠定的扎实基础，更得益于全区干部群众的团结拼搏和共同努力。在此，我代表北戴河区人民政府，向全区广大干部群众，向各民主党派、工商联、无党派人士、人民团体和驻区部队、武警官兵，向在北戴河的投资者、创业者和建设者，向所有关心和支持北戴河发展的朋友们，表示衷心的感谢和崇高的敬意！

肯定成绩的同时，我们也清醒地认识到，前进道路上还存在不少困难和问题：一是在经济新常态下，发展动能转换不够快，经济总量在低位徘徊；二是财政收支不平衡，缺少足够的项目支撑和稳定的税源点，政府债务依然较重；三是城乡一体化任务仍然繁重，城乡基础设施欠账还很多，社会管理的精细化水平还不高；四是部分群众生产生活还有困难，民生工作离群众期望还有差距；五是一些干部的思想观念、能力素质和工作作风还不能完全适应新常态新要求。困难激发斗志，逆境催生力量。在严峻的特殊形势下，我们没有因为经济下行而失去振兴崛起的志气，没有因为负重前行而减弱干事创业的劲头，没有因为爬坡过坎而放慢转型升级的步伐。在新一届政府工作中，我们将直面这些困难和问题，采取更加有力的措施切实加以解决，决不辜负全区人民的期望和重托！

二、未来五年的奋斗目标和工作重点

各位代表！立足当前，我们正处于重大历史机遇最为集中的时期，处于新旧动能转换最为紧要的时期，处于跨越发展最为有利的时期。我们面临着四个必须牢牢把握的重大机遇：京津冀协同发展机遇。推动京津冀协同发展，是党中央、国务院作出的重大决策部署。在新的历史条件下，北戴河的区位、空间、产业基础等优势和潜能将借势京津冀协同发展战略加速释放。坚持协同发展主基调，抓住用好重大机遇，既是我们落实国家战略义不容辞的责任，也是加快转型升级、实现又好又快发展的必然选择。全国全域旅游示范区创建机遇。创建全域旅游示范区的过程，就是围绕旅游供给侧结构性改革，打造全域化旅游品牌的过程，也是促进旅游与其他产业融合、城乡品质提升、人民生活改善的过程。我们在创建全域旅游示范区时，必然会遵照创建标准，找差距、补短板，强化顶层设计，加大投入力度，通过旅游提升带动经济社会实现全方位发展。休疗机构改革机遇。中央提出开展北戴河地区培训疗养机构改革，覆盖了我区绝大部分休疗养院、培训中心。在改革进程中，大多数机构将转企、开放，进行市场化运作。有效整合这些资产，利用好这些单位现有院落、人才、技术、设备等资源，将会为我区发展会议会展、健康医疗、文化创意等特色产业提供广阔空间。北戴河生命健康产业创新示范区建设机遇。北戴河生命健康产业创新示范区是我国第一个国家级生命健康产业创新示范区，将重点发展生命健康服务业、生命健康制造业和绿色健康农业。随着创建工作不断深入推进，一批特有的政策将集中释放红利，生命健康产业将成为北戴河新的经济增长极。放眼未来五年，我们有信心、有决心、有恒心牢牢把住四大机遇，创出北戴河一片新天地！

根据北戴河区第十二次党代会精神，未来五年，区政府工作的总体要求是：紧密团结在以习近平同志为核心的党中央周围，深入贯彻习近平总书记系列重要讲话精神，以省、市、区各级党代会要求为指导，积极抢抓四大战略机遇，大力推进供给侧结构性改革，围绕高端旅游、总部经济、文化创意、健康养生四大产业，以加快绿色崛起为主线，向改革开放要动力，向创新创业要活力，向特色优势要竞争力，着力打造全域旅游示范区、城乡统筹先行区、生态建设领先区、非首都功能疏解承载区、文明城市模范区，为实现“两个率先”，加快建设经济实力强、生态环境美、城市形象优、幸福指数高的滨海强区、健康之都奠定坚实基础。

区第十二次党代会鲜明地提出了建设滨海强区、健康之都的目标，描绘了实现一个奋斗目标、建设五个发展功能区、做到五个明显提升的“一五五”宏伟蓝图。我们坚信，在区委的坚强领导下，在全区广大干部群众的共同努力下，未来五年，北戴河的经济总量一定会持续壮大，产业档次不断升级，生态质量明显改善，城乡环境日益优化，人民生活更加幸福。

为实现“一五五”目标，未来五年，我们将重点在五个方面取得更大突破：一是发展动能转换取得更大突破。按照“一带、双廊、四片区”空间布局，谋划实施重大旅游产业项目，推进旅游高端化发展。积极探索实体总部模式，引进行业领军企业设立功能型总部。整合现有文化艺术园区、街区、村落资源，加快培育壮大文化创意产业品牌，积极引进文化产业项目，努力把文化创意产业发展成为北戴河新的支柱产业。依托北戴河生命健康产业创新示范区建设，大力发展特色医疗、养生养老、康复健身、整形美容等产业，打造国际健康旅游目的地和中国北方生态颐养地。二是优化环境质量取得更大突破。围绕“天蓝、水清、地绿”目标，打响生态环境保护攻坚战。深入推进大气环境污染治理，推广多元化清洁供热方式替代传统燃煤供暖，全部取缔燃煤供暖锅炉。力争到2021年空气质量达标天数保持在310天以上。严格落实并不断完善“河长制”，持续加强水系建设，深化近岸海域环境综合整治，重点开展污水处理和陆域垃圾集中治理，保护好北戴河的大海和河流。调整优化农业种植结构，大力实施植树造林、见缝插绿工程，到2021年全区绿化覆盖率达到57.47%。三是增强区域发展活力取得更大突破。主动融入京津冀协同发展大局，积极承接首都产业转移和功能疏解。不断扩大对外开放，重点面向京津地区精准招商，力求将域外的生产要素与我区的发展优势有机结合，促进内外源经济互动高效发展。牢牢把握休疗培训机构改革契机，努力打造旅游产业的高端区域、总部经济的集聚中心、文化会展的承接平台、健康养生的发展载体。创新园区体制机制，抓好开发区体制改革、扩区、政策完善三项重点工作，将开发区真正建设成为北戴河经济发展的主战场、转型升级的主阵地。四是提升城乡建管水平取得更大突破。加快城乡统筹发展，在北部、西部片区规划功能完善的生活区，腾退滨海片区旅游发展空间，力争本届政府任期内全区城镇化率达到90%以上。以规划为引领，统筹构建科学的规划体系，推进“多规合一”，实现“一张图”管理。坚决维护规划刚性，强力推进“双违”整治。完善供水、供电、供热、燃气、排水、道路交通等设施，实现城乡基础设施全覆盖。以质量强市为抓手，以提升服务为中心，不断创新城市管理体制机制，提高城市管理数字化、市场化、社会化程度，建立无缝隙城管网络。大力发展循环农业、休闲农业和乡村旅游产业，力争到2020年实现全区省级美丽乡村全覆盖。五是保障和改善民生取得更大突破。把人民群众对美好生活的向往作为奋斗目标，将更多财力投入到民生领域，不折不扣落实各项惠民政策，以更大力度解决影响群众生产生活的关键问题、影响社会和谐稳定的突出问题。每年办成一批民生大事实事，努力提供更多公共产品和服务，在学有所教、劳有所得、病有所医、老有所养、住有所居上持续取得新进展，更好满足人民群众多层次多样化的需求。

三、2017年主要工作任务

各位代表！2017年是新一届政府履职的第一年。我们要充分认识当前复杂严峻的外部形势，不断激发自身跨越提升的强大潜力，始终保持昂扬向上的精神状态，努力把各项工作做得更好，为完成未来五年的目标任务迈出坚实的第一步。

2017年全区经济社会发展的主要预期目标是：地区生产总值增长7%以上；固定资产投资增长9%以上；一般公共预算收入增长7%；社会消费品零售总额增长10%以上；城乡居民人均可支配收入分别增长7.5%和8%；单位GDP能耗下降1.5%。围绕上述目标任务，我们将坚持做好六个方面工作：

（一）把握机遇，在优化产业结构上迈出新步伐

深入推进全季全域全业旅游。加快旅游体制机制改革步伐，积极引进战略投资者，盘活优质旅游资源，谋划推进国有景区整合重组。聘请国际国内一流规划策划团队，高标准编制全域旅游示范区创建规划及行动方案，力促中国（北戴河）中俄文化艺术合作产业园对外开放。配合做好全市旅游大通道两侧景观化改造，全力服务好第二届省旅游发展大会。所有景区对标5A进行规划设计，年内完成鸽子窝景区5A级、联峰山景区4A级基础设施提升，启动北戴河村旅游基础设施对标5A提升工程。丰富旅游商业街区业态，包装打造特色酒吧、特色美食街区。举办好运动之春轮滑节、铁人三项大赛、春节灯会等形式多样的平季淡季活动，提升办节办赛办会档次，推动旅游四季均衡发展。强化民宿行业协会管理，完成民宿星级评定，对达不到星级标准的逐步通过市场淘汰。狠抓市场秩序整治，引导文明诚信经营，营造旅游业发展良好环境。积极发展旅游农业、休闲农业、观光农业等，推进全区域、全产业向旅游融合。

着力壮大总部经济。坚持把做强总部经济作为加快发展、壮大实力的重要抓手，逐步推进总部大厦和总部园区的规范化运营。利用休疗机构改革的重大契机，加强总部发展平台建设，全力打造新的总部经济聚集区。积极探索实体总部模式，引进国内外行业领军企业设立地区总部、分支机构、采购中心和结算中心等功能型总部，依托秦皇岛港优势，重点引进能源、商贸类总部机构，年内力争新增规模以上总部企业65家。积极利用基金、融资租赁等金融工具，做大做活金融产业，着力引入金融、法务、信息、会计等配套服务产业，为总部经济发展提供优

质环境和有力支持。

大力发展文化创意产业。丰富怪楼文化艺术片区产业内涵，启动同道电影工坊创意电影夏令营活动。加快文化、旅游、农业等产业融合发展，扩大北戴河村“艺创小镇”的机构、院校和艺术家入驻规模，精心举办创意文化集市等特色活动。与中科院十三研究所对接，举办航天科普展览和学术交流。积极与北京创业公社投资发展公司合作，引进文化产业孵化机构。加强与国金投资公司接洽，大力引进互联网泛娱乐总部企业入驻。挖掘“五凤楼”等已有文化创意产业园区资源，扶持和鼓励原有入驻企业拓展业务、发展壮大。借势休疗机构改革的重大机遇，整合现有休疗机构资源，谋划建设具备承接国际会议会展能力的平台和载体。依托李大钊干部学院平台，积极开展教育培训，着力打造特色会议、培训中心。

扶持培养健康养生产业。抢抓京津冀协同发展和国家休疗培训机构改革机遇，以北戴河生命健康产业创新示范区建设工作为抓手，整合利用资源，探索跨区域合作，争取北京医院老年病研究所落户北戴河。举办中国北戴河首届国际太极拳养生文化交流大会，谋划全国广场舞大赛，力促健康养生产业与体育、旅游产业融合发展。积极引进特色医疗、养生养老、康复健身、整形美容等企业，广泛邀请医学院校、科研院所和社会力量积极参与，合作建设现代康复疗养中心、养生养老基地和高端医疗旅游项目集群，努力在休、疗、养、游深度融合上先行先试，全力打造健康养生产业先行区。

（二）改革创新，在扩大对外开放上取得新成效

增强开发区承载能力。持续关注、关心、支持开发区发展建设，推进开发区管理体制和招商机制改革，完善考核激励制度，强化开发区在经济发展中的龙头带动作用。加强招商平台建设，加快开发区扩区步伐，增强产业承载能力。制定和完善开发区在鼓励扶持企业发展、吸引和留住人才等方面的优惠政策，统筹加强软硬两方面环境建设，不断提升开发区的吸引力。深化与河北港口集团的互动合作，瞄准具有雄厚实力的能源、商贸等企业实施精准招商，全力在重点税源引进上取得突破。加大企业扶持奖励力度，鼓励引导中小型企业快速成长，扶持明星企业做大做强。全面核查工业企业经营状况，盘活土地、厂房等闲置资源，为园区建设注入新的活力。

增强重点项目拉动力。全力抓好永立文化艺术主题酒店等在建重点项目，力促协鑫热电联产等已签约项目落地开工。稳妥推进东海岸民宿建设。扎实推进富力集团五星级酒店、必玉公司君御山庄、国华集团海滨会馆二期等高端项目。依托怪楼片区文化创意和旅游产业资源，谋划启动富力文旅小镇建设。加快推进以建川博物馆聚落为核心的太平庄文化旅游综合体项目。加强省市重点项目申报、建设，创新合作开发模式，深入谋划“北二外”中美旅游学院项目。加快航天公司改制接收步伐，高效整合利用土地资产。积极推进富力集团、隆基泰和集团北部新城项目。加强对项目的全过程管理，强化重点项目谋划储备，完善项目建设“四个一”推进机制，建立科学高效的评价体系和奖惩问责制度，推动重点产业项目顺利落地。

增强全民创业扶持力。持续开展中小微企业帮扶，拓宽创新科技成果展示渠道，促进民营企业向软件开发、服务外包、网络动漫、广告创意、电子商务、信息服务、现代物流等新兴领域拓展。加强创业孵化基地建设，全面落实自主创业税费减免、资金支持、场地保障等扶持政策，为自主创业搭建良好平台。支持各类培训机构实施创业培训和实训项目，加快构建覆盖院校、园区、社会的创业公共服务体系。

（三）统筹兼顾，在改善城乡环境上实现新突破

提升生态环境品质。坚持生态优先、绿色发展，多措并举、综合施策，全力保障北戴河的蓝天、碧水、金沙、绿树。加强环保执法监管，实施大气污染物减排工程，大力推进散煤综合治理，力争全部取缔各类燃煤锅炉。贯彻落实“河长制”，深入实施戴河、新河、洋河、蒲河综合治理，实施河道绿化工程，提升河流经济、生态、社会效益。实施平水桥沟、七桥沟、281沟雨污分流整治工程。加强海洋监管保护，巩固打击清理非法占海养殖成果，维护海洋生态环境。实施沙滩综合治理工程，全面修复七桥浴场、老虎石浴场、西海滩浴场受损沙滩。高标准推进城乡绿化，丰富城区绿化色彩层次，实施1.5万亩农村造林工程，在交通干线、河流两侧栽植生态林、经济林等，实现绿化造林与经济收益双赢。

提升城乡承载能力。启动北部新城路网规划，实施西海滩路、西经路改造提升和滨海大道、联峰北路中修工程，启动金鸽路、育花路北延、红石路北延建设，优化城乡路网结构。完成北部片区污水、供水管网铺设，进一步完善城乡基础设施。全面做好调查摸底和定位策划，认真谋划草厂村改造提升。用足用好政策性贷款资金，加快推进赤土山村征收改造，启动车站村住宅安置房建设，完成太平庄村、拨道洼村、杨各庄村、谢李庄村、南甸子村拆迁改造收尾。重点围绕饮水安全、垃圾处理、污水管网、燃气入户等，分步实施农村基础配套设施改造提升，加快美丽乡村建设步伐。

提升城市管理水平。积极推进城市管理综合执法体制改革。以“三城同创”为抓手，严格落实“六个严禁”“门前五包”和城管网格化责任制，全面提升市容秩序和管理水平。建立完善环卫保洁监督管理体制机制，深化城乡环境综合治理，叫响“全国最洁净城市”品牌。推进保二路、海宁路城市区样板示范街创建。合理布局建设居民区便民市场，实现统一规范化管理。以质量强市创建活动为契机，用“工匠精神”推进北戴河精细化建设管理，推进城市建管、绿化亮化、旅游服务等方面的标准化管理体系建设。整合各行业网络化、智能化管理平台资源，打造一体化高效便民智慧管理服务平台，加快全国一流智慧城市管理示范区建设。站在全面从严治党和讲政治的高度，签订责任状、承诺书，强力推进“双违”整治。

（四）精细服务，在保障旅游旺季上获得新业绩

加强旅游旺季服务保障。坚持“以人民为中心、以安全为底线、以稳定为前提”，按照“日常化、正常化、全年化”的思路，突出抓好安全稳定、服务保障、环境整治、文明创建等各项工作。推进暑期鲜奶特供基地、北戴河医院病房楼、北戴河食品药品检测中心、暑期供应站改造提升等重点项目建设。整合志愿服务力量，广泛开展环境保护、文明巡防、治安维护、文化宣传等志愿服务活动，确保核心区和谐稳定，服务水平再上新台阶。

全力推动借势发展。充分利用旅游旺季资源优势，着眼于优化服务和跨越发展，争取上级的资金和政策支持。借助中央组织专家学者、技术人才到我区休养度假的契机，积极寻求与各级各类专家人才的对接交流，向旅游旺季要智慧，建立推动北戴河跨越发展的一流智库。采取丰富的形式，通过多种载体，大力宣传推介北戴河的产业项目、淡季旅游产品、生态资源、自然优势，加强与各方对接，力争在项目建设、城乡发展等方面，为北戴河争取更多支持。

（五）倾心倾力，在服务民生和发展社会事业上拿出新举措

倾力办好为民实事。牢固树立执政为民理念，下大力解决关系群众切身利益的问题，努力为全区群众排忧解难，扎实办好2017年度六件为民实事。（1）对3~5个老旧小区的基础设施进行改造提升，力争3年内完成所有老旧小区基础设施改造任务。（2）在现有居民生活小区物业管理试点的基础上，将物业管理工作向其他非试点小区扩展。（3）为全区2万名60周岁以上老年人和1500名五保户、低保户等重点优抚对象分别缴纳意外伤害保险。（4）在建成区试运营共享自行车，方便群众和游客绿色出行。（5）按照旅游公厕标准，实施建成区公厕新建及改造提升工程。（6）实施刘庄北里路、老驼峰路改造，提升民宿聚集区道路通行环境。在做好上述实事的前提下，我们将继续推进上一年度未能全面完成的各项实事，同时持续为全区居民投保民生保险、为农村家庭投保家庭财产保险，努力为全区群众提供更多更全面的保障。

着力强化社会保障。全面落实各项就业创业政策，搭建就业服务平台，努力实现充分就业。做好养老、医疗保险关系接转，扩大社保体系覆盖范围。统筹推进城乡社会救助体系建设，完善最低生活保障、特困人员供养等制度，落实困难残疾人生活补贴和重度残疾人护理补贴政策。提高劳动纠纷预防和处置能力，妥善解决好拖欠农民工工资问题，构建和谐劳动关系。以专群结合的主体化防控体系为支撑，以提升旅游旺季安保水平为带动，确保实现全市最安全、群众最满意、各级最放心的目标。强化安全生产红线意识、责任意识、防范意识，持续加强道路交通、食品卫生、旅游、消防、校园等领域安全监管。完善应急管理和防灾减灾体系，提高突发公共事件防范应对水平。

努力发展社会事业。继续推动教育布局调整，加快北戴河新一中项目建设。深化教育教学改革，促进教育均衡发展。推进牛头崖片区中小学标准化建设，改善薄弱学校办学条件。大力实施创新驱动发展战略，培育发展创新型企业，全面落实大众创业、万众创新，大力完善科技创新服务和政策支持体系。提高公共文化服务水平，完善区、镇、村三级公共文化设施建设，“文图”两馆对外开放，进一步丰富群众文化生活。大力推进卫生计生事业发展，扎实推进免费婚检、免费孕前健康检查等优生优育工作。启动实施村改居试点，推进社区基础设施达标建设，配备完善车站、东山、英才、育花路等社区内部设施，不断提升社区服务管理水平。支持工会、共青团、老龄、妇女儿童、残疾人和慈善事业发展，做好统计、审计、地方志、广电、外事侨务、民宗、人防、档案等各项工作。

（六）从严高效，在政府自身建设上展现新面貌

着力建设学习型政府。按照“把学习作为第一议题”的要求，完善政府系统学习制度，强化理论武装。深入学习习近平总书记系列重要讲话精神和治国理政新理念、新思想、新战略。强化法律法规学习，提高依法行政的能力。制定科学的培训计划，组织开展体验式培训，转观念、调状态，明差距、强担当，重体验、积潜能，大兴主动作为、勇于担当、勤勉敬业、敢做善成之风，牢固树立“四个意识”，努力打造“四铁”干部队伍。

着力建设服务型政府。下大力整顿机关作风，强力整治为官不为，持续加强政府作风建设，更广泛更有效地调动干部队伍干事创业的积极性。坚持严字当头，强化督查督办和约谈问责，保障各项决策部署都得到高效落实，切实提高政府公信力和执行力。深入推进“放管服”改革，加大简政放权力度，深化行政审批流程再造，按要求建立行政审批局。创新社会管理和公共服务方式，以优化市场营商环境为重点深化政府系统作风建设。

着力建设法治型政府。坚持法定职责必须为、法无授权不可为，自觉接受人民代表大会及其常委会的法律监督和人民政协的民主监督，认真听取民主党派、工商联、无党派人士和人民团体的意见。完善政府决策程序，提高行政决策的科学化、民主化、法治化水平。积极开展政风评议，认真做好行政复议和行政应诉工作。加强信用建设，倡导重德守信的社会风尚，完善政府诚信体系，为经济发展创造良好的社会信用环境。

着力建设廉洁型政府。深化“两学一做”专题教育成果，全面落实中央“八项规定”和党风廉政建设责任制，坚持不懈纠正“四风”，推进政府系统惩治和预防腐败体系建设。加强工作过程的监察监督，及时发现和纠正违规行为，严肃查处各类违纪违法案件。继续推进公车制度改革。牢固树立艰苦奋斗、勤俭创业的思想，带头过紧日子。严格控制和压缩“三公”和会议经费，切实做到只减不增，坚决反对挥霍奢侈、铺张浪费，以廉洁的政府形象取信于民。

各位代表！成绩是前进的起点，目标是努力的方向。让我们紧密团结在以习近平同志为核心的党中央周围，在市委、市政府和区委的坚强领导下，不忘初心，继续前进，用我们集体的智慧和力量，奋力开创建设滨海强区、健康之都的新局面，以优异的成绩迎接党的十九大胜利召开！

【注】

1. 国有景区“三权”分离：在确保国有资产不流失、且不断保值增值的前提下，通过实施所有权、管理权和经营权三权分离改革，使国有景区去行政化，真正成为市场主体，实现公司化运营，走上良性发展的轨道。

2. “三城同创”：创建全国文明城市、国家卫生城市、国家森林城市。

3. “六个严禁”：围绕实现城市管理全国一流的目标，为给广大群众和游客创造整洁、规范的市容环境，区政府按照相关法律法规，自去年旅游旺季（即暑期）前在全区范围内全面取缔流动商贩、店外经营、露天烧烤、招手揽客、非法载客以及双人骑、电动车租赁经营等六类行为，简称“六个严禁”。

4. “14+1”街区景观改造提升工程：2016年实施的北戴河街区景观改造提升工程，“14”指14条（段）道路，即康乐路西段、红石路北段、育花路（含育花支路）、新河路、海宁路北段、108线、草厂南路、康健路、北四路、北五路、西六路、复兴路、驼峰路、滨海大道景观带（金屋浴场至浅水湾）。“1”指1个片区，即牛头崖片区，主要是205国道两侧。

5. 公路“白改黑”：水泥路面改为沥青路面。

6. “三车”：人力三轮车，电动、燃油三轮和四轮车。

7. “两改一清一拆”：改造城中村和永久保留村，改造危旧住宅和旧厂房，清垃圾杂物和残垣断壁，拆违章建筑。

8. “三严三实”：2014年3月9日，习近平总书记在第十二届全国人民代表大会第二次会议安徽代表团参加审议时，关于推进作风建设的讲话中，提到“既严以修身、严以用权、严以律己，又谋事要实、创业要实、做人要实”的重要论述，称为“三严三实”讲话。

9. “两学一做”：学习共产党党章党规，学习贯彻习近平总书记系列重要讲话精神，做合格党员。

10. “八项规定”：中共中央政治局会议审议通过的关于改进工作作风、密切联系群众的一项决议。主要内容有：改进调查研究、精简会议活动、精简文件简报、规范出访活动、改进警卫工作、改进新闻报道、严格文稿发表、厉行勤俭节约。

11. “四风”：形式主义、官僚主义、享乐主义和奢靡之风。

12. “两个率先”：在全市率先实现城乡一体化、率先全面建成小康社会。

13. 一个奋斗目标：区十二次党代会提出未来五年要奋力开启跨越发展、率先崛起的崭新篇章，加快建设滨海强区、健康之都。

14. 五个发展功能区：区十二次党代会提出未来五年要着力打造全域旅游示范区、城乡统筹先行区、生态建设领先区、非首都功能疏解承载区、文明城市模范区。

15. 五个明显提升：区十二次党代会提出未来五年要做到综合经济实力明显提升、生态环境质量明显提升、群众幸福指数明显提升、社会文明程度明显提升、旅游旺季工作明显提升。

16. “一带、双廊、四片区”：“一带”即滨海休闲度假旅游带，“双廊”即戴河绿色生态廊道和新河绿色生态廊道，“四片区”即南部休闲康养度假片区、东部生态观光度假片区、北部文化旅游度假片区、西部乡村旅游度假片区。

17. “四个一”推进机制：一个投资主体、一个责任主体、一个包项目县级领导、一个项目秘书的项目建设推进机制。

18. 2017年度6件为民实事：老旧小区基础设施改造提升。2017年对全区3~5个老旧小区基础设施进行改造提升，增建小区消防、技防设施、停车位以及围墙门禁系统，对原有道路、绿化、庭院灯、给排水设施、物业用房进行修整完善，对住宅楼外墙进行冲洗粉刷等。力争3年内完成所有老旧小区基础设施改造任务。居民生活小区物业管理扩面。在现有小区物业管理试点工作的基础上，结合实施基础设施改造工程，将物业管理工作向其他非试点小区进行扩展，逐步提升全区小区环境秩序的管理水平。为不同群体缴纳意外伤害保险：区财政出资约40万元，为全区2万余名60周岁以上户籍老年人投保意外伤害保险，投保费用为每人每年20元。区财政出资约15万元，为全区符合五保户、低保户等重点优抚对象认定标准的1500余名人员投保意外伤害保险，投保费用为每人每年100元。保障范围包括因遭受意外事故导致的死亡、伤残以及采取医疗救治产生的住院、门诊费用。其中，60周岁以上人员因意外事故造成死亡或伤残的，保障金额最高为一次性支付每人1万元；意外事故救治产生的住院、门诊费用保障金额最高为每人累计4000元。重点优抚对象因意外事故造成死亡或伤残的，保障金额最高为一次性支付每人10万元；意外事故救治产生的住院、门诊费用保障金额最高为每人累计2万元。试运营共享自行车。为进一步缓解旅游旺季交通拥堵，节约道路资源、减少环境污染、解决“出行难”等问题，2017年，我区将实施“酷骑共享单车”项目，在沿海线、景区及重要点位设立100个公共自行车停靠站、3000台共享单车。每个停靠站设有区域定位技术，用户可下载专用手机APP软件，注册并实名认证后在停靠站内实现对自行车的租赁、解锁、临时停车、充值、付费等操作。建成区公厕新建及改造提升工程。按照全域旅游示范区创建工作相关标准和要求，选址新建部分高标准公厕，并按照旅游公厕标准对建成区内现有公厕进行改造提升。刘庄北里路、老驼峰路改造。刘庄北里路全长520米，路宽5米，两侧为刘庄村民宿区，将现有水泥混凝土路面改造为沥青路面，概算投资80万元。老驼峰路改造路段1200米，路宽7米，两侧为丁庄村、陆庄村民宿区，将现有水泥混凝土路面改造为沥青路面，概算投资150万元。

19. 民生保险：自2014年以来，区财政为全区居民投保“民生保险”，投保费用为每人每年2元，保障范围包括见义勇为救助补助和自然灾害公众灾后补偿以及火灾、爆炸和空中物体坠落无责救助保障。保险期内，保障金额最高为每人11万元。

20. 家庭财产保险：自2016年以来，区财政为全区农村家庭免费提供家庭财产保险，投保费用为每户每年10元。保障范围包括因火灾、爆炸、盗窃、抢劫造成的家庭财产损失，保障金额最高为每户11500元。

21. “四个意识”：2016年1月29日，中共中央政治局会议提出党在新时期的新要求，即“增强政治意识、大局意识、核心意识、看齐意识”。

22. “四铁”干部队伍：2015年12月，习近平总书记在全国党校工作会议上提出，要打造具有铁一般信仰、铁一般信念、铁一般纪律、铁一般担当的干部队伍。

23. “放管服”：简政放权、放管结合、优化服务。

稿件来源：北戴河区政府办公室

大事记

1月

1日

自1月起，北戴河区城市低保标准由每人每月450元提高到500元，农村低保标准由每人每年2500元提高到3000元；五保分散供养标准由每人每年5100元提高到6120元。

6日

中国·北戴河“互联网+文化旅游高峰论坛暨碧螺塔2016年度发布会”在碧螺塔酒吧公园举办。论坛以“互联网+文化旅游”为导向，旨在认识“互联网+”的时代背景和战略意义。文化、旅游等单位和部门近300人参加。

11日

召开中国共产党北戴河区第十一届委员会第七次全体会议暨全区经济工作会议。会议传达了中央、省、市经济工作会议精神，报告区委常委会自十一届六次全会以来的工作；表彰2015年明星企业；审议通过《中共北戴河区委关于制定北戴河区国民经济和社会发展第十三个五年规划的建议（草案）》；分析当前经济形式，总结2015年全区经济工作；提出2016年全区经济工作的总体要求，主要任务。

20—21日

召开政协北戴河区第八届委员会第五次会议。应出席委员145人，实际出席131人。中共秦皇岛市委常委、北戴河区委书记李学民代表中共北戴河区委作重要讲话。会议听取并审议通过政协副主席卢洪文所作的《政协北戴河区第八届委员会常务委员会工作报告》，政协副主席杨振久所作的《政协北戴河区第八届委员会常务委员会关于八届四次会议以来提案工作情况的报告》。全体委员列席北戴河区第十四届人民代表大会第六次会议，听取并讨论《北戴河区人民政府工作报告》，区法院、区检察院工作报告及其他专项报告。会议选举裴耀辉为区政协第八届委员会主席，刘金为区政协第八届委员会秘书长。会议通过政协北戴河区第八届委员会第五次会议政治决议。

21—22日

召开北戴河区第十四届人民代表大会第六次会议，出席会议代表127人，列席80人。会议听取和审议了区人大常委会主任王玉海所作的《北戴河区人大常委会工作报告》，区长陈秋华所作的《北戴河区人民政府工作报告》《北戴河区国民经济和社会发展第十三个五年规划纲要（书面）》，发展改革局局长冯松所作的《关于北戴河区2015年国民经济和社会发展计划执行情况及2016年计划草案的报告（书面）》、财政局局长高银山所作的《关于北戴河区2015年财政预算执行情况和2016年财政预算草案的报告（书面）》、区人民法院院长黄滨所做的《北戴河区人民法院工作报告》、区人民检察院检察长陈国栋所作的《北戴河区人民检察院工作报告》，并作出相应决议。大会选举陈秋华为北戴河区人民政府区长，田秋燕为十四届人大常委会副主任，李佳为十四届人大常委会委员。

23—24日

“第十八届中国香港特别行政区青少年滚轴溜冰邀请赛”在香港举行，来自国内外的13支代表队参加比赛。北戴河区代表队在比赛中获得4金3银2铜的好成绩，也是北戴河轮滑队在省外比赛获得的历史最佳战绩。

25日

秦皇岛市委书记孟祥伟一行对戴河河道进行徒步踏查，实地考察戴河生态治理和周边环境改造情况。市委常委、北戴河新区工委书记刘宝岐，市委常委、北戴河区委书记李学民，副市长王亚洲参加了徒步踏查。

是月

进行公务用车制度改革，成立北戴河区公车制度改革工作领导小组办公室，印发《北戴河区公务用车制度改革推进实施方案》，召开有51家涉改单位参加的动员大会。核定参改单位公车编制136辆，全区原有公车244辆，留用134辆，取消110辆，除对符合封存条件的67辆进行封存外，对剩余取消车辆进行价值评估和社会公开拍卖，拍卖金额137.05万元，拍卖成交率达100%，并于10月18日全部完成车辆交接手续；对参改单位中符合车补发放条件人员的编制、级别进行逐一核实，确定补助标准；“车改”涉及司勤人员57人，经过核定保留13人，通过竞聘上岗、内部转岗、调离原单位等方式妥善安置44人。

是月

北戴河区保障农民工工资支付工作领导小组办公室组织区人社局、住建局、工会、市场监督等相关部门，对全区建筑工地、开发区企业、餐饮行业等重点用人单位开展联合检查，帮助146名工人追讨被拖欠工资147万元。

是月

北戴河国家湿地公园（试点）通过国家林业局验收，成为河北省第二处正式挂牌的国家湿地公园。北戴河国家湿地公园规划总面积306.7公顷，其中湿地面积164.2公顷，主要由浅海水域、潮间沙石海滩、河口水域、永久性河流、坑塘湖泊和沼泽洼地等湿地类型构成。

是月

北戴河中学被中国教育装备行业协会、中国教育报授予“全国中小学节约型校园建设示范校”称号，是全市唯一获此称号的学校。

2月

1日

第四届北戴河春节灯会开幕，以“春节到北戴河看灯去”为活动主题，分北戴河国际光雕公园主展区和北戴河怪楼奇园百姓灯盏自展区2个片区，包含主题灯组展览、光雕艺术欣赏、风味小吃长廊、民俗文化展演等内容，灯展为期23天。

是月

北戴河入选首批创建“国家全域旅游示范区”名单。

3月

1日

河北省公安边防总队总队长熊跃刚在总队司令部参谋长张宝善、警务训练处处长魏庆勇、边境管理处处长姚彬，秦皇岛市公安边防支队支队长赵明昕、政委卢宏伟、参谋长彭锦锋陪同下到北戴河边防派出所检查指导工作。

11日

秦皇岛市第一中学与北戴河奇石艺术学校签署合作办学协议，秦皇岛市第一中学首个分校——“树人高中”正式落户北戴河。树人高中的教育教学、管理等将完全按照秦一中模式运行，由秦一中组建新的学校领导班子和教师队伍，实现师资共享；奇石艺术学校投资1000余万元，升级改造教育教学设备设施，新建综合性实验楼，新学校9月正式开学。

15日

北戴河区人民法院执行庭更名为执行局。

22日

位于北戴河区金港大道8号的中国环境管理干部学院河北环境工程学院，由专科升格为本科层次的普通高校。

是日

河北省新型建材（技术）下乡宣传千里行活动（北戴河站）在秦皇岛市北戴河区北戴河村展开，来自省内的100余家建材（技术）企业参加活动，其中50余家企业代表对新型产品和技术进行了集中展示。活动由河北省住建厅和河北省工信厅联合举办。

31日

一架航班号为NS3279的波音737客机降落在新落成的秦皇岛北戴河机场，标志着该机场正式通航启用。北戴河机场通航后将开通飞往石家庄、上海、广州、青岛、哈尔滨、成都、徐州等国内航线，周航班量近70班，暑期还将开通至俄罗斯、韩国、日本等国际航线。

是月

北戴河区群众团体统一社会信用代码赋码工作启动实施。“一证一码”登记制度改革，赋码发证工作是将行政机关、编委办直接管理机构编制的群众团体现有的《组织机构代码证书》统一更换为《统一社会信用代码证书》，成为其新“身份证”。

是月

北戴河区被全国绿化委员会授予“全国绿化模范单位”称号，是全市唯一获此称号的县区。

4月

4月1日至10月31日

北戴河区开展全民洗城行动，定期于每月最后一个周五下午，集中组织全区机关、企事业单位、村居社区、沿街商户、志愿者等参加全民洗城行动。至10月底，共组织10次全民集中洗城活动，6次雨天洗城，4次沿海沙滩垃圾清理和6次人员密集区域环境卫生秩序整治，累计2.50万余人次参与，出动清洗、洒水等各类作业车辆1960辆次，清运积存垃圾1640余吨，拆除破旧广告牌匾、条幅48块（条），清洗道路1800万余平方米，擦洗果皮箱1906个次、公交站亭942座次、休闲椅、雕塑936个次、电线杆1044根次、绿化带栅栏6840余延长米、交通护栏6900余延长米。

10日

秦皇岛市首家青少年鸟类科普实践教育基地在北戴河区挂牌成立，基地以观鸟、护鸟为主题，开展摄影、写生、音源采集、仿生飞行器大赛、鸟巢设计制作等专题科普教育活动，增强青少年保护生态环境的意识。

26日

北戴河区地税局通过河北增值税发票税控代开软件联网测试，开出第一张增值税发票。

30日

2016北戴河“运动之春”第十二届轮滑节暨第十届全国少年速度锦标赛在北戴河碧螺塔酒吧公园开幕，来自全国各地的30余支代表队的4000余名轮滑爱好者参加活动。此次活动由国家体育总局社会体育指导中心、河北省体育局、中国轮滑协会联合主办。

是月

北戴河公安分局破获中国环境干部管理学院河北环境工程学院、秦皇岛职业技术学院、河北省外国语职业学院、奇石艺术学校等多所院校系列盗窃案件，抓获犯罪嫌疑人刘×。

5月

17日

由京城教育领军人物曲建华主持的“名校长工作室”在北戴河区教师发展中心挂牌成立，北戴河区5名学校校长成为该工作室首批学员。

28日

北戴河国际光雕园开园。光雕园占地2.47公顷，总投资1亿元。除光雕外，还经营生物科技研发，企业销售策划，广告设计的制作、代理及发布，餐饮服务，并主办承办各类文艺演出。

是月

河北省消协授予北戴河区家惠超市海宁

路店、艾欣超市草厂店“2015年度消费者满意示范单位”称号。

6月

5日

北戴河区人民医院与北京同仁医院、中日友好医院合作建立的北戴河泌尿外科微创治疗中心正式挂牌。

12日

北戴河区人民医院“红色义工”医疗服务站在牛头崖村举行揭牌启动仪式。区委常委、组织部部长丁新杰及区卫计局、区人民医院、牛头崖镇主要负责人参加启动仪式。

16日

公安部消防局副局长张福生在河北省公安消防总队队长魏捍东、秦皇岛市公安消防支队支队长王毅飞、北戴河区公安消防大队大队长孙永强、教导员贾虎刚的陪同下，对北戴河大队夏季消防工作进行督导检查。

18日

北戴河区首届“民宿特色百家宴”在戴河镇西古城村民宿一条街举办。活动齐聚全区百家民宿“厨师”，亮出“拿手菜”，烹制特色“家宴”，邀请游客和市民当场品尝；并通过现场投票、网上投票、专家评选等方式评选出“北戴河特色餐饮民宿户”“北戴河民宿特色农家菜”。此次活动由北戴河区旅游协会乡村旅游分会主办，戴河镇西古城村承办，戴河镇乡村旅游协会协办。

28—29日

中国海警局副局长王洪光率工作组一行6人考察暑期警卫一线，并召开中国海警北戴河暑期海上警卫调度会。

是月

北戴河区为465名严重精神障碍患者监护人投保责任险4.65万元，推动监护人“以奖代补”和监护人责任险实现全覆盖。

是月

北戴河区投资140万元建成智慧网格平台，并投入使用。

是月

北戴河区园林局启用贝尔206直升机，进行第一代美国白蛾防治工作飞行11架次，防治面积1466.67公顷。

是月

北戴河区2016年中小学生艺术节开幕，共创编优秀表演类节目61个，各类绘画作品、书法作品、摄影作品以及各类手工作品等100余类6500余件。

是月

北戴河区实验小学、海北路小学被河北省教育厅认定为第二批河北省素质教育示范校。这是继育花路小学被认定为首批河北省素质教育示范校后，北戴河区又有2所学校步入省级素质教育示范校行列。

是月

北戴河中学有219人参加高考，本科一批上线1人；本科二批上线115人，上线率52.50%；专科上线218人，上线率99.50%。

是月

区园林局邀请中国林业科学研究院森林生态环境保护专家为油松“把脉会诊”，对联峰山林区、联峰路、东西经路、东海滩路、中海滩路、河北省管理处、中央军委北戴河疗养院、省总工会疗养院等地段的油松进行调查。专家组通过观察松树生长环境、了解长势衰弱过程、查看发病症状、检查病虫害发生情况等方式进行认真会诊，对已经确诊的病虫害提出防治建议。

是月

教育部2015年“一师一优课、一课一名师”活动结果出炉，北戴河区有5名教师获省级以上奖励，其中获部级优课2节，省级优课3节。

7月

1日

秦皇岛市公安交管部门对北戴河区采取新的交通管控措施。对北戴河区单赤路等部分道路实行单行和限时通行管理，其中，全年单行的道路包括海二路中段（北四路至北六路段）设置为由西向东单行道，禁止机动车由东向西行驶；育花路（全线）设置为由南向北单行道，禁止机动车由北向南行驶；红石北路（联峰北路至联峰路段）设置为由北向南单行道，禁止机动车由南向北行驶；育花支路（红石北路至育花路段）设置为由西向东单行道，禁止机动车由东向西行驶。7月1日至8月31日，北戴河区单赤路北段（联峰路至滨海大道段）设置为由北向南单行道，禁止机动车由南向北行驶。黑石路（国林宾馆路口至滨海大道段）设置为由西向东单行道，禁止机动车由东向西行驶。北戴河区红石南路（联峰路至东经路段）设置为旅游旺季步行街，旅游旺季期间禁止机动车通行。

是日

北戴河区在鸽子窝公园、怪楼奇园、联峰山公园、碧螺塔酒吧公园、野生动物园、集发生态农业观光园、石塘路市场、老虎石浴场设置的“12315消费维权服务站”正式启用，负责第一时间接受和处理消费投诉。

是日

秦皇岛市首家国地税联合办税服务厅在北戴河正式启用。服务厅设地税窗口2个、国税窗口5个、联合办税窗口5个，共12个窗口，另设10个网络自助办税服务终端，实现国税、地税业务“一厅通办”。

4日

河北省委常委、政法委书记、副省长、省公安厅厅长董仚生到北戴河，考察指导暑期海上警卫工作，并看望慰问暑期一线全体官兵。

6日

河北省委常委、政法委书记、省公安厅厅长董仚生到北戴河东山、西山、车站等6个派出所及北戴河村、单庄商业区考察旅游高峰期安保工作，并慰问一线参暑民警。

9日

中国电影专题展在北戴河同道电影坊开展。展览分为中国美术电影、香港电影和台湾电影3个专题，展出老电影剧照、老胶片、放映机、图文展板等百余件，从不同角度展示中国电影的成就。秦皇岛市委常委、宣传部部长杨长新出席中国电影专题展开幕式。此次展览由北京师范大学纪录片中心与中国电影博物馆联合举办。

15日

公安部边防管理局局长陈定武在河北省公安边防总队总队长熊跃刚、参谋长张宝善，秦皇岛公安边防支队支队长曹国锋陪同下到东山旅游码头、总队前进指挥所检查指导工作。

18日

武警部队司令员王宁到武警河北省总队第三支队八中队检查指导工作，并作重要讲话。

是日

“全民齐参与，共创文明城——北戴河志愿者在行动”活动在北戴河区启动，来自北戴河区的10支志愿者服务队、7大服务行业代表共计200余人参加活动。市委常委、宣传部部长杨长新，市委常委、北戴河区委书记刘宝岐，副市长冯志永出席活动。至此，北戴河区已组建190余支志愿服务队伍，志愿者5000余人。

21日

国务委员、国务院秘书长杨晶到武警河北省总队第三支队检查指导北戴河暑期警卫工作。

是日

国务委员、公安部部长郭声琨到武警河北省总队第三支队考察，慰问一线执勤官兵，并向支队赠送10万元慰问金。

29日

公安部边防管理局副局长欧洛布穷在河北省公安边防总队总队长熊跃刚陪同下到东山旅游码头检查指导工作。

是月

北戴河区购置的首批73台新能源环卫车陆续到位使用，其中包括3台清洗车、60台三轮电动车和10台小型电动扫路车。这些车辆具有无噪音、低污染、使用成本低、造型美观等优点。

是月

北戴河区城市管理部门与红石路、黑

石路片区211家商户建立“城市管理工作群”。通过微信群，城管部门可及时发布政策法规、城管动态、便民服务等信息，商户也可将发现的店外经营、流动商贩等违规行为及时向城管队员投诉举报，实现与商户“零接触”。

是月

北戴河区内已有8条公交线路完成车载刷卡机的升级改造，此次纳入“河北交通一卡通互联互通”建设的8条线路为5路、6路、15路、22路、37路、38路、601路、游1路公交车。升级后的车载刷卡机全部贴有“交通联合”标志，辨识度高，省内和京津地区的游客持有“交通联合”标识的IC卡，就可在这8条线路的公交车上实现刷卡乘车。

8月

1日

北戴河区地税局受理了首笔水资源税纳税申报，标志着北戴河区水资源费改税完成。

3日

“北京医院医联体北戴河医院”和“北京医院网络远程医疗协作医院”在北戴河揭牌，标志着北戴河医院与北京医院合作展开。

是日

北戴河车站派出所接到衡水市游客报案，因无意点击一条“车辆违章”短信链接，发现其与手机绑定的中国建设银行银行卡被转账人民币12万元。办案民警通过取证，发现被骗钱款只是转到第三方平台（北京中金金融）尚未完成支付，立即与中金金融客服取得联系要求暂缓支付，最终迫使中金金融公司终止了支付，将12万元被骗钱款全部追回。

5日

中共中央政治局常委、中央书记处书记刘云山看望在北戴河休假的专家。代表党中央、国务院向各领域优秀人才表示亲切问候和良好祝愿。中共中央政治局委员、国务院副总理马凯，中共中央政治局委员、中央组织部部长赵乐际参加看望活动。

6日

王书平画展在北戴河劳动人民文化宫开幕，共展出作品40余件。全国政协书画室副主任、中国文联副主席覃志刚，天津市政协副主席田惠光，河北省政协党组成员、秘书长郭大建以及中国美协、天津市文联、秦皇岛市有关方面负责人和京津冀三地部分美术家观看展览。活动由全国政协书画室、中国美术家协会、天津市文学艺术界联合会联合主办，秦皇岛市委宣传部等单位承办。

9日

公安部边防局政委牟玉昌在河北省公安边防总队总队长熊跃刚、政委章启忠陪同下到东山旅游码头检查指导工作。

11日

公安部常务副部长傅政华到北戴河边防派出指导工作并慰问一线官兵。

17—19日

第四届北戴河国学论坛在北戴河举行，来自全国各地的200多名国学专家学者和国学爱好者参加论坛。活动由秦皇岛市社科联所属学会市国学研究会主办。

19—21日

举办首届北戴河艺术论坛。来自国内外的30多位艺术家、学者就介入社会的艺术理论研究、实验探索进行探讨、推介和展示，深入研究探讨了文化、艺术、产业、价值观在乡村的融合与发展。艺术论坛由中国艺术研究院主办，中国艺术研究院艺术人类学研究所、宋庄树美术馆联合承办。

9月

4日

2016中国体育彩票北戴河铁人三项赛在北戴河区平水桥浴场开赛，来自国内外的16支代表队的200余人参加比赛。比赛全程为51.50千米，即游泳1.50千米，自行车40千米，长跑10千米。经过角逐，党琦、王昊天、叶尔加那提·包拉提、王守义、宁雪松、孙胜利分别获得男子各组别的冠军，女子组各组别冠军则由高雅楠、马建静、董丽丽、李燕获得。北戴河铁人三项大赛由河北省体育局、秦皇岛市人民政府主办，秦皇岛市体育局、北戴河区人民政府、河北省体育局自行车运动管理中心、河北省体育彩票管理中心、河北省铁人三项运动协会承办。

7日

北戴河区建立社会救助联席会议制度，实现信息共享，构建区最低生活保障、特困人员供养、受灾人员救助、医疗救助、教育救助、住房救助、就业救助和临时救助8项制度，与社会力量参与社会救助的“8+1”救助体系。北戴河区社会救助联席会议由区民政局、区政府办公室、区委宣传部、区人社局等26个部门和单位组成。

是日

北戴河区在劳动人民文化宫召开2016年教师节表彰暨庆祝大会。对优秀教师、优秀教育工作者、优秀骨干教师、师德标兵、教龄满30年教师等13个类别471名教师给予表彰。同时，首次对乡村工作满20年教师、乡村工作满10年教师颁发荣誉证书予以奖励。全区所有在职教师、各支教单位1300余人参加了会议。

8日

光耀民族魂·共筑中国梦——首届“北戴河”杯“民族之花”全国少数民族歌舞、服饰公益邀请展演在北戴河劳动人民文化宫举行，来自上海、海南、新疆等多个省、直辖市、自治区的33支代表队参赛。本次活动由中华文化促进会传统文化委员会主办。

11日

京津冀文艺家创作采风基地挂牌仪式在北戴河·艺术部落举行，标志着北戴河·艺术部落正式投入运营。该艺术部落位于北戴河村，占地面积2600多平方米，是集文化艺术交流、人才培训、艺术品展示展销、艺术家采风创作、文艺演出等功能于一体、对社会开放的公益文化场所。

12日

北戴河区培养输送的轮滑选手张弛在世界速度轮滑锦标赛男子1000米比赛中获得冠军，这是中国男子选手在世界级速度轮滑比赛中获得的首枚金牌，实现了中国男子速度轮滑30年来金牌零的突破。

17日

首届北戴河经济论坛在北戴河区华北电力大厦举行。秦皇岛市委副书记、市长张瑞书，河北省工业与信息化厅党组书记龚晓峰，秦皇岛市副市长孙国胜出席开幕式，北京大学纵横创始人王璞被秦皇岛MBA联合会聘为名誉会长。论坛会由北大纵横管理咨询集团主办。

28日

经国务院批准在河北省秦皇岛市设立北戴河生命健康产业创新示范区，也是国内首个生命健康产业创新示范区。示范区规划面积5.20万公顷，包括北戴河区、北戴河新区、北戴河国际机场空港区等区域，核心区位于北戴河新区，规划面积4000公顷。重点发展生命健康服务业、生命健康制造业和绿色健康农业，形成“医、药、养、健、游”五位一体的生命健康产业集群。

29日

北戴河区妇幼保健站更名为北戴河区妇幼保健计划生育服务中心。

29日

2016秦皇岛·京津冀文化创意产业（交易）博览会在北戴河区北戴河艺术村开幕。博览会分为文化产品展示、文化产业交流与合作、文化产业项目推介、文化产业项目洽谈与签约、优秀文化产业作品评选以及文化创意产业高峰论坛等6大主题区域。来自北京、天津及河北的200余家参展商参加活动。

10月

8日

北戴河区召开取缔整治双人骑专题会议，区委副书记、区长陈秋华，区委副书记付顺义、副区长孙谓青出席会议，区政府办、区委宣传部、区城管局、区市场监管局、区旅游局、戴河镇、海滨镇、区公安分局、交警五大队等相关部门和单位负责人参加会议。会议就全面取缔双人骑、电动车租赁经营行为相关工作进行安排部署。

10日

北戴河区召开取缔城市区道路“三车”（人力三轮车，电动、燃油三轮和四轮车）非法营运专项行动部署会，区委宣传部、区公安分局、区财政局、区交通运输局、区城管局、区信访局、区人社局、区民政局、区市场监管局、区卫计局、区残联、区国税局以及镇街有关负责人参加会议。

15日

第五届中国北戴河国际观鸟摄影展暨颁奖仪式在秦皇岛市野生动物园成功举行，来自北京、天津、辽宁、广东、云南等地的150余名观鸟、拍鸟爱好者参加活动。此次活动由中国野生动物保护协会、河北省林业厅和秦皇岛市政府共同主办。

18日

北戴河滨海湿地及水鸟保护国际研讨会在秦皇岛举行。中国国际经济交流中心理事长曾培炎，河北省省长张庆伟，保尔森基金会主席亨利·保尔森，国家林业局副局长李树铭出席开幕式并致辞，河北省政府秘书长朱浩文主持开幕式。北戴河滨海湿地及水鸟保护国际研讨会由中国国际湿地公约履约办公室、保尔森基金会、中国国际经济交流中心、河北省人民政府共同主办。

21日

北戴河区第九届中小学班主任基本素质大赛在区教育局落下帷幕。全区17所中小学的21名班主任教师通过教育故事演讲、才艺展示、班会课活动设计、情景答辩等4个环节展开角逐，牛头崖小学赵阳、第二中学王雅娟、北戴河中学刘玥分获小学组、初中组、高中组第一名，将代表北戴河区参加市级比赛。

28日

2016年中国北戴河首届冬泳文化节在北戴河区老虎石海上公园开幕，31个省市自治区42支代表队的900多名冬泳爱好者参加了活动。此次文化节由北戴河区政府主办，冬泳网理事会、北戴河区体育局承办。

是月

2016年全国（北戴河）长胶大联盟第一届“会长杯”乒乓球赛在北戴河树人中学举行，来自北京、香港、天津、河北、山西等全国20多个省市的24支代表队近100名运动员参加比赛。全国长胶大联盟总会会长黄建疆被聘为奇石教育集团树人中学乒乓球学校校长。

12月

1日

自即日起，北戴河区城市低保标准由原来的每人每月500元提高到每人每月550元，人均月补差393.47元；农村低保标准由原来的每人每年3000元提高到每人每年3500元，人均月补差201.55元。

是年

北戴河区推进餐饮服务行业安装油烟净化设施，出动执法车辆912辆次、执法人员1875人次，检查餐饮服务单位2751家次，完成595家餐饮单位的油烟净化设施安装。

是年

开展2016年北戴河星级民宿评选活动，评选出168家星级民宿。其中，五星级民宿5家，四星级民宿20家，三星级民宿101家，二星级民宿31家，一星级民宿11家，参评星级民宿通过率达83.60%。

是年

北戴河区全部财政收入完成8.15亿元，比上年增长3.80%，其中区级公共财政预算收入完成4.46亿元，比上年增长9.50%；全部公共财政预算支出10.15亿元，比上年增长2.20%。

是年

北戴河区共接待游客793.03万人次，比上年增长2.81%。其中国内游客791.55万人次、入境游客1.48万人次，分别比上年增长2.78%和27.63%。接待俄罗斯游客11635人，比上年增长45.27%。

区情综述

自然环境

【位置面积】 北戴河系秦皇岛市辖区，位于渤海湾北岸中部，河北省东北部，地理坐标位于北纬39°47′48″～39°53′17″，东经119°24′08″～119°31′58″。东北与海港区毗连，北、西部与抚宁县接界，东西最长11.20千米，南北最宽10.15千米，总面积112.50平方千米，海岸线23千米（注：除土地面积为初步勘测的面积外，其他均为原辖区口径，不包括牛头崖镇）。区政府驻地东北距秦皇岛市中心19千米，西距首都北京约270千米。京（北京）哈（哈尔滨）铁路、205国道从境内通过。102国道临境，京（北京）沈（沈阳）高速公路从境北附近通过，境内建有高速公路北戴河出口至崔各庄路口连接线，是关内特别是华北连接东北的咽喉，地理位置优越。

【地形地貌】 北戴河地质构造复杂，加之外力的作用，新太古以前生成的东西方向与燕山期后生成的北北东向断裂各4条，把北戴河大地切割成许多规则的块体；25亿年前形成的新太古界变质花岗岩广泛出露，形成了境内形态多样的地貌类型。

域内北部为剥蚀平原，地势低平，略有起伏；南部为低山区，山岭连绵，群峰屹立；东北部为海积平原，分布有海生次成沙丘，局部有沿海沼泽地；西部为洪冲积平原。海拔大多在10米以下，最低海拔1.50米；最高点东联峰山，海拔152.10米。域内戴河和新河两条河流分别在西部和东部入海。海岸线东起黑河口西至戴河口，全长23千米，其中岩石岸线10.80千米，占河北省岩石岸线的52%。海域宽阔，沿岸分布着平均15米宽的绵软沙滩。

海蚀地貌。主要有活海蚀崖和死海蚀崖。其中，活海蚀崖分布在鸽子窝至金山嘴一带。伸入海中岬角的岩石受拍岸浪的拍击、掏蚀，岩石沿节理面崩塌，海岸线向陆地方向后退，一方面形成与海面大致相当的波切台，另一方面形成高达20余米的海蚀崖；死海蚀崖主要特点是形成海蚀阶地和礁石群，主要分布在金山嘴至戴河口之间的岩岸地段。

海积地貌。除滨海低平原外，还有沿海沙滩、连岛沙坝、潮坪、岩滩、河口沙嘴。

【气候类型】 北戴河区属暖温带半湿润季风型大陆性气候。气候特点是四季分明，冬季寒冷干燥，夏季潮湿凉爽，春、秋阳光充足温暖适中。由于海洋调节作用冬无严寒，夏无酷暑，是避暑、休疗、康养的好地方。夏季水热组合好，适合各种温带作物和温带果树生长。

2016年，秦皇岛市北戴河区天气气候特点为：气温、降水接近常年。年平均气温为10.7℃，属正常年份。年极端最高气温34.5℃，出现在8月13日，年极端最低气温−20.7℃，出现在1月23日。年降水量为693.6毫米，属正常年份。

冬季（2015年12月至2016年2月）平均气温−4.0℃，较常年偏低1.1℃，属偏低年份；其中，2015年12月平均气温较常年偏高0.5℃，1月平均气温较常年偏低2.8℃，2月平均气温较常年偏低1.1℃。春季（3—5月）平均气温11.2℃，较常年高0.4℃，属正常年份；3月、4月、5月平均气温均接近常年。夏季（6—8月）平均气温23.7℃，属正常年份；6月、7月、8月平均气温均接近常年。秋季（9—11月）平均气温12.0℃，较常年偏低0.6℃，属偏低年份；其中，9月、10月平均气温接近常年，11月平均气温较常年偏低1.4℃。

2016年北戴河区各月平均气温一览表

表1　　单位：℃

月份	平均气温	月份	平均气温
1月	−7.6	7月	24.7
2月	−3.0	8月	25.0
3月	4.7	9月	20.5
4月	11.5	10月	12.4
5月	17.5	11月	3.0
6月	21.5	12月	−1.4

2016年，北戴河区降水量693.6毫米，比常年偏多91.3毫米，属正常年份。

冬季（2015年12月至2016年2月）降水量7.2毫米，较常年偏少3.4毫米，属偏少年份，其中，2015年12月、2016年1月较常年显著偏少；2月降水较常年偏多18%。春季（3—5月）降水量57.1毫米，较常年偏少38%，属偏少年份，其中，3月、4月降水量显著偏少；5月降水量接近常年。由于3月、4月以来北戴河区降水显著偏少，夏季（6–8月）降水量552.0毫米，较常年偏多34%，属偏多年份，其中，6月降水量接近常年；7月降水量较常年显著偏多；8月降水量较常年偏多。秋季（9—11月）降水量77.6毫米，较常年偏少13%，属正常年份，其中，9月、11月降水量较常年偏少；10月降水量较常年偏多。

2016年北戴河区各月降水量一览表

表2　　单位：毫米

月　份	降水量	月　份	降水量
1月	1.6	7月	252.5
2月	4.6	8月	213.6
3月	4.6	9月	34.8
4月	4.7	10月	37.6
5月	47.8	11月	5.2
6月	85.9	12月	0.7

无霜期211天，较常年偏长。初霜日出现在10月24日，终霜日出现在3月26日。

最大冻土深度51厘米，出现在2月份，较常年偏深；结冰日数127天；冬季最大积雪深度4厘米。

年日照时数2625.2小时，年日照百分率59%，接近常年。

年平均相对湿度68%，接近常年；雾日29天。

年平均风速1.8米/秒，多西北风。

【气象灾害】 2016年，北戴河区出现的主要天气气候事件有大雾、寒潮降温、洪涝灾害等。

大雾　出现大雾天气29天，其中，2月2天，3月3天，4月2天，6月2天，7月3天，8月1天，9月5天，10月3天，11月4天，12月4天。雾和霾天气对北戴河区设施农业、交通运输安全、市民生活产生不利影响。

降温　是年，出现了中等强度以上降温天气，其中，达到强降温级别的具体日期是：1月18日、23日；2月14日；10月31日；12月26—27日。

洪涝灾害　7月20日4时开始，北戴河区出现区域性大暴雨天气，截至21日6时40分，降雨量达133毫米，此次暴雨导致全区不同程度受灾，据统计，全区受灾人口5463人，戴河镇780人，牛头崖镇5463人。因灾房屋倒塌和严重损坏需拆除重建4户10间，一般损坏需加固修缮16户35间。

8月18日、19日北戴河区出现区域性暴雨天气，过程降雨量达161毫米，暴雨导致全区不同程度受灾，据统计，戴河镇因灾房屋倒塌和严重损坏需拆除重建1户3间，牛头崖镇3户7间，一般损坏需加固修缮16户35间。此次洪涝灾害造成直接经济损失约为31.47万元。

（齐义君）

自然资源

【土地资源】　北戴河区土地总面积为11250公顷，其中，耕地737.47公顷、园地586.13公顷（全部为果园）、林地1546.31公顷（有林地1339.17公顷、其他林地207.14公顷）、草地28.05公顷（全部为其他草地）、城镇村及工矿用地3017.59公顷（城市2017.36公顷、建制镇465.54公顷、村庄489.75公顷、风景名胜及特殊用地44.94公顷）、交通运输用地486.04公顷（铁路用地86.15公顷、公路用地323.39公顷、农村道路76.5公顷）、水域及水利设施用地637.57公顷（河流水面132.36公顷、坑塘水面107.62公顷、沿海滩涂361.93公顷、沟渠29.4公顷、水工建筑用地6.26公顷）、其他土地250.73公顷（设施农用地229.94公顷、田坎8.19公顷、裸地12.6公顷）。（注：除全区总面积外，其他数字均为2015年数字）

【水利资源】　北戴河地势微倾于海，地表径流迅速入海。又因北戴河地层为新太古代晚期花岗岩，为弱贫水层或无水层，水资源贫乏。水资源总量为1410万立方米，其中，地表水为1046万立方米，地下水资源量为503万立方米，重复计算量为139万立方米。人均水资源占有量为199立方米，低于秦皇岛市人均水资源占有量290立方米。降水是地表水的唯一来源。地下水资源分布不均，区域特点明显，多分布在两个断层带：戴河、新河与其他河流的沿岸及较大水库、塘坝等地下水补给排泄区内。地下水为流域积层孔隙潜水与基岩裂隙浅水，蓄水性差，没有开采价值，除部分村庄利用不稳定的流层地下水作为饮用和部分农田灌溉用水，全区用水主要靠抚宁洋河水源地和引青龙河水入境供水。

【海洋资源】　北戴河南临渤海，在海区及周边海区有鱼类68种。其中主要鱼种有：日本鲤鱼占52.60%，鲈鱼占9.40%，斑鱼祭鱼占5.80%，银鲳鱼占5.10%，绿鳍马面豚占5%，蓝点鲅占3%，牙鲆占2.70%，黄益鲽占1.10%，白姑鱼占1%。上述鱼种之和占海区鱼类生物量的85.70%。此外还有黄棘头梅童鱼、焦氏舌鳎、青鳞鱼、梭鱼、带鱼、黄鲫、孔鳐等。

无脊椎动物，主要种类为软体和甲壳类动物。软体动物中有短蛸、长蛸、日本枪乌贼、曼氏无针乌贼。甲壳类动物中有三疣梭子蟹、日本鲟、中国对虾、鹰爪糙对虾、日本鼓虾、脊尾白虾、菖氏长臂虾、脊尾褐虾、虾蛄。无脊椎动物的生物量，以三疣梭子蟹为多，占总生物量的42.90%。其次为虾蛄占22%，日本枪乌贼占14.60%，曼氏无针乌贼占6.10%，日本鲟占4.20%，短蛸占3.40%，中国对虾占3.20%，其他占3.60%；底栖生物共11类150种。其中，软体动物56种，甲壳类35种，多毛类27种，棘皮动物9种，鱼类7种，腔肠动物5种，脊索动物4种，益虫2种，星虫、帚虫、纽形动物、扁形动物、腕足类各1种。

金山嘴一带海域为高生物量分布区，海底断面生物量38.14克/平方米，生物密度428.90个/平方米。主要为文昌鱼、海豆芽、毛蚶、凸镜蛤等。在金山嘴近岸10千米一带的海底生物栖息密度高达8033个/平方米，其中98.13%为文昌鱼；在岩礁区和沙底浅海中，蕴藏海参。

潮间带生物有163种，群落以双壳类、甲壳类为多。

【植物资源】 北戴河植物区系在世界植物地理上属于泛北极植物区的中国日本植物亚区。植物起源于第三纪植物区系，未受到第四纪大规模冰川的直接侵袭，受中亚干燥化的影响也不太大，所以第三纪植物区系未遭受根本性破坏，一直保留到现在。如豆科的合欢，苦木科的臭椿，无患子科的栾树，壳斗科的板栗等，在区内都有零星分布，它们都是第三纪植物区系的直接后代。中国日本区系的特产植物，如百禾科的知母，大戟科的猫儿眼，菊科的泥胡菜等在这里均有分布。

植物有海生植物、入药植物和木本植物。海生植物中常见的有海白菜、龙须菜、昆布、海菊花等。入药植物有麻黄、荆介、麦冬、薏米等近200种，多分布在东、西联峰山，海滨林场和滨海沙滩。木本植物种类繁多，可分为43个科，共137个品种。主要有油松、刺槐、栎等，较为珍贵稀有的桑橙、牡丹、爬地柏、垂柳等，有古树298株，名木168株，稀有树木16株。其中1株国槐树龄已达599岁，属国家一级古树。

本地的地带性植被，为温带常绿针叶林和落叶阔叶混交林。此外，还分布有灌丛草坡、盐生灌丛和盐生草甸等。

【动物资源】 北戴河南临渤海，在海区及周边海域，有可供开发利用的游泳动物、底栖动物。又由于北戴河海岸与烟波浩渺的大海、绵延起伏的山脉，以及沿海的平原形成鲜明对比，有利于过路鸟的辨认，因此这里又是鸟类动物乐园。此外还有环节、软体、节肢类、兽类等野生动物。

野生动物有8个种类450余种，最为丰富的是鸟类资源，有20目61科415种，其中，国家一级保护的12种，二级保护的49种；留鸟36种，候鸟369种，是中国第一个候鸟保护区。位于赤土山附近的“北戴河湿地”，被纳入“国际湿地保护网络”，2011年被列入国家湿地公园试点，每年吸引着众多的中外观鸟爱好者，被誉为“观鸟的麦加”。

两栖、爬行类。两栖动物有青蛙、蟾蜍。爬行动物有蛇、蜥蜴、壁虎、龟等。

兽类。主要有：狐狸，冬季在东联峰山偶有，数量不多。目前，在本地常见的兽类有獾、山狸、野兔、黄鼬、刺猬、蝙蝠等。

环节、软体、节肢类。环节动物有蚯蚓、蚂蟥。软体动物有河蚌、蜗牛。节肢动物有蝴蝶、蜜蜂、野蜂、蝼蛄、螳螂、蜻蜓、蟋蟀、蚂蚁、金龟子、椿象、河虾、河蟹、蜈蚣、蚰蜒、蜘蛛等。

建置沿革

北戴河历史悠久，远在新石器时代，先民就在这块土地上繁衍生息，开始了半渔猎、半农耕的生产劳动，创造了具有明显的龙山文化特征的文明。

据史载，北戴河上古属幽州，商、周属孤竹国，春秋战国时为燕国，秦、汉、隋属辽西郡，唐为河北道营州，明、清属永平府。清光绪二十四年（1898），清朝廷将北戴河海滨辟为避暑区。

中华民国初，改属直隶省津海道临榆县。民国21年（1932）6月，北戴河避暑区改称北戴河海滨自治区。民国23年（1934）3月，北戴河海滨自治区与临榆县正式实行划界，直隶河北省。民国25年（1936）12月，改称北戴河海滨风景区。民国34年（1945）7月，改北戴河风景区为北戴河海滨区管理局，隶属河北省公署。

1948年11月26日，中国人民解放军入境，北戴河解放。建海滨区公所，属河北省秦榆市。1949年4月28日，改秦榆市为秦皇岛市，海滨区隶属之。1954年2月，改海滨区为北戴河区至今。

行政区划

2016年，北戴河区辖海滨镇、戴河镇、牛头崖镇3个镇，43个行政村（刘庄村、草厂村、陆庄村、丁庄村、河东寨村、单庄村、赤土山村、北戴河村、西古城村、车站村、西坨头村、拨道洼村、太平庄村、蔡各庄村、朱庄村、苏庄村、东坨头村、乔庄村、甘各庄村、谢李庄村、费石庄村、大薄荷寨村、小薄荷寨村、崔各庄村、杨各庄村、牛头崖村、狮子河村、南甸子村、南新庄村、卢王庄村、蒲兰村、桃园村、满井村、岭上村、北坊村、柏新庄村、渠子口村、老鸦窝村、沙坡张庄村、马庄村、贾庄村、大泥河村、小泥河村）；北戴河区东山街道办事处、北戴河区西山街道办事处，10个社区居民委员会（育花路社区、东山社区、东经路社区、英才社区、安居社区、西山社区、剑秋路社区、平安路社区、车站社区、宁馨苑社区），2个社区家委会（河北外国语职业学院家委会、五七一一家委会）和北戴河经济技术开发区。

人口状况

年末，全区户籍人口95862人，其中，城镇常住人口95862人，城镇化率100%。另有流动人口14737人。总人口中，男性46590人，占48.60%，女性49272人，占51.40%；18岁以下13964人，占14.57%；18~60岁58709人，占61.24%；60岁以上23189人，占24.19%。总人口中，以汉族为主，达92412人，占96.4%；有满族、回族、蒙古族、朝鲜族、土家族、苗族、侗族、彝族、藏族、壮族、锡伯族、鄂温克族、黎族、达斡尔族、仫佬族、瑶族、哈尼族、傣族、布依族、仡佬族、俄罗斯族、裕固族、畲族等23个少数民族、3450人，占3.6%；人口超过25人的有满族、回族、蒙古族、朝鲜族、土家族5个民族，其中，满族2863人，占少数民族人口的82.99%；回族159人，占4.6%；蒙古族202人，占5.86%。2016年，出生人口802人，人口出生率7.79‰，人口死亡率4.9‰，人口自然增长率2.9‰。

宗教

区内有佛教、道教、伊斯兰教、天主教、基督教，信教群众305人，有1个基督教福音堂活动场所。

历史文化

【名胜古迹】 北戴河有一碧万顷的蓝色海洋，峰峦叠嶂的绿色青山，茂密葱郁的城市森林，蜿蜒起伏的金色沙岸，白墙红顶的别墅楼房，构成了“雨水苍茫万里情”的巨幅画面。古迹有秦代的行宫遗址，明代的古刹观音寺等，并形成以联峰山、中海滩、碧螺塔、鸽子窝四大景区为特色的风景名胜网络。

鸽子窝景区。位于北戴河海滨东北端，因鸽子窝公园而得名。景区内除鸽子窝公园外，还有野生动物园、奥林匹克大道公园、怪楼奇园等景观。

碧螺塔景区。位于海滨东南端，与鸽子窝景区相连，因碧螺塔公园而得名。主要景观有碧螺塔酒吧公园、金山嘴、南天门、秦皇行宫遗址、游览码头等。

中海滩景区。与北戴河海滨中心相连，

东起海滨七桥南路，西至平水桥，以沿海多游园和海浴场为特色，以老虎石景点为中心，南面是一望无垠的大海，北面是绚丽多姿的楼阁亭榭，站在海岸高大的岩石上，可南观大海，西眺联峰山。主要景点有老虎石海上公园、平水桥公园和滨海绿带。

联峰山景区。西起戴河入境发端，东至平水桥，主要景观有东联峰山、西联峰山、集发生态农业观光园。景区以登山览胜，林中探幽，赏花垂钓为特点。景区东部怪石林立，掩映在苍松翠柏中的石洞，千姿百态，骆驼石、卧牛石，石石怪异；通天洞、桃源洞、老虎洞，洞洞新奇。

【老别墅群】 “层楼近水倚群峰”讲的是北戴河别墅的诗境。蓝天绿树映衬下的红顶、素墙、太阳台构成北戴河别墅群独特的建筑风格，以此而闻名中外，具有很强的观赏性。

北戴河的别墅始建于清光绪十九年（1893），首由英国传教士史德华开其端，至光绪二十四年（1898）清政府辟为避暑区后，外国人及中国的官僚政客则纷纷来此建屋，别墅楼房从西山到东山连缀成片，至1948年北戴河解放，已达719幢，居中国所有避暑别墅区第二位。

北戴河的别墅在布局上十分注意与自然环境融合与协调，一般别墅只占用地总面积的15%左右，或依坡就势，或取“悬”用差，依联峰之势，逶迤海岸，此所谓“层楼近水倚群峰”。且各个别墅互不相连，中间以绿地花木相隔，围墙高仅至膝，成为意趣自然的庭院，具有浓厚的田园情调。

这些别墅的显著特征，依山面海，疏密有致，山巅、海边、峰回路转之间，斜坡溪涧之旁，诸多别墅，掩映在苍松翠柏之中，其建筑风格迥异。中国建筑多以石为墙，深宅大院，繁荫巨干，香花绿地，以保自然之本色；西式别墅屋必有廊，廊必深邃，以蔽骄阳，多以刺槐、刺松、侧柏为墙，墙高及肩，不碍远眺。

漫步别墅石径小路，既可领略中国浓郁的园林风韵，又能欣赏西方庭院的色彩，给人以美的享受。加之今日中国园林式别墅和现代新建单元式别墅拔地而起，使北戴河的建筑名闻遐迩。

北戴河别墅的另一个特征是名人别墅多。民国7年（1918）第一次世界大战后，中国的官僚政客，到北戴河疗养的日益增多。袁世凯、周学熙、朱启钤、张作霖、张学良、吴鼎昌、段芝贵、傅作义、孙科、顾维钧等都曾来北戴河并建或购有别墅。当地曾流传着一首民谚，叫“吴家楼、段家墙、霞飞馆的大草房”。吴家楼坐落在东联峰山下，其主人吴鼎昌（1884—1950）浙江吴兴人，时任北洋政府中国银行总裁、财政部次长，后任南京国民政府实业部部长、贵州省主席，民国37年（1948）任蒋介石总统府秘书长。段家墙，指段芝贵（1869—1925），安徽合肥人，北洋政府时曾任东三省巡按使，北京京畿警备司令，定国军前敌总指挥，别墅及院墙位于中直北戴河服务局院内。霞飞馆位于联峰山莲花石公园内，现已无存。

【名人名迹】 北戴河古属碣石地域，自春秋战国以来，燕昭王、秦始皇、汉武帝、魏武帝、唐太宗等8位皇帝都曾折腰巡幸，裹足驻跸。嬴政、曹操、李世民等又都触景生情，面海抒怀，分别留有《碣石门辞》《观沧海》《春日观海》等遗篇佳作。

北戴河在中国现代旅游史上有“开山鼻祖”的美誉，被人们称为中国旅游业发展的“摇篮”。早在20世纪20年代，就曾被誉为“东亚避暑地之冠”，成为中国著名的四大避暑区之一。当时北戴河拥有世界上最时髦、最新奇的休闲方式，其中海水浴、网球竞赛、仕女骑驴踏青、夜晚莲花石舞会是“最前卫、最流行”的旅游项目。众多名人云集北戴河：康有为、徐世昌、张学良、朱启钤、周学熙、顾维钧、梅兰芳、徐志摩、吕碧成；英籍女作家韩素音、著名记者和作家海伦·斯诺以及司徒雷登、赫德、费正清等都曾在这里尽情享受休闲的快乐。

毛泽东主席说："北戴河的空气、阳光、大海最是吸引人"。从20世纪中叶，党和国家领导人开始到北戴河办公休息。他们在这里商讨国内外大事，接见外国党派领导人、国家元首、外交使团，以及中国的知名人士和劳动者中的优秀代表，几乎所有的中央领导人都曾到过北戴河。毛泽东、朱德、陈毅、叶剑英、郭沫若等在此写下不朽之作。其中毛泽东主席生前10次到北戴河，他的一首《浪淘沙·北戴河》成为千古绝唱。

据不完全统计，自新中国成立以后，有来自世界各地的近百位外交使臣、外国党的主席、国会、参议院议长、国家元首等贵宾到过北戴河；美国纽约州立大学石溪分校杨振宁教授、美国哥伦比亚学院李政道教授、美国麻省理工学院丁肇中教授、美国加州理工学院马库斯教授和美国马普学会生物物理研究所米歇尔教授5位诺贝尔奖获得者以及菲尔茨奖获得者、美国哈佛大学丘成桐教授等，在2000年8月同期到北戴河并受到党和国家领导人的会见；南非大主教德斯蒙德·图图也曾到过北戴河，而且他是第一个访问中国的南非宗教界领导人。

悠久的历史，旖旎的风光和众多的名胜古迹，吸引着百余位中国的政界精英、优秀的作家、诗人到北戴河并以他们特有的感悟书写出200余篇诗词、散文，为北戴河区人民留下宝贵的精神财富。

组织机构

【中共北戴河区委及工作部门负责人】

书　记：李学民（2月免）
刘宝岐（2月任）
副书记：陈秋华
付顺义
单慧英(女)
区委常委：李学民（2月免）
刘宝岐（2月任）
陈秋华
付顺义
单慧英(女)
王玉海
裴耀辉
卢彦昌
张　杰
周向东
姚　飞
李韶云
丁新杰

区委委员：
刘宝岐　陈秋华　付顺义　单慧英(女)
王玉海　严　彬　卢彦昌　张　杰
于凤喜　周向东　姚　飞　李韶云
丁新杰　赵启伟　孙谓青　裴耀辉
卢洪文　周金捍　冯志远　刘卫平
张　敏　王希江　任立民　齐淑丽(女)

区委候补委员：（按得票多少排序）
姜维秀　李运臣　杜占山　冯　松

区委办公室主任：赵启伟
组织部部长：丁新杰
宣传部部长：姚　飞
统战部部长：单慧英（女，兼）
区精神文明建设委员会办公室主任：冯静宇
老干部局局长：孟　军
党校校长：马贺荣（女）
信访局局长：张占华
机要局局长：李增光
区委保密委员会办公室主任、保密局局长：李增光(兼)
区信息化办公室主任：李春兰（女）
区暑期工作领导小组办公室主任：杨世滨
区委农工委书记：赵启伟（兼）
机构编制委员会办公室主任：孙秀琪（女）

【区委派出机构负责人】

中共北戴河经济技术开发区工作委员会
书记：单慧英（女，兼，11月免）
刘宝岐（兼，11月任）
中共北戴河区区委直属工作委员会
书记：徐　斌（4月免）
崔　颖(女，4月任)

中共北戴河区休疗旅游工作委员会
书记：胡　权(兼)
中共北戴河区西山街道工作委员会
书记：杜占山
中共北戴河区东山街道工作委员会
书记：姜维秀

【北戴河区人民代表大会及工作部门负责人】

人大常委会主任：王玉海
副主任：刘海平
韩新民
曹艳红(女)
张军生
人大常委会委员：（按姓氏笔画排序）
未淑云（女，蒙古族）　李志强
李铁林（满族）　李淑花（女）
李集周　张继宏　陈永祥　赵永军
赵德全　袁利梅（女）　晁建东
徐占明　高劲松　董晓峰
程淑颖（女）
办公室主任：万　强（11月任）
代表委主任：李铁林
文卫委主任：卢志民
财经委主任：高劲松
法工委主任：赵永军

【北戴河区人民政府及工作部门负责人】

区　长：陈秋华（1月任）
副区长：于凤喜（3月免）
周向东
任　晨
付　红（女）
孙谓青
董立宏
裴耀辉（挂职，1月免）
陈　曦（挂职，9月免）
辛志贤（挂职，9月任）
赵英超（挂职，9月任）
区政府办公室主任：冯志远
区突发公共事件应急委员会办公室
主任：王英明
区档案馆馆长：付艳美（女）
区发展改革局局长：冯　松
区卫生和计划生育局局长：李运臣
区审计局局长：陈春华（11月免）
区财政局局长：高银山
区统计局局长：张东海
区机关事务管理局局长：赵英士
区教育局局长：王晓光
区旅游局局长：胡　权
区旅游促进中心主任：胡　权（兼）
区物价局局长：闫文章
区政务服务中心主任：张志军
区广播电视台台长：李文彬
区文化广电新闻出版局局长：李春光
区农牧局局长：谢海龙
区园林局局长：齐淑丽（女）
区民政局局长：张寅生
区住房和城乡建设局局长：张　敏
区城市管理综合执法局局长：张　利
区环境保护局局长：李宝明
区交通运输局局长：陈自彬
区人力资源和社会保障局局长：
田秋燕（女，11月免）
任利民（11月任）
区市场监督管理局局长：于志勇
区安全生产监督管理局局长：毕青春
区科学技术局局长：冯志远（兼）
区供销社书记、主任：徐庆荣

【政协北戴河区委员会及工作部门负责人】

政协主席：严　彬（1月免）
裴耀辉（1月任）
政协党组副书记：孙　晨
副主席：陈艳霞（女）
杨振久
卢洪文
高银山（满族）
政协常委：
裴耀辉　陈艳霞（女）　杨振久
卢洪文　高银山（满族）
刘　金（女）　孟香爽（女）　周学年
王文义　王树忠（蒙古族）　王智华
田欣华（女）　刘立辉　刘润秋

李　伟（满族）　李文彬　杨立荣
杨国栋　张志强　张振江　聂庆平
傅德礼　薛　伟　蘧恒彬
行政办公室主任：刘　金（女）
委员工作委员会主任：周学年
提案委员会主任：王丽艳（女）

【中共北戴河区纪律检查委员会及工作部门负责人】

区委常委、区纪委书记：张　杰
区纪委副书记、监察局局长：王笑杰
区纪委副书记：董晓峰
区纪委办公室主任：孙　静
第一纪检监察室主任：孟祥勇(4月免)
第二纪检监察室主任：马文刚
镇街纪工委书记、监察分局局长：
田新滨（4月任）
党风政风监督室主任：侯静元
区纪委常委：（按姓氏笔画排序）
马文刚　王笑杰（女）
田新滨（4月任）　孙　静（4月任）
张　杰　孟祥勇（4月免）　侯静元
董晓峰
区纪委委员：（按姓氏笔画排序）
马文刚　王笑杰（女）　左德成
任　晨　刘卫平　齐淑丽（女）
张　杰　孟祥勇　侯静元　贾志勇
高新荣　曹印武　曹晓军　程黎明
董晓峰　谢海龙

【北戴河经济开发区及工作部门负责人】

开发区管委会主任：裴耀辉(11月免)
陈秋华(兼，11月任)
副主任：王贵君
王晓青（女）
经济技术开发区纪工委书记：周金捍
投资促进局局长：李学博
综合办公室主任：左德成
财政局局长：张海燕（女）
经发局局长：孙立新

【法治国防系统工作部门负责人】

北戴河区委政法委书记：李韶云
北戴河区委政法委副书记、区综治办主任：刘益深
北戴河区人民检察院检察长：陈国栋
北戴河区人民法院党组书记、院长：
黄　滨
北戴河公安分局政委：李宪友
北戴河公安分局局长：陈　曦
北戴河区司法局局长：苏万峰
武警河北省总队第三支队政治委员：
李东辉
武警河北省总队第三支队支队长：
刘文喜（5月免）
王永军（5月任）
北戴河消防大队教导员：贾虎刚
北戴河消防大队大队长：
戴保江（2月免）
孙永强（2月任）
海警支队特勤队队长：靳　雳
北戴河边防派出所教导员：
杨　勇（7月免）
张　月（7月任，代）
北戴河边防派出所所长：岳旭光
北戴河区人民武装部政治委员：荀　斌
北戴河区人民武装部部长：卢彦昌
北戴河区人民防空办公室主任：
张　敏（兼）

【社会团体系统工作部门负责人】

北戴河区总工会主席：张军生（兼）
共青团北戴河区委书记：李　佳（女）
北戴河区妇联主席：袁利梅（女）
北戴河区科学技术协会主席：
张新志（11月免）
陈春华（11月任）
北戴河区残联理事长：王巧燕（女）
北戴河区文学艺术联合会主席：
于红艳（女）
北戴河区工商业联合会党组书记：
李　军

北戴河区工商业联合会主席：
陈艳霞（女，11月免）
杨振久（兼，11月任）

【镇街道办事处工作部门负责人】

北戴河区海滨镇党委书记：李继文
北戴河区海滨镇党委副书记、镇长：
程黎明
北戴河区海滨镇人大主席团主席：
李志强
北戴河区戴河镇党委书记：陈永祥
北戴河区戴河镇镇长：李江华
北戴河区戴河镇人大主席团主席：
李淑花（女）
北戴河区牛头崖镇党委书记：翟春利
北戴河区牛头崖镇镇长：刘志国
北戴河区牛头崖镇人大主席团主席：
孙凤英（女）
北戴河区西山街道办事处主任：
陆　忠(10月任)
北戴河区东山街道办事处主任：
姜维秀（11月免）
李海燕（女，11月任）

【省、市主要驻区单位负责人】

中国银行北戴河支行行长：
张建星（9月免）
李星超（9月任）
中国工商银行北戴河支行行长：马洪波
中国农业银行北戴河支行行长：
丁大勇（6月免）
候卫忠（6月任）
中国建设银行北戴河支行行长：张晓涛
交通银行北戴河支行行长：
董继红（女，12月免）
毕仲利（12月任）
秦皇岛银行北戴河支行行长：辛树彬
中国人民财产保险股份有限公司
北戴河支公司经理：李　阳
中国人寿保险股份有限公司北戴河支公司经理：于树芹（女）
河北财达证券有限责任公司秦皇岛海宁路证券营业部经理：郭永广

北戴河区邮政局局长、书记：刘庆华
中国移动通信集团河北有限公司北戴河分公司经理：费立军
中国电信北戴河分公司经理：
冯海忠（10月免）
曹　英（10月任）
中国联通北戴河分公司经理：
赵卫国（11月免）
苏铁焱（11月任）
秦皇岛电力公司北戴河供电分公司
经理：张振强
秦皇岛北戴河供水总公司经理：苏　魁
河北广电网络集团秦皇岛渤海在线北戴河分公司经理：鲁铁铮（1月免）
郭宏亮（1月任）
秦皇岛燃气总公司北戴河公司经理：
公佩山（4月免）
张青华（4月任）

【垂直管理机构负责人】

国土资源局秦皇岛市北戴河区分局
局长：张　宽
秦皇岛市规划局北戴河区分局局长：
王希江
北戴河区国家税务局局长：杨　禹
北戴河区地方税务局局长：
杨连盛（3月免）
张克川（3月任）

国民经济和社会发展

【概况】 2016年，全年实现地区生产总值52.75亿元，比上年增长6.0%；全社会固定资产投资完成25.67亿元，比上年下降46.8%；全年全部财政收入完成81486万元，比上年增长3.8%，其中区级公共财政预算收入44570万元，比上年增长9.5%。区城镇居民年人均可支配收入35102元，比上年增长7.6%；农村居民年人均可支配收入16530元，比上年增长7.7%。

【农业】 全年粮食播种面积2017公顷；油料播种面积125公顷。全年粮食总产量实现15326吨、油料类总产量475吨、肉类产量3480吨，禽蛋类总产量2602吨、蔬菜产量31977吨、奶类总产量2164吨、水产类产量1284吨。农村用电量9913万千瓦时，农业化肥施用折纯量1525吨。

【工业】 全年实现全部工业增加值4.12亿元，比上年增长0.9%。其中规模以上工业企业实现增加值2.77亿元，增长0.2%；累计实现利润1.16亿元，比上年下降39.8%。

【固定资产投资】 全年全社会固定资产投资完成25.67亿元，比上年下降46.8%，其中固定资产投资完成25.28亿元，比上年下降46.3%。

【交通运输】 全年公路客运量完成249.1万人次，客运周转量完成4485.7万人千米，全年公路货运量完成166万吨，公路运输周转量完成4150.7万吨千米。

【邮电通信】 邮电通信业务收入完成8659万元，比上年下降4.7%。接入互连网的计算机年末达到26890台，比上年增长25.9%。移动电话年末达到97342部，比上年增长2.6%。

【旅游业】 全年共接待中外游客793.03万人次，比上年增长2.8%，其中入境游客1.48万人次，比上年增长27.6%；辖区景点门票收入14644万元，比上年增长7.3%，其中区属景点门票收入6869万元，比上年下降3.0%。

【国内贸易】 随着城乡居民生活水平不断提高，居民消费升级步伐加快及旅游业日渐成熟，旅馆饭店等服务性行业市场稳步增长，全年实现社会消费品零售总额64.69亿元，比上年增长10.4%。

【对外及对外省市经济】 全年批准内资项目69个，累计引进内资21.45亿元，比上年增长4.6%；实际利用外资3960万美元，比上年增长95.5%；进出口总额完成401万美元，比上年增长4.5%。

【民营经济】 全区16960家民营经济单位累计完成增加值37.15亿元，占全区地区生产总值的70.43%；民营经济实缴税金4.89亿元，占全部财政收入的59.99%；民营经济从业人员达到39317人，占二、三产业全部从业人员的55.49%。

【金融财政】 全区金融机构各项存款余额130.20亿元，其中城乡居民储蓄存款余额98.96亿元，分别比上年增长17.6%和16.2%。各项贷款余额38.14亿元，比上年下降4.0%。

【社会事业】 科技 2016年度，获得省级科技计划项目立项1项，争取省级资金支持70万元，市级立项16项；2个科技成果获市科技进步奖二等奖。组织推荐认定河北省科技型中小企业15家（其中，9家企业已通过科技型中小企业认定，另有6家企业待审核），科技小巨人企业1家。

教育 年末，全区共有公办幼儿园2所，在园儿童1892人。公办小学10所，在校学生5381人。公办中学5所，在校学生2577人。

文化 全年举办各级各类艺术展览40余场次，放映农村公益电影300场次，累计观影人数达2万人次。截至2016年末，全区有线电视数字用户29689户，增长3.7%。

卫生 全部药品（不含中药饮片和颗粒剂）实行零差价销售，北戴河医院与北京医院开展深度合作，促进了全区医疗卫生事业的快速发展。2016年，全区参保人数51830人，参保率96.84%。

体育 运动品牌走出国门，承办首届北戴河国际速度轮滑公开赛。举办首届中国·北戴河冬泳文化节，承办第十届中国体育彩票北戴河铁人三项大赛。区运动员在省级以上各类比赛中获金牌15枚，银牌10枚，铜牌6枚。

【居民生活和社会保障】 2016年，全区新增就业2767人，其中，城镇失业人员实现再就业993人；就业困难人员实现就业426人；全区城镇登记失业率控制在2.3%以内。企业养老保险参保覆盖人数18738人，机关事业养老保险参保覆盖人数6875人，城乡居民社会养老保险参保人数35711人。城镇职工基本医疗保险参保12210人，生育保险参保8208人。失业保险参保人员9630人。企业职工养老保险、机关事业养老保险、城乡居民养老保险基金征缴分别达到8587万元、10687万元和1627万元；城镇职工基本医疗保险、生育保险基金征缴分别为5056万元和223万元；失业保险基金征缴达到551万元。

中共北戴河区委员会

概 况

2016年，全区工作的总体要求是：全面贯彻中央和省委、市委全会精神，认真落实习近平总书记系列重要讲话精神，坚持中央“四个全面”的战略布局，坚持解放思想、转型升级、又好又快发展工作主基调，坚守发展、生态、安全三条底线，抢抓京津冀协同发展战略机遇，以实现“两个率先”、打造“国际名片”、建设国际滨海休闲度假之都为引领，以暑期工作为主线，深入实施“四大攻坚年”活动，统筹推进经济、政治、文化、社会、生态文明和党的建设，为建设世界名区、经济强区奠定更加坚实的基础。

重要决策

【依法化解社会矛盾纠纷】 1月3日，区委、区政府印发《关于运用法治思维和法治方式化解社会矛盾纠纷的实施方案》。全面提升全区社会矛盾纠纷排查调处工作能力和水平，维护人民群众合法权益。

【加强信访工作】 1月7日，区委、区政府印发《关于进一步规范和加强信访工作的意见（试行）》。进一步理顺信访工作体制机制，促进各类信访问题及时有效化解。

【加强人大工作】 1月7日，区委印发《关于加强区镇人大工作和建设的意见》。坚持和完善人民代表大会制度，巩固党的执政基础，实现坚持党的领导、人民当家做主、依法治国的有机统一。

【农村党建工作】 4月11日，区委印发《关于落实农村基层党建工作责任制实施办法》。深入贯彻落实党要管党、从严治党的新要求，认真落实党委管党建的主体责任和书记抓党建的第一责任，在全区营造聚精会神抓党建、抓好党建是最大政绩的浓厚氛围。

【加强少先队工作】 5月18日，区委印发《关于进一步加强少年儿童和少先队工作的实施意见》。充分发挥少先队组织团结、教育、引导少年儿童的核心作用，促进少年儿童的全面、健康发展，不断提高全区少年儿童和少先队工作科学化水平。

【智慧网格建设】 6月20日，区委、区政府印发《关于全面推进智慧网格建设的实施意见》。进一步深化社会体制改革，推进平安北戴河建设，提升旅游旺季工作、维护稳定和社会服务管理法治化、现代化水平。

【构建现代公共文化服务】 10月9日，区委办公室、区政府办公室印发《关于加快构建现代公共文化服务体系的实施意见》。推进国家公共文化服务体系示范区建设，全面构建全区现代公共文化服务体系。

【关心下一代工作】 11月11日，区委办公室、区政府办公室印发《关于进一步改进和加强关心下一代工作的意见》。充分发挥各级关心下一代工作委员会和老干部、老战士、老专家、老教师、老模范在教育培养青少年工作中的重要作用，不断开创全区关心下一代工作新局面。

【加强法治宣传教育】 12月30日，区委、区政府印发《北戴河区法治宣传教育领导小组关于在全区公民中开展法治宣传教育的第七个五年规划（2016—2020年）》。深入开展法治宣传教育，增强全民法治观念和法律素养，服务“十三五”时期经济社会发展和建设沿海强市、美丽港城的客观需要。

【加强意识形态工作】 12月31日，区委办公室印发《北戴河区党委（党组）意识形态工作责任制实施细则》。进一步加强和改进意识形态工作，落实党管意识形态原则，明确党委（党组）领导班子、领导干部的意识形态工作责任。

重要会议

【区委常委会会议】 2016年，区委召开常委会14次。

1月8日，区委召开十一届第65次常委会会议。学习贯彻市委十一届八次全会和经济工作会议精神；研究中国共产党北戴河区第十一届委员会第七次全体会议暨全区经济工作会议方案、《区委常委会工作报告》、中国共产党北戴河区第十一届委员会第七次全体会议决议（草案）、区人大十四届六次会议相关事项、区政协八届五次会议相关事项；传达全省组织工作会议精神及全省农村基层党建工作会议精神，研究全区贯彻落实意见；研究干部事宜。

1月15日，区委召开十一届第66次常委会会议。学习中纪委第十八届第六次全体会议精神；研究《秦皇岛市北戴河区国民经济和社会发展第十三个五年规划纲要》《区政府工作报告》《北戴河区2015年度国民经济和社会发展计划执行情况暨2016年计划草案的报告》《2016年北戴河区政府预算草案》及《北戴河区2015年财政预算执行情况和2016年财政预算草案的报告》。

3月8日，区委召开十一届第67次常委会会议。学习《党委会的工作方法》和市人大十三届四次会议、市政协十二届四次会议精神；研究《关于落实农村基层党建工作责任制实施办法》《北戴河区“一问责八清理”专项行动实施方案》；传达市纪委十一届六次全会精神并听取区纪委十一届六次全会筹备情况汇报。

3月24日，区委召开十一届第68次常委会会议。专题研究干部事宜。

4月14日，区委召开十一届第69次常委会会议。学习习近平总书记在2月19日《新闻舆论工作座谈会》上的讲话；传达全市农村工作会议精神及市暑委会议精神，听取2016年暑期工作安排汇报；研究《北戴河区全面推进智慧网格建设的实施意见》和《北戴河区全面推进智慧网格建设的实施方案》、全区农村（社区）“最美共产党员”的表彰决定、《关于成立中共北戴河区委全面深化改革领导小组办公室的意见》。

4月26日，区委召开十一届第70次常委会会议。学习“两学一做”学习教育活动有关精神；传达保密工作重要指示及文件精神并研究全区贯彻落实意见；听取第一季度经济工作运行情况、2016年宣传工作安排、2016年政法工作安排、2016年组织工作安排、2016年统战工作安排汇报；研究《关于在全区党员中开展“学党章党规、学系列讲话，做合格党员”学习教育实施方案》及从全区优秀村党组织书记中选拔推荐公务员人选事宜；传达全省文明城市创建推进会议精神。

6月20日，区委召开十一届第71次常委会会议。专题研究干部事宜。

6月21日，区委召开十一届第72次常委会会议。学习习近平总书记在哲学社会科学工作座谈会上的讲话；研究加快公务用车服务平台建设事宜及关于调整优化2016年旅游旺季工作机制的建议。

9月29日，区委召开十一届第73次常委会会议。学习习近平总书记视察唐山时的重要讲话、省委八届十四次全委会议精神及《中国共产党问责条例》；传达河北省旅游工作推进大会会议精神；听取文明城市创建、北戴河区造林工作汇报；研究统战力量整合方案、机构编制问题、《北戴河区科级党政正职日常履职考评办法（试行）》《北戴河区干部职工工作日志考评办法（试行）》及干部事宜。

10月31日，区委召开十一届第74次常委会会议。研究工商联换届领导班子调整方案（草案）、总商会换届领导班子调整方案（草案）。

11月4日，区委召开十一届第75次常委会会议。学习习近平总书记在纪念红军长征胜利80周年大会上的重要讲话、中共十八届六中全会精神、省委书记赵克志在全省设区市和省直管县党委书记会议上的重要讲话及市委书记孟祥伟在全市县乡领导班子换届工作会议上的讲话；研究干部事宜。

12月2日，区委召开十一届第76次常委会会议。学习中国共产党河北省第九次党代会精神；研究北戴河区统战力量整合工作方案（草案）、关于设立中共北戴河区委非公有制经济组织和社会组织工作委员会的意见及干部事宜。

12月12日，区委召开十一届第77次常委会会议。学习中共中央全面深化改革领导小组第三十次会议、中央政治局第三十七次会议、中国文学艺术界联合会第十次全国代表大会精神；研究区第十五届人民代表大会代表初步人选及区第十五届人民代表大会常委会组成人员建议名单。

12月22日，区委召开十一届第78次常委会会议。学习传达中央经济工作会议精神和河北省经济工作会议精神；研究《区政协第九届委员会委员名额分配和提名部署方案》《北戴河区纪检监察机构改革方案》《关于设立北戴河区委巡察机构的方案》《关于召开区第十二次党代会的决议（草案）》等事宜、推荐出席党的十九大代表候选人初步人选事宜、2015年度科级领导班子和科级干部考核结果。

【全区性会议】 1月11日，区委副书记付顺义主持召开中国共产党北戴河区第十一届委员会第七次全体会议暨全区经济工作会议。会议传达中央、省、市经济工作会议精神，报告区委常委会自十一届六次全会以来的工作；表彰2015年明星企业；审议通过《中共北戴河区委关于制定北戴河区国民经济和社会发展第十三个五年规划的建议（草案）》；审议通过《中共北戴河区第十一届委员会第七次全体会议决议（草案）》；分析当前经济形势，总结2015年全区经济工作，提出2016年全区经济工作的总体要求、主要任务。区委委员、区委候补委员，区纪委委员及其他县级领导干部，区政府党组成员，区委、区政府办公室副主任，区委各部门、区直各单位、各人民团体党政主要负责人，区人大常委会、区政协各内设机构主要负责人，区纪委各科室主要负责人，各镇、街党政主要负责人及村居书记，开发区班子成员及各部门负责人，行业驻区单位主要负责人，部分驻区休疗单位主要负责人，部分旅游行业企业、民宿户代表，部分生产性企业负责人，2015年明星企业负责人，区内的市党代表出席会议，全会特邀曾任区几大家领导班子正职的离退休老领导列席。市委常委、区委书记李学民作重要讲话。

3月9日，市委常委、区委书记刘宝岐主持召开全区直属党（工）委书记抓基层党建工作述职评议会议。区委各直属党（工）委书记围绕中央和省、市、区委关于落实全面从严治党责任、加强党的基层组织建设的要求进行逐个述职，区委领导点评，同时邀请有关方面代表评议。市委组织部领导，区委常委，区人大常委会主任，区政协主席，区委党的建设（基层组织建设）工作领导小组成员，各直属党（工）委书记、分管基层党建工作副书记、组织委员（党办主任），部分熟悉基层党建工作情况的“两代表一委员”和党员群众代表出席会议。市委常委、区委书记刘宝岐作重要讲话。

3月25日，区委副书记、政府区长陈秋华主持召开关于落实党风廉政建设主体责任专题调度会议。研究制定落实党风廉政建设主体责任工作计划、要点、目标任务、具体措施。区委常委、区人大常委会主任、区政协主席及相关部门负责人出席会议。市委常委、区委书记刘宝岐作重要讲话。

4月6日，市委常委、区委书记刘宝岐主持召开全区城市管理工作暨集中整治“双违”专项行动动员会议。区委、区人大、区政府、区政协有关领导，区法院院长、区检察院检察长，相关部门负责人，各镇街党政主要负责人及各村主要负责人出席会议。市委常委、区委书记刘宝岐，区长陈秋华作重要讲话。

9月1日，区委副书记付顺义主持召开北戴河区2016年旅游旺季工作总结暨后四个月重点工作部署会议。对前一阶段旅游旺季工作进行总结，表彰工作中涌现出的先进典型，对后4个月重点工作进行安排部署。区委、区人大、区政府、区政协领导班子成员，中共中央直属机关事务管理局北戴河服务局等几家休疗养院领导，全区副县级以上领导干部，全区各部门、各单位主要负责人，各镇街工作人员、包村（社区）干部、各社区、农村两委班子成员和治保主任，全区涉暑单位，部分驻区休疗单位主要负责人代表，部分驻区部队，受表彰的先进代表等出席会议，市委常委、区委书记刘宝岐和区委副书记、区长陈秋华作重要讲话。

12月16日，市委常委、区委书记刘宝岐主持召开“扎实营造风清气正政治生态，精心组织好区镇换届工作”专题民主生活会。会议中观看换届警示教育片《警钟》，各位区委常委围绕会议主题依次发言。区委常委、区人大常委会主任、区政协主席、区纪委、区委办、区委组织部有关负责人出席会议。市委常委、区委书记刘宝岐作重要讲话。

（李晓娜）

区委办公室工作

【概况】 2016年，区委办公室紧紧围绕区委总体部署和全区中心工作，以“两学一做”学习教育为引领，牢固树立政治意识、大局意识、核心意识、看齐意识，秉持“唯大局、求实是、致于行”的工作理念，主动适应新常态，不断创新服务理念和服务方式，有力保障了区委各项工作的高效运转。全年起草、修改、整理各类综合材料260余篇，纪要、通报20余篇，各类心得体会、座谈会发言提纲30余篇，共完成文字工作量280余万字，组织、协调各类会议90余场，圆满完成各种任务220余次。

【监督检查工作】 全年建立督办台账53份，督办落实各类事项1000余件，开展专项督查活动90余次，刊发《督查工作动态》95期，先后得到区党政领导批示100余次。建立全区重点、亮点工作台账，梳理出重点、亮点工作492项，圆满完成市委督查室各类交办件172件。联合开展现场督导活动20余次，平均1个半工作日督办反馈1件督办卡。全年制定街镇调研、工作考察、重要会议等各类方案150余套，出动人员跟踪服务170余人次。

【调研工作】 围绕加快产业转型升级、深化京津冀协同发展、智慧网格建设等全区重点工作，组织开展专项调研工作，全年编写、上报各类调研文章5篇。

【党建工作】 完成区委重大事项和领导重要活动的材料收集整理工作，编写《2016年区委大事记》《北戴河区历届党代会、全会资料汇编》46万余字，结合建党95周年纪念活动，编发《党史知识读本》5000册。

【信息工作】 全年编发《北戴河信息》68期、收录信息720余篇；上报各类信息3100余篇，其中被中办、省委、市委等专门信息媒体采用信息11篇。《北戴河认真落实张高丽副总理批示精神高标准实施北戴河街区景观改造提升工程全力打造更加靓丽的“国际名片”》等长篇稿件被中办采编，反映区旅游旺季准备工作及社会主义核心价值观“微宣传”等亮点成绩的一批长篇信息分别获得田向利、范照兵等省委领导的肯定性批示。

【文秘工作】 全年起草、修改、整理各类综合材料260余篇，完成文字工作量280余万字。全年组织区委常委会以及区委领导主持召开的协调会等各类会议90余场次。健全完善文件档案管理制度，全年接收上级文件1220份，下发文件188份，传阅区委主要领导批示800余件次。

【旅游旺季工作】 对历年旅游旺季形成工作机制进行认真梳理，固化、完善、创新了30余项长效机制。制发《2016年旅游旺季领导干部包片工作方案》，并将“全民洗城”工作机制拓展到沙滩保洁、高峰期重点路段环境秩序整治等领域，实地协调解决亮化、绿化、市政设施维修、维护市容秩序等事项1000余件。以保障旅游旺季任务为第一要务，健全完善重要点位5分钟快速反应、任务提醒报告、提前实地踏线、各部门协调联动、现场督导等工作机制，旅游旺季累计踏查路线8000余千米。协调区市场监督管理局，做好外出用餐任务的留样、检验工作。严格按照流程办事，盯紧关键环节，圆满完成保障任务220余次。

【机要工作】 不断强化密码工作规范化管理，全年收发各类电报1100余份。旅游旺季办理专报89期，送阅400余人次。完成省、市派出台密码通信任务90余份，无一错漏。依托电视台播出《保密警钟》《没有硝烟的激战》等保密教育宣传片，印发保密法规知识小册子3000余本、保密宣传单800余份。

【保密工作】 注重加强对基层单位的业务指导，开展信息员、督查员、保密员、防范员培训活动。对全区各机关单位1270台互联网计算机进行保密安全检查，通过提示卡、突击抽查、涉密人员培训、硬件改造等措施提高保密工作水平。

【政务信息化管理】 年内，发现高级别安全风险的扫描攻击3万余次，均进行有效防范和阻止，未发生任何网络与信息安全事件。全年网站发布信息1600余条，访问量5万余次，群众通过互联网反映问题的办结率达100%。围绕服务招商引资、会议考察等重大活动，精心制作多媒体影像资料，拍摄照片3万余张，制作PPT演示片10余个。精心编印《北戴河2016》画册，全面宣传展示街景改造、美丽乡村、重点项目、宜居生态、特色文化等建设成果。

（李晓娜）

信访工作

【概况】 2016年，全区信访工作实现规范、高效、良好循环，信访队伍更加强健，工作机制更加完善，信访总量明显下降，积案攻坚成效显著，法治化进程进一步深化。全年无“三类访”发生，成为全市唯一进京赴省集体访、进京非正常上访为“0”的县区，并向国家信访局申报“三无”县区。严格落实各项机制，确保全国“两会”、旅游旺季、G20峰会、中共十八届六中全会等重点敏感时期社会政治大局的稳定，营造了和谐稳定的社会环境。

【群众来访】 全年接待信访群众644批次2525人次，批次比上年上升10.10%，人次下降27%。其中集体访136批、1684人次，比上年分别下降17.10%和39.40%。全区信访部门、有权机关及时受理率分别为100%、97.60%，有权机关按期答复率为100%，参评群众对信访部门、有权机关满意率分别为83.7%、79%。接待初访123件，26件就地化解，录入信访系统97件，化解率达到97.4%。

【联合接访中心工作】 整合职能部门力量，坚持联合办案接访，统筹安排入住单位做好值班。进一步优化信访事项办理工作流程、管理规范、工作职责等工作制度，建立定期培训学习和重大信访事项会商等协调联动机制，形成“一站式接待、一条龙服务、一揽子解决”的信访工作格局。开辟信访工作“绿色通道”，加大网上信访宣传，降低群众信访成本和社会管理成本。建立“1+10”工作模式，信访局与区“两办”督查室、人大信访科、纪检信访室、群工办、民情办、区长热线电话、书记区长信箱、涉法涉诉中心、民事调解中心密切联系，协调联动，全面解掌握群众诉求热点难点，对重大突出问题进行定期沟通会商，提出解决意见和预警性信息，为解决群众疑难和消除越级访隐患起到积极作用，有效控制了重复访和越级访的发生。

【矛盾排查与案件办理】 制定并完善《依法处理北京非访实施方案》《北戴河区关于处置旅游旺季信访事项的实施方案》《重点区域巡查方案》。开展大排查、大调处活动，深入基层了解矛盾纠纷和不稳定因素，把问题发现、解决在基层。区、镇（街）、村（居）三级分别建立信访矛盾排查工作网络，实现网络全覆盖。坚持日排查、周汇总、月调度，突发重大隐患做到随发现、随报告、随研究、随部署。在各级“两会”、旅游旺季等敏感时段前，集中开展横向到边、纵向到底的三级大排查活动，并逐一进行梳理排队，对重大隐患建立信访台账，列入包案，做到情况清，底数明。

强力推进信访攻坚和积案及时化解工作。包案的区领导对包信访案件具体抓、抓具体，促进了群众诉求的就地解决。对全区77件重点案件严格落实了“五包一”责任，化解63件，化解率达到81.90%。其中化解特别疑难“骨头案”43件，区联席会议调度研究涉法涉诉信访案件15次，行政拘留2人，集中法治宣传2次。运用信访稳定基金38万元解决了4件信访疑难案件。省领导包案督访案件2件，均已办结，息诉罢访1件；市领导包案督访案件8件，均已办结，3件息诉罢访。

（韩振东）

纪检监察工作

【概况】 2016年，北戴河区纪委、监察局按照全面从严治党要求，聚焦主责主业，强化监督执纪问责，重拳出击惩治腐败，持之以恒纠正“四风”，努力营造风清气正、干事创业的良好政治生态，为推进美丽实力幸福北戴河建设提供有力纪律保障。年内，全区纪检监察机关共审查违纪案件47件，其中，立案47件，结案47件，处理违纪人员47人，其中涉及科级干部13人，充分发挥了纪律审查的震慑效果。

【党风廉政建设】 加强对“双违”整治攻坚行动中党员干部违规违纪行为的查处与全区379名科级干部、43个村共240名“两委”班子成员签订《“双违”整治承诺书》，对三镇两街、国土、规划等监管部门履职情况进行调查谈话61人；先后对2名工作不力的党员干部进行诫勉谈话；对2名不作为的党员给予党内警告处分；对1名参与“双违”的党员给予党内严重警告处分。与区住建局、区财政局等12个牵头单位签订责任状，协调推进各专项清理工作。加大对各项清理任务落实情况的监督检查，共摸排问题317件，全部整改完毕，处理209人，抽查问题整改落实314个，完善制度84项。开展集中宣传4次，面向全区群众发放活动宣传画2.4万份，通过电视公告、手机短信等方式不断扩大群众参与度。共查办案件6件，给予党政纪处分3人，诫勉谈话5人，批评教育17人。

【查办案件】 全年处置问题线索134件。通过来电、来访、网络等多种途径拓展群众诉求反映渠道。收到检举控告类信访举报77件，严格按照“五类方式”进行处置。发挥反腐败协调小组的纽带作用，实现问题线索信息共享。对中共党员和国家工作人员涉嫌违纪违法或被判处刑罚尚未给予党政纪处分情况进行排查清理，对19名相关人员给予了党政纪处分,3名相关人员给予诫勉谈话,3名相关人员给予单位内部通报批评。落实《北戴河区纪检监察机关案件线索管理办法》,区纪委对机关各室、各基层纪委和纪检组收到案件线索实行统一管理,规范案件线索登记簿和案件线索台账的使用,对各室、各基层纪委和纪检组对受理或掌握的重要信访举报件及问题线索,及时履行报备手续,杜绝案件线索的多头管理。定期对已查办的案件进行分析,从留下的疑点中捕捉新线索。立足于全区纪检监察工作“一盘棋”,在纪律审查中大胆抽调基层纪检监察干部参与办案,通过协作审查、交叉审查、联合审查等多种方式,既保证快速查清案件事实,提高审查效率,提高审查质量,又通过“以案代训”的方式把理论政策、法规条例、办案程序、办案纪律等知识,言传身教地传授给抽调的基层纪检监察干部,提高了其业务水平。至年末,全区纪检监察机关共审查违纪案件47件,其中立案47件,结案47件,处理违纪人员47人,涉及科级干部13人。

【巡察工作】 通过个别谈话、查阅财务账簿等多种方式完成了对区教育局、区住建局、区财政局、区规划分局等13家单位的巡察,共发现履行“两个责任”不力、财务管理不规范等7个方面的174个问题,通过巡察立结案5件,处理科级干部3人。

【廉政教育】 制作纪检监察工作回顾展板。辑印发放《党纪政纪条规手册》《党纪条规解读》2000余册。举办“廉政大讲堂”,受教育干部群众达2万余人次。组织党员干部观看换届专题警示教育片《镜鉴》。编发《纪检监察动态》21期。认真做好“贯彻执行准则和条例”专项监督检查,督促党员干部真正学深悟透,牢记各项廉洁自律要求和纪律底线。结合“两学一做”教育活动,由各级一把手讲廉政党课,党员干部主动查摆问题。抓住传统节日、干部调整等时间节点,通过节前出台警示教育文件、任前进行廉政谈话等多种形式,开展有针对性的节点教育,“凡节必警”“凡提必考”成为常态。健全完善谈心提醒问题收集、情况分析、分级谈心提醒和跟踪监督、结果反馈等制度。印发《践行“第一种形态”记录本》,全区每名科级干部对自己落实“五项制度”情况进行如实记录。填写情况纳入日常检查和年度党风廉政建设责任制责任制考核的重要内容。

【作风建设】 组成30批(次)专项检查组,对公款吃喝、公车私用等“四风”(形式主义、官僚主义、享乐主义、奢靡之风)易发高发问题进行明察暗访,共查处20家单位违反作风纪律的问题24个,处理直接责任人员32名,给予党政纪处分9人,按照“一岗双责”要求对10名负有领导责任的主管领导进行追责。制发《关于在全区开展“为官不为”专项行动实施方案》,针对执行力差、服务群众不力等16种懒政、怠政的“为官不为”现象进行重点整治。抽调专人组成3个检查组,完成区内16家企业的走访座谈,通过发放调查问卷、召开座谈会等方式,查找“为官不为”问题线索。加强对政务服务中心等窗口部门和单位纪律作风的明查暗访。完善制发《落实党风廉政建设责任制考核办法》,通过实地走访、查阅档案等多种方式,完成对339名科级干部2016年度落实党风廉政建设责任制情况的考核工作。

(吴靖雨)

组织工作

【概况】 2016年,全区组织工作不断深化“三严三实”专题教育成果,深入开展“解放思想、抢抓机遇、奋发作为、协同发展”大讨论和“两学一做”学习教育,着力培养选拔信念坚定、为民服务、勤政务实、敢于担当、清正廉洁的好干部,切实推进基层党组织和党员队伍建设,大力提升人才工作水平，为打造“国际名片”、建设“世界名区”提供了坚强的组织保证。

【开展“两学一做”学习教育】 编印9000册学习资料和7000本《学习日志》，做到每一个有学习能力的党员人手两本；各级建立学习微信群和公众号125个，定期推送和发布学习内容；结合建党95周年开展集中性庆祝活动140余场，采取“党课人人讲”“我到基层讲党课”等形式组织专题党课260余场。创新“三会一课”形式，积极开展“六个日”主题教育，全区各级党组织共开展主题党日活动1350余次，组织60余批1650余名党员干部到周边党性教育基地接受教育。同时，进一步抓好问题整改，深入持久开展党员组织关系排查、党代会代表和党员违纪违法情况排查清理、基层党组织未按期换届情况排查和党费收缴工作专项检查。

【干部队伍建设】 探索推行一线培养管理干部工作机制，先后选派43名年轻干部及科级后备干部到扶贫、信访、征拆等急难险重的一线岗位实践锻炼；制定《北戴河区精准脱贫结对帮扶工作实施方案》，选派120名干部与青龙县茨榆山乡尖山子村、白城子村322户建档立卡贫困户结对，探索实行政企双向挂职培养锻炼模式，选派1名优秀干部到河北中烟工业有限公司挂职锻炼；扎实开展干部档案专项核查，协调区人社局、教育局，采取三审制审核流程，对全区2671名干部人事档案进行专项核查。

【干部选拔任用】 2016年，区委先后召开5次常委会，任免干部123人次，其中，县级干部任免履行程序12人次，提拔干部13人次，调整交流科级干部98人次；配合市委组织部做好全区四大班子换届相关工作，同时深入摸底调研，研究制定镇领导班子换届工作方案和人事安排。按照省、市委关于安排“90后”人员进乡镇领导班子要求，在全区“90后”选调生、大学生村官中择优选出3名乡镇领导班子成员换届提名人选。

【干部考核】 制定《北戴河区干部职工工作日志考评办法（试行）》，在全区2000余名干部、职工，村居书记、主任，学校校长中推行工作日志制度；完善工作日志检查、评比、展示办法，全年对工作日志记录情况进行5次督导、8次检查及档次评定，将检查评比情况在全区范围内通报；创新考核测评方式，在试点单位采取“背靠背”的方式进行民主测评和后备干部推荐，客观、准确考核科级班子和科级干部工作实绩；加大日常考核力度，制定《科级党政正职日常履职考评办法》，每月分类别对镇街党政正职和区直单位主要负责人进行综合考评、排名，以考促优，形成“能者上、平者让、庸者下”的干部使用机制。

【干部监督管理】 落实干部监督关口前移工作机制，坚持“凡提四必”要求，组织拟提拔干部填报《个人有关事项报告表》和《家庭成员及重要社会关系报告表》，进一步加强领导干部任前监督；从严从实推进“一问责八清理”专项整治工作，按要求做好消化整改超职数配备干部、清理清退违规进人等工作；制定《关于建立乡科级正职领导干部任职承诺公示制度的实施办法（试行）》，突出抓好“一把手”权力制约监督。扎实开展“一报告两评议”，严格执行科级干部选拔任用预审备案制度，有效防止选人用人不正之风；健全日常谈话提醒、函询、诫勉机制，结合日常考核、日志评比和年度考核情况，有针对性地约谈科级干部，发现问题及时整改；抓好换届风气监督，开展换届风气巡回督查，建立违反换届纪律问题快速查核机制，营造风清气正的换届环境。

【干部教育培训】 围绕学习贯彻习近平总书记系列重要讲话和中共十八届五中全会精神，结合“两学一做”学习教育，通过召开理论中心组学习、组织宣讲活动、编发刊授教材等多种方式开展宣传教育工作。建立科级干部长效培养机制，围绕学习经济新常态和供给侧结构性改革、城乡统筹发展、依法行政等内容，组织全区各单位共计220余名科级干部在市委党校举办3期科级干部培训班。与国家部委培训中心及休疗养院建立交流合作机制，搭建区内干部培训需求与培训中心、休疗养院优势资源有效对接的平台，现场聆听了军事科学院世界军事研究部罗援少将、全国政协常委陈锡文主任、中央党校政法教研部刘启云教授以及清华大学彭林教授等国内顶尖专家的精彩讲座。年内，组织全区科级干部、政协委员、选调生及大学生村官290余人参加全国人大疗养院、全国政协培训中心、国家机关事务管理局、共青团北戴河培训基地等干部培训班，组织全区县级、科级领导干部参加省、市调训50余人次。

【基层组织建设】 制发《关于落实农村基层党建工作责任制实施办法》，分级建立党组织书记明责履职台账。制定《北戴河区农村干部违反廉洁履职若干规定责任追究办法》，构建农村小微权力监督规范体系。在全区推行抓基层党建责任、问题、整改3个清单制度，对各直属党（工）委书记述职承诺进行动态跟踪。加大培训基地建设力度，将北戴河村、西古城村、集发公司联合建成全市唯一一个省级示范培训基地，配合省、市委组织部承办全省“万人示范培训”乡村旅游特色培训班4期共800人的培训任务。贯彻落实市委书记孟祥伟“把北戴河村打造成国内组织建设方面最坚强村庄”的指示，在戴河古城联村党总支集中实施了“七彩阳光党建”品牌创新工程，被中共中央授予全市唯一一个“全国先进基层党组织”称号，以其党组织书记命名的“李集周治村工作法”被市委组织部印发全市镇村进行宣传推广。按照“十有一好”创建标准，在全区农村、社区、机关和窗口单位全力打造基层党建示范点。2016年，共命名挂牌15个区级基层党建示范点，17个市级基层党建示范点，4个典型经验被省委组织部收录到《河北省农村党建案例精选》。

【党员教育管理】 着力打造层次分明、类别多样的身边典型群体，遴选出第一期13名农村社区“最美共产党员”和62名“旅游旺季一线优秀共产党员”。在全区基层党组织中实行“3612”党员为民做好事制度，要求普通党员、党支部班子成员、支部书记每年分别至少做3件、6件、12件好事，每个支部设立《“3612”党员为民做好事指标完成情况公示栏》进行评比展示。为全区9040名党员统一购置党徽，为3600余户农村（社区）党员家庭悬挂“共产党员户”“党员民宿经营示范户”标牌，并明确“十带头”承诺；在窗口服务单位和沿海线大范围设立“党员先锋岗”“红旗摊位”。在景区景点、沿海浴场、民宿接待中心广泛设立党员志愿服务台32个，“党员志愿服务台”获“河北省优秀志愿服务品牌”和“河北省十大优秀志愿服务品牌”称号。充分挖掘党员干部先进典型，编辑《北戴河先锋风采录》，集中展示了全区44个先进个人和群体事迹；拍摄制作电教片《妈妈》《民宿的灯亮了》，分获第三届“港城先锋·我身边的共产党员”DV电视片观摩交流活动最受关注奖和二等奖。

【人才工作】 加强人才交流，组织全区20余名人才联谊会成员赴秦皇岛市经济技术开发区实地考察企业孵化模式、卫星遥感及定位技术，并围绕如何推动全区人才工作及经济社会发展进行座谈。开展“人才工作宣传月”活动，组织全区50余名专业技术人员在牛头崖大集深入开展科技、文化、卫生“三下乡”活动，法律专家、科技特派员现场接待群众咨询60余人次；医疗专家为50余名群众进行免费义诊，《北戴河开展“三下乡”活动》在新华网刊发。发挥“艺术写生基地”“暑期社会实践基地”等基地式“人才洼地”效应，邀请北京、天津及石家庄高校师生，在平水桥公园、月季园、中海滩老虎石段、中海滩东二路段、东经路等路段绘制树洞画50余幅，完善树干画和电表箱画40余块。

【党员电教及远程教育】 推进全区83个远教终端站点改版升级，年内共完成改版升级76个，完成率91.5%。认真做好“两学一做”学习教育、扶贫开发、美丽乡村建设、农村三支队伍建设的影音素材拍摄搜集工作，注重挖掘鲜活典型，总结经验做法，拍摄制作《联村琐事》《还看今朝》等7部具有时代特征、反映本地党建成果和先进人物的精品专题片。其中《联村琐事》获得2016年全省优秀党员教育电视片观摩交流活动一等奖。

（董金伶）

【老干部工作】 2016年，全区共有离休干部55人，其中本地离休干部46人，易地安置9人；享受副地级1人，正县实职4人，副县实职1人，享受副县级待遇22人，其他28人。全区有退休干部1000余人，其中县级实职26人。

落实老干部政治待遇 年初，对全区85名离休、县级实职退休干部进行逐户走访慰问，详细了解老干部身体情况、实际困难，对生活困难的离休干部重点慰问，给予适当补助，做好记录、汇总整理；“七一”开展慰问中华人民共和国成立前入党的老党员活动，上门看望老党员，并送上慰问品；结合“两学一做”学习教育活动，为支部离退休党员发放《习近平总书记系列重要讲话读本》（大字老年版）、《党规条例汇编》《习近平治国理政》等系列书籍。每周四下午集中学习时间，组织支部在职党员、离退休党员、老年大学摄影班党小组成员收听收看“两学一做”系列讲座和李保国、毛丰美等优秀共产党员先进事迹，增强党性修养。

落实老干部生活待遇 建立离休干部医药费报销畅通机制，合理安排报销时间，做到药费报销及时准确。全区离休干部的离休费做到每月足额发放，无拖欠情况。主要针对部分行动不便或独居老干部采取送医、送药等上门服务，帮助老干部解决实际生活困难。全年看望生病住院老干部10余人次，上门服务20余次。坚持“一站式”服务模式，从生病住院到殡葬处理，全程服务，至年底，办理离退休老干部善后工作4人。家属满意率100%。妥善做好遗属工作，及时办理各项补贴、抚恤金，保障遗属生活待遇。

搭建建言献策平台 以“看家乡、谈发展、献良策”为主题，组织老干部开展就近考察活动。通过定期召开座谈会、情况通报会、发放调查问卷和上门走访等形式听取和收集老干部的意见建议。依托关工委、老干部活动中心和离退休干部党支部与社区，开展治安巡防、社会维稳、纠纷调解、旅游咨询等志愿服务活动。开展帮困助学活动，北戴河区关工委筹集资金5000元，资助困难学生19人。组织“五老”人员进学校、入社区开展爱国主义、革命传统、法制等专题教育和书法、摄影等课外辅导。依托老年大学、老干部活动中心、老科协摄影团，组织老干部开展丰富多彩的文体健身、文艺宣传、书画摄影等精神文化活动。先后组织了“牡丹之约”诗词会、“纪念建党95周年”文艺演出和“美丽的家乡”摄影展等活动。

丰富老干部精神文化生活 推进老干部活动中心、老年大学建设。粉刷维修老干部活动中心一楼活动室、老年大学教室改善活动环境。1月，声乐班全体学员与老科协摄影团联合开展了迎新年联欢会活动，“重阳节”开展系列棋牌比赛活动等。以老年大学为依托，发挥老干部作用。年初，组织摄影、书画成员10余人，深入全区中小学，为青少年开展义务讲课活动。

抓好关心下一代工作 区关工委办公室设在区委老干部局，调整完善三镇两街关工委组织和区教育局关工委。部分学校和社区成立了关心下一代工作小组。至年底，社区基层关工委组织全部调整组建完成，农村基层关工委组织完成60%。年内，区关工委在海北路小学和实验小学共组织6场活动，内容涵盖摄影、书法、传统教育等方面。暑假期间，区关工委与“青橄榄儿童书房”在英才、安居2个社区开展“我和爷爷奶奶同读一本书”畅游快乐暑期活

动。以德育为主线，开展各类教育活动，包括"学雷锋"系列活动、"六一"慰问表彰、轮滑比赛活动、关爱关心贫困青少年捐资助教活动、传授致富经验，为农村青年和企业青工提供帮助等。

（袁　芳）

【党校工作】　2016年，区委党校加强全区党员干部教育培训，发挥党校阵地堡垒作用。与区委组织部联合举办入党积极分子培训班，对来自全区58个基层党支部130名入党积极分子进行培训。为全面贯彻中共十八届五中全会和习近平总书记系列重要讲话精神，进一步增强全区领导干部对推进供给侧结构性改革的认识和理解，与区委组织部联合举办3期科级干部培训班，培训科级干部260余人次。4—5月，与区委组织部组织全区280余名农村干部在戴河镇西古城村省级农村干部示范培训基地分批跟班进行培训学习。年内，编发刊授教材13期。其中，以宣传党的理论知识为内容，编发刊授教材6期；以党风廉政建设为内容，编发刊授教材2期；以反邪教警示教育为内容，编发刊授教材3期；以国防教育为内容，编发刊授教材1期。丰富网上党校工作动态、领导讲话、网络课堂、政策法规、新闻视角、专题活动等栏目，利用"网上党校"资源，开设主题活动学习专栏，上传区委、区政府的安排部署和相关资料，宣传党的路线方针政策。利用科普宣传日、宪法宣传日，定制标语、印制宣传资料，配合区司法局、区科协开展上街宣传活动。有针对性的购买理论学习辅导用书，充实党校图书库存，并将所存图书公开对外借阅。利用网络、刊授等阵地加强党员干部反邪教警示教育，筑牢思想防御工程。

（倪玉舫）

宣传思想工作

【概况】　2016年，全区宣传思想文化工作主动把握新常态，立足全区改革发展稳定大局，解放思想、开拓创新、突出特色、打造亮点，各方面工作取得了新的进展和成效，为全区经济社会又好又快发展提供思想保障、精神力量、道德滋养和文化条件。全年编印《中心组学习读本》34期，"北戴河微理论"公众平台全年发送信息1400余条。组织主题宣讲活动300余场次。全年省级以上媒体发稿237篇（幅），市级以上媒体发稿篇1050余篇（幅），其中，中央级媒体发稿94篇（条）；累计监测涉及北戴河区网上重点舆情24起，向各单位和部门发出预警30余起。制作大量展板、公益广告，打造1条以剑秋路—平水桥园—老虎石海上公园沿线为重点的社会主义核心价值观宣传精品线路，打造"家风公园""好人广场"和街头理论微广场。制作百集《北戴河·唱响我们的价值观》系列短片。建立完善北戴河区创建文明城市指挥部和工作职责分工体系，全力推进文明城市创建工作。组织开展了"全民齐参与，共创文明城——北戴河区志愿者在行动"活动、"与文明同行·最美瞬间"随手拍等志愿服务活动。广泛培树各类先进典型，共评选区级"为北戴河添光彩"先进个人73人；以评选季度"最美北戴河人"的形式，选树先进集体和个人35个。举办"你是力量我是海"慰问演出、"渤海一轮月·幽燕万载情"——京津冀文艺志愿者走进北戴河文艺演出等大型文艺演出活动。承办"2016秦皇岛·京津冀文化创意产业（交易）博览会"和"河北省文化产业现场交流会"，全面展示北戴河区文化建设和文化产业发展成果。

【宣传工作】　围绕区委、区政府中心工作，重点谋划社会主义核心价值观、街景改造提升、文明诚信经营等新闻宣传主题，从社会主义核心价值观导向、生态文明、文化产业等多角度宣传北戴河，传达正能量。全区共在省级以上媒体发稿237篇（幅），市级以上媒体发稿篇1050余篇（幅），其中，中央级媒体发稿94篇（条），另有多篇稿件被网络媒体充分转载。围绕大型活动强力推介城市形象，全力做好“运动之春、浪漫之夏、时尚之秋、休闲之冬”四季主题系列活动的宣传，全方位推介北戴河自然环境、人文环境、旅游环境和投资环境。抓住铁人三项赛、秦皇岛国际马拉松赛、全国速度轮滑赛等重大活动进行外宣，精心策划宣传方案，促进对外宣传，进一步提高北戴河知名度，塑造良好城市形象。加强策划、主动沟通、密切配合，逐步建立与中央、省、市主流媒体的战略合作关系；充分利用工作群等新媒体，调动基层通讯员积极性、主动性，提供新闻线索和基本素材。区广播电视台、“北戴河微视听”“北戴河微理论”“北戴河之声”3个微信平台、“北戴河发布”官方微博等宣传载体整合利用，传统媒体与新兴媒体优势互补、资源共享，拓宽对外宣传新渠道，助推全区对外宣传工作大提升。高质量完成高清城市形象推介片《还看今朝》，并获第九届中国旅游电视周优秀旅游电视节目评选活动旅游形象宣传片类最佳作品奖（国家级）和第21届奔马奖旅游类一等奖（省级）。

【理论教育】 每月定期下发学习专题及学习要点，全年共编印《中心组学习读本》34期；每季度对学习情况进行集中督导考核，翻阅科级干部学习笔记、查阅学习心得、学习记录、学习档案、党课讲稿材料等。组织开展“两学一做”专题研讨会、红军长征胜利80周年专题学习会等多次专题研讨活动，并将发言材料汇编成册分享学习；举办北戴河区“两学一做”知识竞赛活动，激发广大党员的学习热情；围绕建党95周年主题，发放学习光盘100余张；订购《习近平总书记系列重要讲话读本》《知之深 爱之切》等理论书籍。创建理论中心组微信群、QQ群，每周按时发送学习目标和学习资料；“北戴河微理论”公众平台工作日每天发送时政要闻5~8条，发送信息1400余条。组织全区开展“回顾光辉历程 讲好北戴河故事”集中宣讲月、习近平总书记视察唐山重要讲话精神和省委八届十四次全会精神主题宣讲等活动，利用专家讲座、观看视频、知识竞赛、主题宣讲等多种活动形式，共举办各类型党课宣讲300余场次，其中规模宣讲5次，受众达到8000余人。

【文明创建】 建立完善北戴河区创建文明城市指挥部和工作职责分工体系，全力推进文明城市创建工作。在全市率先设置创城公开电话4001042016，为全区副科级以上干部开通创城彩铃；编辑印发《北戴河区创建文明城市123》《北戴河区公民基本文明行为规范》各5万册；各类经营场所发放创城倡议书、文明提示卡等各类宣传资料；开通北戴河创建文明城公众微信平台。组织开展“全民齐参与，共创文明城——北戴河区志愿者在行动”活动，号召全区各行各业、各阶层全员开展“文明交通”“全民洗城”等志愿服务活动；举办“与文明同行·最美瞬间”随手拍活动，引导全社会共同参与发现、展示、分享、弘扬北戴河之“美”。7月20日至8月20日，组织32名大学生志愿者在汽车站路口、中心岗路口等4个主要路口开展文明交通志愿服务活动，对不文明交通行为进行文明劝导；道德模范志愿服务队在做好服务游客的同时，自费慰问消防大队和交警五大队的一线干警。在广大干部群众中广泛开展“为北戴河添光彩”“最美北戴河人”等精神文明创建活动。评选区级“为北戴河添光彩”先进个人73人；以评选季度“最美北戴河人”的形式，选树先进集体和个人35个。王惠远家庭被评为“全国最美家庭”“全国五好文明家庭”。赵淑英、金晶被评为第五届全省优秀志愿者，英才社区、东经路社区被评为省级优秀志愿服务社区，东经路社区被评为省级宣传文化示范社区。

【社会主义核心价值观宣传】 以“中国梦”“我们的价值观”为主题，制作大量风格不一的展板，推出一批富有地域特色的公益广告，设置在主要城市道路两侧及游人众多的沿海线；打造以剑秋路—平水桥公园—

老虎石海上公园沿线为重点的精品线路，以社会主义核心价值观、建党95周年等为主题，通过微展墙、微展廊、微广场、微标语等形式进行全面展示；打造平水桥社会主义核心价值观主题公园，共设置各类展板、展牌1000余块；依托碣石园，打造“家风公园”，以图文并茂的形式设置区内10个优秀家庭的家风家训；将三角地公园打造成市、区的“好人广场”，设置区内30个道德模范宣传展示牌、北戴河好人歌；在鸽子窝公园、联峰山公园等地制作、展览了“微展牌”，以“图说”的形式、百姓的语言阐释社会主义核心价值观。制作百集《北戴河•唱响我们的价值观》系列短片，集合部队官兵、学生、环卫工人等众多群体，共同唱响社会主义核心价值观，该节目在《北戴河新闻》《北戴河之声》《北戴河微视听》、北戴河文明网多个平台进行播放。

【文化产业事业】 全面加强对各镇街文化艺术团体的服务与指导，使其成为开发群众文化创造力的前沿阵地。全年谋划举办2000余场文化活动，涉及文化展演、体育竞技、书画展览、艺术讲座、艺术品拍卖等六大类。组织文艺小分队进部队、社区、企业等地进行慰问演出活动，吸引观众4000余人。举办“你是力量我是海”——武警总部文工团赴北戴河慰问演出、“渤海一轮月•幽燕万载情”——京津冀文艺志愿者走进北戴河文艺演出，利用京津冀旅游资源、官方机构资源，促进文化交流。精心谋划文化产业发展布局，加大文化产业园区、项目和企业宣传推广，争取上级文化产业发展引导资金，支持重点文化企业发展，争创文化产业“三个十”。承办“2016秦皇岛•京津冀文化创意产业（交易）博览会”和“河北省文化产业现场交流会”，全面展示北戴河区文化建设和文化产业发展成果。

【网络监管】 组织机关干部、网评员、大学生村官，围绕“中国梦•赶考行”“培育和践行社会主义核心价值观”等主题，组织撰写原创网评文章150多篇；组织全区网评员围绕“秦皇岛全民洗城活动”等重点新闻消息及时跟帖回复，正确引导网民舆论，累计跟帖300多条；选树了一批先进典型，通过放大于网，互动于网，用人物真实事迹激励网民争做模范，为全区经济社会建设起到了网聚人心、成风化人的积极作用。建立24小时网络舆情监测制度，全年通过专用软件，累计监测到涉及北戴河区网上重点舆情，包括环境、拆迁、旅游市场秩序等问题24起，向各单位和部门发出预警30余起，旅游旺季发现有关不稳定信息3条，与公安、维稳等部门通力协作并及时上报上级主管单位，第一时间剔除不良有害信息。认真组织撰写舆情信息，累计上报舆情信息200多篇，及时发现、处置和反馈办理结果。通过权威发布政务服务信息，进一步提升新媒体的吸引力、公信力。全年通过北戴河之声公众号、北戴河发布微博，累计发布《区委、区政府关于全面取缔流动商贩、店外经营、露天烧烤、招手揽客行为的公告》等重要通知20余个；策划了“社会主义核心价值观”“爱上北戴河这座城”等主题宣传，并被河北发布公众号转发；发布《关于暑期北戴河交通管制公告》等群众关切的消息60余条。

（张　新）

机构编制管理

【重点领域改革】 根据《关于全省旅游业发展体制改革的若干意见》要求，提出旅游局更名旅游发展委员会的意见，已经编委会、常委会研究上报市编委待批。对旅游产业促进中心职数、内设机构设置和职责进行规范理顺。起草区《纪检监察机构改革方案》《关于设立区委巡察机构的方案》，提交区编委会、区常委会研究通过。对区市场监督管理局部分内设机构、派出机构的工作职责调整、整合；完成计划生育服务站和妇幼保健站、医疗保险基金管理中心和新型农村合作医疗管理中心整合任务。

【机构编制管理】 2016年，召开编委会4次，研究编制议题25项。开具《编制使用通知单》16份，《机关事业单位人员编制使用卡》40份。实施编制动态管理，先后为全区重点工作及职责增加的区综合执法、深化改革、保密机构调剂了编制。

【行政审批及中介服务事项管理】 先后印发《关于做好上级下放行政权力事项承接落实工作的通知》等文件，衔接取消行政权力事项33项，衔接下放行政权力事项94项。印发《关于做好国务院、省政府第二批清理规范行政审批中介服务事项衔接落实工作的通知》等文件，衔接取消中介服务事项4项，衔接下放中介服务事项4项。至年底，全区有行政审批中介服务事项18项，纳入区政府部门行政审批程序的技术性服务事项6项。

【行政权力清单动态化管理】 对全区行政权力清单进行3次动态调整，实现实时更新。印发《关于对本部门权力清单进行确认的通知》，要求各部门对权力清单进行核实确认上报。通过动态调整，全区权力清单由2015年的1233项调整为1640项。

【公共服务事项清理规范工作】 印发《关于深入开展简化优化公共服务流程方便基层群众办事创业工作的通知》和《关于开展公共服务事项清理规范工作的通知》，组织区政府部门及镇、街对公共服务事项进行清理规范，编制形成区政府部门和镇街公共服务事项清单和办事指南，梳理出17个部门公共服务事项10类118项。

【行政审批制度改革常态化管理】 先后开展深化“放管服”改革工作自查、行政审批制度改革阶段性“回头看”“懒政怠政不作为不在状态”自查自纠等11项自查。2013年以来，累计印发取消下放文件12个，承接上级取消行政权力事项92项，下放行政权力事项165项，取消职业资格许可和认定事项11项，改为后置审批的工商登记前置审批事项134项，取消非行政许可25项。在全市率先依托区政府门户网开辟“行政审批制度改革”专栏，将“权力清单”和“责任清单”等内容信息公开上网公布。

（刘　娜）

统一战线

【概况】 2016年，统战工作把握团结、民主的主题，认真履行统战工作职责，积极做好民主党派、工商联、无党派人士以及民族宗教、对台和海外统战等工作，精心谋划“两学一做”学习教育活动，充分发挥和调动统战干部和统战成员的积极性和创造性，统战工作取得了新的成绩。全年上报信息和宣传稿件12篇，被市委统战部网站县区讯息栏采用2篇。完成理论调研文章1篇。

【多党合作与政治协商】 组织各民主党派主委认真学习统一战线理论和方针政策，学习中共十八大及历次全会精神和习近平在中央统战工作会议上的讲话，提高政治把握能力、参政议政能力、组织领导能力、合作共事能力和解决自身问题能力，做到在思想上与中国共产党同心同德、目标上同心同向。组织各党派、工商联负责人及无党派代表人士以座谈、通报会等形式，通报区委每个阶段的重点工作，听取其意见和建议。召开各党派、工商联及无党派人士通报会，对区重大、重要决策进行协商；召开专题座谈会对区“十三五”规划草案进行协商；召开专门座谈会对区拟推荐新一届人大代表及政协委员进行协商。

【对台工作】 以宣传海外统战及对台工作方针政策为重点，做好暑期“三胞”（港澳同胞、台湾同胞、海外侨胞）的接待服务工作。做好“三胞”眷属的思想政治教育工作，协调解决生产、生活中的困难和问题，做好招商引资牵线搭桥工作，为经济建设服务。

【民主党派工作】 2016年，民革北戴河支部、民进北戴河工委进行换届，农工党北戴河支委会增选新副主委，协助各民主党派市委对换届民主党派的主委及副主委候选人进行考察。民进北戴河工委在北戴河新区一小举行“冬日情暖校园，爱心滋润心田”活动；在中秋节期间到敬老院慰问老人。民革成员、农工党成员到街道和社区开展健康知识讲座3场，百余位居民受益。民建北戴河总支帮扶北戴河区牛头崖镇蒲兰小学，为学生们送去书籍。

【非公有制经济人士工作】 指导工商联换届，成立换届工作筹备小组，加强对换届工作的监督和检查，对工商联主席、副主席，总商会会长、副会长等人选，按照相关要求进行资格审查，对其中涉及的非公有制经济人士，组织法院、公安、工商、税务等部门进行综合评价。区工商联（总商会）与黑龙江省绥化市8个县区签订协议，建立友好商会。组织非公经济人士参加商贸洽谈会，学习外地招商引资、小商品经济发展的新模式、高起点规划和城市建设等先进经验。年内，引进秦皇岛千诺贸易有限公司、秦皇岛轩昂贸易有限公司、河北兰潮科技有限公司等3家公司在北戴河区注册，注册资金为1400万元。两节期间，工商联组织部分民营企业家走访慰问25户低保困难户。“六一”儿童节，到牛头崖镇幼儿园和牛头崖镇2所小学开展慰问活动，并为4名特困生单独捐款1.10万元。

【民族宗教工作】 及时对区宗教工作领导小组进行调整，加强对全区民族宗教工作的领导。结合宗教三级信息通报联络网基础，健全三级宗教工作网络，完善镇（街）、村（居）两级宗教工作责任制，做到层层有人抓，时时有人管，处处全覆盖。2016年暑期，阻止北京阿门教会朴某及教会执教和传道人到北戴河以青年夏令营培训班的名义成立阿门教会全国分支组织的非法宗教活动。

（宁 萌）

工委工作

【区委直属工委工作】 思想政治工作 制定工委系统“两学一做”学习教育活动实施方案。在集中讨论上，要求以党支部为单位，围绕“四讲四有”党员标准，每月定期组织集中学习。工委主要领导、班子成员带头讲党课，带动了系统上下学习教育的自觉性和积极性。结合工委所承担的全区各单位“两学一做”学习教育活动督导巡视任务，派出5个巡查组，对各单位“两学一做”学习教育活动开展情况进行几轮巡回督导，注重总结提升，将成果集结成册，进行集中展示。各基层党支部开展抄写党章活动，作为向建党95周年献礼。在区直机关选树91名优秀共产党员代表。

机关党建 将传统机关党建与“互联网+”行动计划有机融合，创新机关党建工作观念、载体，建设了北戴河区直党建管理平台系统，形成“一网两微”党务新媒体格局，推动机关党建工作由传统向现代转变，由单向向互动转变，由管理向服务转变。

基层组织建设 扎实推进建强基层班子、建好服务队伍等重点工作任务落实，下发通知对基层党组织换届选举工作进行部署，年内，工委系统内各基层党组织全部完成按期换届改选和届中调整。同时开展了对所属50个支部党费收缴补缴专项检查工作，对各支部全部检查到位。加强机关党建与日常业务工作深度融合，着力强化党组织的“五大功能”，结合年度党建工作履职情况，全面开展支部书记抓基层党建工作述职评议考核；推动区直基层党组织新任班子成员开展履职谈话活动；常态化开展“机关党员志愿服务广角”活动，结合“全民洗城”，组织发动区直机关党组织每月定期到责任区域开展志愿服务活动和旅游旺季集中志愿服务活动，探索建立具有全区特色的党员志愿服务体系。年内，区直机关在职党员参与50余次志愿服务活动。

示范党组织创建　将“三会一课”、党员教育管理等工作具体化、量化，开展典型示范党组织创建活动，逐步培育机关党建品牌。年内在区直机关中指导创建了区检察院、园林局等4个市级、联峰山公园等3个区级基层党建示范点，其中，区检察院作为区直机关唯一的示范单位，接受省委督导组的现场督导。区直各单位因地制宜，开辟党建宣传栏，在党员活动室内悬挂党旗、张贴入党誓词、“两学一做”相关规定等。

年初，下发支部书记工作手册，配合机关党建考评工作使用，强化对党支部的工作引导。严把党员入口关，年内，区直机关吸收预备党员8名，17名预备党员转正；开展中华人民共和国成立前入党的老党员、困难党员和旅游旺季一线共产党员的慰问活动；通过为区直系统每名党员订阅学习资料、印制学习资料口袋书、组织开展典型示范观摩活动、结合书记上党课等各种培训活动，加强机关党员干部教育、管理和服务工作。要求机关各基层党组织利用“三会一课”，组织党员认真学习《中国共产党党费收缴、使用和管理的规定》。

（田　飞）

【开发区工委工作】　开发区工委以中共十八大，十八届三中、四中、五中、六中全会精神和习近平总书记系列重要讲话精神统领全局工作，贯彻省、市、区全会精神，坚持“围绕经常抓党建，抓好党建促发展”的工作思路，以“两学一做”学习教育活动为载体，一手抓党建，一手抓发展，不断开创党建工作新局面，经济建设稳中有进。

党员干部队伍建设　建立定期学习制度，每月中旬为机关集中学习日，集中学习主要采取专题讲座、轮流授课、交流讨论等形式进行，提高党员干部的政治素质、理论水平和业务能力。选派2名年轻骨干到北京、石家庄挂职锻炼，拓展视野、提升素质，培养“多面手”和复合型人才。

反腐倡廉和作风建设　开展“贯彻执行准则和条例”专项监督检查，深入查找在遵守“四个必须”“八条规范”“六项纪律”方面存在的薄弱环节，坚决维护党章党规党纪的严肃性；监督机关日常和节假日期间工作纪律检查、值班、公务用车及有关规定的执行情况；监督领导班子成员及各部门主要负责人履行党风廉政建设“一岗双责”责任；深入开展“三公”经费、公务用车改革管理等制度执行情况的监督检查，坚决查处公款互相宴请、赠送节礼、违规消费、变相公款旅游等问题；开展“为官不为”专项整治，集中解决工作不出力、长期缺勤空岗等问题，重点整治监管不力、首办责任不履行、“中梗阻”等问题；健全完善谈心提醒、警示教育和领导干部讲党课制度，抓住党员领导干部这个关键少数开展谈心提醒和警示教育，建立健全廉政档案。

打造和谐稳定开发区　开展“文明城市”创建活动，加强思想道德和社会规范教育，全面推进精神文明建设，积极开展“亮身份、树形象、展风采”“港城先锋•红色义工”党员志愿服务、与企业一对一帮扶、“企业送清凉”“点燃激情•燃烧梦想”团体操大赛、“全民洗城”“学雷锋活动月”“燕赵云志愿者”“我爱我家代言”、青龙县扶贫结对等活动。获得五四红旗团委称号。

（王　伟）

【区委农工委工作】　2016年，区委农工委围绕全区“1+4”工作格局，全面统筹城乡推进“三农”工作。不断加强自身建设，扎实开展“两学一做”学习教育活动。争取省级奖补资金额度2840万元。2016年，农工委被评为“全省农业（农工）系统先进集体”“全市农工委系统优秀单位”，区农工委办公室被评为“2016年旅游旺季工作先进集体”，1人获2016年旅游旺季工作先进个人称号，1人被评为“旅游旺季一线优秀共产党员”。

推进城乡一体化建设　围绕城乡一体化6大任务（城乡规划布局、产业发展、基础设施、公共服务、社会保障、政策机制）、30项具体工作，坚持规划引领、项目带动，全力推进城乡一体化建设。完成农村基础设施建设农发行贷款各项前期工作。编印《城乡统筹发展政策资料汇编》《统筹城乡发展知识问答》。在城乡户籍管理、社会保障、垃圾处理、公共交通、教育等5个方面基本实现城乡一体化，农村电网改造全部完成，网络通信、有线电视实现城乡全覆盖。

实施“美丽乡村”建设　制定《北戴河区美丽乡村建设五年规划》《北戴河区2016年美丽乡村建设实施方案》《北戴河美丽乡村文化胜地建设实施方案》《北戴河区深化农业农村改革实施方案》。通过引进艺术机构大力发展北戴河村农宅合作社建设。逐步把北戴河村打造成文化旅游目的地、私人订制首选地、设计公司聚集地、大学教学实训地和创新创业孵化地。组织北戴河村成立“戴河农房农民专业合作社”，并设立理事会、监事会，探索建立了“农户所有、合作社使用、企业经营、政府指导”四位一体的运行机制。北戴河村被评为2016年省级精品农宅合作社。本着“突出区域文化特色，打造旅游精品片区”的思路，按照省级旅游示范村创建标准及省、市关于打造特色小镇要求，融入休闲旅游和文化艺术元素，打造宜居宜业宜游的美丽乡村。北戴河村以文化艺术为着力点，打造“艺术小镇”，已有47家艺术机构成功进驻；费石庄村依托千亩桃园，进一步挖掘“桃文化”内涵，打造“桃源小镇”。开展桃树众筹项目，引进“传奇文化”的“新桃花源记•世外桃源”项目，重点打造高端民宿、高端餐饮、建设桃木艺术品展示交易中心等7家示范院落，示范引领民宿业向高端发展。西古城村依托集发生态农业观光园和“村企共建”优势，打造“音乐小镇”，完成《北戴河区西古城音乐小镇建设实施方案》。苏庄村、朱庄村坚持与北戴河村连片统筹推进，打造“文化休闲小镇”。杨各庄村作为区级精品村，重点抓好民居建设、饮水安全、厕所改造、特色富民产业等。北戴河村被评为2016年省级旅游精品示范村。杨各庄村12个专项行动已基本完成；狮子河村按照“一心、两路、三片区、四产业”的总体目标，先后完成了涉及环境整治、民居改造、设施配套、生态建设等14个方面48个建设项目。结合全区的整体规划布局，聘请秦皇岛市规划设计研究院，将村庄标识和“四新”应用作为建设重点。按照《北戴河区戴河镇拨道洼中心村建设规划》《北戴河区戴河镇拨道洼中心村建设三年实施方案（2015—2017年）》，开展中心村建设工作。为拨道洼村积极争取省级奖补资金，用于安装太阳能路灯、智能监控等。省农工办领导在视察北戴河区中心村建设后给予高度评价。立足打造“国际名片”，组织了2016美丽乡村文艺复兴与可持续发展论坛。共邀请30多位国内外重量级艺术家、学者和知名人士，深入研究探讨了文化、艺术、产业、价值观在乡村的融合与发展，形成了一整套相对成熟并可借鉴的研究成果。发起成立了“中国美丽乡村发展基金”。新华网和中国文化报等国家级媒体对此进行了专题报道。按照《河北省美丽乡村建设领导小组办公室关于2017年度美丽乡村建设省级重点片区、省定重点村申报和市、县（市/区）片区上报备案工作的通知》要求，区美丽办组织戴河镇、海滨镇和牛头崖镇积极上报，拟将戴河镇费石庄村、西古城村，海滨镇刘庄村等3个村申报2017年省级旅游村，已将名单上报至市美丽办。邀请浙江卓创乡建文化旅游发展集团规划设计院研究制定了《北戴河村美丽乡村建设概念性规划设计方案》，区委、区政府主要领导多次听取关于该方案的汇报，并提出指导意见。下一步将按照方案要求，以美丽乡村建设和乡村文化创意为发展重点，将北戴河村打造成为环境优美、四季皆宜、全域旅游的国家AAAA级旅游景区和国家级特色小镇（艺创小镇）。

做好“两改一清一拆”工作　成立3个

执行工作组和1个市场化管理工作组。重点做好宣传发动、方案制定、台账式管理、长效机制建设、考核验收、日常巡查等工作。为各镇发放了“北戴河区两改一清一拆工作明白纸”2万张，悬挂条幅300条，张贴公告1000张，制作宣传牌52块。开展京秦高铁和京秦铁路沿线村庄集中整治项目。共清运各类垃圾1万余吨。补植树木5600余株，移植花卉900余平方米。高铁沿线墙体立面整治工作共1.24万平方米。在全市率先完成了垃圾清理及环境美化工作。可获得省级奖补资金330万元。建立健全《农村环境卫生标准》《农村环境卫生设施管理标准》《农村环境卫生保洁人员工作职责》等规章制度，牛头崖镇和海滨镇已全面实行“PPP市场化”的垃圾处理模式，戴河镇实行垃圾处理城乡一体化模式。“3个镇”均已完成垃圾处理长效机制建设。财政预算共安排专项资金844万元用于农村垃圾收集站运行、垃圾运输及清理和205国道违建、铁路沿线环境整治、暑期工作保障和清理垃圾。北戴河区“两改一清一拆”工作在年中考核中全省县（区）排名第四，全市排名第一，可争取省级奖补资金1000万元。

加大山区综合开发力度　按照“调产业、强项目、壮龙头”的工作思路，加快示范区内产业化经营步伐。依托联峰山西北部综合开发建设示范区、中国农业公园、集发生态农业观光园等辐射带动作用，同时发展民宿、旅游服务、创意文化、观光休闲精品农业等产业。指导跟进项目，确保完成既定目标。其中，集发蔬菜基地设施扩建项目计划总投资3000万元，奥东农业生态园扩建项目总投资1480万元，现已全部完工。发展第三产业，壮大民宿行业。山区综合开发示范区主要涉及戴河镇、海滨镇的7个行政村（西古城村、西坨头村、太平庄村、乔庄村、丁庄村、陆庄村、河东寨村）。加强政策指导，用好管好资金。制定《北戴河区农业产业化专项资金管理办法》，引导、规范农业产业化专项资金使用。

推进农业产业化建设　以“立产业、强龙头、增效益”为发展思路，深入实施农业产业化发展战略。积极开展河北省农业产业化重点龙头企业监测以及省级示范现代农业产业化联合体创建等相关工作。全区共有市级以上龙头企业7家，其中省级龙头企业2家；农民专业合作社45家。帮助丰硕生态农业有限公司成功申报市级龙头企业。区委农工委组织专人深入镇村和企业，摸清全区农业产业化现状、存在问题和发展方向，形成了《北戴河区农业产业化调研报告》。认真组织谋划，实施农业产业化项目3项。计划总投资6480万元，其中固定资产投资2700万元，全年完成投资6480万元，项目已全部竣工。协调相关部门，深入企业调查研究，组织企业申报农业产业化项目5项。

开展农业农村改革工作　按照省、市关于农业农村改革工作相关要求，围绕全区农业供给侧改革重点谋划了《2016年北戴河区农业农村工作安排》以及《2016年北戴河区农业农村重点目标任务分解表》，编纂了《省市区农业农村政策资料汇编》，并下发各相关单位。督导区农牧局、文广新局等改革重点单位深入推进改革工作，受到上级部门和领导的充分肯定。

督导做好秸秆禁烧和综合利用等工作　区委农工委作为区秸秆禁烧领导小组办公室，对2016年全区秸秆禁烧工作进行了全面的安排部署。通过下发工作提示卡，实地督导检查秸秆禁烧等方式加大查处力度，完成2016年秸秆禁烧和综合利用工作。

（徐金凤）

【区休疗旅游工委工作】　2016年，工委所辖27个基层党组织，共有党员878人。

强化创新工作载体，打造旅游亮点　在春节灯会、民宿提升、旅游市场整治等区重点工作中，要求党组织前移至工作一线，发挥党员先锋模范作用。同时，超前谋划、把握主动，充分挖掘现有资源，围绕“两学一做”学习教育活动主题，以“精、俭、实”三字方针倾力打造专题教育活动基地，省、市、区领导多次视察并给予高度评价。

强化创新工作方式，推进服务型党组织建设 建立“1+1+N”工委委员联系基层的工作机制，明确1名班子成员对应1个部门，负责1~2个基层党组织，每季度下基层开展1次“面对面心贴心”活动。为休疗单位免费宣传推介等20余件惠民实事，为基层党组织解决实际问题18件。

强化品牌带动效应，打造党建品牌 发挥中国煤矿工人北戴河疗养院尘肺病专业治疗优势，打造“心服务、新技术”的党建品牌。依托AAAAA景区创建，按照“咨询服务零距离、安全服务零事故、救助服务零误差、诚信服务零投诉”“四零”服务标准，鸽子窝公园确立微笑（Smile）服务、高效（Speed）服务、真诚（Sincere）服务、满意（Satisfy）服务“4S”服务口号。

丰富党建活动内涵，开展系列党建活动 组织百余名党员分批到鸽子窝公园毛主席塑像前进行入党宣誓，重温入党誓词。春节和七一慰问休疗单位新中国成立前入党的老党员，为他们送去米、面、油。组织工委内具有医疗资质的单位，为当地群众及游客提供义诊服务活动。组织休疗单位的党员手抄入党誓词，在怪楼党建活动室进行展览。

基层党建七项重点工作稳步推进 开展党员组织关系集中排查。党代会代表和党员违纪违法未给予相应处理情况排查清理工作。基层党组织按期换届。党费收缴工作专项检查，核查2008年4月至2015年党费情况。非公经济和社会组织“两个覆盖”集中攻坚行动。根据工作需要，成立了旅游协会临时党支部。深入推进抓党建促脱贫攻坚。抓严抓实领导机关党员干部学习教育。

（苏　丹）

北戴河区人民代表大会

区人民代表大会会议

【北戴河区第十四届人民代表大会第六次会议】 1月21—22日，在区党政综合办公楼三楼会议厅举行，出席会议代表127人，列席80人。会议听取和审议区人大常委会主任王玉海所作的《北戴河区人大常委会工作报告》，代区长陈秋华所作的《北戴河区人民政府工作报告》《北戴河区国民经济和社会发展第十三个五年规划纲要（书面）》，区发展改革局局长冯松所作的《关于北戴河区2015年国民经济和社会发展计划执行情况及2016年计划草案的报告（书面）》、区财政局局长高银山所作的《关于北戴河区2015年财政预算执行情况和2016年财政预算草案的报告（书面）》、区人民法院院长黄滨所做的《北戴河区人民法院工作报告》、区人民检察院检察长陈国栋所作的《北戴河区人民检察院工作报告》，并作出了相应决议。会议选举陈秋华为北戴河区人民政府区长，田秋燕为区十四届人大常委会副主任，李佳为区十四届人大常委会委员。

区人大常委会会议

【第十四届人大常委会第二十八次会议】 1月15日召开，常委会组成人员王玉海、刘海平、韩新民、曹艳红、张军生、未淑云、李志强、李铁林、李淑花、李集周、张继宏、陈永祥、赵永军、袁利梅、徐占明、高劲松出席会议。会议研究区人大人事任免事宜，刘海平因年龄原因不再担任区人大常委会副主任职务，研究通过区十四届人大六次会议相关事项，研究区人大常委会工作报告，听取区国民经济和社会发展第十三个五年规划纲要相关情况的汇报，听取和审议区2015年国民经济和社会发展计划执行情况与2016年计划（草案）的报告；听取和审议2015年财政预算执行情况和2016年财政预算（草案）的报告（含两个预算单位的预算执行情况汇报）。

【第十四届人大常委会第二十九次会议】 5月3日召开，常委会组成人员王玉海、刘海平、韩新民、曹艳红、张军生、未淑云、李志强、李铁林、李淑花、李集周、张继宏、陈永祥、赵永军、袁利梅、徐占明、高劲松出席会议。会议研究区政府申请太平庄村村民安置房项目贷款事宜，研究人事任免事宜，会议决定接受于凤喜辞去人民政府副区长职务，听取和审议区政府关于北戴河区社会救助工作情况的报告，审议区人大常委会各项制度。

【第十四届人大常委会第三十次会议】 7月8日召开，常委会组成人员王玉海、刘海平、韩新民、曹艳红、张军生、未淑云、李志强、李铁林、李淑花、李集周、张继宏、陈永祥、赵永军、袁利梅、徐占明、高劲松出席会议。会议研究人事任免事宜，决定接受李学民辞去市人大代表职务，听取和审议《河北省城市市容和环境卫生条例》执法检查报告，听取和审议《安全生产法》执法检查报告。

【第十四届人大常委会第三十一次会议】 9月14日召开，常委会组成人员王玉海、刘海平、韩新民、曹艳红、张军生、未淑云、李志强、李铁林、李淑花、李集周、张继宏、陈永祥、赵永军、袁利梅、徐占明、高劲松出席会议。会议听取和审议区政府《关于退出大田作物工作情况的报告》《关于2015年区本级财政预算执行情况的审计工作的报告》《关于2015年财政决算情况的报告》《关于2016年1至6月份全区财政预算执行情况的报告》《关于2016年1至6月份全区国民经济和社会发展计划执行情况的报告》；研究人事任免事宜，决定接受辛志贤辞去区人民政府副区长（挂职）职务，决定任命赵英超为区人民政府副区长（挂职）职务，决定免去王欣区人民法院执行局副局长职务，决定任命王欣为区人民法院执行局局长，冯英乔为区人民法院执行局副局长。

【第十四届人大常委会第三十二次会议】 10月17日召开，常委会组成人员王玉海、刘海平、韩新民、曹艳红、张军生、未淑云、李志强、李铁林、李淑花、李集周、张继宏、陈永祥、赵永军、袁利梅、徐占明、高劲松出席会议。会议审议区政府提交的《关于调整2014年财政支出预算的请示》《关于调整2015年财政支出预算的请示》，并批准了区政府这两项请示。

【第十四届人大常委会第三十三次会议】 11月18日召开，常委会组成人员王玉海、韩新民、曹艳红、张军生、田秋燕、未淑云、李志强、李佳、李淑花、李集周、陈永祥、赵永军、袁利梅、晁建东、高劲松、董晓峰、程淑颖出席会议。会议研究决定区镇两级人大换届选举事项，通过《关于区镇两级人民代表大会换届选举时间的决定（草案）》《区第十五届人民代表大会选举委员会组成人员名单的决定（草案）》《关于批准海滨镇、戴河镇、牛头崖镇人民代表大会选举委员会组成人员名单的决定（草案）》《北戴河区选举委员会关于区镇两级人民代表大会换届选举工作实施方案（草案）》，研究人事任免事宜，决定任命万强为区人大常委会办公室主任。

【第十四届人大常委会第三十四次会议】 12月9日召开，常委会组成人员王玉海、韩新民、曹艳红、张军生、田秋燕、未淑云、李志强、李佳、李铁林、李淑花、陈永祥、赵永军、袁利梅、晁建东、高劲松、董晓峰、程淑颖出席会议。会议审议区政府提交的《关于北戴河区东山、西山街道老旧小区基础设施提升改造项目有关情况的请示》《关于利用市政道路设施进行融资租赁的请示》，研究人事任免事宜，决定免去田秋燕区人力资源和社会保障局局长职务，免去陈春华区审计局局长职务，决定任命任立民为区人力资源和社会保障局局长。

【第十四届人大常委会第三十五次会议】 12月30日召开，常委会组成人员王玉海、韩新民、曹艳红、张军生、田秋燕、未淑云、李志强、李佳、李铁林、李淑花、李集周、陈永祥、赵永军、袁利梅、晁建东、徐占明、高劲松、董晓峰、程淑颖出席会议。会议听取和审议区政府为民办实事情况的报告，区政府关于代表建议办理情况的报告，区政府关于预算调整情况的报告，区政府环境保护工作情况的报告，听取区第十五届人大代表资格审查情况的报告；审议通过了《第十五届人大代表资格审查报告》，确认当选的140名区十五届人大代表资格有效。

区人大常委会主要工作

【概况】 2016年，区人大常委会围绕区委中心工作确定人大工作重点，推动全区重大决策部署和中心工作的落实，采取多种形式对区政府、区人民法院、区人民检察院开展监督工作。年内，召开常委会会议8次，主任会议21次，听取和审议区政府、区人民法院、区人民检察院专项工作报告19项，开展视察、调研、执法检查21项，作出决议决定和审议意见22项，依法任免国家机关工作人员16人次。制定《专题询问工作办法》《实施宪法宣誓制度办法》等7项新制度，对

《常委会议事规则》等7项原有制度进行了修改完善。

【依法行使监督权】 2016年，区人大常委会根据区委中心工作，确定视察区政府关于退出大田作物工作情况、完善区人大常委会工作制度、做好换届选举等31项重点工作。区人大常委会严把预算审查关，在坚持每年2次听取财政预算执行情况报告和预算执行审计情况报告的基础上，把监督关口前移，在年度预算方案出台前，组织开展专题调研，及时把群众、人大代表的意见建议反馈给区政府，使计划方案和预算的编制更加切合实际，体现民意。深入开展全口径预算审查，建立和完善预决算审查监督工作规范和程序，将区直部门预算纳入人大预决算审查监督体系。2016年，审查了2个区直部门预算资金使用情况，对发现的问题，及时跟踪督办解决。区人大常委会强化政府债务监督，年内召开4次会议，专门听取和审议区政府棚户区改造、老旧小区改造和市政设施融资等政策性贷款等情况报告，研究相关资金使用管理办法，围绕总部大厦建设、招商引资和国有资产经营管理情况进行视察调研，促进新税源增加和国有资产保值增值。将环境保护工作列为重点监督事项。先后组织代表视察城市市容环境卫生、国家AAAAA级旅游景区创建、美丽乡村建设、文化艺术村落和艺术街区建设、道路景观改造等工作。区人大常委会连续5年全程跟踪为民实事的办理，年初，区政府谋划实事前，区人大常委会都先征求群众的意见建议，并及时反馈给区政府。同时，全程跟踪落实进度，实时掌握情况。由于工程手续办理制约，北戴河新初中、社区卫生服务中心、“文图”两馆等3件为民实事工程项目进度较慢，区人大常委会及时协调督促相关部门加大工作力度。

【依法行使任免权】 坚持党管干部和人大依法任免干部的有机统一，在人事任命前，安排任前法律知识考试，并将考试内容与被任命人员业务工作相结合，完善和规范任前表态发言等程序。2016年，区人大常委会依法任免国家机关工作人员15人次。

【代表建议督办】 区人大常委会通过邀请代表列席常委会会议，坚持组织代表参与监督工作等具体措施提升代表履职能力。建立实施《代表上站履职制度》，全年组织区人大代表374人次参加38期上站活动。该项制度得到省市人大的高度认可，省人大常委会副主任王刚专题听取了制度实施情况的汇报，省人大建设研究会会长柳宝全带领调研组到北戴河就代表上站制度的实施开展专题调研。这一做法被《中国人大》《人民代表报》《河北人大通讯》等6家国家、省、市媒体刊发介绍，并2次在省人大常委会和省人大建设研究会组织的理论研讨会上进行经验交流。至年底，收到区人大代表建议81件，办理满意率和基本满意率达100%。区人大常委会坚持强化代表的知情权，通过文件会刊、通报政府工作等形式，及时向区人大代表传达中心工作和任务。及时总结、宣传推荐优秀代表事迹，培树评选了一批优秀代表、优秀代表小组、优秀代表团和优秀代表建议，举办“用行动诠释职责，让成果温暖民心”代表履职成果展。走访慰问劳模代表、连任多届老代表和老人大工作者。北戴河区第十五届人大代表换届选举工作从11月1日开始至12月29日结束，全区各选区广大选民以无记名投票和差额选举的方式，依法选举产生了北戴河区第十五届人民代表大会代表140人。

【法律监督】 对区人大常委会组成人员和参与监督工作的代表进行相关法律法规培训，做到依法审议、依法履职。常委会抓住秦皇岛市人大常委会被赋予立法权这一契机，提交《北戴河名人故居保护条例（草案）》立法项目建议。通过执法检查和询问等监督方式，推动政府简政放权，加快法治政府建设进程。开展司法公开情况专题调研，听取区人民法院、人民检察院专题汇报，广泛征求人大代表和群众的意见建议。组织开展庭审评议工作，全年评议法官、检察官、律师8人次，建立并实施《法官、检察官任职资格审查办法》，规范“两院”工作人员的任免程序，加强对拟任命人员工作能力和任职条件的核查；组织开展“人民陪审员、人民监督员制度”落实和基层司法所建设专题调研工作。

【人大代表变更情况】 北戴河区第十四届人民代表大会代表名额为137人，2015年度实有代表142人。1月，补选付顺义、丁新杰、田秋燕、李佳4人为区人大代表；2月，李学民调离，其代表资格自行终止；4月，高树萍去世，其代表资格自然终止。2016年实有代表144人。

区十四届人民代表大会代表

（共144人，按姓氏笔画排序。其中杨立民代表被暂时停止执行代表职务）

丁新杰　于凤喜　王文玺　王玉海
王秋菊（女）　王晓臣　王晓光
王晓青（女）　未淑云（女、蒙古族）
甘卫东　田秋燕（女）　付顺义
冯　松　冯利辉　冯树坤（女）
母四川　朱凤霞（女）　朱新生
刘　伟　刘　秦（女）　刘　新
刘兰山　刘利燕（女、满族）
刘振田　刘海平　刘海复
刘海燕（女）　江秀山　孙永利
孙晓华（女）　孙景余　杜占山
杨　文　杨　武　杨　玲（女）
杨立民　杨占武　杨加胜
杨明信（满族）　杨家平（满族）
苏文庆　苏君柱　李　成　李　刚
李　佳（女、蒙古族）
李文侠（女）　李天宝　李志国
李志强　李克梅（女）　李春华
李春兴　李建平　李徊林　李继文
李铁林（满族）　李宝泉
李淑花（女）　李梦群（女）　李集周
李智勇　严　彬　肖海东（女）
员　杰　宋志强　宋振平　宋福贵
张　利　张　敏　张凤华（女）
张玉华（女）　张军生　张秀云（女）
张志田　张志加　张学军　张洪华
张洪萍（女）　张继宏　张福利
张德开　陆绍增　陈　敏　陈　曦
陈山河　陈东生　陈永祥　陈自彬
陈金富　陈秋华（满族）　陈国栋
陈维生　苑卫甜　范彦杰（女）
岳彩合　金　晶　金国胜（满族）
金树学　周建华　周金捍　单士忠
单建军　单慧英（女）　尚勇利
胡　权　胡荣田　赵　伟　赵永军
赵庆国　赵启伟　赵洪岐　赵德全
侯亚东　祖克敏　姜维秀　秦宝军
袁利梅（女）　聂春生　晁建东
徐　涛　徐占明　徐立忠　徐庆荣
郭　权　高劲松　高银山（满族）
高慧君（女）　黄　滨　曹志明
曹艳红（女）　梁　强　韩月萍（女）
韩新民　董晓峰　董继新
程香女（女）　程淑颖（女）　谢明琪
谢海龙　蔡文利　裴世保　裴耀辉
翟春利　薛洪滨

（赵　爽）

北戴河区人民政府

重要会议

【区政府常务会议】 2016年，区十四届政府召开10次常务会议。

1月8日，召开区十四届政府第三十一次常务会议。研究北戴河区2015年规范性文件清理工作相关事宜，研究清理规范区级行政审批中介服务事项工作。

1月14日，召开区十四届政府第三十二次常务会议。研究《北戴河区政府工作报告》《秦皇岛市北戴河区国民经济和社会发展第十三个五年规划纲要》《北戴河区2015年国民经济和社会发展计划执行情况及2016年计划草案的报告》《北戴河区2015年财政预算执行情况和2016年财政预算草案的报告》。

2月15日，召开区十四届政府第三十三次常务会议。研究区属国有景区体制机制改革事宜。

4月14日，召开区十四届政府第三十四次常务会议。研究《北戴河区河长制管理实施方案》《北戴河区农村饮水安全巩固提升工程“十三五”规划报告》。

5月13日，召开区十四届政府第三十五次常务会议。研究人事任免事宜。

6月3日，召开区十四届政府第三十六次常务会议。研究赤土山村征收改造旅馆房用地事宜。

6月16日，召开区十四届政府第三十七次常务会议。研究《北戴河区海水浴场管理办法》《北戴河区门牌字匾设置管理办法（试行）》，研究人事任免事宜。

9月9日，召开区十四届政府第三十八次常务会议。研究2015年秋冬季退役士兵安置方案，研究《中共北戴河区委、北戴河区人民政府关于加快构建现代公共文化服务体系的实施意见》《秦皇岛市北戴河区国家公共文化服务体系示范区建设规划（2016—2018）》。

11月21日，召开区十四届政府第三十九次常务会议。学习传达近期习近平总书记、李克强总理等中央领导关于安全生产工作的讲话精神，研究人事任免事宜。

12月16日，召开区十四届政府第四十次常务会议。研究人事任免事宜。

【区长办公会议】 2016年，召开18次区长办公会议。

1月8日，召开区长办公会议。研究《关于表彰2015年度明星企业的决定》；研究《下达2016年招商引资任务的通知》；研究国民经济指标相关事宜；研究调整2016年街区景观改造提升工程责任单位事宜；研究进一步强化重点项目建设工作事宜。

2月15日，召开区长办公会议。研究军队无军籍退休退职职工分散安置管理事宜；研究与鑫融港投资发展（北京）有限公司合作事宜；研究森林重点火险区综合治理三期工程建设项目相关事宜；研究军粮供应站维修改造事宜；研究老旧小区更新路灯事宜；研究租用海滨花园大酒店7号楼用于总部企业办公用房事宜；研究费石庄村污水管网建设相关事宜；研究北戴河村美丽乡村二期工程建设事宜。

3月9日，召开区长办公会议。研究2016年度园林绿化工程事宜；研究鸽子窝公园创建国家AAAAA级旅游景区工作事宜；研究第十二届轮滑节相关事宜；研究保安公司增资事宜；研究火车站广场及周边设施维修工程事宜；研究既有建筑节能改造工程事宜；

研究北七路污水管道北延伸工程事宜；研究海浴场维修工程事宜；研究区政府领导工作分工调整事宜。

3月25日，召开区长办公会议。研究“艺术家客栈”相关事宜；研究北戴河区餐饮行业诚信经营管理办法（试行）；研究高速引线南侧风景林土地租用事宜；研究奥林匹克大道公园雨水管道维修等工程增量事宜；研究2016年治理海上非法养殖事宜；研究与协鑫公司框架协议事宜；研究新建北戴河区第一中学事宜；研究“四大家”工勤人员发放车补事宜。

4月14日，召开区长办公会议。研究牛头崖片区（205国道）街景改造工程增项变更事宜；研究中小学旱厕改造工程事宜；研究青少年中心附属功能楼重启建设事宜。

4月26日，召开区长办公会议。研究戴河沿岸绿化工程相关事宜；研究《北戴河区治理船舶非法载客工作方案》；研究《北戴河区2016年美丽乡村建设实施方案》；研究北戴河区2016年农业农村工作安排事宜；研究末端污水治理工程事宜，研究华北电网有限公司北戴河疗养院土地确权事宜；研究“文图”两馆和人防工程项目建设事宜；研究文化宫楼顶防水维修工程事宜；研究越峰怡景住宅小区缴纳社区办公及服务用房易地建设事宜；研究2016年老旧小区基础设施维护维修事宜；研究“双违”（违法用地、违法建筑）整治涉及强拆机械及用工事宜；研究购置清洁能源环卫作业车辆事宜。

4月27日，召开区长办公会议。研究《全区停车场收费管理方案》；研究取消双人骑摊位设置事宜；研究提升城市管理水平事宜；研究老虎石海上公园经营管理事宜；研究部分浴场沙滩新建更衣和寄存等基础设施事宜；研究杨各庄、拨道洼村项目国开行贷款资金管理办法；研究太平庄村棚户区改造项目农发行贷款资金管理办法。

4月28日，召开区长办公会议。研究拨道洼村项目国开行贷款资金管理办法；研究太平庄村棚户区改造项目农发行贷款资金管理办法；研究牛头崖镇争取农发行贷款项目事宜；研究北戴河区与农发行贷款项目有关事宜；研究际牧牛业研繁基地迁出建场事宜；研究北部片区8宗国有建设用地出让事宜。

5月13日，召开区长办公会议。研究《北戴河区河长制管理实施方案》；研究北戴河区新戴建设开发有限公司组建事宜；研究牛头崖片区视频监控工程事宜；研究海宁路大修和驼峰路街景改造工程事宜；研究北四路与海三路交叉口新建便民市场事宜；研究沿海浴场沙滩回填工程事宜；研究行政权力事项下放涉及住建部门工作相关事宜；研究牛头崖、蔡各庄和大薄荷寨污水处理站建设事宜；研究海韵假日一二区单庄村民返迁房产权手续办理相关事宜；研究刘庄村住宅安置房产权手续办理相关事宜；研究解决单庄村拆迁改造历史遗留问题；研究红石北路街景改造工程增项事宜；研究康健路改造提升工程增加项目内容事宜。

5月20日，召开区长办公会议。研究全面取缔流动商贩、店外经营、露天烧烤、招手揽客行为事宜；研究新戴公司管理层人员组成、旅游开发公司人员变更事宜。

5月25日，召开区长办公会议。研究联峰山创建国家AAAA级旅游景区提升规划事宜；研究2016年新增园林绿化工程事宜；研究红石北路、育花支路街景改造工程增项事宜；研究更换全区经营类停车场物价公示栏事宜；研究部分停车场安装车牌智能识别视频监控系统事宜；研究《全面取缔北戴河区双人骑的通告》；研究《关于全面提升民宿业管理水平的实施方案》。

6月16日，召开区长办公会议。研究教师招聘事宜；研究全区道路指示牌和公交站亭破损维修事宜；研究停车场新建停车诱导系统事宜；研究北戴河区车辆管理事宜；研究火车站片区改造商业安置房物业管理事宜；研究谢李庄村安置房变更主体事宜。

7月30日，召开区长办公会议。研究牛头崖镇划转接收人员所需经费事宜；研究佳苑小区北侧游园设计招标事宜；研究平水桥浴场新建综合服务驿站事宜；研究在剑秋路浴场和中直六浴场之间设置功能性集装箱事宜；研究热力公司实施现有锅炉及外网维修工程事宜；研究向社会采购区属污水设施维护服务事宜；研究确定叠水景观工程日常管理单位事宜；研究暑期应急工程实施事宜，研究视频会议室建设事宜。

9月9日，召开区长办公会议。研究《全面建立困难残疾人生活补贴和重度残疾人护理补贴制度的实施意见》；研究建筑垃圾填埋场租赁事宜；研究育花路市场运营管理事宜；研究沿海沙滩生态恢复及基础设施恢复建设工程事宜；研究2016年海北路围栏挂花养护工程、火车站广场护栏运输及维修安装工程相关事宜。

9月20日，召开区长办公会议。研究光雕诉讼案有关事宜；研究区政府领导工作分工调整事宜。

10月31日，召开区长办公会议。研究老旧小区物业试点工作事宜；研究《关于拉动北戴河淡季旅游工作实施方案》；研究《北戴河区水污染防治工作实施方案》；研究北五路街景改造工程增项事宜；研究北戴河老干部康复活动中心产权办理有关事宜；研究火车站片区改造农行还建项目土地处置事宜；研究火车站片区改造商业安置房土地处置事宜；研究火车站片区改造液氨管线迁改工程有关事宜；研究北部片区杨各庄便民市场建设事宜。

11月21日，召开区长办公会议。研究火车站片区改造液氨管线迁改工程有关事宜；研究北部片区杨各庄便民市场建设事宜；研究《北戴河区工商资本租赁农地监管和风险防范办法（试行）》。

12月16日，召开区长办公会议。研究解决光雕公园遗留问题；研究《北戴河区非法挤占河道管理范围退出实施方案》；研究越峰房地产开发有限公司申请免征海景花苑住宅小区项目土地出让金差额事宜；研究区政府与绿地集团合作有关事宜；研究区政府与中运公司解除合作协议有关事宜；研究《2017年春节灯会方案》；研究杨各庄公产安置房分配事宜；研究公共自行车租赁合作项目事宜。

（崔常尧）

【全区性会议】 1月19日，副区长孙谓青主持召开全区森林防火工作会议，区林业局、区交通局、区旅游局、区教育局、海滨镇、戴河镇、消防大队以及森林防火重点单位相关负责人参会。会议传达了省、市森林防火工作会议精神，通报全市和北戴河区的森林防火工作形势。孙谓青要求各有关部门和单位要提高重视，确保全区森林防火工作万无一失。

1月20日，区委常委、常务副区长于凤喜主持召开机关公务用车制度改革工作调度会，区政府办、区委组织部、区机关事务管理局、区编办、区发改局、区人社局、区财政局、区监察局、区审计局、区国资公司主要负责人参会。会议传达了《秦皇岛市机关公务用车制度改革实施方案》，成立区公务用车制度改革领导小组和领导小组办公室，对办公室和下设各工作组组成人员以及具体职责进行了明确。于凤喜就召开机关公务用车制度改革工作动员会相关工作进行安排部署。

1月29日，副区长任晨主持召开戴河沿线环境综合整治专题调度会，区水务局、区环保局、海滨镇、戴河镇、牛头崖镇负责人参加会议，会议就戴河沿线环境综合整治相关工作进行研究部署。任晨提出具体要求。

2月4日，区委常委、常务副区长于凤喜主持召开经济运行调度会，区政协副主席、区财政局局长高银山出席会议，区委组织部、区委政法委、区委宣传部、区委统战部、区监察局、区发改局、区统计局、区环保局、区国税局、区地税局、开发区经发局负责人参加会议。会议传达了2月3日全市经济运行及相关工作部署会议精神，对打击非法集资等工作进行安排部署，并听取了年初以来各项经济指标完成情况的汇报。于凤喜提出具体要求。

2月16日，区委常委、常务副区长于凤喜主持召开2016年重点推进项目调度会，副区长辛志贤，开发区管委会副主任王晓青，区政府党组成员高明出席会议，各重点推进项目责任人参加会议。会议听取了2016年28项重点推进项目和近期在谈项目进展情况、存在问题以及下步工作计划。于凤喜针对项目推进过程中遇到的困难问题逐项提出指导意见。

2月24日，区委副书记、区长陈秋华主持召开区政府工作专题调度会，市委常委、区委书记刘宝岐到会并就有关工作提出指导意见，区领导王玉海、裴耀辉、于凤喜、周向东、赵启伟、任晨、付红、董立宏、孙谓青、陈曦、辛志贤参加会议，各镇、街道办事处主要负责人，各副区长分管部门和联系单位主要负责人列席会议。会上，各位副区长分别汇报了2015年9月以来完成的主要工作、2016年工作目标任务和思路举措，以及第一季度主要工作推进情况，刘宝岐、陈秋华结合各位副区长的汇报逐一对相关重点工作进行了安排部署。

2月25日，副区长任晨主持召开2016年度造林绿化动员会。会上下发了《北戴河区2016年度造林绿化工程实施方案》，细化了2016年造林绿化目标任务和工作重点，各镇负责人作了表态发言，各相关责任单位与区政府签订了绿化造林责任状。

3月1日，区委副书记、区长陈秋华主持召开鸽子窝国家AAAAA级旅游景区创建方案评审会，区委常委、副区长周向东出席，区旅游局、区城管局、区规划分局以及方案设计单位相关负责人参加。在详细听取设计单位方案汇报后，陈秋华分别就尽快成立创建工作指挥部，统筹使用景区提升资金，加快区属景区升A步伐等工作提出具体要求。

3月4日，副区长孙谓青主持召开全区2016年春季森林防火工作会议，戴河镇、海滨镇、区交通局、区教育局、区旅游局、区环保局、区广播电视台、消防大队等森林防火指挥部成员单位及重点林区防火责任单位负责人参加会议。会议传达了省、市森林防火工作相关要求和精神，对近期森林火情情况进行通报，部分参会单位分别汇报了春节期间森林防火工作情况及下一步计划。

3月7日，区委常委、常务副区长于凤喜主持召开第一季度财税工作调度会，区政协主席、副区长、开发区管委会主任裴耀辉应邀出席会议，区政协副主席、区财政局局长高银山出席会议，区国税局、区地税局相关负责人参加会议。会议听取各单位年初以来组织收入、近期走访调度及第一季度预测完成情况的汇报。会议要求各相关部门和单位在全力做好税收征缴工作的同时，迅速落实会议议定各项措施，尽最大努力实现首季“开门红”。

3月15日，区领导周向东、陈曦在车站派出所会议室召开火车站接站秩序整治工作协调会，戴河镇、区公安分局、车站派出所主要负责人参加。会议对强化淡季火车站接站秩序管理，规范接站人员行为等事宜进行了认真研究，并从提高人防、物防、技防水平，建立完善协调联动机制等方面明确了具体措施。

3月21日，副区长任晨召集区林业局、区农牧局、区水务局、戴河镇、海滨镇、牛头崖镇及区政府督查室有关负责人召开春季植树造林工作专题会议，听取了3个镇和林业局关于造林工作进展情况、存在问题和下步计划的汇报，安排部署今春造林任务。任晨提出要求。

3月25日，副区长任晨主持召开戴河近期治理专题调度会，区政府办、区水务局、区农牧局、区城管局、区住建局及海滨镇、戴河镇、牛头崖镇、区委、区政府督查室、排水管理处等单位有关负责人参加。会议传达了市委书记孟祥伟在《戴河近期治理实施方案》上的批示要求，进一步明确时间节点和具体责任人，确保6月底前取得实效。任晨提出具体要求。

3月28日，副区长任晨主持召开整治农用地违建工作调度会，区农牧局、区林业局、区国土分局、区规划分局、区综合执法协调工作办公室及各镇有关负责人参加。会议传达了市、区主要领导关于打击违法违章建筑的指示精神，并对相关工作进行安排部署。任晨提出具体要求。

3月30—31日，副区长董立宏带领区安监、市场监管、公安、消防、电力等相关部门负责人，采取“四不两直”的方式检查了洛可扶德阳光房，荣华伟业创新能源公司、北戴河海建建筑公司、戴河家具加工厂，草厂村便民市场，北戴河松鹤苑老年公寓、淑香民宿用电、安全生产和防火措施落实情况，对发现的安全隐患当场下达整改指令书。在检查过程中，董立宏提出要求。

3月31日，区委副书记、区长陈秋华主持召开森林防火工作紧急会议，副区长董立宏、孙谓青，副区长、区公安分局局长陈曦出席，区政府办、区园林局、区安监局、区公安分局、海滨镇、戴河镇、牛头崖镇、消防大队主要负责人参加会议。会议通报了3月31日下午青龙祖山地区森林火灾有关情况，对全区森林防火工作特别是清明节期间森林防火工作进行安排部署。陈秋华作重要讲话。

4月1日，副区长任晨召集区农牧局、区水务局、区民政局、区文化局、区物价局、区科协、区供销社、街道办事处等分管部门负责人召开安全生产调度会，要求提高安全生产意识，落实好安全生产责任，做好各相关领域消防、用电等安全生产工作。会后带领相关单位到西港码头检查安全生产工作。

4月6日，市委常委、区委书记刘宝岐主持召开全区城市管理工作暨集中整治“双违”专项行动动员会。区领导陈秋华、付顺义、王玉海、裴耀辉、张杰、姚飞、李韶云、丁新杰、赵启伟、孙谓青、陈曦出席会议，区人民法院院长、区人民检察院检察长，区直和驻区有关单位主要负责人，区城管局、区交通局、区住建局、区市场监管局、区规划分局、区国土分局、区综合执法协调办公室班子成员，各镇党委书记、镇长，各街道办事处书记、主任，各村（居）书记、主任参加会议。会上播放了区内违法用地违法建筑实录，区纪委、公安分局、检察院、区综合执法协调办公室、城管局、戴河镇分别作表态发言。刘宝岐作重要讲话。区长陈秋华就如何做好新形势下城市管理工作提出明确要求。

4月6日，区委常委、副区长周向东主持召开承接市政府下放行政权力动员部署会，区政府办、区编办、区监察局以及区对口承接市政府行政权力下放事项的各相关部门和单位负责人参加。会议传达了全市向县区下放行政权力事项动员会议精神，周向东就承接工作程序、时限要求等进行了明确。

4月21日，区委副书记、区长陈秋华主持召开街区景观改造提升和“双违”治理工作调度会，市委常委、区委书记刘宝岐，区领导付顺义、单慧英、王玉海、卢彦昌、张杰、周向东、丁新杰、任晨、董立宏、孙谓青、杨振久、高银山出席会议。会上，区规划分局、各街区景观改造提升工程责任单位分别汇报了总体情况以及分包路段工作进展和存在的问题，综合执法协调工作办公室汇报了“双违”整治工作总体情况。刘宝岐作重要讲话，区长陈秋华提出具体要求。

4月28日，北戴河区召开区政府全体会暨廉政工作会，区政府区长、各位副区长、区政府党组成员，区政府组成部门、直属事业单位、各镇街主要负责人，区委相关部门、各人民团体、驻区各单位、部分企业负责人出席会议，会议特邀区人大常委会主任王玉海、区政协主席裴耀辉、区纪委书记张杰出席，部分区党代表、人大代表、政协委员、民主党派代表参加会议。会议由区委常委、常务副区长周向东主持。会上，区监察局、区财政局、牛头崖镇负责人做了党风廉政工作表态发言，区委副书记、区长陈秋华与住建局、城管局、戴河镇、西山街道签订了落实廉政建设主体责任状。就进一步做好区政府各项工作和廉政工作，区委副书记、区长陈秋华作重要讲话，区委常委、常务副区长周向东就贯彻落实好会议精神提出要求。

5月2日，区委副书记、区长陈秋华主持召开安全生产紧急工作调度会，区委常委、常务副区长周向东、副区长董立宏出席会议，区政府办、区安监局、区市场监管局、区旅游局、海滨镇、北戴河医院、消防大队、东山派出所、刘庄村等相关部门和单位负责人参加会议。会上通报了5月2日早晨刘庄北里事故相关情况。陈秋华对事故处理提出要求，对“五一”小长假期间旅游市场秩序等情况提出具体要求。

5月6日，区委副书记、区长陈秋华主持召开城市管理工作专题会议，区领导付顺义、周向东、孙谓青出席，区政府办、区城管局、区市场监管局、区发改局、区交通局、区旅游局、区公安分局、戴河镇、海滨镇、东山街道办事处、西山街道办事处等部门和单位负责人参加。会议就区城市管理工作中存在的招手揽客、店外经营、双人骑通行、露天烧烤等问题进行全面分析研究，对城市管理综合执法工作进行安排部署。陈秋华提出具体要求。

5月12日，区委常委、常务副区长周向东主持召开县域经济发展增比进位考核指标调度会，开发区、区财政局、区统计局、区发改局、区环保局、区住建局等承担考核指标任务的部门主要负责人参会，区委组织部相关负责人列席。周向东听取了与会部门1—4月份承担的指标任务进展情况汇报，详细了解目前推进过程中存在的问题，并就下步推进措施进行了认真研究。

5月24日，区委常委、常务副区长周向东，副区长、公安分局局长陈曦带领区旅游局、区交通局、区公安分局、市交警五大队、戴河镇相关负责人现场检查北戴河火车站前广场接站秩序、交通秩序、卫生保洁等情况，并针对团队接站区域划定、更换标识牌和通告牌等问题召开现场会，明确具体解决意见。区领导提出具体要求。

6月8日，副区长董立宏主持召开全区安全生产攻坚和消防工作暨大气污染防治工作会议，区委常委、常务副区长周向东出席会议，区安委会、消委会和区大气污染防治领导小组各成员单位主要负责人以及部分重点企业、重点单位主要负责人参加会议。会议通报了上半年安全生产、大气污染防治和消防安全工作形势，相关部门代表作了表态发言，部分单位与区政府签订消防安全责任状。就进一步做好全区安全生产攻坚工作，周向东作重要讲话。

6月20日，副区长孙谓青主持召开海浴安全管理工作调度会议，区城管局、区卫计局、海浴场管理处、广播电视台主要负责人参加会议，会议通报了目前全区海浴安全管理工作情况，就存在问题和下步工作进行安排部署。孙谓青讲话并提出要求。

9月9日，区委副书记、区长陈秋华主持召开市自然资源资产审计组审计工作进点会，区委常委、常务副区长周向东，市审计局总审计师刘勇等出席会议，区委办、区政府办、区发改局、区财政局、区住建局、区水务局、区园林局等部门和单位有关负责人参加。陈秋华强调：一要高度重视、端正态度。二要全力支持，紧密配合。三要学习借鉴，优化生态。

9月17日，区委副书记、区长陈秋华主持召开专题会议调度赤土山村征收改造工作，区委常委、政法委书记李韶云出席调度会，区政府办、海滨镇、赤土山拆迁办以及刘庄村主要负责人参加会议。在详细听取了关于赤土山村征收改造工作进展情况以及存在问题的汇报后，陈秋华重点对关键性具体问题进行了安排部署。

10月8日，区委副书记、区长陈秋华主持召开双人骑取缔整治工作专题会议，区委副书记付顺义、副区长孙谓青出席，区政府办、区委宣传部、区城管局、区市场监管局、区旅游局、戴河镇、海滨镇、区公安分局、交警五大队等相关部门和单位负责人参加会议。会议就全面取缔双人骑、电动车租赁经营行为相关工作进行安排部署。陈秋华讲话，付顺义、孙谓青就全区双人骑取缔整治和道路交通组织工作提出具体意见。

10月10日，区委常委、常务副区长周向东主持召开取缔城市区道路“三车”（人力三轮车，电动、燃油三轮车和四轮车）非法营运专项行动部署会，区委宣传部、区公安分局、区财政局、区交通运输局、区城管局、区信访局、区人社局、区民政局、区市场监管局、区卫计局、区残联、区国税局以及镇街有关负责人参加。在传达10月9日全市专题会议精神后，周向东就做好专项行动提出具体要求。

10月16日，区委副书记、区长陈秋华主持召开重点工作调度会，区委常委、常务副区长周向东，副区长孙谓青、赵英超出席，区政府办、区财政局、区发改局、区住建局、区旅游局、区规划分局、区国土分局等相关部门和单位负责人参加会议。会议对2017年省重点项目和全市第三批专项建设基金申报、部分具备条件土地挂牌出让以及拉动淡季旅游工作进行了研究部署。陈秋华讲话并提出要求。

10月17日，区委副书记、区长陈秋华主持召开水环境综合治理项目审查会，区委副书记付顺义，区人大主任王玉海，区政协主席、副区长裴耀辉，区委常委、常务副区长周向东，副区长任晨、董立宏、孙谓青，区政协副主席、区财政局局长高银山出席会议，区政府办、区水务局、区发改局、区农牧局、区林业局、区环保局、区规划局、区国土分局等相关部门和单位负责人以及北京市水利规划设计研究院相关负责人参加会议。会议听取了设计单位关于全区水环境综合治理项目规划的汇报，并就相关工作进行安排部署。陈秋华讲话。

11月7日，区委副书记、区长陈秋华主持召开“三车”（人力三轮车，电动、燃油三轮车和四轮车）整治工作调度会，区领导任晨、陈曦、高银山出席，区政府办、区公安分局、交警五大队、区交通运输局、区城管局、区财政局、区残联、镇街等相关部门和单位负责人参加会议。陈秋华提出要求。

11月21日，召开全区安全生产、消防安全、森林防火工作会议，区委副书记、区长陈秋华，副区长董立宏、孙谓青，副区长、公安分局局长陈曦出席会议，区安委会各成员单位、区消委会各成员单位、区森林防火指挥部各成员单位以及重点防火单位、镇（村）、街（居）的负责人参加会议。会议传达了近期中央、省市领导关于安全生产、消防安全和森林防火三项工作的重要指示精神，并对2016年工作情况进行了全面总结，对下步工作进行了具体部署，并签订森林防火责任状。陈秋华作重要讲话。

11月18日，副区长任晨召集区民政局、区人社局主要负责人召开涉军群体稳控工作调度会。在听取区民政局、区人社局前段时间有关工作情况汇报后，任晨讲话并提出要求。

12月5日，区委副书记、区长陈秋华主持召开保障农民工工资支付工作专题调度会，区领导付顺义、周向东、孙谓青、陈曦出席，区政府办、区人社局、区住建局、区发改局、区信访局、海滨镇、戴河镇、牛头崖镇主要负责人参加会议。会上，区住建局、区人社局、区信访局分别汇报了全区建设领域、非建设领域农民工欠薪案件情况以及因农民工欠薪所引发的信访案件情况，与会领导分别结合分管工作提出了意见和要求。陈秋华讲话并提出要求。

（宋丽娜）

为民办实事

【概况】 2016年《政府工作报告》确定10件利民实事，至年底，6件已完成，其余4件由于建筑施工原因，当年不能完成，将于2017年暑期前竣工投入使用。

【改造提升北四路等居民聚集区周边道路环境及便民市场建设】 该项目为2016年街区景观改造提升工程建设内容之一，重点是改造北四路、北五路、育花路等居民聚集区周边通行道路，对绿化、亮化进行改造提升，完善城市家具，建设便民市场等，进一步改善周边环境卫生秩序。北四路改造工程于6月初完工，改造建筑立面500平方米，铺装地面3000平方米，粉刷墙面2200平方米，安装亮化灯具6盏，安装牌匾102块，绿化1700平方米。北五路改造工程于7月初完工，拆除违建30余处，改造沿街门店立面2500平方米、小区和单位大门28处，安装围墙及铁艺围栏9000延长米，更换门牌字匾37块、公交站亭6座，铺装人行道7500平方米，主路面沥青盖被1.40万平方米，改造节点游园2个，对道路中央绿化带进行了更新种植，同时安装了部分墙体及树下射灯、小区门柱灯。育花路改造工程于7月中旬完工，新增绿化面积1500平方米，树池168个，更换人行道烧结砖5500余平方米、路缘石1300米，铺设沥青路面4900平方米，更换牌匾26块，新增宣传栏6个、垃圾桶22个、铁艺围栏130米、护栏35米、不锈钢扶手50米。育花支路、红石北路改造工程于6月初完工，拆除违章建筑15处，铺设人行道砖9000平方米，安装蘑菇石墙面3000平方米、安装木质栅栏180米，沿街绿化4200平方米，安装路标2个、铁艺门8个，更新铁艺门门柱和门柱灯各17个，对12栋楼进行墙体粉刷，安装门店牌匾950平方米，制作社会主义核心价值观3D艺术墙30米。同时，在育花路和北五路附近新建2个便民市场，育花路市场建筑面积2600平方米，内设门市21间，蔬菜岛24组、海鲜摊位14个；北五路市场占地600平方米，内设摊位56个。此外，在北四路、海二路等节点设置自产销售点300余个。

【建设基层社会服务管理智慧网格平台】 概算投资170万元，5月中旬开工建设，7月1日开始试运行，建成智慧网格化指挥大厅，配备LED拼装屏、电脑、投影仪、云服务器、VPN防护软件等设备及7名网管中心值班员，初步形成三级平台四级管理架构。全区划分198个网格，每个网格配备1名网格长，第一批100部手持终端已发至网格长手中。

【牛头崖镇18个村实行环境卫生市场化管理】 概算投资254万元，采取政府采购的方式与北京鑫三源世纪清洗有限公司签订合作协议，由该公司负责牛头崖镇18个村及205国道、宁海道的日常环境卫生保洁和垃圾清运，清洁面积约105万平方米。

【为全区农村家庭免费投保家庭财产保险】

2月，投资23.40万元，与北戴河人保财险公司签订农村治安家庭财产险保单合同，为全区2.34万户农村家庭提供2.69亿元的家庭财产保险保障，覆盖面达到100%。

【车站社区标准化建设】 车站社区服务中心项目选址海北路以东、交警五大队三中队以南、海北路小学教师家属楼以西、5711家属区以北，规划建设四层1000平方米，中标价为319.53万元。该项目于3月份正式开工建设，已全部完工，内设居委会办公室、法律救助室、青少年活动室、妇女之家、电影放映厅、康复中心、老年日间照料中心等功能室。

【启动老旧小区物业管理试点，实施部分小区照明提升工程】 采取民办公助模式，选取东山街道育花一区、二区和西山街道三建小区作为物业管理试点。物业管理试点已全面启动，兴龙物业正式进驻接管。东山街道、西山街道照明提升工程全部完工，其中东山街道概算投资36.5万元，为育花一区、二区、三区安装庭院灯58套、墙壁灯31个。西山街道概算投资40万元，为辖区内6个居民小区安装庭院灯110盏。

【完成2000户天然气扩户任务】 2016年计划对太平庄片区（956户）、杨各庄片区（506户）、西山街道平安路社区（648户）、东山街道辖区（185户）两个片区共2295户实施天然气改造。已完成1462户改造任务；西山街道平安路社区实际收费533户，已完成室内安装433户；东山街道辖区实际收费96户，已完成室内安装42户，预计2017年1月10日前全部完工。

【北戴河新初中工程】 按照年度目标任务，项目选址、搬迁安置、手续审批等各项前期工作均已取得实质进展。目前，该地块现状地形图测绘及项目初步设计方案已完成，项目建议书和可研报告区发改局已批复，项目选址意见书市规划局已批准；征地宗地图、界址点成果表已完成，建设用地规划许可申请已提交，正在等待市规划局、市政府审批（这也是项目未取得实际形象进展的重要原因）。用地内约10亩的土地征拆工作正在抓紧推进。

【社区卫生服务中心建设】 北戴河区社区卫生服务中心项目选址海三路以北、北三路以西，占地面积5.4亩，主体地上三层，建筑面积1577平方米，建筑基底面积520.77平方米，概算投资500.6万元。该项目已取得国有土地使用证、规划许可证，完成设计施工图联审及工程招标等工作，预计明年5月完成主体建设。

【“文图”两馆建设】 文化馆、图书馆项目规划用地面积3998.97平方米，设计地上三层、地下一层，总建筑面积6415平方米。现已经完成立项、环评、地勘、规划审批、图纸设计、工程概算、审图、绿建评审、抗震评审、地震评审、绿化审核、拦标价编制，取得了《土地使用证》《工程建设规划许可证》，12月23日，该项目正式发布施工、监理招标公告。

（王嘉川）

区政府办公室工作

【概况】 2016年，区政府办公室坚持服务发展第一要务，主动适应新常态，稳中求进，认真履职，促进政府各项工作的高效有序运转。办公室始终坚持集中学习制度，加强对中共十八大及中共十八届三中、四中、五中、六中全会与市委、区委全会等重要会议精神的学习，从思想、组织、作风和制度上加强自身建设，提高全体人员的理论素养、党性观念和驾驭复杂问题的能力。重点学习与办公室工作密切相关的文件制发、公文写作等业务知识，加强办文办会流程、值班值守制度等培训。推行岗位目标责任制，分解量化主要任务，理顺流程，因岗定责，因责问效，促进整体工作效率不断提升。按照“日常化、正常化、全年化”“高、严、细、深、实、快”要求，落实一线工作法，协调做好安全稳定、物资供应、防汛度汛、秩序整治等旅游旺季核心工作。认真落实“双线”要求，做好与天津津酒集团、君乐宝乳业公司、江苏河海新能源公司等企业对接洽谈的有关工作。

全年共处理各级来文来信来电3567件，制发文件396件，利用市、区电子公文交换平台接收、上报、下发、转发各类文件6967件次。组织政府常务会、区长办公会、大型综合会议以及招商、座谈会80余次。

【法治工作】 举办“2016年北戴河区依法行政法治政府建设培训班”，全区398名执法人员参加行政执法证件年检培训考试。评查环保、农牧、教育等重点部门行政处罚、许可案卷60卷。落实重大行政决策法律审核制度，完成全部原有规范性文件清理审查。深入开展简政放权，政府部门行政权力调整为10类1319项。受理行政复议案件5件，均已审结。举办领导干部依法行政专题研讨班2期，政府常务会组织领导干部集中学法6次。

【应急管理工作】 督导相关部门重新修订专项应急预案，充实完善基层预案。做好极端天气突发应急事件的防控和处置，尤其在“7·20”暴雨期间和海蜇蜇伤防治期间，加大隐患排查力度，协调相关部门及时整改隐患，最大限度减少突发事件给人民群众带来的损失。加大巡查频次和密度，密切关注、处置海域溢油，及时发现并督导清理，协助做好渔港码头因暴风雨造成的渔船溢油清理工作，维护近岸海域环境。

【科技工作】 审核推荐科技型中小企业15家、科技小巨人企业1家。获省、市科技计划项目立项17项，科技资金支持72万元，2项科技成果获市科技进步三等奖。组织参加驻秦高校成果发布会、京津冀科技成果转化推介会等，促进科技成果转化。发放2015年度授权补助，金额总计1.1万元。

【金融工作】 开展“防范和打击非法集资宣传月”活动，制定《北戴河区互联网金融风险专项整治工作实施方案》，严防金融违法事件。为项目建设、重点工程、民生保障等筹措信贷资金。完善小额贷款公司监管巡查督导制度，确保规范运行。建立拟上市企业名录库，制定扶持鼓励企业上市奖励政策，完成2015—2016年度企业上市任务。帮助银行化解不良贷款60余万元。支持引导银行业金融机构将服务网点向农村延伸，在17个村设立助农取款点。

【民宗外事工作】 加强区内宗教活动场所监管，妥善处理民族宗教事件。健全完善《北戴河区因公出国（境）、赴港澳审批规定》，促进外事侨务规范化、有序化运行。全年办理自组团出国考察手续1批次，中学生对外交流1批次以及邀请外国人到访手续2批次。接待日本、韩国、捷克等外事人员5批100余人次。

【文秘工作】 完成全区经济工作会、森林防火暨安全生产消防工作会、全区旅游旺季总结大会等大型会议的讲话起草，完成2016年政府工作要点及《政府工作报告》等重要文稿的起草。共起草各类材料550篇，文件、纪要410篇，领导活动信息216篇，成稿量超320万字。

【督查工作】 抓实区政府议定事项及领导批示、交办事项的督导。重点围绕《政府工作报告》目标任务、为民办实事、项目建设、街景整治、森林防火、全国文明城市创建等重点热点工作开展督促检查。全年共下发《政务督办卡》96份，编发《政务督查专报》35期。

【信息工作】 全年上报各类信息400余篇，多篇反映北戴河区城市建设、管理、暑期工作等中心工作的精品稿件被省政府办公厅采用，全省交流；多篇专报信息得到市政府主要领导的肯定性批示。政务信息连续3年名列全市前茅。

【民情工作】 发挥民情和承办工作的桥梁纽带作用，树牢“结果意识”，求实问效。全年受理民情事项2897件，办结率100%。

【提案工作】 办理各级人大代表建议78件、政协委员提案98件，满意或基本满意率为100%，被评为市政府系统办理工作优秀承办单位，并在省人大代表建议、政协委员提案办理工作会上作典型发言。

【地方志工作】 《北戴河年鉴》编纂工作 完成《北戴河年鉴》2016年卷初稿，基本篇目为27个类目、140余个分目、600余个条目。约40万字。

村镇志编修工作 制发《北戴河区村镇志编纂工作实施方案》，对编纂工作提出具体要求。指导、帮助、督促3个镇及各村的编纂工作，协调解决有关问题和困难。牛头崖镇《牛头崖镇卷》初稿上报到方志办，正进行编入校审；戴河镇镇志部分内容即将完稿，村志部分已校看完毕，并提出修改意见。

做好省、市年鉴2016年卷北戴河部分稿件的编纂工作。年内，发行新、老志书30余册，《北戴河年鉴》2012年卷、2013年卷发行100余册；接待省、市、区各单位、个人咨询、查阅资料等60余人次。

（张　磊）

【档案管理】 2016年，优化馆藏结构，接收婚姻档案24767件，接收到期档案2526件；原计生局、原科技局等撤并单位档案已全部数字化扫描完毕并接收进馆；数字化扫描增至119万页，文件级目录22万条；全区年度立卷归档合格率达到96%以上；宣传贯彻落实《中华人民共和国档案法》，对全区各机关单位开展档案安全执法检查；将1986

年前应开放的档案经过鉴定划控后开放，提供利用3607卷次，婚姻登记档案是查阅利用率最高、最频繁的档案，主要用于财产继承、房屋拆迁、贷款、出国、户口登记等诸多事项；政府信息公开工作逐步完善。加强农村土地承包经营权确权登记档案管理。跟踪区域内确权登记工作进展，将档案管理工作纳入土地承包经营权确权登记全过程管理，落实责任、强化监督，全区土地确权工作进入勘测阶段。

（姚海鹏）

人事工作

【机关事业人员管理】 至2016年末，全区行政机关共有公务员626人（包括两街、三镇政府系统人员），参照公务员管理事业人员40人，事业单位人员2872人，其中管理人员565人，专业技术人员1869人，工勤技能人员441人。

对全区机关、事业单位的一般工作人员进行年度考核，其中机关169人参加考核，优秀24人；机关工勤人员100人参加考核，优秀12人；事业2614人参加考核，优秀402人。

为110家事业单位进行岗位调整和人员聘用，涉及人员2026人，其中，管理人员197人，专业技术人员1752人，工勤技能人员77人。

【专业技术人员管理】 2016年，全区专业技术人员评审、初定84人，其中高级职称29人、中级职称36人、初级职称19人。至年末，全区事业单位有专业技术人员1869人，其中，教育系统1181人，卫生系统337人，其他部门351人。按照专业技术职称分高级职称335人，中级职称940人，初级职称594人。

办理考取职称资格证书56本，其他各类职称资格证书182本。2080名管理和专业技术人员全部通过《继续教育证书》审验。

（孙国全）

政务服务工作

【概况】 北戴河区人民政府政务服务中心共进驻23个职能部门，涉及185项行政许可和服务事项，有对外办事窗口30个。全年，区中心各窗口、网络报件部门、镇街政务服务中心共办结各类审批和服务事项50075件，比上年增长27.20%，办结率100%。收储金额4566万元。配合市中心完成集中踏勘24次。评选出住建局窗口、市场监督管理局窗口、环保局窗口为年度文明示范窗口。

【项目审批服务】 行政权力等事项的梳理交接　涉及北戴河区的下放行政权力78项，已进驻36项，网络报件管理32项，9项事项因办理条件不具备未进驻，1项事项下放同时国务院已取消。对行政权力及时网上公布，做好承接权力的公开公示工作。各相关窗口办理承接后事项160件。

推进投资项目在线审批监管平台建设和使用　为国土分局、环保局、水务局等8个窗口免费共享政务外网网络线路接入监管平台。强化平台使用督导，实行建设项目一站受理，并联办理。依托河北省投资项目在线审批监管平台开展并联审批工作，实行一项一码，一表流转。为每个项目赋予唯一的项目代码，用于项目全过程审批监管、限时办结、信息共享。

完善“绿色通道”审批流程　年内，配合市中心项目领办处办理建设项目联合指导、方案联合会审、联合审图、联合验收等共24件；对群众急需办理的事项，推行延时服务、预约服务和上门服务；对于特殊人群的特殊需要，秉承“方便群众、特事特办”的原则，开启“绿色通道”，加快材料内部传递速度，提供上门服务35次。

【镇街政务服务中心建设】 定期召开镇（街）主管领导工作会议，研究解决镇（街）中心和村（社区）便民服务室在运行中出现的问题。下发文件，对不同层级和工作实际，对4S标准星级政务服务中心建设工作进行了规范和界定；对5个镇街中心2015年度建设和运行情况进行考核。

（于莉莉）

机关事务管理

【概况】 北戴河区机关事务管理局负责为党政机关综合办公楼提供安保、保洁、会议、维修、餐饮等后勤保障工作和全区公共用能机构等日常节能减排工作及临时交办任务。

【日常服务】 在日常维护维修工作中，严格落实双岗24小时值班、定期检查、按期保养、以旧换新和维修登记等各项工作制度，及时修缮各类灯具、门锁、防盗门、高层玻璃、下水管件等，做好消防维保、水泵更换、配电柜清理等各方面工作，保证办公楼机关工作的正常运转。加强职工食堂的管理，严把采购、入库、出库、加工检验等多道卫生关口，加强成本核算，逐项细化落实责任，稳控销售价格，增加半份出售。加强政府广场的管理，及时发现和解决设备维护维修问题，更换各类彩灯射灯、破损地砖，并刷新车位线、道路标线和护栏，清理花坛及周边环境。严格按照卫生工作标准，对于楼道、电梯间、会议室、卫生间、垃圾道等重点部位做到全天候保洁，定时进行蚊蝇消杀，每天4次进行逐项检查。

【安保工作】 加强进出办公楼人员登记和巡逻工作，严格执行各项登记手续，安排专人在门口进行逐人询问，杜绝可疑人员进入办公楼。对办公楼和广场进行白天不少于4次，晚间不少于5次的不定时巡逻，带班领导随时对各岗位进行检查，发现问题及时处理。全面提高消防处置能力，检验和灌装楼内300个灭火器，开展消防培训和演习。加强对集体性上访事件的管理，提高保安人员的服务意识，做好来访人员登记和及时上报，并做好劝阻疏导工作。按照防汛要求对配电室、电缆井、地下机房、蓄水池、排水系统、避雷设施等重点区域和设备进行排查，并安排专人负责，保障了办公楼的汛期安全。

【公共机构节能】 增强各单位节能环保意识，完善落实节能制度，逐步淘汰老旧的用能设备设施。全区电、水、煤、天然气、汽油、柴油等主要能源资源消耗量人均值较2015年均有下降。全面落实《公共机构节能条例》的相关要求，提高中央空调机房等大型用能设备的自主管理和维护能力，提高对具体设备的自主操作能力，在保证使用标准的基础上，不断稳控水、电消耗，节约运行成本。

【公务用车制度改革】 成立北戴河区公车制度改革工作领导小组办公室，组织召开全区51家参改单位动员大会，落实车改推进方案，明确任务时限。核定参改单位公车编制136辆，在原有244辆公车中，留用134辆，取消110辆，并对符合封存条件的67辆进行封存。制定《关于进一步规范公务用车使用管理的通知》，要求各参改单位明确专人负责强化车辆监管，所有保留车辆统一喷涂“公务用车”标识，同时落实公务用车派车单、单位指定停放、节假日期间封存停驶等管理制度。协调具有专业资质的评估、拍卖公司，对取消车辆进行价值评估和社会公开拍卖工作，第一批拍卖24辆，成交额为51.1万元，溢价率达到101.98%；第二批拍卖22辆，成交额51.01万元，溢价率达到66.7%，两次拍卖成交率均达到100%，于10月18日全部完成车辆交接手续。对参改单位中符合车补发放条件人员的编制、级别进行了逐一核实，确定补助标准和车补的足额、按时发放，并完成全区公务用车制度改革，经费节支率达到7%的总体要求。做好司勤人员的安置工作，共涉及司勤人员57人，经过核定保留13人，通过竞聘上岗、内部转岗、调离原单位等方式共安置44人，所有涉及参改的司勤人员均已得到妥善安置。

【重点设备改造】 在进入旅游旺季之前，先后完成办公楼中央空调制冷系统的改造和更换以及大型供水、供电、通讯设备的检修工作。5月起，对办公楼2部电梯进行更新改造等各项工作，在保证正常办公需要的同时分批次拆除旧电梯，调整电梯井结构及设备，订制、安装、调试新电梯，9月中旬全部完成验收工作，投入正常使用。

（刘　宇　王　欢）

政协北戴河区委员会

政协全体委员会议

【政协北戴河区第八届委员会第五次会议】 1月20—21日，政协北戴河区第八届委员会第五次会议在区党政综合办公楼三楼会议厅召开。应出席委员145人，实际出席131人，特邀区委、区人大、区政府领导班子成员，区法院、检察院主要负责人和其他县级领导，区政协离退休老领导及行业驻区单位主要负责人参加了会议，各镇街、区直各部门主要负责人列席会议。市委常委、北戴河区委书记李学民代表中共北戴河区委作重要讲话。会议听取并审议通过政协副主席卢洪文所作的《政协北戴河区第八届委员会常务委员会工作报告》，政协副主席杨振久所作的《政协北戴河区第八届委员会常务委员会关于八届四次会议以来提案工作情况的报告》。全体委员列席了北戴河区第十四届人民代表大会第六次会议，听取并讨论《北戴河区人民政府工作报告》，区法院、区检察院工作报告及其他专项报告。会议选举裴耀辉为区政协第八届委员会主席，刘金为区政协第八届委员会秘书长。会议通过政协北戴河区第八届委员会第五次会议政治决议。

区政协常委会会议

【区政协第八届委员会常务委员会十七次会议】 1月13日，召开区政协八届常委会十七次会议，会议由政协主席严彬主持。常委会通过井赞泉辞去第八届区政协委员，拟增补裴耀辉、杨禹、李丽萍、赵旭军4人为第八届区政协委员；审议通过关于召开区政协八届五次会议的决定、区政协八届五次会议的有关事项、区政协八届委员会常务委员会工作报告及区政协八届委员会常务委员会提案工作报告。

【区政协第八届委员会常务委员会十八次会议】 1月20日，召开区政协八届常委会十八次会议，会议由政协主席严彬主持。会议审议通过严彬不再担任区政协主席职务的辞呈；审议大会选举办法（草案）；审议通过大会选举总监票人、监票人建议名单；审议通过政协主席、秘书长候选人建议名单。

【区政协第八届委员会常务委员会十九次会议】 1月21日，召开区政协八届常委会十九次会议，会议由政协主席严彬主持。会议听取政协八届五次会议期间各小组讨论情况汇报；审议大会选举办法（草案）；审议通过大会选举总监票人、监票人建议名单；审议通过政协主席、秘书长候选人建议名单；审议通过区政协八届五次会议提案审查情况报告（草案）、区政协八届五次会议政治决议（草案）。

【区政协第八届委员会常务委员会二十次会议】 4月6日，召开区政协八届常委会二十次会议，会议由政协主席裴耀辉主持。会议审议通过区政协常委会2016年工作要点；研究确定2016年重点提案、重点调研课题及任务分解；学习2016年全国“两会”精神；研究部署2016年招商引资工作任务。

【区政协第八届委员会常务委员会二十一次会议】 7月7日，召开区政协八届常委会二十一次会议。会议由政协主席裴耀辉主持。会议学习了习近平总书记在建党95周年大会上的讲话；听取区政协2016年上半年工作开展情况及下半年工作安排；审议通过调研报告《关于发展生态农业的思考》。

【区政协第八届委员会常务委员会二十二次会议】 12月28日，召开区政协八届常委会二十二次会议，会议由区政协主席裴耀辉主持，区委常委、常务副区长周向东及有关部门负责人列席会议。会议学习传达中共秦皇岛市委政协工作会议精神，学习《中共秦皇岛市委关于支持人民政协履行职能发挥作用的意见》；听取区政府2016年为民办实事情况汇报、区政府关于政协八届五次会议提案办理情况的汇报；审议通过调研报告《关于打造石塘路文化艺术街区的建议》《做足“旅游+”文章，提升旅游品质》《关于抢抓京津冀协同发展机遇，加强人才区域合作的思考》。

政协主要工作

【政治协商】 区政协八届五次会议期间，组织委员认真听取《政府工作报告》和其他报告，围绕全区“十三五”规划、重点项目建设、区域经济发展等全局性问题，通过小组讨论、提案、反映社情民意等形式，提交意见建议100余条，为区委、区政府科学决策提供了重要参考。常委会议围绕政府为民办实事、招商引资、引进总部企业等重点工作，认真开展专题协商，所提出的意见建议得到区领导及有关部门的重视和采纳。各专委会、委员活动组紧密联系相关部门，先后就民生改善、城市管理和建设等多项工作，深入开展对口协商和界别协商，较好地促进了有关问题的解决和落实。

【提案工作】 围绕人民群众普遍关注的热点、难点问题，运用提案、调研、视察等形式，积极开展咨政监督活动。区政协八届五次会议以来，审查立案提案101件，确定重点提案5件。提案办理中，通过主席领衔督办、走访承办单位、召开专题座谈会、开展办理情况“回头看”等方式，最大限度地提高了提案成果的转化率。至2016年底，101件提案已全部办结，规定时限答复率、答复函规范率、当面征求意见或走访率、提案反馈率、满意率均达到100%。

【视察调研】 组织委员深入基层调查研究，切实做好社情民意信息工作，全年收集并向有关部门反映社情民意信息20多条，一些群众普遍反映的热点、难点问题得到解决。先后组织各界别委员围绕重点项目建设、旅游旺季食品安全、新热源使用情况、开发区企业发展及中小学基础设施建设和教育布局调整规划等项工作开展专项视察活动，提出了20余项意见建议，部分建议已经被相关部门采纳并运用到实际工作之中。推荐政协委员担任政府职能部门的行风评议员和特邀监督员，定期参加各部门开展的执法执纪、调研、检查等活动，对基层单位、窗口行业的政风行风建设进行民主评议。

【参政议政】 围绕全区中心工作，政协委员积极建言献策，先后就发展生态农业、加强人才区域合作、文化艺术街区建设、旅游产业发展等课题开展专题调研，形成调研报告。其中《关于打造石塘路文化艺术街区的建议》《关于抢抓京津冀协同发展机遇，加强人才区域合作的思考》和《做足“旅游+”文章，提升旅游品质》3份报告，得到市委常委、区委书记刘宝岐的充分肯定，做出批示要求区政府及相关部门进行认真研议，推进工作落实。

【政协委员变更】 区政协八届十七次常委会增补裴耀辉、杨禹、李丽萍、赵旭军4名政协委员，减少1人：井赞泉（因工作调离）。至年末，有委员145人，特邀列席委员5人。

区政协委员名单

（共145人，按姓氏笔画为序）

于志勇　卫丽敏（女）　马秀芬（女）
马海明　王　东　王　芳（女，满族）
王　青　王　惠（女）　王凤清（女）
王文义　王文胜　王东升　王亚东
王有奇　王丽艳（女）
王树忠（蒙古族）　王铁军　王鸿雁
王雅婷（女）　王朝满　王智华
王墨江　公晨艺　计春江
艾　琳（女）　卢玉平　卢洪文
田　宏（女）　田欣华（女）　田春来
白　鹤　冯树合　毕青春（满族）
师建国（满族）　朱　红（女））
朱晓东　刘　明　刘　金（女）
刘凤波（女）　刘立辉　刘宇飞（女）
刘彦保　刘艳红（女）　刘艳柱
刘润秋　刘景平　刘锁华　刘渤江
孙　晨　严　彬　杜娅楠（女）
李　扬（女）　李　伟（满族）
李　伟　李　阳　李　军　李文忠
李文彬　李丽萍（女）　李其滨
李宝明　李建春　李春兰（女）
李柏林　李洋洋　李振旭　李霄霏
杨　宏　杨　禹　杨立更　杨立荣
杨仲秋　杨国兴　杨国栋　杨振久
杨静媛（女）　肖　敏（女）
吴庆红（女）　谷平海　宋汝位
宋景昌　张小五　张东海　张立柱
张红艳（女）　张志强　张振江
张家祥　张海燕（女）　张寅生
张盘成　张福宽　陈国刚
陈秋菊（女）　陈艳霞（女）　金　涛
具文忠　采蓉梅（女）　周义民
周学年　周维忠　郑国滨
孟香爽（女）　赵旭军　赵洪辉
逄忠利　祖述俭　姚占来（满族）
骆建伟　秦　明　聂　林　聂庆平
夏建军　徐国强　高志强
高丽杰（女，蒙古族）　高春华
高银山（满族）　郭　晨　郭一心
郭永广　郭红娟（女，满族）
郭路祥　姬献平（女）　黄　伟
曹晓军（满族）　曹瑞旺　常孟庚
崔　颖（女，满族）　崔兆文　崔国利
商洪林　梁军涛　蒋玉斌
蒋丽艳（女）　韩　勇　韩英山
韩英河　傅德礼　裴耀辉　管　苗
滕运林　潘颖丽（女）　薛　伟
蘧恒彬

特邀列席委员（共5人，按姓氏笔画为序）

王　铁　冯　军　李　蘅（女，满族）
张秀兵　徐轶尊

（周　扬）

民主党派·工商联

民主党派

【中国国民党革命委员会北戴河总支委员会】 2016年，中国国民党革命委员会北戴河总支委员会（简称民革北戴河总支），有党员30人，新发展党员2人。8月，召开民革北戴河总支委员会成立大会，推选总支主委：逄忠利，北戴河医院副主任医师。总支副主委：安志诚，河北省北戴河管理局餐饮部经理；张红，女，北戴河医院妇产科副主任医师；朱红，女，北戴河西山街道办事处高级经济师。总支下设2个支部，第一支部主委：李建春，北戴河交通局北运出租汽车公司经理；第二支部主委：计春林，北戴河金奥有限公司董事长；副主委：赵振彬，河北振广律师事务所主任。党员中有市政协特邀委员2人，区政协常委1人，区政协委员7人。民革党员与农工党员到街道和社区开展健康知识讲座3场，百余位居民受益。

【中国民主同盟北戴河区支部】 2016年，中国民主同盟北戴河区支部（简称民盟北戴河支部），有盟员24人，年内新入盟1人。主委：刘润秋，北戴河四中高级教师；副主委：杨力伟，北戴河国税局开发区分局副局长；宣传委员：韩英河，北戴河专家休养所；组织委员：冯文杰，北戴河医院；议政委员：张海，北京理工学院秦皇岛分校。支部盟员中有市政协委员1人、区政协常委1人、区政协委员2人。支部组织盟员到青龙县官场乡小岭后村教学点开展扶贫工作；纪念唐山大地震40年到唐山大地震纪念馆参观。在岗盟员积极服务社会，韩英河、徐占明在北戴河区第一中学建立工作室，为该校的教师和学生义务辅导；盟员刘润秋、吴庆红、韩英河参与区组织的为期5年的“一帮一”帮扶活动。支部中市、区政协委员上交市政协提案1份、区政协提案6份，全部立案。

【中国民主建国会北戴河区总支委员会】 2016年，中国民主建国会北戴河区总支委员会（简称民建北戴河总支），有会员37人，新入会1人，北戴河新区调入5人。主委：周学年，北戴河区政协委员工作委主任；副主委：李新，秦皇岛保险公司经理；潘颖利，女，东方爱婴早教中心。会员中有市政协委员1人、区人大常委1人、区政协常委1人、区政协委员5人。总支组织会员进行理论知识学习，并于9月组织会员20余人赴昌黎考察乡村旅游；11月，为北戴河区牛头崖镇蒲兰小学师生捐赠价值1000余元书籍。

【中国民主促进会北戴河区工作委员会】 2016年，中国民主促进会北戴河区工作委员会（简称民进北戴河工委），有2个支部，有会员33人，分出北戴河新区会员4人。7月，经民进秦皇岛市委第十一次全委会议研究决定，任命郭晨为民进秦皇岛市北戴河工委主任，李伟不再担任民进秦皇岛市北戴河工委主任职务。第一支部主委：郭晨，秦皇岛广播电视大学北戴河分校副校长。第二支部主委：冯树合，北戴河区联峰山公园管理处副主任。会员中有市政协委员1人、区人大代表1人、区政协常委1人、区政协委员4人。支部定期召开提案、信息研讨会，就社会热点问题讨论、研究，形成多个有价值的议案、提案。重阳节联合北戴河东经路社区，邀请北戴河朝生艺术团和朝阳歌舞团到北戴河集发老年颐养中心慰问演出；11月，连续6年组织骨干会员赴青龙满族自治县官场乡的小裕岭后小学进行扶贫慰问活动；12月，在北戴河新区一小举行“冬日情暖校园，爱心滋润心田”暨“民进北戴河工委关爱青少年健康成长”活动。

【中国农工民主党北戴河区支委会】 2016年，中国农工民主党北戴河区支委会（简称农工党北戴河支委会），有党员18人，新入党1人，增补副主委1人。主委：王晓臣，北戴河区医院医保科主任；副主委：李春风，女，国家电网公司北戴河疗养院内科主任；卫丽敏，女，北戴河医院肿瘤科主任。支委会党员中有区人大代表1人、区政协常委1人、区政协委员1人。支委会多次开展医疗咨询义诊宣传等活动。组织党员到奥林匹克大道公园为群众进行义诊及运动知识宣传，到贫困县区进行义诊及送医送药活动。年内，推出《推动分级诊疗的建议》《北戴河地名保护的建议》《建立京津冀一体化康养中心的建议》《医疗卫生单位及诊所的医疗垃圾转运及处理的建议》《关于建立北戴河医院老年医养中心的建议》《建立互联网北戴河旅游信息综合服务平台的建议》《与外地医疗院所机构合作提升北戴河医疗水平的建议》等多个议案。党员卫丽敏获得区政协优秀提案奖，孙玉香获中国煤矿工人北戴河疗养院“三八红旗手”称号。

【九三学社北戴河区支社】 2016年，九三学社北戴河区支社（简称九三北戴河支社）有社员24人，新入社1人，离职去黑龙江1人。主委：张志强，北戴河区工程质量监督站站长；副主委：蒋玉斌，北戴河冰都工贸公司总经理；张东明，女，秦皇岛职业技术学院外事办副主任。社员中有市政协委员3人、区政协常委1人、区政协委员3人。10月，组织社员参观唐山“潘家峪惨案纪念馆”，北戴河支社为离退休的老社员订阅《益寿文摘合订本》《生活文摘报》。

（宁　萌）

区工商业联合会

【概况】 2016年，北戴河区工商业联合会有会员298人，其中非公有制经济代表人士132人。年内，成立东山街道分会、西山街道分会，实现工商联基层组织全覆盖。基层分会组织5个。区工商联坚持围绕中心服务大局，团结凝聚非公有制经济人士，引导非公有制经济人士积极承担社会责任；组织人员，对北戴河区招商引资、企业转型、城市建设等进行专题调研，通过走访、召开座谈会和发放调查问卷等方式，听取广大会员的意见、建议和诉求，帮助会员协调解决实际困难和问题，形成调研报告上报区委、区政府。组织会员联谊活动5次；参观考察活动2次；座谈交流3次；推介品牌企业3家。

【北戴河区工商业联合会第七次代表会议】 11月11日，北戴河区工商业联合会第七次会员代表大会在党政综合楼二楼一会议室召开，应到会员代表50人，实到47人。区领导和市工商联主要负责人参加会议，并作重要讲话，区有关部门负责人和非公有制经济代表人士应邀列席会议。会议审议并通过第六届区工商联（总商会）执委会工作报告。选举产生北戴河区工商联（总商会）第七届执行委员会，通过了大会决议。在区工商联第七届一次会议上选举杨振久为主席，李军为常务副主席，郑铁桥、马海明、刘立辉、刘明、蒋玉斌、王有奇、冯艳玲（女）、杨国兴、刘景平、师建国为副主席；选举杨振久为区总商会会长，李军为常务副会长、郑铁桥、王骁、刘渤江、王文胜、杨静媛（女）、李国清、肖姗姗（女）、单玉山、周建军、潘颖丽（女）为副会长。

【参政议政】 工商联在撰写集体提案的同时，引导会员中的人大代表、政协委员在两会期间撰写提案、议案，优秀提案得到区委、区政府的高度重视。执行《工商联企业家副主席轮值制度》，每个季度由3名轮值副主席围绕工商联年度工作要点和工作进度，参与和举办主题实践活动、参与招商引资、组织开展企业交流活动等。

【联谊工作】 与黑龙江省绥化市8个县区工商联建立友好商会。利用暑期各种资源和优势，围绕培育新的经济增长点，拓展非公经济发展领域，组织非公经济人士参加商贸洽谈会，学习外地招商引资、小商品经济发展的新模式、高起点规划和城市建设等先进经验。年内分别引进秦皇岛千诺贸易有限公司、秦皇岛轩昂贸易有限公司、河北兰潮科技有限公司在北戴河区注册，注册资金1400万元。

（郑铁桥）

社会团体

北戴河区总工会

【概况】 2016年，区总工会围绕中心、服务大局，落实区委和市总工会的工作部署，扎实开展反腐倡廉工作，严格执行中央八项规定和廉洁从政各项规定，工会各项工作取得新进展。全年无违法违纪违规案件发生。在《河北工人报》、中工网、河工新闻网等刊发信息20余篇。先后获得河北省县级工会规范化建设优秀单位、河北省工会财务工作考核先进单位、秦皇岛市法治宣传教育先进集体等称号。

【帮扶解困】 推进秦工卡办理、发放工作，全年办理秦工卡5446张。12月，创新推出“职工YI家”普惠化服务项目微信公众平台并开展“十佳代言人”网络评选活动，网上点击量突破了200万次。年内新增帮帮门店1家。发放“幸福雨”生活补贴、帮帮门店工资近3万元；帮帮车队用车服务20余次；困难职工体检中心免费体检103人，体检费用2万多元；发放粮油直供卡103份、免费理发卡103张。7月，在牛头崖镇新增劳动者驿站3家。投资30万元增设清扫车（流动劳动者驿站）7台。全年为广大职工提供求职岗位10个，职业介绍40人次；暑期发放价值14万元慰问物资；为11名困难职工子女大学生发放近2万元助学物资；为5名特困职工申请创业项目资金16万元；12月，在区工人文化宫举行“寒冬送温暖，工会在行动”慰问困难职工活动，现场发放取暖补贴及慰问物资近10万元。启动实施2017年度大病医疗互助金收缴工作，全区有111个单位5001人参加大病医疗互助。年底，有50名职工申请市级大病医疗互助补偿金，33名职工申请区级大病医疗互助补偿金。

【开展劳动竞赛】 开展民宿培训、“点燃激情•筑梦同行”职工团体操大赛、“我为我家代言”评选等活动；申报市级能工巧匠3人；为1名困难劳模申请医疗救助；将10月份确定为“劳模关爱月”，组织开展为劳模免费健康体检、订阅《河北工人报》、走访慰问老劳模等系列关爱活动；完成5批800名全国劳动模范的接待任务。

【促进劳动关系和谐稳定】 召开由三镇两街、开发区及重点非公企业工会主席参加的民主管理工作会议，印发《市总工会“民主管理进私企”活动方案》《河北省企业民主管理条例》，安排部署企业民主管理工作，强调做好工资集体协商工作。完善协调劳动关系四方协商机制，联合区人社局、区发改局、区工商业联合会，加大对全区建筑工地、餐饮行业等重点用人单位检查力度，在维护职工核心利益、建立和谐劳动关系、推动企业健康发展与社会和谐稳定等方面发挥积极作用。

【基层组织建设】 3月，区总工会召开四届三次全委会，审议通过《2016年度工会工作安排》，对工会组建、秦工卡发放、普惠化服务等重点工作进行研究部署。7月，召开实名制普查工作启动大会。准确掌握基层工会组织和会员的“两清”，构建“基层录入、半年更新、有进有出、动态管理”的长效机制，实现工会会员信息动态管理。自2016年起，实行工会经费项目化补助，用于基层工会开展职工群体活动、建设服务职工活动场所等。全区有基层工会438家，工会会员31225人。

（王会恩）

共青团北戴河区委员会

【概况】 2016年，全区有直属团组织35个，团员4200余人，团干部79人。农村团组织建团率100%，公办学校建团率100%。团区委获得“从我做起 文明出行”全国少年儿童交通安全教育活动优秀组织单位、2015年度秦皇岛市志愿服务工作先进单位、2015年度秦皇岛市共青团“一团一品”特色工作奖等称号。实验小学等3家单位被评为河北省优秀青少年维权岗；第一中学被评为2014—2015年度河北省少先队活动创新示范校；中国煤矿工人北戴河疗养院团支部与鸽子窝公园团支部被评为省级青年文明号集体；北戴河医院团委被评为2015年度河北省五四红旗团委；鲍娜被评为2015年度河北省优秀共青团干部。中国煤矿工人北戴河疗养院医疗团支部被评为2015年度秦皇岛市青年创新创效活动先进集体；李佳被评为2015年度秦皇岛市志愿服务工作先进工作者；金戈被评为第八届秦皇岛市“十佳青年文明号号长”；西山街道团工委等3家团委被评为秦皇岛市“五四红旗团委”；陈玲等2人获市级“新长征突击手”、张瑶等3人被评为秦皇岛市优秀共青团干部。

【法制宣传教育】 成立青少年法制教育宣讲团，由律师、法制副校长、法制辅导员以及法治宣讲志愿者等30人组成，深入各个学校开展了“法律进课堂”活动。区人民法院团支部组织青年干警赴交通主干道及社区，搭设法律咨询台，提供咨询服务近百人次，发放普法材料百余份。于12月4日国家宪法日到三角地广场进行法治宣传活动，将“无邪教创建”活动和法治宣传活动结合起来，共发放宣传册、宣传单1000余份。

【青年志愿服务工作】 成立暑期青年志愿服务指挥分中心，开通服务热线；组成“港城先锋•红色义工”青年志愿者服务小分队；连续第16年在中小学生中开展“平安出行文明礼让”交通小卫士活动，为游客进行文明交通义务劝导、文明旅游宣传、海蜇蜇伤自救等活动；在车站、交通路口、景区附近的青年商户中开展“爱心驿站”活动，提供饮用水、雨伞和简单的防暑药品。开展治理违规招手揽客、管理店外经营、督导环境卫生、文明劝导等活动，同时提供咨询、问路、药品急救等便利服务。累计完成各类咨询服务680人次，治理违规招手揽客80余次。

【青年文明号建功活动】 开展“青年文明号建功美丽乡村”活动，实现农村面貌改造提升重点村与青年文明号集体“一对一”帮扶。组织开展“保护母亲河美丽中国梦”系列活动及“携手志愿社区行”环保宣传活动，组织青年志愿者深入街道、社区宣传环保知识，并对戴河沿岸进行环境卫生专项整治。组织共青团员到西部快速路附近开展义务植树5000余棵。组织团干部和青年志愿者每月对全区所有公交站亭开展集中清理活动，沿东海滩路至西海滩路一线开展“激扬青春梦•公益环保行”活动。在涌现出的优秀青年集体和个人中选树典型，表彰先进，共选树8个青年文明号集体，1个青年文明号标杆和2个青年文明号号长。

【学校团队工作】 以主题团队日、征文、演讲等形式在全区青少年中开展“共圆中国梦，践行社会主义核心价值观”“红领巾心向党”等主题教育实践活动。组织全区各学校开展“学习雷锋好榜样 青春奉献勇担当”“纪念长征胜利80周年”等主题升旗、国旗下的演讲活动。6月7—8日，联合其他县区开展城乡辅导员手拉手观摩学习活动，了解各县区少先队特色工作。组织区少先队辅导员、少先队小干部参加2016年秦皇岛市少先队辅导员、少先队小干部培训班。

【组织建设工作】 夯实基层团组织基层建设基石 与辖区20余家休疗单位、企业、高校、商家、社会组织成立青年共建委员会，采用轮值制，每季度设立1个值班单位负责全面工作。指导村级团组织共选举产生79名团干部，平均年龄为29岁，完成海滨镇、戴河镇25个行政村的团组织换届工作。

提升团干部及青年带头人理论素养 组织机关、镇街、企业、教师、大学生“村官”等各行业优秀青年代表820人参加北戴河区2016年“学习贯彻习近平总书记系列重要讲话精神”青年读书班，邀请中央党校教授进行授课，读书班共举办9期。

激发基层团组织、团员的青春活动 在建团94周年之际召开共青团北戴河区委“五四”表彰大会，全区各级团组织负责人、青年团员代表、武警官兵共100余人参会，共表彰全区13个先进集体和26名优秀个人。

【服务青年工作】 成立各级青年中心，搭建综合性服务平台 采用“专职工作者+基层轮值团干部+志愿者”的运作模式，在200平方米使用面积的青年中心内设团功能室、心理咨询室、青年书画室、图书阅览室、模拟法庭等多个独立功能区，实现基础团务、心理咨询、就业创业、婚恋交友、维权助困、文化交流等综合性服务功能。被评为省级示范区级青年中心，目前正在申报国家级示范区级青年中心。在已有的区、镇（街）两级青年中心的基础上，继续向基层延伸，创建北戴河村、费石庄村2个村级青年中心。北戴河村爱陶器项目工坊设有展厅、DIY陶器工作室、陶艺设计室等，面积300平方米，为北戴河村周边500多名农村青年提供交流、活动平台。费石庄村“桃花树下”公益书屋青年中心将村内桃花源酒家、桃花树下、花间小筑、桃夭公社等几家青年项目联合起来，成立特色团支部，通过文化、旅游、互联网+、青年创业、艺术等元素的融合，形成品味高雅、内容实际、特色突出的吸引当代青年的青年中心，总面积达400平方米，配备投影仪、电脑等设备，为本地青年和创业青年项目的交流提供平台和机会。

打造青年之声服务新阵地 团区委积极发动全区青年使用青年之声进行交流互动，并搭建完成区“网上共青团·青年之声”V4.0平台。使更多的青年了解共青团，使团区委更好的凝聚青年、服务青年、引导青年，更好的服务党政中心大局。

【青工青农工作】 制定《共青团北戴河区委促进科技型中小企业发展实施方案》，成立调研工作组深入科技局、人社局等部门走访调研，确定为秦皇岛龙聚森食品有限公司和秦皇岛市大开电子有限公司提供帮扶，在科技培训辅导、提供政策咨询、搭建实习基地组建律师团队以及申请贷款等方面提供全方位服务和引导，帮助龙聚森食品有限公司完成企业认证。开展“贷动青春”青年小额贷款邮储项目，年内，帮助17位青年提供贷款118万元，用于旅馆、餐饮、工程等方面的创业；建立青年就业创业见习短期实践基地，为8名高校毕业生提供就业岗位，为36名在校青年提供暑期见习岗位。

组织基层团委主动联系优秀返乡青年、在外大学生与当地机关、学校、企业青年对接，召开以“奋斗的青春”“传递爱心·邂逅爱情”等为主题的青年分享会和联谊会。动员基层团干部参加“深入践行‘五个坚持’，提升暑期服务能力”知识竞赛活动，在医疗卫生支部中开展“青年护士技能比武大赛”，在开发区团工委开展“岗位能手创新竞赛”，在休疗单位团支部开展“立足本职岗位，提高服务技能”知识竞赛。推动“圆梦助学”系列活动，先后开展“城乡手拉手北戴河一日游”及“送医下乡”活动，为青少年成长成才提供有益帮助。

【希望工程】 开展“春雨行动”爱心慰问活动、“爱心在你我手中传递”孤儿院捐赠活动、“关爱孤残儿童”义诊活动、“六一”爱心慰问活动、“点亮贫困留守儿童微心愿”活动，向社会各界传递向善向上的正能量。在“点亮微心愿”活动中，征集认领贫困留守儿童微心愿146个，累计捐助2万余元，结成一对一帮扶对子18对。

【青少年合法权益和维权工作】 多次召开预防青少年违法犯罪领导小组办公室会议，研究新形势下预防青少年违法犯罪工作的新特点，制定切实有效的预防措施。加大普法宣传力度。始终把法制宣传放在预防青少年违法犯罪工作首要环节，不断扩大宣传工作的覆盖面，提高青少年的法律意识。落实闲散青少年的管理、帮教和教育工作措施。开展青少年法制教育活动。向全区中小学生发放文明上网宣传手册；开展“优秀青少年维权岗”“青少年法制学校”创建活动、“五四”普法活动、社区青少年远离毒品行动、“青春红丝带”艾滋病防治知识面对面宣传、失足青少年社区矫正等活动。

（贾文龙）

北戴河区妇女联合会

【概况】 2016年，区妇联工作立足实际、着眼基层基础，以服务惠民生、以创新求突破、以实干树品牌，以“党政所急、妇女所需、妇联所能”为根本任务，谋求工作新思路、新举措，妇联工作取得了显著成效。区妇联获秦皇岛市妇女手工精品展示展销暨妇女手工艺品大赛优秀组织奖。在基层组织建设中，西古城村、北戴河村、刘庄村被评为省级示范妇女之家，获创建资金共30万元。

【巾帼建功活动】 暑期开展巾帼文明流动岗示范竞赛活动。将活动主题确定为“巾帼创业 文明先行”，同时开展了新一轮的评选活动，确立71个“巾帼文明流动岗”并颁发流动红旗，通过定期检查、表彰，展示出女经营者的巾帼风采，唱响巾帼文明岗这一品牌。

【“双学双比”活动】 结合“美丽庭院”创建活动，鼓励“美丽乡村”重点村在打造“美丽庭院”示范户的同时，打造巾帼乡村旅游示范户。为示范户制作了反映家庭特色的照片墙。11月初，西古城村接待了市妇联基层妇联干部培训班一行近百人对巾帼乡村旅游示范户创建成果的参观学习。聘请专业人员为达龙工艺品基地提升企业文化，设计编撰宣传资料，为企业更好地带动妇女就业起到了积极作用。扶持打造半格路创客营地，为其争取市妇联巧手创富扶持资金2万元。

【“最美家庭”创建活动】 举办庆三八“最美家庭”表彰暨“夸夸身边最美家庭”演讲赛，10个家庭被评为北戴河区“十佳最美家庭”，11个家庭被评为北戴河区“最美家庭”。举办以21个最美家庭事迹为素材的演讲赛，经过预赛、决赛，选手讲出了北戴河区“最美家庭”的独特魅力。东山街道东山社区王惠远家庭，被全国妇联授予“第十届全国五好文明家庭”及“全国最美家庭”称号。全市获得“全国最美家庭”称号的2个家庭，获得“第十届全国五好文明家庭”称号的3个家庭。

【维权工作】 区妇联确定66名特困母亲、58名特困儿童作为救助对象，累计发放救助资金1.56万元。同区科协、海悦心理卫生服务中心联合在平安路妇女之家开展心理科普系列课程讲座，普及心理健康知识。以北戴河区家庭教育心理健康辅导站事迹为内容撰写的《心理健康服务为家庭教育点亮心灯》在《秦皇岛晚报》刊登，区卫计局与牛头崖村联合开展“母亲健康快车村村行”巾帼志愿服务活动，为该村妇女进行义诊。75名牛头崖村妇女在自家门口免费享受到妇科健康体检。对各乡镇、街道辖区内的乳腺癌切除手术后的妇女情况摸底，完成领取义乳文胸爱心卡的相关工作，获捐赠义乳文胸20件，价值5980元。组织发动巾帼文明流动岗购买母亲邮包，石塘路市场积极发动认购13个母亲邮包，价值2600元。全区共获捐赠母亲邮包40个，价值8000元。9月13日，在戴河镇费石庄村村民讲习所举办蒲公英巾帼普法小站授牌仪式，“美丽庭院”创建中表现突出的10个中心户被命名为蒲公英巾帼普法小站，并赠送《宪法的守护者》等法律书籍300本，发放法律宣传单、宣传品150份。11月，在安居社区举办蒲公英巾帼普法小站授牌暨法律知识抢答赛，赠送星火普法宣传册200本、反家暴宣传册100份。12月，与海悦卫生心理服务中心在牛头崖村联合举办送电影下乡暨蒲公英巾帼普法小站授牌仪式，播放反家庭暴力电影《天水围的夜与雾》，赠送了价值近千元的法律书籍，现场发放禁毒年历、反家暴纸巾盒等宣传品100余份。区妇联撰写的《将知法守法的种子播入千家万户——蒲公英巾帼普法小站入住牛头崖村》在《秦皇岛晚报》刊登。

【儿少工作】 “六一”前夕，在集发生态农业观光园半格路创客手作营地举办了“爱心绽放·滋润童心”北戴河区庆“六一”全情体验手绘创意DIY活动。区关工委、北京宇鸣慧臻文化交流中心、秦皇岛东方爱婴早期教育培训学校，帮助48名困难家庭的儿童完成了节日微心愿，秦皇岛天秦三维数字化技术有限公司为孩子们准备了节日小礼物。集发生态农业观光园半格路创客手作营地安排3个DIY五谷画等爱心体验项目，48名儿童将亲手制作的五谷画等作品带回家。与团区委、教育局、区关工委办公室联合对264名好少年、好儿童及113名优秀少先队辅导员、优秀工作者、31个优秀中队、4个优秀家长学校进行命名表彰。

【组织建设】 2016年，西古城村、北戴河村、刘庄村被评为省级示范妇女之家，省妇联给予创建资金共30万元。目前，4家示范点已按照标准配齐设施，牌子、制度上墙，妇女之家活动也都因地制宜地开展起来。车站村顺利通过省妇联“三有两突出”基层妇联组织验收。积极落实2017年省级示范妇女之家创建申报工作，组织戴河镇相关村到安居社区参观学习妇女之家创建情况。全区9个社区（村）已完成2017年省级示范妇女之家申报工作，并接受省妇联的实地检查验收。按照省市妇联对乡镇、街道妇联换届工作的总体要求，区妇联召开会议专题部署，并征得组织部门和街道领导的支持，在2个街道率先顺利完成妇联换届。

【美丽庭院创建工作】 北戴河村和费石庄村先后成功举办“巧手扮我家”废物创意手工作品展示赛，用啤酒罐制作的“小帆船”等60多件手工作品在村民讲习所展出，助推“美丽庭院”“美丽乡村”建设。1月8日，市妇联主席张椿林、副主席侯葵然，市文广新局副调研员温爱君到北戴河村蔡淑兰等3户示范户家中，为该村“美丽庭院”示范户赠书，北戴河村收到图书500余册，价值约1万元。4月下旬，费石庄村“美丽庭院”村民讲习所开展以“健康生活，你我同行”为主题的讲座，邀请市妇幼保健院专家讲解生活中的饮食习惯，分享《合理膳食谣》等健康知识，发放《中国公民健康素养66条》小册子。北戴河区村民讲习所创办事迹稿件《村民讲习所，过把学生瘾》在《秦皇岛晚报》刊登。先后接待了省妇联副主席王冬梅带队、全省各地市妇联、省妇联机关60余人组成的省妇联观摩团，市妇联基层妇联干部近百人参观团、昌黎县妇联、山海关区妇联等到费石庄村、北戴河村观摩交流。

【巾帼志愿服务】 4月23日，区妇联组织20余名巾帼志愿者服务费石庄村第三届“桃花节”。8月，联合西山街道工委、关工委办公室、科协、司法局、教育局组织各阶层志愿者，在英才社区和安居社区启动了“快乐暑期”志愿服务活动。分别开展“我的理想”主题绘画暨五谷画DIY、“快乐暑假”健康安全科普、“我和爷爷奶奶同读一本书”畅游快乐暑期、“快乐暑假•法治同行”系列宣传等活动。活动吸引了150人次的小学生参加。

（曾　媛）

北戴河区科学技术协会

【概况】 2016年，北戴河科协积极开展科普宣传、科普示范和科普信息化建设，较好地完成全年的工作任务。区科协不断加强对学会的业务指导，针对各类相关人群开展系列心理健康公益讲座活动12次，受益群众300余人；采取微信群方式开展家庭系统排列沙龙讲座8次；开展反家暴“白丝带”公益讲课系列活动。

【青少年科技教育活动】 北戴河区第十六届中小学科技节模型竞赛吸引了66名中小学生参加，竞赛包括橡筋动力直升机、空气动力船和空气动力圆周车3个项目。西山小学被评为“秦皇岛市2016年全国青少年科学调查体验活动推广示范学校”，区14所中小学都建立科普“云空间”，普及率100%，北戴河区成为全市第一个在各中小学建立科普“云空间”全覆盖的县区。6月，在全区各中小学开展“环境宣传月”活动。全区中小学围绕“探究科学·放飞梦想·科技让港城更美丽”活动主题，开展科学影像节活动。组织高中学生参加“科教助力高考梦”系列活动，参加单位主要是北戴河二中、实验小学、海北路小学、青少年活动中心4所青少年科技教育示范单位，并代表北戴河区参加决赛，取得优异成绩。10月17日，举办了“科幻画”“我是网络小达人”信息技术作品网络评选活动，全区共评出81件优秀作品参加市级评选。10月24日，举行青少年科技创新大赛评比活动，竞赛包括学生科学研究、科技发明、科技实践活动、创意作品、教师创新成果、科技教育方案6个项目。全区所有中小学校的112名中小学生、32名教师的144件作品参加了比赛。最终76件作品上报市参加各项目的评比。组织区内中小学生分期分批到青少年鸟类科学教育实践基地参观学习鸟类科普知识，已有16个班次700多名中小学生到“基地”参观学习。

【中小微企业帮扶工作】 推荐隆达润滑公司参加第二届广州创新科技成果交易会，并与外地2家企业达成合作的初步意向；做好与中小企业的对接，走访开发区祥琪新材料公司、兰德科技公司、隆达润滑技术公司、铸业达机械设备开发公司和金风帆电子科技公司5家企业推广专利信息软件，发放登陆账号和密码，促进中小企业技术创新，与之建立科协工作联络员制度，确定5名企业联络员，并组织5家企业参加专利信息软件应用培训。

【科普益民】 全国科普示范社区平安路社区按照“中国科协社区科普益民计划”项目要求，认真组织各类科普活动。定期举办中医、心理咨询类和法制咨询活动10次；举办“传承华夏文明 构建和谐家庭”等一系列主题活动。开展科普阅读活动，与小学携手共建，开展航模、拼图等科普活动；将3D技术带进社区，为孩子们带来立体的视觉盛宴：观看3D科普磁易贴、开展3D打印技术培训；开办暑假课堂，设有捏泥人、绘画班、书法班等课程。

【科普基础设施】 为东山街道东经路社区免费安装云科普触控云屏。辖区居民可以通过触控云屏及时了解各类政策资讯和社区工作情况,解决“科普服务群众最后一公里难题”。完成歌华营地、青少年鸟类科普教育实践活动基地2家单位“秦皇岛市科学素质教育基地”的创建和申报认定工作，使其成为市级科学素质教育基地并挂牌。

（田一婧）

北戴河区文学艺术联合会

【文化艺术活动】 新年、春节“两节”期间，组织文艺工作者“送文化下基层”。2月3日，举办“文学艺术界——迎新春联谊会”。3月7日，市“春华秋实艺术团”到北戴河村送文化下基层，北戴河村舞蹈队参加本次演出。4月1日，举办“戴河之春”诗歌朗诵会暨文艺繁荣奖颁奖仪式，共评选出“文艺繁荣奖”一等奖9名，二等奖15名，三等奖20名；区文广新局、西山街道、民政局等7家单位被授予“绿叶之星——文化共建单位”。8日，河北省首届《浪淘沙 北戴河》书画作品网络展启动仪式在鸽子窝公园举行。以网络新媒体形式展示毛体书法艺术，传递红色文化正能量，打造《浪淘沙·北戴河》书画知名品牌。5月18日，天津市60多名民间文艺家到北戴河区，与区文艺家，举办交流活动。7月1日，举办“浪淘沙·北戴河”纪念建党95周年秦、唐、承、张书画作品联展，精选50余幅精品力作在北戴河区展出。5日，开展“纪念建党95周年苑诚心红色画展”，共展出作品50余幅。19日，北戴河·艺术部落百花乐万家相声晚会走进北戴河村，进行了首场送文化下基层文艺演出，300余名村民观看演出。26日，开展第二期“蝶变”北戴河街景改造提升摄影、写生展。8月6日，推动京津冀文化协同发展，著名书画家王书平携40多件精品力作到北戴河区展出。13日，举办“京津冀协同发展——文化与旅游融合座谈会”。会议围绕京津冀协同发展战略，深入探求文化与旅游的关系、文化移植的方式与途径、文化与旅游资源融合发展的道路，京津冀三地文化合作、文化资源共享、旅游文化共建的方式方法。14日，举办“文化协同共画发展——京津冀美术名家邀请展”，邀请京津冀三地在全国有影响的50余位美术家，展出作品130余件。25日，举办“百年胜地·溪山雅集黄文耕师生书画展”，精选本地艺术家黄文耕及其17名学生的70多幅作品进行展览。31日，举办“渤海一轮月·幽燕万载情——京津冀文艺志愿服务走进北戴河”文艺演出。京津冀众多艺术人才汇聚北戴河，本次演出由文化切入，充分利用京津冀旅游资源、官方机构资源，促进民俗文化交流，共同打造文化与旅游融合的北戴河。9月11日，京津冀文艺家创作采风基地挂牌仪式在北戴河·艺术部落举行，标志着由秦皇岛市委、市政府联合省文联共同打造的北戴河·艺术部落正式投入运营。10日，“百花争艳——中国戏剧梅花奖艺术团文化惠民”巡演在北戴河村礼堂举行。

【出版发行】 2月，由燕山大学出版社出版发行陈秋菊的散文集《海的味道》、田春来的诗集《新河的孩子》、张茗的收藏文集《知来藏往》、张华斌的诗集《碣石风沧海韵》、采蓉梅的散文集《合欢啊合欢》、卢立明的小说集《祭海》。

【获省级以上奖项作品】 2016年，全区文学艺术人员创作了大量的文学艺术作品，其中15篇（幅）在省级以上媒体刊载、发表和获奖。

2016年文学艺术作品获省级以上奖一览表

表3

作　者	作品名称	类别	奖项内容	举办单位
徐占明	《秋 水》	国画	“颂党恩 · 谱华章 · 筑梦想”书画摄影艺术精品展二等奖	河北省人大常委会
栗　伟	《白桦林》	国画	“颂党恩 · 谱华章 · 筑梦想”书画摄影艺术精品展二等奖	河北省人大常委会
赵洪辉	《责任容于情》	摄影	省第二届网络文化作品五个一奖	河北省互联网信息办公室

续表3

作　者	作品名称	类别	奖项内容	举办单位
董建寅	《大红枣儿甜又香》	摄影	走进“冰海之都　魅力秦皇岛” 影友擂台赛一等奖	中国摄影报
郝　峥	《蕙风词话》	书法	全国第二届山阳书院杯 书画展三等奖	山东省书协
	《人间词话》	书法	魅力宜昌 全国书法美术家作品展　铜奖	中国国画院
孙爱民	节录《千字文》	书法	第八届全国规范汉字书写大赛 三等奖	中国书法家协会 展览部 中国语文报刊协会
张　慧	毛泽东 《菩萨蛮·大柏地》	书法	“颂党恩·谱华章·筑梦想” —纪念中国共产党成立95周年 暨中国工农红军长征胜利80周 年摄影艺术精品展优秀奖	河北省人大常 委会办公厅 河北省书画院
孙庆丰	生活的重量（组诗）	文学 作品	第二十五届“东丽杯” 全国鲁藜诗歌奖单篇类二等奖	中国文化报社 天津市文化广播影视局 天津市东丽区人民政府
王俊峰	《陈香》	歌曲	我的中国梦———“玉西杯” 河北省第二届民族声乐大赛 演唱银奖、创作二等奖	河北省音乐家协会 河北省社会音乐 研究会
张光明	《骆驼湾来了 最亲的人》	歌曲 出版	2016全国群众创作歌曲 展评词曲金奖	中国社会音乐研究会
李家兴	杜甫诗“春望” 朱德“答友人” 自作诗“勿忘国耻”	视觉 艺术 诗书 画	“勿忘国耻——复兴中华纪念 九一八事变八十五周年”全国 中老年书画邀请展金奖	中国书法家协会 中国美术家协会 北京博盛四季国际书画院 九一八事变大赛组委会
李文彬 李雪垠 吕　东 黄忠伟 鹿伯严	《还看今朝—北戴河》	影视	第21届河北省影视艺术奔马奖 旅游节目类一等奖； 《还看今朝—北戴河》获第九 届中国旅游电视周优秀旅游电 视节目推选	河北省文联 河北省影视家协会 中国电视艺术家协会

续表3

作　者	作品名称	类别	奖项内容	举办单位
李文彬 李雪根 李宇薇 邢华滨 吕　东 徐婧博	《践行社会主义核心价值观系列短片》	影视	第21届河北省影视艺术奔马奖广告类地方组一等奖	河北省文联 河北省影视家协会
	《诗意中国·北戴河八月的海》	影视	第21届河北省影视艺术奔马奖文艺专题节目类二等奖	河北省文联 河北省影视家协会

（任晓毅）

法　治

政法委及综治

【概况】　2016年，北戴河区全面推动政法综治维稳和平安建设各项措施的落实，坚持创新引领，大胆突破，注重实效，取得显著成绩。群众安全感满意度随机测评结果名列全市前茅。其中群众安全感为97.7%，对法院系统的满意度为90.77%，对检察院系统的满意度为93.85%，对公安系统的满意度为94.62%，对司法系统的满意度为93.08%。全年发生各类刑事案件217起，比上年下降24.65%，八类主要案件发生25起，比上年下降19.35%，侵财类案件发生170起，比上年下降20.19%。立体防控体系在打击预防违法犯罪上屡见奇效，其做法在中央政法委《长安》杂志上刊发；“法治秦皇岛建设”主题征文获优秀组织奖，论文获全市一等奖，北戴河区被评为全省法治宣传先进集体。

【社会治安综合治理】　北戴河区智慧网格建设全面推开，立体防控网络形成体系，建立以公安视频图控中心、区智慧网格服务管理中心为平台的公共安全图像信息共享平台，推进“四必巡、四必看、四必查”工作法。整合公安专业监控探头650个、智能微卡73部、交警电子警察33路，284家旅馆、足疗、网吧、停车场、加油站、娱乐场所共4538路视频设备接入公安专网，沿海线浴场安装探头83个，基本全覆盖。综治工作法治化呈现新亮点，“蒲公英妇女普法小组”成为全市首创；铁路小卫士活动遍及全市，《平安铁路伴我行》校本教材在全省推广，北戴河区被评为全省暑期铁路护路联防先进集体；农村治安保险纳入政府惠民工程。建立平安志愿者队伍长效管理机制，全区组织4164名志愿者队伍，并建立了岗前培训制度，监督检查制度，考评奖惩制度。建立互联网时代群防群治微信群40个，发展群成员5000余人，通过微警务，形成虚拟群防群治网。将群众参与平安建设提供线索纳入见义勇为奖励范畴，实行微警务红包奖励。北戴河区被评为全省法治宣传先进集体。

【维护社会稳定】　完善社会稳定风险评估工作机制，将群体性事件、安全生产事件、卫生安全事件、环境安全事件、公共安全事件全部纳入风险评估之列，从源头上减少和消除不稳定隐患。

依法化解社会矛盾纠纷　出台《关于运用法治思维和法治方式化解社会矛盾纠纷的实施方案》，推动律师进村居、进厂企、进单位，多次组织开展矛盾纠纷排查化解攻坚行动，建立了周报告、月汇总工作台账，每月向市排调办、区委督查室报告辖区重大矛盾纠纷情况，推动“民调通”进网格，提高了矛盾纠纷的发现率、化解率。

强化人民调解　强力推进行业性、专业性人民调解组织建设。制发《关于加快推进行业性、专业性人民调解组织建设的实施方案》，在旅游、住建、教育、交通、市场监督、环境保护、劳动争议等行业建立专业性调解委员会；启动“互联网+诉非衔接”矛盾纠纷调解机制。

（杨清利）

公　安

【概况】　2016年，北戴河发案206起，比上年下降40.1%，抓获各类犯罪嫌疑人98

人，破获案件104起。7月、8月实现49个“零发案日”。暑期抓获各类犯罪嫌疑人58人，破获案件38起，发刑事案件16起，比上年下降72.4%。全年编发公安政工简报116篇，其中，旅游高峰期专刊62篇，被省公安厅、市公安局专网转发23篇；编印《浪淘沙·警苑》专刊2期，200份。在中央及省、市电视台和《人民公安报》《河北法制报》《秦皇岛日报》《秦皇岛晚报》等主流媒体以及长城网等各大门户网站，发表新闻稿件312篇，其中，国家级90篇，省级101篇，市级121篇。在公安系统开展“创意警务之星”“打击破案之星”“服务群众之星”“社区警务之星”“四星民警”评选活动，有12个单位和148名个人立功受奖，其中，集体二等功4个、三等功4个；个人一等功3人、二等功7人、三等功33人、嘉奖23人。

【社会治安管理】 构筑以“智慧网格、蜂巢网格、数据网格、图控网格、快反网格、阵地网格、侦控网格”和“沿海防控线”为支撑的“七网格、一条线”立体化防控体系。旅游旺季共盘查、检查、核查入区人员845874人，发现在册非访人员1161批1690人次，第一时间甄别；涉毒人员2165人，第一时间落地检验；刑事前科人员7691人，第一时间研判、重点训诫；重点地区人员540人，第一时间落实ABC分级管控；有精神病史人员357人。在主要通道、重点部位安装了A、B两类178部热点管控设备。在牛头崖片区新建高清视频监控点位76个，在46个公共停车场、18家加油站推广安装智能前端，并整合社会资源4538路，全部接入国内领先水平的视频实战应用平台。

管好特殊商品　在落实重点商品销售实名登记的同时，实行旅游旺季各类刀具全面“禁售”。与国安部门建立寄递业特殊商品落地核查机制，核查网上寄递管制刀具、钢珠等线索30条，查明购买人及用途。

关注网络安全　利用互联网舆情监测系统围绕提炼的13组104个关键词，对涉及北戴河、涉及旅游旺季安保、涉警以及预警性、行动性的网络舆情，对12类重点群体的23个微信群、QQ群，进行24小时监控。旅游旺季，第一时间成功处置涉暑信息74条。及时准确发现了“中港维权代表”通过微信组织策划横跨20个省市区的“中港系”受害者赴北戴河大规模集体访重要情报。

信访工作上抓稳定　结合实有人口管理和调查摸底工作，对区内个体访、群体访隐患进行详细摸排，逐人逐起落实管控措施。加大对信访问题中违法犯罪行为的打击力度。年内，破获孙×、范××两起拒不支付劳动报酬案；行政拘留扰乱公共秩序的非访人员7名。

行业管理上抓规范　首次将污水排放、感烟报警、视频监控、“双违”整治制定4条铁规，纳入旅馆业准入条件。合理运用公安基础工作从源头解决了环境治理、私搭乱建问题和家庭旅馆消防、技防落后的问题。年内，审批2602家旅馆登记上传游客信息362.6万条，比上年上升8.3%，从中抓获网上逃犯13人、临控人员4人；发现外地在册上访人员795人；查获吸毒人员4人。

难题破解上抓创新　将1181家原有“日租房”整合为127个联合经营体，纳入旅馆业管理，全部落实行业管理标准，消除管理盲点。旅游旺季，每日对网上房屋招租信息进行检索、梳理，并推送到各派出所逐家核查落实。彻底取缔传统“日租房”经营模式，127个联合经营体累计登记住宿游客99835人次。

信息收集上抓拓展　推进“微警务”建设，建立“微信群”62个、“QQ群”15个，拥有群成员6638人，收集有价值线索、信息40余条。建设集服务群众、对外宣传、线索收集、舆情引导等功能于一体的“微警务”平台，印有分局、派出所和社区民警3个微信“二维码”的“警民联系卡”和宣传单在各社区、行业场所、景点、商业门店等部位发放、张贴8025张，分局及7个派出所两级公众号共吸纳关注“粉丝”14624人，推送新闻、稿件1224条。

防恐设施上抓完善　全力督导3类43处重点部位逐家落实“人防、物防、技防、消防”和“封闭管理服务型场所配备安检设备，可能发生驾车冲撞的部位设置阻车桩”“4+2”防范措施。

噪声管控上抓提升　落实警务站提示卡、旅馆业提示牌、提示单等各类禁噪、禁飞宣传措施。沿海线部署50人噪声巡查分队，全面做好安全防范以及“低慢小”“烟花爆竹”“噪声”等问题的管控。将上级配发的2部无人机管控设备，部署在人员最集中的七桥浴场和沿海巡逻警车。旅游旺季，共收缴孔明灯、风筝84件，暂存“低慢小”飞行器23件，现场制止放飞孔明灯、飞行器21起。

消防安全上抓监管　消防大队、各派出所开展不同范围、不同形式消防安全培训、演练60余次。不间断滚动排查各类消防安全隐患，整改火险隐患2163处。区政府投资66万元，新建居民区、旅馆聚集区微型消防站22个，推动重点单位自建微型消防站46个。在个体旅馆、九小场所安装独立式感烟火灾报警器4.5万个。

净化旅游环境　组织开展旅游市场秩序专项整治行动，对路边招手揽客问题集中治理，严厉打击旅游景点周边各类违法违规行为。先后行政拘留扰乱公共场所秩序的招手揽客人员13人，罚款处罚47人；通过合成作战侦查研判，抓获并行政拘留了2名以张贴招嫖广告为诱饵，实施诈骗的外地违法人员。

保障“三车”（人力三轮车，电动、燃油三轮车，四轮车）治理　摸排全区“三车”底数，并分类登记造册。张贴政府《通告》，并利用微信群、公众号等，转发宣传“三车”治理目的和意义。同时，严格执法，行政拘留了1名在“三车”治理中，阻碍工作人员执法的违法人员。

【刑事侦查】　全年破获刑事案件104起，抓获犯罪嫌疑人98人；立刑事案件206起，比上年下降40.1%；推行“现案侦破流程化、积案攻坚结构化、扫痞灭霸区域化、追逃工作常态化”“刑侦四化”模式。开展“港城风暴”“飓风净沙”“打击盗抢骗”严打整治行动。依托合成作战手段，打掉多个团伙，暑期现案侦破率达到75%。一举抓获7名涉嫌在牛头崖大集长期实施盗窃金手镯的唐山籍犯罪嫌疑人。破获涉及6省的电信诈骗案。2次通过第三方金融平台快速止付，帮助群众分别追回被骗钱款12万元和3.7万元。远赴广东，抓获涉嫌贩卖毒品的历年网上逃犯苏××。暑期前梳理建立重点人员信息库，赴重点地区教育训诫“三类案件”重点人12人；抓获在周边县区落脚，可能威胁核心区治安秩序的6名“三类案件”嫌疑人；研判出高危人员187人。旅游旺季抓获各类犯罪嫌疑人58人，破获案件38起；仅发刑事案件16起，比上年下降72.4%，其中“三类案件”6起，比上年下降45.4%，实现49天“零发案”。推进执法规范化建设，成立分局案管中心，严格落实网上执法办案“七个一律”注解和“执法六必录”工作机制。法制大队全年审核行政案件982起，行政拘留165人；审核刑事拘留79人；审核取保候审案件57人；办理强制隔离戒毒17人、社区戒毒23人。预审大队提请批准逮捕37起、47人，批准逮捕29起、33人，移送审查起诉70起、108人。对受理的全部案件坚持逐案、逐人、逐项审查。

（冯茹潇）

【交通管理】　2016年，圆满完成辖区交通管理工作、旅游旺季交通警卫任务、各级“两会”交通安保及辖区多项大型群众性活动安保任务。1人被评为河北省暑期先进个人；15人被河北省公安厅交通管理局授予“暑期安保先进个人”；1人被河北省公安厅记个人二等功。

交通违法专项整治　先后在辖区开展酒后驾驶、涉牌涉证专项整治行动、暑期前交通秩序整治行动、非机动车和行人交通违法专项整治、“三车”交通违法行为整治专项行动以及整治货车超限交通违法行为等多项整治行动。全年处罚各类交通违法行为18872起（现场6080起、非现场处罚12792），其中，醉酒驾驶2起、饮酒驾驶101起，涉牌涉证264起，查扣“三车”186辆，货车超限19起，扣留违法机动车460辆，暂扣驾驶证156本，行政拘留5人。

加强辖区重点车辆及其驾驶人交通安全管理　2016年，辖区登记注册旅游客运车辆297辆，深入开展旅游客运企业、旅游客运车辆及其驾驶人摸排工作，详细掌握驾驶人交通违法记录和近3年交通事故情况，开展面对面、人盯人式的管理。52次召集辖区7家旅游客运企业法人及车辆驾驶人员到大队进行交通安全教育。

加强辖区中小学生交通安全管理　对接送学生车辆驾驶人、车进行重新摸排登记。召开辖区14辆接送学生校车、校车驾驶人见面会，列举涉事故案例，要求守法行车。踏查校园周边交通设施，健全完善交通标志标线和交通安全设施，改善校园周边的交通环境。增派护学岗并加大路检路查力度，整治校园周边交通秩序。

交通安全宣传　深入辖区休疗院所、企事业单位、学校、乡村、街道共计120余次，讲解交通法律法规，加快交通工作社会化管理进程，实现“人民交通人民管”的工作目标。在区内悬挂交通安全标语50余幅，培训记分驾驶人158人次，车辆6年免检2382辆次，驾驶人面签4583人次。

加强“两客一危”重点车辆管理　辖区内共有“两客一危”企业7家，车辆297辆，驾驶员301名。累计开展交通安全宣传工作85次，召开交通安全例会31次，发放宣传材料2700余份，累计检查车辆297辆次，抽查车辆GPS运行情况395次，对企业下达督促办理交通违法告知书63份，下达安全隐患通知书8份。对辖区“两客一危”车辆产生的525条交通违法信息全部下达告知书，督促车辆所属公司及车辆驾驶人在规定期限内处理交通违法。

大力开展非机动车、行人交通违法行为和“三车”专项整治　制定《北戴河区取缔城区道路“三车”非法营运、规范行业“三车”营运专项行动方案》，全年教育纠正非机动车和行人违法行为368起，处罚20人，查扣违法上路三轮车177辆。年内，接122报警平台派警3827起，通过岗勤民警快速处理或事故民警现场调解双方自行协商解决2816起，立案1011起，其中，简易程序处理913起，一般程序处理98起，死亡12人，受伤119人，财产损失205.20万元，无一次死亡3人以上的较大交通事故。事故起数、死亡人数、受伤人数、经济损失四项指数比上年起数下降5.20%、死亡持平、伤人下降31.90%、经济损失下降22.40%。

暑期交通安保工作　改革警务执勤模式，按照“化整为零”“以不变应万变”的原则对旅游高峰期的执勤模式和岗位安排进行科学合理调整，增加滨海大道、海北路、沿海线、环城区4条道路的常态执勤岗位。在刘庄旅馆区等重点部位设置执勤警力，保证游客集中的路段车辆有序通行和停放。同时夜间设置10处夜岗和2组巡逻警力，延长有警管控时段。与各参暑单位签订安全责任状，深入全区沿街247家休疗单位、酒店、商店及个体旅店，发放暑期通告500余份，召开车管干部座谈会3次，宣教民警深入海北路沿线10个村庄及单位，开展交通安全宣传教育。在辖区危险道路点段，安装黄色警示灯、施划交通标线和完善交通标志。向中共中央直属机关事务管理局北戴河服务局、国务院机关事务管理局北戴河服务局等几大家休疗养院外来司机介绍北戴河交通特点，进行预防事故教育。制定《暑期恶劣天气应急疏导预案》《双休日高峰期交通巡逻预案》《简易交通事故快速处理实施办法》，做到遇有恶劣天气、车辆高峰及发生事故处置有章可循、忙而不乱。针对严峻的反恐形势，加强值班备勤，每天保证一支10人的应急处突警力，其他民警24小时值班备勤，随时做好处置各类突发事件的警力准备。

（卢　陈）

检　察

【概况】　2016年，北戴河区人民检察院受理审查逮捕案件40件50人，批准逮捕37人，不批准逮捕13人；受理移送审查起诉刑事案件85件130人，提起公诉77件115人；受理未成年人审查逮捕案件3件3人，不批准逮捕3人，受理审查起诉案件2件5人（3人犯罪时系未成年人），起诉4人，不诉1人。干警王静获得“河北省侦查监督业务能手”称号，干警郑旭永撰写的《浅议司法责任制和检察机关公信力建设》获得第七届河北省检察理论年会三等奖，院党支部被市委组织部授予“全市首批先进基层党支部创建单位”。院反贪局副局长范东升被市院反贪局评为“优秀侦查员”；干警邵美玲被共青团秦皇岛市委、秦皇岛市教育局、秦皇岛市少工委授予“秦皇岛市少先队系统培优工程优秀少先队志愿辅导员”。

【惩防职务犯罪】　全年立案查处职务犯罪案件9件9人，其中，贪污贿赂犯罪案6件6人，渎职侵权案3件3人。贪污贿赂案涉案金额3069万余元，立案数量比上年上升20%，侦查终结移送起诉3件5人，侦查终结移送起诉数量比上年增长67%；渎职侵权案已全部侦查终结并移送审查起诉。全年共开展职务犯罪预防警示教育28件次，行贿犯罪档案查询81件次，首次查出有行贿犯罪档案记录的单位和个人；参与“双违”专项整治行动，形成的“双违”问题调查报告获得市委书记孟祥伟及市委常委、北戴河区委书记刘宝岐的批示肯定。

【刑事检察】　全年受理审查逮捕案件40件50人，批准逮捕37人，不批准逮捕13人，不捕率26%，所批准、决定逮捕的案件准确率为100%，不批捕案件公安机关均未提出复议、复核；受理移送审查起诉刑事案件85件130人，提起公诉77件115人，追诉漏罪6人，追诉漏犯2人，不起诉12人、撤回起诉1人（法律变化）。落实特殊检察制度，受理未成年人审查逮捕案件3件3人，不批准逮捕3人，受理审查起诉案件2件5人（3人犯罪时系未成年人），起诉4人，不诉1人，为2名犯罪时系未成年的犯罪嫌疑人申请法律援助，开展案后帮教和不起诉训诫工作。

【诉讼监督】　全年立案监督4件，撤案监督4件，纠正侦查机关违法4件，听取辩护人意见4人，发出检察建议1份；列席法院审判委员会3案7人，审查法院判决68件96人，纠正审判违法3件，二审抗诉已发回重审1件，审判监督提请抗诉1件；全区现有社区矫正人员91人，其中，缓刑犯88人，暂予监外执行1人、管制1人、假释1人，通过授权的方式，在检察机关统一业务软件上实现了对犯罪嫌疑人自第一次被羁押到判决交付执行的全程监督，全年纠正违法10件，开展羁押必要性审查3件，针对法院财产刑执行情况发出违法通知书7份；办理民事监督案件61件，审查当事人监督案件2件，向区法院发出检察建议1份，已被采纳，2015年向区法院提出的再审检察建议，已于2016年被依法改判。

【维护经济秩序】　开展“两个专项”立案监督活动和“农资打假保春耕”活动，对破坏环境资源犯罪、危害食品药品安全犯罪专项立案监督，与区农业、工商、质监、公安等部门协作配合，对辖区内12家农资经营门市销售的玉米种子进行专项检查，对农药标签进行监督抽查；充分发挥行贿犯罪档案查询的市场“准入证”作用，有效阻止有行贿记录的单位和个人混入招投标队伍。8月5日派驻开发区检察室正式挂牌成立，聘请开发区管委、行政执法部门和企业相关人员15人为联络员。

【信访工作】　受理举报线索9件9人，受理来信来访28件次，受理控告线索1件1人，义务解答法律咨询35件次，开展专题法律宣传4次，在化解信访积案专项行动中，1起长达29年的信访积案得到妥善解决。

【规范司法行为】 制作上传及时、准确、高效、规范，共制作电子卷93件237卷；加强涉案财物监管力度；加强案件评查和内部案件自查，先后评查市院办理案件30件、自查本院办理案件24件，对所抽取案件进行认真检查。

【检务公开】 加强执法办案信息公开力度，公开案件程序性信息284件次，法律文书79份，公开率为100%；健全完善辩护人和诉讼代理人接待制度，设立专门的律师接待室，全面向阅卷律师提供电子卷宗，共接待辩护人48人次；开展检察开放日活动，先后邀请人大代表、政协委员、人民监督员及40余位中学生到检察院参观、座谈。

（郑旭永）

审 判

【概况】 2016年，北戴河区人民法院受理各类案件2127件，审（执）结1916件，比2015年分别上升17%和36.5%，法定审限内结案率100%，结案标的4.43亿元，收、结案数均创历史新高。其中，受理各类刑事案件99件，审结83件，判处罪犯92人，判处五年以上有期徒刑5人，宣告缓刑或免予刑事处罚45人；受理民商事案件1042件，审结998件，结案标的2.58亿元；受理行政案件78件（含非诉执行审查案件48件），审结78件；受理执行案件881件，执结731件，执结标的1.85亿元。在现有条件下，共投资35万余元用于院内办公维修、维护、公务用车维护、办公用品及信息化建设等基本满足了正常的办公办案需要。司法警察大队左立功被省高院评为“全省法院司法警察技能大训练活动先进个人”。

【刑事审判】 深入贯彻宽严相济刑事政策，坚持打击与保护并重，对未成年犯和犯罪情节轻微、认罪悔罪的初犯、偶犯、从犯依法从宽处罚。依法惩治与民生密切相关的危险驾驶犯罪。特别对暑期流窜至北戴河区实施盗窃的行为予以严惩，快立快审涉暑犯罪案件，确保暑期安全稳定。

【民商事审判】 在民事审判工作中，坚持严格依法与尊重公序良俗相结合，妥善处理离婚、抚养、赡养、继承等婚姻家庭纠纷142件，依法保护妇女、未成年人、老年人和离婚无过错方的合法权益。注重民生权益保护，妥善处理交通事故、人身权、财产权、追索劳动报酬、消费者权益保护等案件314件。发挥司法裁判引导作用，审结买卖、承揽、租赁、借款、保险、建设工程等商事案件511件。积极探索办案新模式，利用互联网、QQ、微信等多种网络通信途径进行送达、沟通、调解。

【行政审判】 探索行政审判新思路、新机制，对容易引发争议的行政行为所存在的程序问题或瑕疵，及时进行梳理和适当引导，深化司法与行政的良性互动，助推法治政府建设。全力配合“双违”专项整治行动，对行政机关申请执行的“双违”案件，均依法及时审查并裁定执行。

【执行工作】 对抚养费、赡养费等案件主要采取执行和解的方式，督促当事人自动履行。推进失信被执行人名单公开制度，公布237名失信被执行人。加大对拒不履行的被执行人的制裁力度，全年对10名拒不履行判决的被执行人实施拘留。利用法院执行查控系统，全年网上冻结152次，网上划拨21次，单笔最高划拨208万元，提高执行效率，降低执行成本。同时，对执行中发现的典型案例及时报道，加大宣传力度。其中，“子债父还”案件，入选河北省推动法治进程十大案件之一；“隐匿的百万巨款”案件在中国教育电视台《法治天下》栏目中播出。

【立案、信访】 畅通“12368”诉讼服务热线，以化解信访积案为重点，对涉诉信访案件做到“清仓见底、一抓到底”。认真落实诉访分流，强化信访工作责任，通过领导包案、预约接访、判后答疑、思想教育疏导等多种方式，因案施策、因访施治。

【审判监督】 推进立案、审理、裁判、执行信息网上全程公开，及时全面地公开审判流程节点信息。对裁判文书上网情况实行动态监管，每月上报，不定期检查，全年通过直播平台直播案件110件，上网公布裁判文书591份，召开新闻发布会2次，对法院成立旅游巡回法庭、全省司法公开宣传周进行新闻发布。组织“公众开放日”2次，邀请社会各界代表参观法院，旁听案件审理。

【司法为民举措】 推进官方网站、微博、微信建设，采编信息44篇，更新网站信息128篇，发布原创、转发微博475条，制作发布微信24期。在社区设立党员法官志愿服务站，及时了解社情民意、掌握纠纷动态，开展普法宣传、释法答疑、就地调解纠纷。11月，按照上级法院和市委政法委的精神，设专人负责本院诉前调解以及与人民调解、行业调解、行政调解的诉调对接工作，与各镇街民调组织建立了联动调处机制，仅12月份就成功调解纠纷14件。加大司法救助力度，共为经济确有困难的当事人减、免、缓诉讼费33万余元，为伤残、失业、低保等人员实行优先立案、优先审理、优先执行。

（吴　静）

司法行政

【概况】 2016年，北戴河区司法局深入贯彻各级政法和司法行政工作会议精神，紧紧围绕“两个率先”，深化平安建设，加强法律宣传，加大民调及社区矫正工作力度，强化职能，创新机制，推动司法行政工作创新发展，北戴河区被评为2011—2015年全省法治宣传教育先进县（市、区）。

【普法工作】 创建“北戴河星火普法”微信公众号和“北戴河法治”微博 落实“七五”普法规划，下发《2016年全区法治宣传教育工作要点》，开展“一村（社区）一法律顾问”活动。实现村（居）法律顾问全覆盖，开展“律师大讲堂”“律师进村（居）”活动。

加强村（居）普法阵地建设 完善各村（居）“法律图书角”、法治宣传栏、法治宣传服务站建设，重点加强对东山街道东经路社区、戴河镇车站村的建设，并精心制作法治宣传栏。2016年，开展“一委两室两点”建设，依托村（居）调委会建立村（居）法律服务站，内设人民调解室、法律顾问室、法律援助工作联系点、公证工作联系点，整合人民调解、法律援助及公证、律师服务职能，为广大村（居）民提供“一站式”法律服务。至年底，除牛头崖镇，全区“五室”建设已全部覆盖。

开展主题实践活动 年内分别开展以“弘扬雷锋精神，践行服务为民”为主题的“送法律、送卫生”服务进社区活动；以“弘扬法治精神，推进依法治国”为主题的送法进乡村活动；以“建设法治文化，弘扬法治精神”为主题的法治宣传教育活动；以“遵纪守法，人人有责”为主题的法律进市场活动；“快乐暑假·法治同行”系列宣传活动，科普宣传进社区活动；“关爱老年人，法律服务在身边”为主题的老年人服务月等活动。

建立具有本区特色的普法模式 完善鸽子窝法治文化公园建设。开展“法治进景区”活动，新增加60余块宣传展牌，内容涵盖各种法律法规、安全旅游及法治名言，以漫画、标语、展牌等形式表现出来。年内，编印自办刊物《星火》普法月刊12期，共2.40万册。

【公证工作】 2016年，办理各类公证事项2008件，解答法律咨询3900多人次。为方便当事人多次到医院、当事人家中及唐山市、天津市等地办证、取证，共下乡办证70余次。同时，顺利完成2011年至2016年9月和1985—2000年所有公证档案的扫描和录入工作。

【人民调解】 全年调解各类矛盾纠纷724件，涉及当事人1532人，调解成功709件，成功率达98%，防止群体性上访6件。涉及婚姻家庭纠纷158件、邻里纠纷287件、房屋宅基地纠纷132件、生产经营纠纷45件、其它纠纷102件。全区已建立覆盖医疗、旅游、市场等行业领域的人民调解组织3个，镇（街）、村（居）规范化人民调解委员会60个，2个司法所达到省级规范化司法所标准，4个司法所达到规范化建设要求。加强人民调解信息平台建设，推进使用“民调通”，全区41个村居的民调通建设逐步到位。组织开展重要节假日期间以及旅游旺季前矛盾纠纷排查化解专项行动，有效预防矛盾纠纷216件。充分发挥村（居）调委会和“十户调解员”作用，做到矛盾纠纷早发现、及时化解。

【社区矫正】 2016年，累计接收社区矫正人员390人，解除矫正295人，在册95人，组织社区矫正人员集中教育1587人次，组织社区服务1542人次，集中排查社区矫正重点人20人次，提请对暂予监外执行罪犯收监执行1人，警告19人。年内，新增刑满释放人员（刑满释放5年内的人员）6人，累计在册29人，帮教率为100%。根据各有关人民法院的委托，开展对35名刑事被告人的审前社会调查，及时向人民法院上报调查评估意见书，该评估意见的采纳率达95%以上。加大社区矫正工作监管力度，分别于全国、全省“两会”期间和旅游旺季前组织专项督查行动，逐镇（街道）摸排社区矫正重点对象、组织14名社区矫正重点人员参加市司法局举办的集中教育培训班。

【安置帮教】 加大刑释人员信息核查力度，对建档不见人、下落不明等重点帮教对象，做到底数清、情况明。协调有关部门，积极做好生活困难刑释人员的安置帮教工作，对全区新增的6名刑满释放人员全部落实衔接管控措施，并对符合低保条件的刑释人员建立生活低保。

（刘晶晶）

军 事

驻区部队

【中国人民武装警察部队河北省总队第三支队】 中国人民武装警察部队河北省总队第三支队（简称第三支队），主要担负北戴河暑期安全保卫任务。2016年，第三支队认真贯彻习近平总书记系列重要讲话和武警总部、武警河北省总队工作要求，坚持举旗铸魂把方向、聚焦使命抓中心、从严治军保稳定、持续用力打基础、求真务实转作风、建强班子促合力，部队全面建设呈现向上向好的发展态势。部队连续34年圆满完成暑期警卫任务，被武警总部表彰为“暑期百日安全优胜单位”，连续13年被武警河北省总队评为“基层建设先进支队”“正规化执勤优秀单位”、连续16年“三无”单位（无行政责任亡人事故、无执勤事故、无刑事案件）。

思想政治引领 抓好习近平总书记系列重要讲话精神的学习贯彻，深入开展“两学一做”学习教育和改革强军主题教育，改建支队史馆和机关营区政治文化建设，创新政治工作部署图，加强哨位文化建设，突出抓好一人一事思想工作，落实“四个比对”“五网联查”“六个步骤”，八中队中队长张震被武警总部评为“优秀基层主官”，班长赵奇彬被武警河北省总队评为“燕赵武警十佳卫士”，五中队指导员魏悦岭在武警河北省总队政治教员比武中获第一名。

完成中心任务 深化军事训练“八落实”（人员、内容、时间、质量、弹药、摩托“飞行”小时、教练员、场地），完成全国“两会”，2016北戴河第十一届国际轮滑节，2016秦皇岛国际马拉松赛，2016北戴河第十届国际铁人三项赛，扑救昌黎山火和北戴河春节灯展以及“两站”执勤等大项任务。二大队被省委省政府评为“暑期工作先进单位”。

党委班子建设 严格落实党委中心组学习制度，集体研究的《党员干部要做看齐的表率》等14篇理论文章在省以上报刊发表，以思想清理和组织清理为重点，围绕“六个环节”，全面提高班子成员思想政治觉悟；狠抓民主集中制建设，强化敏感问题监督和制约，全年大项经费累计开支上百万元，调整干部、官兵入党立功、选改士官、推荐技术学兵等工作方面，部队上下没有不良反应。

加强基层建设 年内，安排5批工作组一线蹲点帮建，举办各类培训8次。二大队被武警河北省总队评为基层建设先进大队，八中队连续20年被武警河北省总队评为基层建设标兵中队，一、四、五中队被武警河北省总队评为基层建设先进中队。

扑救山林大火 4月11日凌晨，三支队接到总队救火命令后，第一时间启动预案，召集各组人员、车辆、装备，以最快速度完成集结部队，政委李东辉带领部队赶往救火一线，靠前指挥官兵灭火救林工作，经过48小时奋战，完成昌黎县碣石山扑救山火任务。

（李泽萱）

【河北省公安边防总队海警支队特勤队】 海警支队特勤队担负着东起东山码头，西至西港防坡堤岸海域的警卫任务。年内，圆满完成了以暑期警卫为中心，以海上执法、为民服务为重点的各项工作任务，完成“两会”安保任务、秦皇岛国际马拉松赛海上安保任务、中共十八届六中全会安保任务。突出忠诚文化，强化主业意识，实现了连续23年警卫任务的万无一失。

政治建警　在官兵中深入开展“两学一做”学习教育活动，组织开展迎接建党95周年“忠诚履职不辱使命，投身暑期坚决打赢”主题党日系列活动。4月，开展“条令学习月”活动，增强官兵的条令意识及遵规守纪意识。

全力抗击风暴潮　7月20日，部队遭遇1982年以来最大风暴潮，北戴河海域风力最高达11级，持续出现大面积强风、大暴雨等恶劣天气。一线官兵以船艇安全为核心，坚守战位，不断加固缆绳、增设防风缆、调整岗哨，先后多次出现缆绳绷断、缆桩断裂情况，紧急使用3批备用缆绳固定船艇。

完成北戴河暑期海上警卫任务　2016年，是海警改革的关键年，特勤队面对严峻的警卫形势，牢固树立“以人民为中心”的工作理念，专门组织调研力量，采取陆地调研与海上调研相结合、内部开展与涉暑单位及涉海单位相配合的方式，深入走访辖区渔民和涉海企事业单位，重点对北戴河公安分局、南戴河边防派出所、西河南边防派出所进行走访。对北戴河周边的洋河口码头、西港码头、东山旅游码头、老虎石停泊点、金山嘴停泊点、北戴河区丰顺游览船服务有限公司等涉海工程单位进行彻底摸排，全面掌握北戴河海域及附近辖区的敌社情动态，与友邻单位建立暑期信息资源共享，完善了情报信息资料库。通过船艇巡逻、普法宣传、查处违规船舶、情报搜集4项活动，促进了北戴河辖区及海域的良好治安秩序。特勤队执行警卫任务181次，警卫对象244人次。累计出动警力3317人次、摩托艇554艘次，拦截劝离误闯警戒区的渔船、旅游船等12艘，打捞漂浮物209件，总航程3270海里，总航时3117小时。检查和驱逐船只200余艘，宣传教育渔民756人次，发放各类宣传单300余份，查处违规船舶32艘，消除各类矛盾纠纷和安全隐患20余起。

打击盗砂、治理海上噪声及赤潮　年内，特勤队接处警20余起，出动海上执法船艇160余艘次，警力450余人次，实施海上救助18起，救助渔民、游客32人次，挽回直接经济损失约220万元。结合打击盗砂、暑期噪声和赤潮专项治理工作，特勤队加强与地方涉海部门沟通协作。协同区农牧局、海监、海事等单位召开座谈交流会，集中研究分析海上生产作业情况和治安形势，专门就执法工作衔接配合，建立定期会商机制，形成联勤联动、定期会晤格局；实施海上信息资源共享，及时全面掌握渔民海上生产作业动态及海上重点区域和热点问题。落实支队《2016年海上治安防控工作实施方案》，警地联动，深入走访，快速机动，全力净化海域环境。严厉打击北戴河海域船舶非法载客及盗采海砂活动，特勤队制定走访登记制度。深入渔村、码头、海上施工点进行走访巡逻，提高辖区的见警率，震慑海上违法犯罪活动；通过走访渔船队、游船联合体、涉海工程单位，实现了信息资源共享，加强了联勤联动，落实北戴河区政府下发的《治理船舶非法载客联合执法行动方案》，5月16—19日，特勤队与区农牧局协同配合，联合7个执法部门对“船舶非法载客”展开联合执法行动，查获并销毁1艘非法载客渔船。执行上级赋予的各项海上、陆地机动处突任务，在打击海上盗采海砂的案件中，共抓捕犯罪嫌疑人57人，出动警力365人次。

爱民固边　每逢节日，带着米、面、油等物资，对辖区困难群众进行走访慰问，通过走访涉海单位、渔民协会，慰问辖区困难群众、孤寡老人、资助困难儿童等措施，使警民共建战略深入民心。6月27日，特勤队官兵在戴河口成功救助1名张家口籍跳海轻生男子，此次救助活动被《秦皇岛晚报》《腾讯网》等多家媒体报道。7月30日晚20时，海上狂风暴雨，2名自驾水上摩托车游客在昌黎海域迷航。根据联指1号台指令，派出高速海豹艇快速赶往事发海域搜救，于当晚23时在黄金海域外海养殖区将2名游客成功挽救。在抗击风暴潮行动中，特勤队出动50名警力协助区农牧局，做好恶劣天气下的航道坝体加固与灾后航道清淤及河东寨码头港池漂浮物打捞，确保灾后各船艇航行安全。中秋节期间，以邮件和手机短信等形式，向辖区常住群众、船民送上短信祝福。开展“警营开放日”活动，邀请地方学校师生和驻地群众走进警营，零距离体验警营生活。全年为秦皇岛职业技术学院、北戴河奇石艺术学校、西山小学等院校军训21次，国防教育15次，与驻地院校、企事业单位和地方政府开展共建活动35次，救助困难群众42人次，抢救遇险船只21艘，共为北戴河沙滩景区清扫垃圾10余吨，清除废弃渔网30余挂。解救陷入沙滩车辆17辆，为游客发放安全传单716份。

领导视察慰问 6月28—29日，国家海警局副局长王洪光率工作组一行6人视察暑期警卫一线，并在暑期前进指挥所召开中国海警北戴河暑期海上警卫调度会。

7月4日，河北省委常委、政法委书记、副省长、省公安厅厅长董仚生深入暑期一线视察指导暑期海上警卫工作，并看望慰问了全体官兵。

7月29日，河北省国土资源厅厅长陈兴胜等一行5人到暑期一线，看望一线官兵。

7月30日，河北省委常委、政法委书记、副省长、省公安厅厅长董仚生到暑期一线看望慰问参暑官兵，并赠送慰问金。

是日，国家海警局副局长王洪光到暑期一线视察北戴河暑期海上警卫执勤情况，看望慰问执勤官兵，并赠送慰问金。

8月1日，公安部党委副书记、常务副部长傅政华，在部警卫局局长张智文、政委李宪法等领导陪同下，到暑期一线，看望慰问执勤官兵，向海警官兵致以节日祝福并赠送了慰问金。

8月2日，省委常务副秘书长王国发到暑期一线调研指导暑期海上警卫工作。

8月6日，省公安厅政治部副主任李占营一行到暑期一线，看望慰问了执勤官兵，并赠送慰问品。

8月8日，河北海警总队筹备组组长王利明带领总队基指相关人员实地视察海上警戒区域，慰问一线执勤官兵。

8月11日，公安部警务督察局局长张向宁，副局长王志刚，公安部警卫局副局长王世安，河北省公安厅纪委书记、督察长李金元一行6人到北戴河暑期警卫一线视察指导工作。

8月14日，公安部党委副书记、常务副部长傅政华一行到暑期一线视察指导工作，并看望慰问了正在海上一线执行警卫勤务的官兵。傅政华一行乘海警1039艇视察了暑期警卫执勤海域。

8月15日，公安部党委副书记、常务副部长傅政华主持召开暑期工作座谈会。特勤队队长靳雳代表海警支队参加了会议。

（胡玉磊）

【秦皇岛市北戴河区公安消防大队】 2016年，大队严格落实“每日一查”，检查单位1596家，发现和整改火灾隐患2159处，罚款4.7万元，参加政府组织的联合检查18次，联合相关部门开展专项检查19次。公安部消防局副局长张福生高度重视旅游旺季消防安全工作，多次莅临指导。旅游旺季，河北消防总队、秦皇岛消防支队执法服务队开展“分片包干”，执法方式施行“一站到底”，执法模式“N+2+1”配套，检查单位4039家，发现火灾隐患7558处，整改火灾隐患4316处。

夯实责任管理体系 6月，召开北戴河区安全生产攻坚和消防安全工作会议，对夏季消防检查暨暑期消防安保工作进行部署。市委常委、区委书记刘宝岐3次召开消防安全调度会，2次带队实地检查指导家庭旅馆聚集区、火车站安置返迁房消防安全及微型消防站建设、运行情况。区长陈秋华出任区消委会主任，统筹全区消防工作，与行业部门签订年度责任状，并2次带队对刘庄、草厂、单庄家庭旅馆消防安全情况进行现场调研并召开消防专题会议，对旅游旺季消防安全问题再提醒再部署。

夏季消防检查暨旅游旺季消防安保以来，大队通过区消委会发放通知7次，督促安监、住建、园林等14个相关部门各司其职，确保了13项问题全面落实，尤其是推动大集燃气完成罐体注水，彻底关停，择址改迁，肃清了北戴河核心区的消防安全环境。

构建社会化消防安全网　区各镇、街道与辖区生产经营场所签订《安全生产责任书》2308份，建立家庭旅馆一户一档1796份，深入人员密集场所排查各类消防隐患477处，发放消防资料5000余份；对108公路沿线23家单位、集发等重点区域进行详细摸排检查，逐个消除隐患；强化流动危险源管理，重点查处餐饮场所消防安全隐患，对醇基燃料、液化气等燃料使用进行全程监管；对多家休疗单位和景点进行抽查，督导行业内单位进行消防演练，成立应急救援体系；协调供电分公司投资531万元改造家庭旅馆聚集区及老旧小区供电线路；对区内学校、医疗、养老场所、联峰山景区内电线敷设、火源情况进行了安全检查，对全区市政消火栓情况进行全面修缮。

落实目标责任精细化　5月上旬，公安部消防局专家组对北戴河部分单位进行消防设施和电气设备检测后，大队专门对中共中央直属机关事务管理局北戴河服务局（简称中直北戴河服务局）等5大家进行帮扶指导并明确专人开展消防安全培训。同时，发动全队力量做好首长驻地周边500米范围内各类场所消防安全检查，协调区委、区政府加强联峰山、湿地公园消防安全工作，强化每日防火巡查和实战演练。7月1—8日，对国务院事务管理局北戴河服务局（简称国管局北戴河服务局）等首长驻地65栋建筑进行安检。

召开民宿协会、民宿代表、村镇负责人、相关部门、各派出所等160人参加的“加强消防工作现场会”，观看火灾现场。同时，明确了以宅基地证划分家庭旅馆和一般宾疗招的关键条件，确定监管主责部门，严格家庭旅馆消防审核标准，对不符合审核标准的一律不予审批。在部分街道、部分时段实行机动车限行、禁行，规划停车场，确保消防通道畅通。广泛推行“三查一清两桶水”，安装独立式感烟探测器4.5万个，张贴“此房间已安装感烟火灾报警器　请勿吸烟”标识5万份；督导家庭旅馆设置25米长的消防水喉，在刘庄民宿聚集区增设13个市政消火栓。

结合北戴河区实际，将微型消防站铺向农村，自主建设家庭旅馆聚集区微型消防站12个。7月1—14日，分别对22个社区及家庭旅馆聚集区和33个重点单位312名微站人员进行培训。辖区45个重点单位微型消防站，10个社区微型消防站，12个家庭旅馆聚集区微型消防站已全部建成，8月1—15日，全部派人驻守，同时，依托微型消防站成立区域联防小组22组，并绘制了北戴河区微型消防站联勤联防部署图，为全区消防力量整合联动打下基础。

借鉴区域联防形式以及家庭旅馆特点，大队在海滨镇建立157个“十户联防”小组，印发工作记录本，在工作制度、人员构成、检查方式等方面做出了具体要求，推动家庭旅馆自防自救、互查互救，并在全区同步推广。

保障措施全方位　大队将餐饮场所、消防车道、易燃易爆、商场市场、文物古建筑等专项治理工作与夏季消防检查暨旅游旺季消防安保有机结合，形成全方位、无死角火灾防控局面。7月8日起，集中开展核心区720余家“旅游餐饮业”消防安全隐患排查整治行动。7月9日至8月31日，对108沿线260余家生产经营类单位、420家民宿、海滨镇1161家场所进行逐户排查，查处隐患1060处。8月14日、15日，对108沿线、火车站片区再次进行上门服务，预防火灾事故发生。

7月8—31日，广泛发动社会单位利用LED屏、横幅开展宣传，联合镇街、城管、交通、旅游、市场建设服务中心、综执办、公安、交警等相关部门在全区开展打通消防通道"畅通生命通道"专项治理行动，重点排查治理家庭旅馆聚集区各街道内车辆无序停放，沿街经营场所非法占道经营，占用、堵塞、封闭消防车通道和疏散通道等违法行为。拆除单庄民宿聚集区主干道堵塞车道的彩钢板挑檐875米、占道建筑3500平方米，拆除北三路占道建筑500平方米，草厂中路拆除占道违章建筑7处。8月5日，区消委会印发《电气火灾防范专项整治工作方案》，针对家庭旅馆区域及老旧小区配变、低压电缆、架空线路重载、设备老旧情况，区政府协调供电公司投资531万元进行改造，在主要核心区、家庭旅馆聚集区新设美式箱变5座、低压配电箱10台，室内变压器2台，高压柜12台；更换箱变10座，低压柜28面；敷设高压电缆2110米，低压电缆6870米，绝缘线56.03千米，有效缓解旅游旺季发生电气线路火灾事故的压力。联合区安监、市场监管部门对19家易燃易爆场所进行专项检查，发现和整改火灾隐患35处。

（马　琳）

【秦皇岛市公安局北戴河分局北戴河边防派出所】 北戴河边防派出所辖区海岸线西起戴河口，东至狼牙桥，全长23千米。负责北戴河区丁庄村、陆庄村、河东寨村、草厂村、刘庄村、单庄村、赤土山村、崔各庄村8个行政村的渔民管理工作，同时担负几家重点海浴场的安全保卫任务。2016年，北戴河边防派出牢牢抓住群众工作这条主线，主动服务维稳大局，着力规范渔船民管理，践行爱民固边战略，完成了以边防主业为中心的各项工作任务，在维护沿海地区稳定、服务地区经济发展中发挥了重要作用。北戴河边防派出所被河北省公安厅政治部评为先进基层党支部，1人立三等功，8人获嘉奖；被河北省公安边防总队评为基层建设先进单位；被省公安厅评为安保工作先进集体。

爱民固边工作　以"固边1号""固边2号"为载体，深入推进"大走访"活动、"两会"安保工作、"春雷行动""利剑行动"等一系列活动，深入排查各类矛盾纠纷和安全隐患，广泛、定期开展警民联动恳谈会、法治宣传、帮扶慰问，实时掌握边防辖区动态情况，共走访渔民800余人次，发放宣传小册360余册，张贴宣传条幅标语35条（幅），开展法治教育78次，上门服务102次，通过走访共收集有效渔民意见建议30余条，治安信息102条，排除各类海上隐患12起，获赠锦旗2幅。同时，加强戴河口渔港管理，防止渔船违规出海，检查进出港的地方车辆，共计出动警力200人次，教育违规出海船舶7艘次，共计21人次，核查出入地方车辆300辆次。深化"构建和谐码头、法治码头"活动，设立法治咨询服务台，组建"渔民法制宣讲队"，开展"我和渔民有个约定"、休渔期宣传月、"'110'宣传进码头"等法律法规宣传活动。在"7.20"应对风暴潮防汛救灾应急工作中，在渔港码头抢救遇险船只4艘、加固渔船60余艘，挽回群众损失20余万元，该事迹被《秦皇岛日报》《秦皇岛晚报》等多家媒体刊载。

渔船渔民管理　明确"服务+管理"工作模式，做大做强沿海主动型警务模式建设，深化"一会一站两点"（一会：渔民理事会；一站：沿海一线群众工作站；两点：警务联络点、报警服务点）。结合新版渔船民管理系统，对辖区内渔船民进行系统梳理，规范渔船民档案。区分重点船舶管理对象，指定"安全员"，确立"定期汇报制度"。加强外来渔船监管措施和打击力度，有违法行为的，严肃追究法律责任。对港口内的小型无证船舶进行详细备案，严禁私自出海。推行船管民警每月考核考评机制，提高船管民警的熟悉率、渔船民见警率。年内，年度审验船舶户口簿119本，办理船民证275本，建立船舶档案126份，召开渔船民恳谈会6次。检查无证船舶26艘，检查人员43人，发通知单80份，发放宣传资料200余份，受教育群众620余人次，辖区船舶无案事件发生。

暑期安保工作　暑期前，先后12次深入辖区进行暑期安保调研摸底工作，以信息化建设为牵引，将数据摸底工作融入基础信息采集和节假日期间噪音治理工作中，期间累计出动警力560人次，化解涉海涉稳矛盾纠纷隐患23个。收集有效情报62条，通过情报预警、预先防控，东山旅游码头未发生安全事故和群体性事件。暑期在东山旅游码头检查出各类刀具危险品500余件，核查出有犯罪前科人员12人、上访人员6人。暑期以来，累计出动警力2160人次，执行各类勤务63次，开展治安巡逻580次，检查各类船舶280艘次、治安场所40个次。开展了矛盾纠纷隐患大调处活动，消除纠纷隐患22个，化解各类纠纷18起，调解率达100%。

发挥沿海一线群众工作站的作用，依托码头警务室成立“边防之家”，购置了急救止血、解暑去湿的医疗用品以及老花镜、饮水机、轮椅等便民设施。暑期，7个执勤点累计服务游客42万人次，做好人好事140余件，帮群众挽回经济损失8.2万余元，受助群众达460余人，获赠锦旗2面。联合北戴河区国土局、农牧局打击违法占海养殖行为和噪音治理，出动警力1296人次，车辆256辆次，船艇56艘次，实施海上联合执法巡查35小时，出航350余海里,开展噪音治理巡逻98次，检查游船87艘次、渔船105艘次，劝阻出海船舶10艘次,劝导违规出海人员10人。配合区国土局开展海上非法养殖专项治理，累计出动船艇60艘次，警力180人次，累计巡航500小时，形成了常态化管控机制。

（张　超）

地方武装

【概况】　2016年，北戴河区人民武装部按照“3+2+1”（三项建设领跑：思想政治建设、军事力量建设、正规化建设；两项活动连桥：组织地方党政领导军事日活动、协调召开区委议军会议；实现一类人武部目标）的工作思路和“4681”（坚持“四个依靠”：坚持依靠集体领导、发动群众、破解难题、更新观念推动人武部发展；强化“六个意识”：强化大局意识、服从意识、规矩意识、标准意识、主动意识、创新意识；杜绝“八个问题”：杜绝出现政治性问题、破坏团结问题、失密泄密问题、刑事案件问题、蓄意滋事问题、涉军敏感问题、车辆事故问题、擅离职守问题；营造“一种环境”：努力营造团结、和谐、纯洁、友爱的内部环境）的具体措施，较好地完成年度工作，确保人武部全面建设健康稳步发展。

【加强军事力量建设】　坚持把军事训练工作摆在中心位置，在抓准备谋打赢上聚焦用力。每月集中组织1次人武部机关值班业务学习，加强请示报告、填写日记、值班系统操作等规范，纳入专项工作、记账管理，不定期组织讲评，确保战备值班常态化、规范化落实。结合辖区和任务实际，采取图上作业、实地勘察等方式，细化完善人武部综合防卫方案和应急预案，普查维护国防工程，更新战场环境数据，完成省军区战场勘察任务。加强训练演练，建设人武部机关智能、技能、体能训练室，制定训练计划，狠抓训练落实；以省军区应急力量拉动和整组为牵引，加大机关带应急力量训练、强度力度，对所有人员训1遍、所有科目练1遍、所有预案演1遍。依据应急力量装备器材配备标准，逐排对照，查漏补缺，投资10余万元配备齐全。

【加强正规化建设】　把正规化建设作为基础工程、党委工程来抓，以“四个秩序”规范化建设试点任务为牵引，投资近40万元，完善人武部机关各类设施，在省军区一类人武部考评和“四个秩序”建设验收中，均受到高度评价。科学规范“六室”（文印室、保密室、档案室、荣誉室、视频会议室、国防教育室），完善“两件”（修缮营产营具、更新办公设备），规范登统计、营造文化氛围等软件；建好“两室”（机关训练室、文体活动室）；改造“两房”（客房、厨房）；扩充战备器材库。在人员管控上，建立“每日动态人人报”和周讲评制度，全体干部职工保持24小时通信畅通；落实车辆动用、审批、派遣、保养等制度，抓好每月20日司机警示教育；在营院管理上，每周坚持“三查三清”（即查人员进出情况是否清楚、查水电气和消防设施是否良好、查安全防护措施是否到位；清整室内外卫生，清理涉密载体，清除违规违纪物品），做到“经常性秩序规范、常态化迎检状态”。参加2016秦皇岛国际马拉松赛安保工作，暑期协调辖区部队，备战安保工作等。

【发挥桥梁纽带作用】 贯彻党管武装原则，积极参加地方两个文明建设。5月，区人武部牵头，协调驻军等相关单位，组织区部分领导开展2016年度北戴河区军事日活动。暑期前，实施北戴河区红石路街区景观改造；结合辖区驻军多的实际，协调区政府利用“八一”、春节等节日，对辖区部队和军烈属家庭进行走访慰问；发动驻军开展“我为驻地美容”沙滩清整活动，组织民兵力量参加北戴河区执暑安保工作。帮扶陆庄村2户无劳动力困难家庭，送去米、面、油等生活必需品；春节前协调驻军开展“爱驻地、献爱心”募捐活动。

【兵员征集】 完成市征兵办赋予的新兵征集任务，大学生占85%以上，连续6年无退兵。由人武部、驻军、学生处以及大学军事爱好者组成国防教育教学队伍，按计划走进大学、进入课堂开展国防教育及宣传发动。借助大学国防组织秦皇岛职业技术学院“兵心”俱乐部、河北省外国语职业学院和河北环保工程学院的“国防班”等，使其成为活跃在一线的宣传员。立足3所大学和驻军，开展国防知识竞赛、大学生士兵事迹报告会、军旅文艺汇演等协调政府落实重点安置政策、行政事业单位优先录用、提供创业小额贷款和教育培训条件等优惠政策。同时，对军人军属挂光荣牌匾、节日慰问。采取与在部队政绩直接挂钩的办法，协调政府完善研究《北戴河区军人立功受奖奖励办法》《北戴河辖区大学学生义务兵立功受奖奖励办法》，对立功受奖的现役士兵加大相应奖励。对每年完成征兵任务好的基层镇、街道和个人进行表彰通报，并纳入年度考核机制。

（王建凯）

人民防空

【机关“准军事化”建设】 加强机关“准军事化”建设，提高人防队伍建设。根据国家人防办颁布的《人民防空机关“准军事化”建设标准》《人民防空机关“准军事化”建设纲要》及市人防办的工作要求，坚持以人为本、科学发展，内强素质，外树形象，结合工作实际，在政治上、思想上和行动上与上级保持一致。

【人防执法】 严格执行行政审批程序，依法开展人民防空工作，加大执法检查力度，强化服务意识，主动收集资料，简化内部程序。共完成审批事项3项，至年底完成收缴易地建设费、人防工程使用费。

【工程维护管理】 履行人防质量监督职责，保证工程建设质量。围绕暑期、汛期等关键时期，开展在建项目的安全生产管理工作，不定期地进行安全隐患排查。加强人防工程消防安全，落实安全生产监管、责任制。制定完善细化的人防工程管理规定，发现问题，及时纠正，使人防工程管理责任到人。摸清全区1980年底前修建的早期人防工程质量状况和可利用情况，为开展早期人防工程治理和开发利用奠定基础。对北戴河区地下空间开发利用、开发利用资源量及分布等情况进行摸底调查，完成城市地下空间资源调查报告，为省、市、区三级政府修编城市总体规划、编制城市地下空间开发利用规划，提供基础数据和科学依据。组织人防工程质量监督人员参加全市人防工程质量监督培训班。

【指挥通信】 组织开展机动指挥通信系统操作培训，完成全省人防短波通信调试及演练工作。对全区电声防空警报器进行了改频和短时间的试鸣工作。至年底，全区共有防空警报器24台，车载警报器1台，防空警报覆盖率达到95%以上。组织业务人员参加全市人防机动指挥系统秋季大练兵暨拉动演练培训。

（张春波）

城乡建设

综　述

【概况】 以“三城同创”为抓手，加强城乡环境建设。制定出台取缔招手揽客、露天烧烤、双人骑等“六个严禁”措施，各类城市管理顽疾得到有效治理。完成“14+1”街区景观改造提升工程，改造道路总长28.2千米。实施海宁路、驼峰路大修工程，在全市率先实现交通公路全部“白改黑”（水泥路改铺设沥青）。谋划7个城乡基础设施提升项目，累计获批政策性银行贷款15.1亿元，到位7.61亿元。落实城市环境容貌“片长、路长负责制”，全面开展“全民洗城”“沙滩清洁”等行动。强势整治“双违”，累计拆除违法建筑18.4万平方米。加强道路交通综合治理，整治取缔非法营运“三车”94辆。对海二路中段、育花路、黑石路等6个路段实行单行管理。开展“美丽乡村”建设，清运垃圾1万余吨。坚持清管并重，在牛头崖镇、海滨镇实行环卫市场化运作。

城乡规划

【概况】 2016年，北戴河区城乡规划以统筹城乡协调发展为主线，严格执行城乡规划法，加大城乡规划的编制及管理力度，并做好建设项目批后跟踪管理和规划公示工作。全年召开规委会主任会议4次，对28个建设项目进行研究审议，批复规划设计条件11项，批复用地选址意见4项，批复用地规划意见2项，批复用地规划许可9项，审批农村院内建房32户、0.83万平方米。

【规划执法】 2016年，认定全区违法建筑82处，参加拆除“双违”活动涉及244户，建筑面积4.4万平方米。

【农村住宅审批】 在乡村规划管理中坚持城乡一体化，严格审批程序，严格把关设计方案。全年审批农村院内建房32户，总建筑面积0.83万平方米；农宅竣工验收41户，总建筑面积0.93万平方米。

【建设项目审查】 2016年，北戴河区规划分局向市、区两级主管部门报送北戴河区车站村安置房项目、北戴河区小薄荷寨村民适龄子女住房、秦皇岛香邑澜湾A1地块（商业）、秦皇岛香邑澜湾A1地块（住宅）、北戴河天琴湾、秦皇岛保太文华艺术精品酒店等6个项目高品质规划设计方案，共计建筑91栋，建筑面积16.78万平方米。在遵循规划原则的基础上，配合项目单位进行天洋万科戴河丽舍二区二期项目规划变更、戴河湾一期（居住）项目规划方案调整的审查、报批工作。截至11月初，经市局审批并发放工程规划许可证项目5个，分别是中俄文化艺术交流中心（二期）、北戴河医院病房楼改扩建工程、北戴河区车站村安置房项目、北戴河区社区卫生服务中心新建项目、北戴河原暑期指挥中心扩建民警食堂工程，共28栋，建筑面积7.14万平方米；经区政府审批的外立面装修改造方案8个。

【用地规划管理】 2016年，北戴河区规划分局完成北戴河区车站村安置房项目用地规划条件、高尔夫球场南侧约4公顷用地规划条件等11项。上报用地选址意见共4项，其中，批复北戴河区第一中学新建项目、秦皇岛市北戴河区人民法院审判庭工程项目、秦皇岛市食品药品检测中心项目等选址意见书3项。刘庄安置房用地等规划意见2项。北戴河区车站村安置房项目、河北省产品质量监督检验院北戴河产品质量检测中心项目、君御山庄（一期）项目、香邑澜湾A1地块项目、秦皇岛保太文华艺术精品酒店项目、北戴河区人民法院审判庭工程及北戴河天琴湾项目等用地规划许可9项。

【市政工程规划管理】 2016年，上报市政规划设计条件4项，分别为戴河支路六、戴河支路八、戴河支路十一、戴河一号路规划设计条件。市政选址3项，分别为秦皇岛城市区污水源头治理工程、河北环境工程学院次高压燃气管线工程和秦皇岛市石河—引青济秦供水管线连通工程。市政建设用地规划许可3项，分别为北戴河区春花路北延伸、戴河支路六和戴河支路八。市政建设工程规划许可4项，分别为北戴河区给水管网工程一期工程（海北路给水管网工程）、秦皇岛市城区河流污水源头治理工程、北戴河区戴河桥两侧污水治理工程。

【建设项目批后跟踪管理】 北戴河区规划分局加强对全区范围内已审批建设项目全覆盖跟踪管理力度，对太平庄安置房、戴河湾一期、北戴河金山商务会馆、中俄文化艺术交流中心二期、秦皇岛市北戴河区生活垃圾中转站、车站社区服务中心、秦皇岛市北戴河金穗军粮供应储备有限公司粮库共7个项目，建筑面积23.7万平方米，进行严格的批后跟踪管理。

【竣工规划核实工作】 严格按照相关标准办理建设项目竣工规划核实，尽可能把项目中出现的问题解决在初审环节，减少上级主管部门的重复工作。全年审理竣工规划核实项目6个，共63栋，建筑面积14.32万平方米。其中，北戴河国际公馆二标段、南京干休所改造工程2个项目24栋建筑通过验收，建筑面积3.48万平方米。

【规划公示与管理】 北戴河区规划分局严格贯彻执行《秦皇岛市城乡规划公开公示实施细则》，对北戴河区文化馆图书馆、君御山庄住宅小区等8个项目进行批前公示，充分征求周边居民和单位意见。在批后项目管控上严格执行公示牌设置督办力度，将公示牌作为项目开工建设的前置条件，并且贯穿整个建设过程，加强对项目的约束力、公众参与和监督程度。

【规划编制管理】 2016年，北戴河区规划分局配合市局完成了总规修编、“多规合一”、全市管网综合规划和综合管廊规划的调研、资料收集工作。编制完成北戴河村、苏庄村、朱庄村、费石庄村和西古城村5个村庄的美丽乡村规划。

【街景改造】 2016年，启动康乐路西段、红石路北段、育花路（含育花支路）、新河路、海宁路北段、108线、草厂南路、康健路、北四路、北五路、西六路、复兴路、驼峰路、滨海大道景观带等14条道路和牛头崖片区的景观改造提升。改造提升工程于3月初开工，6月底全面竣工。改造路段总长度28.2千米，改造建筑180栋；新增雕塑3组；更换牌匾558块；新增城市家具180组；新增亮化设施及灯具816盏；绿化栽植乔木4143株、灌木2.41万株、鲜花9161株、垂直绿化1784株、宿根花卉、造型、草坪8.76万平方米。工程总投资2亿元。

（艾　强）

城乡建设管理

【概况】 全年全社会固定资产投资完成25.67亿元，比上年下降46.8%，其中固定资产投资完成25.28亿元，下降46.3%。争取到位专项资金4420万元，实施近岸海域环境专项整治工程5项。落实“河长制”，清理河道及两岸垃圾6万立方米。完成际牧牛业搬迁。加强污水管网建设，实施崔各庄排洪沟污水入网、赤土山污水沟治理、滨海小区污水管道改造等7项河道排污治理工程。

【街巷改造】 城市道路人行道维修工程 先后对西海滩路、东经路、西经路、联峰路、海三路、刘赤路、鸽赤路、中海滩路、海坡路、东坡路、金山嘴路等城市道路人行道进行养护维修。共维修人行道1010平方米、盲道213平方米、路缘石1004延长米。

重点道路改造提升工程 中海滩路、西海滩路及东、西经路道路提升改造工程，包括对车行道、人行道、桥涵改造以及绿化、亮化工程，对既有雨水收水口改造和交通设施建设，改造道路全长约13.37千米。

小街小巷改造工程 对老黑石路、空疗路、北一路、单园小区道路进行改造，拆除原有水泥路面，铺设沥青路面7436平方米，改造两侧人行道6341平方米。

【河道治理排污工程】 实施联峰北路长海饭店及包钢别墅区片区污水入网工程、滨海小区污水管道改造工程、崔各庄排洪沟南侧污水入网工程、赤土山污水沟治理工程、单园小区雨污分流工程、怪楼艺术园区下游污水入网工程、205桥下过河污水管维修工程等7项污水治理工程，共铺设污水管线562延长米，沿线污水全部收集入网，切实解决雨污合流问题。

【北部污水管网二标段建设工程】 为苏庄村、朱庄村及北戴河村新建铺设污水支管线，已达到3个村污水集中收集排放的目标。工程共新建污水管道5.12千米。

【浴场入海排洪沟整治及护岸修复工程】 工程包括入海排洪沟整治工程、护岸修复工程及生态廊道建设工程等。已完成对281沟的清淤工作，清理淤积物约1000立方米。完成281桥改造设计方案，现正在进行拆除桥梁作业。

【给水管网工程】 该工程铺设自来水管网从站南大街至281自来水泵站，新建及改造给水管线总长度为6.16千米，管道采用DN100—DN600球墨铸铁管。

【免费城市Wi-Fi建设】 免费城市Wi-Fi部分点位已经开通，进入试运行阶段。一期工程北戴河区域完成安装AP点位69个，北戴河高速口、刘庄市场、湿地观鸟大桥和部分公共浴场等26处场所已经具备上网条件。

【工业燃煤锅炉改造拆除】 制定《北戴河区2016年推进燃煤工业锅炉改造行动实施方案》，全区24台工业锅炉已确定拆除改造方案，已拆除或改造达标的工业锅炉共计21台，其中，已拆除18台，改造成使用兰炭锅炉3台，合计35.7蒸吨。

【洁净型煤推广工作】 制发《北戴河区2016年洁净型煤推广工作实施方案》，与镇街签订责任状，推进全区洁净型煤和专用炉具工作。至年底，区洁净项目推广中心建设项目秦皇岛启力洁净煤有限公司已完成建设内容并验收合格，累计推广使用236.73吨洁净型煤和57台专用炉具。完善2015年洁净型煤推广后续核查和补贴发放工作，累计发放补贴175.66万元。

（任雅新）

国土资源管理

【土地资源】 北戴河区土地总面积为7289.89公顷，其中耕地735.43公顷，园地585.74公顷（全部为果园）、林地1545.08公顷（有林地1338.02公顷、其他林地207.06公顷）、草地28.06公顷（全部为其他草地）、城镇村及工矿用地3019.71公顷（城市2017.35公顷、建制镇467.34公顷、村庄490.08公顷、风景名胜及特殊用地44.94公顷）、交通运输用地486.15公顷（铁路用地86.15公顷、公路用地323.65

公顷、农村道路76.35公顷）、水域及水利设施用地637.51公顷（河流水面132.30公顷，坑塘水面108.20公顷、沿海滩涂361.94公顷、沟渠29.39公顷、水工建筑用地5.68公顷）、其他土地252.21公顷（设施农用地231.43公顷、田坎8.21公顷、裸地12.57公顷）。

【地籍管理】 2016年，办理完成各类土地登记1675宗。完成了全区22个村（除5个拆迁改造村）的地籍调查和测量工作，共调查7914宗，其中统建楼170宗；集体建设用地139宗。完善北戴河区2010—2020年土地利用总体规划调整。

【建设用地管理】 全年完成国有土地划拨、出让组卷16宗，其中，划拨用地3宗，划拨土地面积13.77公顷；出让土地13宗，出让土地面积37.48公顷，收缴土地出让金69645.05万元。完成划定区基本农田保护面积1653.33公顷。

【海洋管理】 采取招标的形式确定专业船只、人员，对北戴河区海域进行蹲守，全天候监视非法占海养殖行为。完成赤潮消除应急演练。全年共出动检查车103辆次、检查人员252人次、行驶2015千米，出动中国海监2023号船出海检查31航次、航行475海里。

【土地执法监察】 强化国土资源政策法规宣传工作，制作条幅3幅、宣传牌10块，发放宣传册500余份、宣传单3000余份。接待来访群众共37起、97人次，办理信访案件16件。

（李　霞）

城市管理

【概况】 2016年，北戴河区完成市容秩序的规范整治、环卫保洁、沿海线服务管理、停车场规范管理等城市管理工作，成效显著。受理“12345”市长热线转办单287个，数字化指挥中心受理派遣案件8525件，办结率99.93%。调整完善部门权利职责，区城管局由原来的事业单位转变成行政执法部门（城市管理综合执法局），成立由城管、公安、交警、市场监督、综执办等部门组成的综合执法队，同时得到了规划、园林、国土部门城市管理领域相关行政处罚权的授权，城市管理综合执法进一步顺畅。

【市容市貌综合整治】 开展百日攻坚行动，全面实施环境容貌片长、路长责任制。实施“门前五包”责任制，签订“门前五包”责任状1.30万张、张挂责任牌6500块。推行市容秩序“网格化管理”，清理流动商贩9700余人次、早点摊1600余次、小广告6000余张；规范门店4900余次、收缴烧烤炉子12个、破旧灯箱50余个。全面取缔占道经营、流动商贩，建设规范海二路、育花路等市场疏导流动商贩。全年累计规范门店3200余家；简易处罚2万余元；停业整顿和查封违规门店50余家。移送派出所民宿和渔船招手揽客人员16人，拘留6人。暂扣流动商贩秤80余杆、三轮车30余辆、双人骑50余辆、电动车8台，处罚违规停车场罚金5万元，停业整顿停车场2家。

【全民洗城活动】 制定《北戴河区全民洗城行动实施方案》，北戴河区全民洗城行动每月开展一次，每月最后一个周五下午，集中组织全区机关、企事业单位、村居社区、沿街商户、志愿者等参加全民洗城行动。活动开展以来，共组织10次全民洗城集中活动，6次雨天洗城，4次沿海沙滩垃圾清理和6次人员密集区域环境卫生秩序整治，累计2.50万余人次参与，出动清洗、洒水等各类作业车辆1960辆次，清运积存垃圾1640余吨，拆除破旧广告牌匾、条幅48块（条），清洗道路1800万余平方米，擦洗果皮箱1906个、公交站亭942座、休闲椅、雕塑936个、电线杆1044个、绿化带栅栏6840余延长米、交通护栏6900余延长米。

（王　鹤）

【市区环境管理】 道路清扫及海滩保洁 对城区84条主次干道的143万平方米道路进行全面清扫保洁；15台洗地车、高压清洗车、洒水车分区域、分时段对城区主要干道进行机械化洗扫作业。先后2次购置大型洗扫车、高压清洗车、2台清雪车、扫雪刷、小型电动保洁车等环卫保洁车辆共120余辆，暑期投入使用，城区机械清扫率达到90%以上。沙滩保洁员对所辖23千米沿海公共浴场沙滩产生的海藻和垃圾进行清理。同时安排专人负责、重点盯守，对11个雨污沟口进行全天候保洁管理。全年清理沙滩垃圾1900余吨、海藻3800余吨。

垃圾运输管理 29辆垃圾运输车对城乡200余家企事业单位、休疗养院和87座垃圾收集站、576个铁桶和17个散点产生的生活垃圾进行收集和运输至中节能秦皇岛环保有限公司进行集中处理；1辆医疗垃圾运输车将医院产生的医疗垃圾运至徐山危险品处理厂；3辆餐厨垃圾运输车将93家酒店、单位产生的餐厨垃圾运至宏图餐厨垃圾处理厂，确保日产日清。全年清理生活垃圾4.55万吨、医疗垃圾100余吨、餐厨垃圾500余吨。

公厕及设施管理 公厕保洁员每日对38座公厕内外卫生进行清洗、不间断保洁；每天2次以上定时药物消杀、喷洒除味剂。年内，维修公厕230余座次、果皮箱500余个、生活垃圾收集站53座次、垃圾车50辆次。完成安一路、石塘路公厕的维修改造和月季园、海宁路、双石路和银涛路4座老旧生活垃圾收集站的改造提升工程，暑期前全部投入使用。在沿海沙滩公共浴场新增设30个专用木质垃圾箱、50个果皮箱，全区垃圾容器达1100余个。在石塘路、红石路、育花路等人流密集道路增设果皮箱200余个。

（刘纪芳）

【海浴场管理】 制定《北戴河区海水浴场管理办法》，改善老虎石浴场环境设施，推进景区设施标准化、服务管理规范化。加大对尾随兜售、欺客宰客等违法行为的打击力度，统一摆放摊位，规范管理。开展海上救生应急演练，提高救生员的紧急救生素质，全年平整沙滩沟壑17条，恢复沙滩8000余立方米，救助遇险游客55人。做好海蜇蜇伤防治，设立提示牌、广播须知、海蜇救治站、配备打捞船只和工具，增设海蜇拦截网570米，发放明矾350千克，打捞海蜇300余千克，救治海蜇蛰伤游客1600余人。集中人员力量，冒雨抢修，仅用3天时间修复7.20特大暴风雨天气损坏的木栈道2千米，沙滩600余平方米，防鲨网14千米。公园全年累计接待游客68.4万余人次，门票收入483万元。

【停车场管理】 加快推进停车智能化，在平水桥公园等14个封闭式停车场安装计时收费道闸系统；在联峰山公园等4个开放式停车场实行手持POS机计时收费；在火车站等5个停车场新建停车诱导系统；在29个停车场安装车牌智能识别视频监控系统，提升停车场管理智能化水平。在刘庄村新建免费停车场1个，在黑石路刘庄旅馆区、联峰路石塘路商业区商铺门前、石塘路步行街内规划免费停车泊位，新增停车位800余个。在海二路中段、育花路、育花支路、单赤路、红石路、黑石路实行车辆单行，在红石路设置步行街。

【政务窗口服务】 制定《北戴河区人民政府门牌字匾设置管理办法（试行）》，驻区行政审批服务中心城管窗口为群众办理牌匾审批等各项213件，其中，门牌字匾审批161件，彩虹门、展摊设置审批50件，建筑垃圾处置审批2件。

（王　鹤）

【市政维修】 对全区85.4千米城市道路和32.4千米雨水排放设施等市政设施进行全面养护维修。维修车行道216.91平方米、人行道3096.2平方米、路缘石2304.5延长米；维修、清掏雨水收水、检查井2979座，清淤777立方米；更换井盖、井箅子35个，镶蘑菇石、花岗岩板44.16平方米；粉刷、维修道路护栏4708延长米，确保市政设施完好率达到95%以上。

【亮化管理】 对全区亮化及道路指示牌、公交站牌、候车亭进行巡查，发现问题及时处理。年内，维修亮化故障243处，道路指示牌、公交站牌、候车亭故障188处。

（任雅新）

住房保障

【概况】 全社会建筑业实现增加值4.18亿元，比上年增长5.2%。资质等级以上建筑业企业房屋施工面积15.70万平方米，比上年增长216.9%，房屋竣工面积5.08万平方米，比上年增长2.4%。

【房屋置换搬迁工作】 组织推进国土资源部北戴河干部教育中心职工住宅置换搬迁工作。根据4月15日在北京召开的"三方领导小组"协调会议精神，组建联合工作领导小组现场指挥部，制定解决历史遗留问题方案，细化完善置换搬迁实施方案，积极协调工程前期手续办理。已完成工程规划组卷，1.6亿元项目资金拨付到位，现场具备入场施工条件。多次走访北戴河石塘路6号重点户，就安置补偿协议内容进行协商，初步达成一致意见。

【产权产籍】 2016年，办理产权登记2822件；发放"房屋所有权证"2965个；查找产权、房管、房改档案300余卷次，接受群众咨询业务2万余次；办理开发企业资质审批3件、商品房预售许可3件，预售面积2.76万平方米。

【棚改贷款工作】 协调配合赤土山村、杨各庄村和拨道洼村改造项目，争取棚户区改造资金12.4亿元，涉及村民2248户。至年底，赤土山棚改项目已累计完成支付2.01亿元，其中实物支付1587万元，货币支付18491万元，拟申请归垫支付1.59亿元。杨各庄安置房工程项目已提款500万元，申请提款145万元，拨道洼村拟申请1.9万元，拟申请归垫资金9964万元，现组卷材料已报至省房投、国开行待批。北戴河车站村安置房项目拟向国开行申请贷款2.2亿元，正在组织申报材料。

【车站村安置房建设】 该项目位于北戴河区戴河以西，金抚路以北，富民路以东。建设村民安置用房350套，5+1层住宅13栋，2层综合楼1栋，换热站1座，总占地面积3.16万平方米，总建筑面积为4.04万平方米，该工程已完成立项、规划、土地等前期手续。

【廉租住房管理】 2016年，审批合格的租赁型保障性住房保障户467户，其中货币配租20户，实物配租447户，累计退出保障家庭13户。全年发放廉租货币补贴6.08万元。新建竣工保障性安居工程项目四期工程，建住宅楼2栋18层324套，总建筑面积2.2万平方米。

【公房管理】 开展公产平房调查工作，对房屋现状、承租人及房屋附属设施进行摸底。开展房屋租金检查，收取陈欠租金20余万元。全年修缮房屋屋顶漏雨140户次、漏电故障38户次、门窗损坏90户次。翻修严重漏雨的康复路二层公产楼房屋顶防水155平方米。

【老旧小区物业管理改善试点】 推进育花一区、二区和三建小区2个老旧住宅小区物业管理改善试点工作，涉及住宅楼41栋、住户1139户。主要包括新增小区消防、物防、技防等安全防护设施；整修、补建小区道路、绿化、路灯、排水设施以及对住宅楼进行粉刷等。

【建筑业管理】 全年监督招投标工程9项；结算备案工程24项，结算备案造价1.34

亿元；新办理监督手续参加工程6项，建筑面积约6.65万平方米；出具《建设工程质量监督报告》工程5项，建筑面积约7.64万平方米；深入施工现场检查安全生产200余次，开展全区性安全生产大检查4次和专项治理检查2次。检查全区建设单位工程款拨付情况和施工单位农民工工资发放情况120余次，认真梳理和研判全区范围内建设领域存在的拖欠农民工工资问题，对15个工地下达整改通知书10份，停工通知书2份。全年接待农民工讨要工资9起，涉及农民工人数260人，工资134.5万元，全部予以解决。

【建筑节能试点改造】 选定北岭一区24、25、26共3栋住宅楼作为试点，实施既有建筑节能改造工程，改造面积1.5万平方米，主要是对外墙保温、外窗、屋面保温及防水等进行节能改造。

（任雅新）

城市绿化

【概况】 2016年，北戴河区将生态环境视为北戴河的“生命线”，保护好北戴河的蓝天碧海青山。植树造林400公顷，超额完成秦皇岛市定目标任务，获“全国绿化模范县区”称号。全区新增绿地5.08万平方米，森林覆盖率达到28.78%，绿化覆盖率57.44%，绿地覆盖率53.73%，人均公共绿地面积53.90平方米。

（刘丹丹）

【绿化工程】 2016年，主要实施道路增绿增色、暑期应急补植工程；公园游园增绿增色工程；北六路、北七路、海二路西延伸、剑秋北路打造特色街景、节点增色工程；道路、小区增绿增色工程；西海滩路打造特色街景工程；滨海大道绿化景观提升工程等10多项涉暑工程。总投资1204万元，改造面积3.73万平方米。共栽植乔木2349株，花灌木9695株，造型、宿根花卉、草坪、月季2.18万平方米，草花64万株，垂直绿化3.50万株，观赏草组合9.60万盆。

（张春红）

【公园建设管理】 街头游园小型基础设施维修及西海滩给水等工程　工程投资339万元，包括更换六座楼、平水桥木平台635平方米；维修游园内破损园路、座椅、冷雾设备；维修粉刷凉亭、木栈道；对绿化带内汽车站点492平方米进行统一铺设；在绿地内踩踏严重地点铺设草坪砖、透水砖、汀步石共计580平方米；维修更换绿地内路缘石1216米；新增垃圾桶67个，并对游园内垃圾桶进行统一调配；更换座椅15个；安装树箅子25个；对西海滩绿地增设给水管道1564米，砌筑泄水井18座，砌筑表井5座；对乔庄苗圃花窖外立面进行粉刷，维修更换破损门窗、车库卷帘门等。

联峰山景区基础设施维修工程　投资181万元，包括对旧防火大队营房室内外进行统一维修粉刷，对室内老旧线路进行改造，更换门窗、暖气，对厨房及卫生间、淋浴间进行统一改造，修建营房前广场路面；更换联峰山大门至观音寺电缆835米；对联峰山公园围墙进行加高、加固，维修粉刷厕所2座，对客服中心内外墙进行粉刷，维修蓬莱阁及破损路面；在联峰山新增250KW箱变1座。

栅栏改造及维修工程　工程投资452万元，包括在联峰路、联峰北路、海宁路、西海滩路等路段更换或新安装铁艺栅栏10.5千米，其中，安装高1.28米铁艺栅栏9926米；安装高1.2米方钢栅栏75米，安装高0.5~0.7米钢筋栅栏共计449米，并对全区内原有栅栏进行统一维护。

联峰山防火三期项目　总投资457万元，包括在联峰山原有防火大队营房西侧新建3层营房，建筑面积525.5平方米；修建平台至如来寺道路2594平方米（648米），修建北门—如来寺—96号楼消防管线1820米；在五号点、望海亭安装2座铁塔，在瞭望塔、神山、五号点安装3个高清摄像头。

奥林匹克大道公园基础设施维修工程

工程投资346万元，包括更换喷泉周边破损的木平台1152平方米；维修喷泉内破损电缆1000米、更换喷泉内彩灯967盏、分线盒115个、电磁阀75个、喷头16个、水泵5个，修复蘑菇石贴面189块；对园区内西侧卫生间进行改造提升；对园区内的亮化进行维修及提升，更换存在安全隐患的电缆1150米；铺设DN100自来水管道81米，更换垃圾桶25个；维修园区内园路、座椅、雕塑、给水设施、网球场等。

（李海宁）

【群众绿化】 督导各庭院提档升级工作，各单位栽植合欢、红枫、海棠等乔木52株，栽植紫薇、金银木、丁香、棣棠等花灌木1497株，更换草坪2.24万平方米，更换萱草、景天等地被植物1.78万平方米。

【义务植树】 通过组织大规模植树活动、部门绿化、城区重点绿化工程、农村四旁植树、工程造林、绿化宣传及养护折合、联查评比、培育花卉苗木、经营管护森林等多种方式，全面推动义务植树进程。全年共计完成植树42.48万株，超出年初15万株的植树任务，义务植树尽责率达到98.2%。其中，在城区完成植树28.54万株，义务植树尽责率为97.8%；农村义务植树完成13.94万株，义务植树尽责率为98.7%。

（党爱丽）

公用事业

【供水】 秦皇岛北戴河供水总公司，现有设计日生产能力5万立方米水厂1座，外围加压泵站4个，供水管网（DN100及以上）总长度170千米，供水服务用户6.45万户（其中，居民用户6.31万户，非居民用户0.13万户）。2016年，完成供水1654万立方米，比上年增加53万立方米，最高日供水达到7.94万立方米；主营业务收入4686.8万元，比上年增长196.6万元；售水平均单价3.73元/立方米，比上年增加0.24元/立方米；产销差率21.76%；实现利润41.67万元，连续2年实现盈利。12月28日，成功运行次氯酸钠消毒工艺替代液氯消毒工艺。

6月，实施育花路、海宁路、宁海道等处老旧供水管网改造工程。投资150万元，改造700延长米宁海道管线，解决原有供水管网的瓶颈问题，南戴河北部区域实现了双线供水，提升该区域供水保障能力。加强巡线查漏，查找管线暗漏14处，漏水量达到84立方米/小时，全年可减少漏水损失73.6万立方米，挽回经济损失147.2万元。至年末，投入资金132万元，更换233台大口径超声水表（DN80以上）。售水量增加42.5万立方米，增收265.2万元。全年接待来访和接听客服电话928次，帮助用户解决实际困难359起，维修及时率、办结率和反馈率均达到100%；无偿为用户维修和协助维修36次。完成北戴河区园林局西海滩路绿化、北戴河奥运公园、北戴河城市管理综合执法局育花路市场、国际速8酒店给水工程等。

（杨海纯）

【供电】 北戴河客户服务分中心为秦皇岛供电公司派驻该地区的供电服务单位，北戴河地区共有营业户数57278户（其中农村用户26665户），年售电量36211万千瓦时。年内，最大负荷11.50万千瓦。累计用电量完成36211万千瓦时，较上年增加364万千瓦时，上升1.02%。拉动用电量增长的主要原因是居民售电量增长。休疗旅游行业，全区新增用电负荷16805千伏安/千瓦。

电网建设　经冀北电力有限公司批准，投资2852万元新建、改造家庭旅馆区域和城中区主要电力设施，确保暑期用电高峰的正常用电和配网设备安全运行。

建设城市充电站　国家电网公司投资1100万元，在北戴河区联峰山公园、奥林匹克大道公园、老黑石路、区政府停车场建设城市充电站4座，共设60千瓦充电桩32个，暑期充电车辆达3000余辆次。

【供气】 北戴河燃气公司目前有中压管网79.93千米，低压管网157.31千米，覆盖整个北戴河城市区及周边地区。建设各种调压站箱294台，中低压阀门井223座，拥有民用户27470户，公建用户173户。加气站日供气7万立方米，管网设备、设施运行平稳。年内，完成天然气销售1218.42立方米，实现销售收入3489.18万元，实现净利润194.87万元。

2016年，安全完成民用户3474户、公建用户18户的点火工作，维修民用户、公建户燃气设施38次。对8643户民用户、173家公福用户、415个表点进行安检，与67家公建用户签订城市供气合同，处理85起燃气用户报警。

（高静君）

【供热】 北戴河区有区属供热站16个，燃煤锅炉35台，274蒸吨，负责218万平方米、2万余户居民供暖，收缴2016年热费2830万元。对所属供热站的锅炉及附属设施进行维修、改造，其中，大修锅炉10台、改造无压锅炉4台、引进兰炭技术改造锅炉3台、维修上煤机28台、维修炉排15台、维修除渣机18台，改造外管网管道3.21千米，更换阀门360个，保障2016年度冬季正常供暖。

节能减排 采购使用神华集团生产的“神洁3-5200”型清洁煤炭，既降低硫的排放，燃烧稳定，减少大气污染，又提高供热质量。对海韵、避暑园、宁馨苑3个供热站进行兰炭等离子制气工艺改造，减少污染物的排放。对北戴河区热力公司所属北房、北岭、三建、刘庄、百花燃煤锅炉房进行脱硫脱硝除尘改造。

（朱　烨）

环境保护

【概况】 2016年，北戴河区以生态良性循环、资源合理利用、环境质量良好、城市优美洁净为工作目标，以服务发展为要务、污染减排为中心、生态创建为抓手、宣传教育为先导、绿色行动为主线、执法监督为关键、能力建设为支撑、队伍建设为保障，探索环保工作的新思路、新举措，全区环境质量稳步改善。全年接到环境信访投诉53件，群众投诉案件结案率为100%。

【生态建设】 2016年，打造美丽乡村建设，涉及北戴河村、苏庄村、朱庄村、费石庄村、西古城村。费石庄村已建生活污水处理终端设施，并按照规范要求达标运行；其余4个村生活污水均纳入城市污水管网。

【清洁生产】 推进清洁生产审核工作，鼓励工业企业采取改善管理、综合利用、革新生产工艺等措施，从源头削减污染，提高资源利用效率，减少或者避免生产、服务和产品使用过程中污染物的产生和排放。

【节能减排】 全区污染物排放总量得到有效削减，化学需氧量、氨氮、二氧化硫、氮氧化物四项污染物减排指标在2015年排放量的基础上净削减0.19%、0.26%、3%和3%。

严把建设项目环保准入关，注重从源头上预防环境污染与生态破坏。全年办理建设项目39个，验收项目14个，完成排污申报登记单位146家，排污权核定16家，核发排污许可证23家，征收排污费56万元。通过实施崔各庄村污水入网工程、邵艳菊养鸡场清洁养殖工程、燃煤锅炉取缔工程，完成了年度总量减排指标。

【大气污染治理】 1月，北戴河区制定并实施2016年大气污染防治计划。对全区燃煤锅炉进行摸底统计，通过使用清洁能源等方式，取缔燃煤锅炉29台；整治建筑工地和道路扬尘，对重点干道进行适时洒水、冲洗作业，持续保持主次干道和重要区域保洁质量；强化餐饮业油烟治理，6个灶头以下的餐饮单位全部安装了高效油烟净化设施。

【水污染治理】 5月，北戴河区实施重点污染行业和涉水污染企业退出方案。出台《北戴河区水污染防治工作实施方案》《北戴河区水污染防治百日会战方案》《北戴河区重点污染行业和涉水污染企业退出方案》《北戴河区污染水环境“十小”项目取缔工作实施方案》。关停装备水平低、环保设施差的小型工业企业1家；加强城区支管网、毛细管网建设，实施8条道路的雨污分流建设，对9个村的生活污水全面收集纳入城市污水管网；雨季前后及时清理五桥沟内垃圾杂物，全年完成沟渠清理106次；监控近岸海域涉水、涉油污染防治，暑期实行每天2次动态巡查，共开展辖区海域巡查69次；对际牧牛业养殖场实行驻厂监察，11月底该企业养殖奶牛全部搬离原厂址，污染隐患彻底清除。

【噪声污染治理】 制定《关于进一步加强环境噪声污染防治管理的通知》，在旅游旺季、“五一”“十一”、中考、高考等重要节点，区环保局、公安分局、区市场监管局、区文广新局等部门联合执法，对重点部位、重点时段严重的噪声污染问题，及时有效进行处置。累计发放北戴河区噪声污染防治告知书550份，检查952次，查处违法违规行为32次。

【放射源和危险废物管理】 监督辐射风险源企业，全区4家涉源单位全部完善了规章制度，签订了安全承诺书。节假日及暑期重点射源单位北戴河兰德科技有限公司执行日报告制度。加强市重点危险废物企业管理，要求北戴河聚源铝业有限公司建立并完善危废台账、管理制度，企业产生的煤焦油，全部送至石家庄翔宇环保技术服务中心处置，处置率100%。区内4家医疗机构的废弃物全部交由有资质的单位处理，处理单据凭证齐全合规，有效防止了医疗废物非法外泄。

【环境监测】 全年完成环境空气、降尘、功能区噪声、道路交通噪声、区域环境噪声、地表水等6个环境要素的环境质量监测。设置监测点位环境空气1个、降尘3个、入海河口水2个、功能区噪声1个、道路交通噪声12个、区域环境噪声62个。对疗养院、开发区企业140家次进行污水监测，出具水监测报告140份。对全区68家企业的锅炉、污水进行监督性监测。

【环境监察】 采取明查与暗查、夜查与交叉互查相结合的方式，严肃查处企业冒黑烟、偷排偷放、擅自停运治污设施等超标排放行为，检查白天不生产夜间偷生产企业。2016年，与公安分局联合开展“零点行动”2次，联合检查7次，未发现环境犯罪行为。在重污染天气情况下，及时启动应急响应机制，关停生产企业4家，企业累计停产10天。

【环境信访调处】 建立健全区网格化环境监管体系，全区共建立一级网格1个、二级网格6个、三级网格51个。利用网格体系开展了拉网式信访排查，未发现环境信访苗头隐患。发挥“12369”环保热线作用，环境监察24小时人员值守。2016年，处理有效环境信访投诉26件，群众投诉案件结案率为100%。通过电话反馈回访，群众满意率为100%。

（赵晓力）

旅游·度假

综　述

【概况】 2016年，北戴河区围绕“旅游兴市”战略部署，以旅游综合改革试点为契机，狠抓重点项目建设，加大基础设施投入，加强旅游宣传营销，规范行业市场，推进特色民宿管理，旅游产业保持良好发展势头。把旅游旺季各项工作作为贯穿全年工作的主线，努力实现旅游旺季工作的“日常化、正常化、全年化”。坚持问题导向，先后解决8批次214项问题，高标准完成安全保卫、物资供应、环境治理、市政保障等任务。新建停车场4个，增加停车泊位1000余个。在主要干道设置引导屏和停车场车位显示屏。打造全区第一条民宿区商业步行街红石路，石塘路“7·25”艺术街区备受好评。排查整改各类安全隐患1424处，刑事发案数量比上年下降72%。妥善应对“7·20”特大暴雨和风暴潮灾害，维护人民群众和广大游客的生命财产安全。

加快旅游管理体制机制改革，推进国有景区“三权”分离。启动国家级全域旅游示范区创建，鸽子窝景区AAAAA级、联峰山景区AAAA级创建进展顺利。制定《拉动北戴河淡季旅游工作实施方案》，成功举办第十二届轮滑节、首届中国·北戴河冬泳文化节，承办2016秦皇岛国际马拉松赛、第十届北戴河铁人三项大赛，推动北戴河旅游向旺季品牌化、淡季品质化、各季差异化、四季均衡化发展。北戴河村“艺创小镇”进驻企业46家。

至年末，接待游客793.03万人次，其中国内游客791.55万人次、入境游客14767人，分别比上年增长2.81%、2.78%和27.63%。在入境游客中，接待俄罗斯游客11635人，比上年增长45.27%。旅游景区方面，辖区内各旅游景区（点）共接待游客714.75万人次，实现门票收入14643.64万元，比上年分别增长2.27%和7.33%。

旅游项目建设

【鸽子窝公园创建国家AAAAA级旅游景区】 将鸽子窝景区周边的鸟类博物馆、湿地保护区、金屋浴场至赤土山大桥5.5千米海岸线与原鸽子窝公园整合，形成新的鸽子窝景区。鸽子窝景区创建国家AAAAA级旅游景区提升规划方案已完成，项目建设审批手续已先后通过市环保局专家评审会、市风景名胜办专家评审会、市长建设规划管理联审会，项目环保、风景名胜办批复意见、设计招标等手续已完成，正在进行施工设计。

【A级旅游景区改造提升】 2016年，全区8家A级景区共投入1600余万元，对基础设施包括厕所、停车场、休闲设施等进行提升改造。重点是鸽子窝公园、怪楼奇园、老虎石海上公园、碧螺塔酒吧公园、集发生态农业观光园、秦皇岛野生动物园等。

【旅游厕所建设】 年内，北戴河区获得省级旅游厕所专项资金补助90万元。完成景区新改建厕所9座，其中，野生动物园非洲区风情园、孔雀园、火烈鸟馆3座，集发生态农业观光园园内河西农家动物园1座、奥东生态园园内房车营地处1座、怪楼奇园1座。环卫处新改建3处厕所已基本完工。

【创建国家级全域旅游示范区】 2月，北戴河区列入全国首批262家全域旅游示范区。围绕“全域旅游示范区”创建，实行区属国有景区所有权、管理权和经营权三权分离政策，并在全区范围内开展A级景区改造提升工作。参加全国全域旅游创建工作现场会暨创建工作培训班，学习全国各县区创建全域旅游的先进经验。11月3日，完成《北戴河全域旅游总体规划及行动方案》的单一来源招标工作，委托中国旅游研究院进行编制，全域旅游总体规划还将加入农业公园规划内容，打造北戴河现代农业园区。

（王亚林）

旅游行业管理

【星级饭店管理】 2016年，北戴河区总接待床位数约为11.6万张，其中，休疗单位、星级宾馆、社会宾馆约4.7万张，民宿约6.9万张。至年底，全区正式挂牌星级酒店23家，其中四星级酒店8家，三星级酒店14家，二星级酒店1家。年内，对新华假日酒店进行四星级饭店评定检查，整改后，新华假日酒店在设施设备保养、软硬件水平提升方面均有较大改进，予以复评通过。

2016年北戴河区星级酒店（宾馆）名录

表4

序号	单位名称	地址	星级
1	海滨花园大酒店	安四路2号	四星
2	新华假日酒店	安二路2号	四星
3	幸运国际大酒店	西经路6号	四星
4	冀北电力公司北戴河疗养院	海宁路16号	四星
5	北华园观海酒店	东海滩路1号	四星
6	怪楼奇园大酒店	联峰路中段106号	四星
7	金台度假酒店	中海滩支路2号	四星
8	天津起士林大饭店	东经路95号	四星
9	北戴河金山宾馆	东三路4号	三星
10	北京友谊宾馆北戴河友谊宾馆	鹰角路1号	三星
11	北戴河悦华宾馆	东经路90号	三星
12	鸥鹏酒店	滨海大道1号	三星
13	北戴河国林海滨假日酒店	黑石路3号	三星
14	广电宾馆	联峰路155号	三星
15	中国煤矿工人疗养院	保二路13号	三星
16	石油宾馆	东经路副4号	三星
17	燕山大厦	滨海大道5号	三星
18	阳光培训中心	安一路10号	三星

续表4

序号	单位名称	地址	星级
19	全国青少年活动营地	黑石路4号	三星
20	河北省煤矿职工疗养院	黑石路2号	三星
21	金海酒店	金山嘴7号路	三星
22	国资委商业北戴河休养院	联峰路153号	三星
23	野生动物救护中心	滨海大道中段	二星

【旅行社管理】 2016年，全区有49家旅行社（含6家分社），4家经营网点。按照《中华人民共和国旅游法》《旅行社条例》等相关法律法规的要求，加强区内旅行社的行业管理力度。旅行社设立初审服务，按照《旅行社条例》《旅行社责任保险管理办法》，做好旅行社责任险的投保和监督管理工作。

2016年北戴河区旅行社名录

表5

序号	名称	地址	负责人
1	秦皇岛北戴河金山国际旅行社	金山嘴路4号	李 汕
2	秦皇岛夏都国际旅行社	联峰北路9号2栋	王 涛
3	秦皇岛市北戴河金海国际旅行社	保二路中国煤矿疗养院	任丽红
4	秦皇岛海之韵国际旅行社	鸽赤路口污水泵站旁	张海龙
5	秦皇岛市北戴河区旅行社	草厂西路6-1-5号	王树中
6	中国青旅集团北戴河基地旅行社	黑石路四号	陈海军
7	秦皇岛市北戴河联峰旅行社	剑秋路26号	刘 冰
8	秦皇岛市北戴河新东方旅行社	刘赤路	王 可
9	秦皇岛森林商务旅行社	鸽赤路1号	刘金霞
10	秦皇岛海之旅国际旅行社	海宁路10-3	管 苗
11	秦皇岛北戴河悦途国际旅行社	红石路78号	代明洋
12	秦皇岛市北戴河海韵旅行社	刘庄村	王 惠
13	秦皇岛市北戴河华夏旅行社	联峰北路9号32B	乐文钦
14	秦皇岛市北戴河大正旅行社	联峰北路西山花园1-207	郑永青
15	秦皇岛世纪乐途国际旅行社	新立街13号	王艺霖
16	秦皇岛出彩国际旅行社有限公司	联峰北路155号	莫爱英
17	秦皇岛渤海旅行社	海宁路80号	刘东风
18	秦皇岛市北戴河盛通旅行社	黑石路同程公寓	郑立波

续表5

序号	名 称	地 址	负责人
19	秦皇岛中通国际旅行社有限公司	薄荷花苑15栋	张 超
20	秦皇岛风景国际旅行社	草厂北路41号	刘莹华
21	秦皇岛市佳韵国际旅行社	东山小区3-1-201号	王 建
22	秦皇岛北戴河鸿天国际旅行社	滨海大道临海度假村E区5-2号	王冠华
23	秦皇岛天际国际旅行社	安一路9栋101室	刘 伟
24	秦皇岛市华奥旅行社	红石路11栋12号	张绍华
25	秦皇岛市北戴河明珠商务旅行社	联峰北路56号	姜乃瑶
26	秦皇岛北戴河鼎诚国际旅行社	康乐路18-1-201	林 涛
27	秦皇岛北戴河百益旅行社	海宁路87号	朱 旭
28	秦皇岛景程国际旅行社	单庄村134号	周瑞申
29	秦皇岛北戴河云海国际旅行社	北六路21-1号	段长春
30	秦皇岛市海屿国际旅行社	海宁路78号（华江宾馆）	许伯薇
31	秦皇岛中洲国际旅行社有限公司	海宁路78号（华江宾馆内）	刘 强
32	秦皇岛海源国际旅行社	安一路8号吉程大酒店	李小龙
33	秦皇岛天平国际旅行社	交通疗养院4-7-1	王振华
34	秦皇岛大金龙国际旅行社	联峰北路刘庄村居委会	刘志远
35	秦皇岛北承国际旅行社	联峰北路228号	陈雪梅
36	秦皇岛海洋国际旅行社	联峰北路56号2单元3、4号	崔 浩
37	秦皇岛畅游国际旅行社	南岭小区6-2-401	杨琳琳
38	秦皇岛领航国际旅行社	剑秋路99号	李晓旭
39	秦皇岛宣海国际旅行社	联峰北路9号40栋	房必元
40	秦皇岛天之蓝国际旅行社有限公司	天鹅堡公寓17号201	常志朋
41	秦皇岛市韵国际旅行社有限公司	东经路90号	姜原盛
42	秦皇岛市天佑国际旅行社有限公司	北岭一区123-1	王 强
43	秦皇岛碧海蓝天旅行社有限公司	宝石路4号	李鹏越
44	秦皇岛金都旅行社有限公司	联峰北路52号（联众宾馆内）	张 莉
45	秦皇岛漫游旅行社有限公司	牛头崖镇戴河山水天域1-11号商铺	杨 英
46	北京易游假期旅行社北戴河分社	刘庄北里11-2号	常 乐
47	中国铁道部旅行社北戴河分社	剑秋路15号	刘香满

续表5

序号	名 称	地 址	负责人
48	秦皇岛虹桥国际旅行社有限公司北戴河分公司	联峰路（怪楼奇园大酒店内）	巩广成
49	秦皇岛神州旅行社有限公司北戴河分公司	蓝色港湾–天鹅堡5–3号	张绪城
50	北京国都之旅国际旅游有限公司北戴河分公司	红石路（通达宾馆内）	王 惠
51	桂林漓悠悠旅行社有限公司北戴河分公司	天鹅堡3–422	申春月
52	秦皇岛圆梦国际旅行社门市部	联峰北路012–15号	耿 扬
53	秦皇岛海燕国际旅行社门市部	东经路	车 盈
54		北四路广缘超市	于金玉
55	秦皇岛祥鑫国际际旅行社有限公司北戴河门市部	北岭路	田秀云

【培训教育】 以鸽子窝景区创建AAAAA级景区为契机，分别于4月、5月开展面对旅游景区为主的旅游行业质量管理与提升系列培训活动。以“旅游景区发展和员工队伍责任、AAAAA级景区标准解读和文明服务礼仪、景区运营与管理”为主题内容，景区工作人员参加培训活动300余人次。同时，鼓励各旅游企业加强旅游内部培训工作，暑期前进行督导检查，确保每位员工不低于16学时的在岗培训，实现参训率100%，达标率100%。

（朱玉荣 刘艳丽）

旅游市场开发

【宣传品收集与制作】 为纪念建党95周年，结合鸽子窝景区AAAAA级旅游景区打造工作，丰富红色景区和爱国主义教育基地的旅游内容，收集整理毛泽东主席诗词，汇编成册，作为代表景区及北戴河旅游宣传纪念品。同时，将全区自然环境、建筑特色、生态环境等旅游资源汇编成册，用于市场开发及招商项目资源介绍。设计制作淡季旅游宣传资料。

【拓展旅游市场】 依托北戴河旅游协会，科学整合景区、旅行社、星级宾馆、疗养院、饭店等旅游资源，采取区域针对性促销、景区打包联线促销、涉俄单位整合促销等形式，发动旅游协会、区内旅游企业参加各种促销活动。组织区内旅游行业单位赴厦门、天津、太原等城市宣传促销，考察交流学习先进的营销模式及经营理念。参加2016首届“华夏东极”旅游发展联盟论坛，在同江、抚远2个口岸城市开展俄游宣传促销活动，在抚远正式设立北戴河区俄游抚远旅游咨询站。

【丰富旅游载体】 依托“2016运动之春第十一届轮滑节”“哈雷车友会骑行北戴河”“休闲之冬 · 2016北戴河嘉年华”等活动，做好信息发布和衔接本、外地旅行社。“中国旅游日”期间，向游客免费发放“中国旅游日”宣传资料，为游客提供旅游咨询等相关服务。

（周　妍）

旅游市场秩序与安全

【维护游客合法权益】 完善旅游三级投诉举报平台，在各旅游景区（点）、星级宾馆、旅行社公布市、区旅游投诉电话4186110，保持全日24小时畅通。建立高效的投诉案例处理机制，确保有电必接、有诉必理、理后必答。全年接听投诉电话209件次，其中，及时受理游客投诉52件次，市长公开热线转办单36件次，转接、协调游客投诉121件次，为游客挽回经济损失近10万元，游客满意度100%。开展旅游维权知识宣传和咨询活动，解答旅游安全咨询300余次，发放各类宣传资料2000余份。

【旅游市场整治】 强化旅游企业服务质量监督管理，指导纠正服务质量不达标事项70余件次。进一步规范旅行社市场秩序，严厉打击不诚信经营、不规范经营以及虚假广告宣传等行为。

2016年，秦皇岛市成立河北省首家旅游警察支队，并进驻北戴河参加执法工作，同区内其他执法部门达成旅游综合执法联动协议，旨在严厉打击扰乱旅游市场的乱象。通过明察暗访，联合市旅游警察抓获非法倒票人员2名，查处非法营运车辆2辆，查封1处“车销”网点。区旅游部门规范导游接团秩序，检查景区周边旅行社团队150余个，检查导游员260余人次，指导旅行社诚信质量服务、导游员文明微笑讲解、安全带团等事项70余件次，暂扣导游证7个，派团单25份，对海洋国际旅行社委派无证导游行为进行行政处罚。按计划严查旅行社超范围经营、转让业务经营权、无证照经营、导游擅改行程及私揽导游业务、“冒用星级”发布虚假广告等行为，检查相关单位及个人37件次，下达责改通知书21份并跟踪做好复查。

【旅游安全生产检查】 全年检查景区、星级宾馆、旅行社等安全生产工作共15次。以专项检查和联合执法检查相结合的形式对区内9家景区的旅游安全基础设施、娱乐项目和游乐设备、安保设施、安全巡查值守、反恐防暴设备设施配备及预警发布等进行全方位检查；对23家星级宾馆全日24小时安全监控、电梯等特种设备安全操作及良好运行、后台动力系统和用电设施安全、消防安全设施及紧急疏散、后厨燃气和食品安全管理及应急预案等进行全面检查；检查54家旅行社及分社租（自）用车辆安全管理、租车合同签订、营运车辆和司机安全资质及良好运行、旅行社责任险及意外险投保、安全提示及告知等情况，指导各类安全事项110余件次，下达责改通知书34份并跟踪完成整改。

【旅游诚信“红黑榜”】 通过开展对旅游行业单位经营秩序、服务质量、旅游安全检查、投诉分析等综合评定，对发现问题的单位予以曝光，并上黑榜；对各项标准较高，有突出表现的单位给予表彰，并上红榜。海洋国际旅行社因雇用无证导游被处罚黑榜公示；鸽子窝公园因收到游客表扬信、锦旗，进行红榜公示2次。

（贺　健　王鹿颖）

民宿旅游工作

【民宿发展】 2016年，北戴河区有民宿会员2035家，主要分布在全区15个村，其中刘庄村412户，草厂村510户，单庄村159户，河东寨村91户，丁庄村175户，陆庄村203户，西古城村109户，崔各庄村147户，大薄荷寨村110户，小薄荷寨村21户，车站村1户，东坨头村2户，蔡各庄村9户，费石庄村20户，北戴河村1户。西山街道办事处、东山街道办事处共65户。全区民宿总接待客房约2.96万间、总床位约6.8万张、直接从业人员近6000人，以民宿为主的乡村旅游接待床位约占全区总住宿接待能力的60%以上。

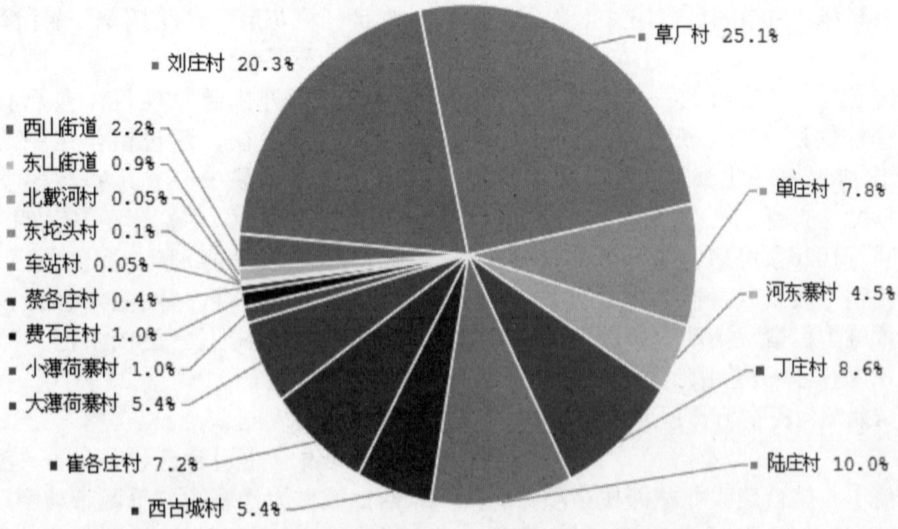

图1　2016年北戴河区民宿数量占比图

年内，全区民宿接待游客约150余万人次，总收入超过6000万元。

【科学规范发展民宿业】　制发《全面提升民宿业管理水平的实施方案》，将污水排放达标列入民宿验收审批、证照办理、联合检查、评定星级和特色的必备事项，避免民宿业发生污染河道和水源问题。发放《北戴河区关于严厉打击“招手揽客”行为的通告》。推进“区、镇、村、队、组、经营户”6级“塔”形自律管理模式，引导北戴河村加入区旅游协会乡村旅游分会，并强化村级协会组织的自律管理，2035家民宿全部纳入旅游协会乡村旅游分会进行会员制管理。协调公安、消防、卫生、市场监管、地税等职能部门及镇（街），实行网络化、信息化管理，促进监管与服务双提升。大力推广智能化管理，健全、完善民宿信息资源库，依托北戴河民宿子网站和旅游订房平台，对会员实施动态监管。

【提升民宿品牌】　组织民宿从业人员、民宿志愿者、民宿管理人员分别举办网络营销、创新创意、优化提升等培训活动，提升经营理念、发展意识和综合素质。为民宿户与亿通、新美大等网络集团搭建桥梁，邀请网络营销专家入村就微信营销、互联网营销等进行现场指导。引导、支持连锁化经营，指导西古城村燕宝阁民宿、菊菊民宿、王煜民宿3家民宿，加盟驿捷度假连锁酒店；草厂村中通民宿，加盟登吧国际酒店连锁经营，借助连锁酒店遍布全国的旅游客源优势，赢得游客，扩大市场占有率。招录45名大学生民宿志愿者，6—10月期间，对区民宿经营户进行网络营销、服务规范、品质提升、质量安全督导、信息沟通反馈等帮扶和指导，实现“智援+管理+服务”三位一体。志愿者累计服务1553家民宿，入户指导3000余次，为游客提供各类咨询服务50余万人次。费石庄村新民宿网络帮扶效果显著，上网覆盖率达88%，实现网络订房覆盖率100%。

【民宿星级评定】　开展2016年北戴河星级民宿评选活动，评选出168家星级民宿。其中，五星级民宿5家，四星级民宿20家，三星级民宿101家，二星级民宿31家，一星级民宿11家，参评星级民宿的通过率达83.6%。精心挖掘、打造一批特色民宿，遴选出如紫研民宿的浪漫满屋型、果实民宿的夏日清新型等别具风格的民宿10家。

【民宿宣传】 与“去哪儿”“艺龙”等知名网站合作并签订《“互联网+旅游”2016年深化合作协议——北戴河民宿业品牌联合推广计划》，去哪儿网有1690多家民宿上线，艺龙网有1020家民宿上线，新美大网有2000余家民宿上线。联合搜狐焦点网举办北戴河“寻找魅力民宿”活动，评选出10家魅力民宿。开展媒体微营销、稿件宣传并设计、制作《北戴河民宿宣传册》。

【民宿招商】 整合建设北戴河民宿项目，起草《北戴河区民宿招商方案的实施意见》，以“请进来”“走出去”方式，吸引高端精品民宿项目落户北戴河，并对投资高端、特色民宿的个人和公司，给予资金和政策支持。

【开发“美丽乡村”旅游新产品】 *举办形式多样的旅游节庆活动* 4月，举办“2016年北戴河区戴河镇费石庄村第三届桃花节”，打造北戴河桃花节品牌。6月，在西古城村民广场，举办“北戴河区首届‘民宿特色百家宴’”，尽展滨海农家的特色饮食和文化习俗，评选出10家“北戴河特色餐饮民宿户”和“百道北戴河民宿特色农家菜”，打造民宿旅游新品牌。

打造“北戴河艺术小镇” 秉承北戴河村全国“一村一品”示范村和“2015中国特色村”优势，挖掘北戴河村的民俗特色和文化内涵，利用其部分闲置房屋、资深老宅老院、特色“农家院”和原创艺术基地旅游资源，以“水岸田园、艺术村落”为主题，打造“北戴河艺术小镇”。已有美术、工艺品创作等多领域35家艺术机构入驻（原有19家，新增16家），新建民宿4家；相继举办“北戴河村创意市集”“乐游京津冀，情聚北戴河——2016秦皇岛·京津冀文化创意产业（交易）博览会”等活动。年内，北戴河村接待游客9万余人次。

打造“费石庄桃源小镇” 秉承“2015中国特色村”、千亩桃园和万米绿道优势，立足“桃花节”“采摘季”旅游活动和“费石庄八碟四碗”饮食文化，规划“新桃花源记·世外桃源”项目，重点打造高端民宿、高端餐饮，建设留学生中心、桃木艺术品展示交易中心等示范院落。年内，费石庄村有民宿20家，其中，四星级民宿5家，三星级民宿7家，特色民宿1家。百兴网公司总部、百兴网潮水客栈、花间小筑酒店、桃花树下公益图书汇、桃夭公社客栈和桃源居酒家6个高端餐饮、民宿、总部基地项目入驻。

培育“中国特色村”旅游典型 培育以西古城村为代表的“景区带动型”和以刘庄村为代表的“要素助推型”旅游经营模式，促进品质化、特色化发展。2016年，刘庄村、西古城村成功入选“中国特色村”。

（贾秀红）

旅游信息化

【民宿网络营销】 2016年，继续开展“互联网+旅游”深化合作。区旅游局与去哪儿网联合制订“北戴河民宿业品牌联合推广计划”，推进实施“民宿营销全上线”等一系列措施。为解决民宿户技术应用短板和培养网络营销应用习惯，促进民宿户线上成交量，联合在线旅游（旅游OTA）商家技术力量组成民宿服务队，分片区集中培训民宿户网络技术和分享优秀民宿户网络营销经验，有2000余家民宿户在线销售率由原来的75%提升到93%以上。启动淡季旅游市场的主题策划和线上促销活动，依托有关在线旅行网站或APP的客户流量、搜索引擎、链接入口、用户群、广告位优势实现客源导流转化。成立北戴河民宿业主的微信交流群，同业交流、技术沟通、线上宣传手段得到推广。

【“智慧旅游”新导向】 顺应当前智慧旅游从硬件建设逐步转向服务运营的趋势，结合旅游高峰期的客群需求，对以旅游官方微信公众号侧重粉丝导向服务，微博平台侧重资讯分享的功能进行细分。在“北戴河旅游”官方微信公众号上开设“旅游快讯”“游记攻略”“行业咨询”“北戴河街拍”“美景推荐”“旅企展播”等版块，强化互联网文案风格和版面设计、分享体验。推出百余篇优质内容原创稿件，日均增长粉丝达百名以上，月浏览量近30万次。实时就网民关注的“秦皇岛限行”“安检证”“高速分流提示”等热点问题以多种角度解惑答疑和实时勘查。在河北省旅游局官方微信7月、8月公布的“河北旅游微信影响力排行榜”中，“北戴河旅游”阅读量、发布量、曝光量连续夺魁。

（王立言）

景区景点

【概况】 北戴河是四季皆宜的海滨旅游休闲胜地，年平均气温12℃，暑期平均气温24℃。23千米海岸线沙软潮平，是海水浴、沙浴和日光浴理想的天然场所。辖区内有旅游景区（点）12个：鸽子窝公园、集发生态农业观光园、秦皇岛野生动物园为国家AAAA级旅游景区，其中集发生态农业观光园还是全国农业旅游示范点；北戴河奥东农业生态园为国家AA级旅游景区；怪楼奇园为国家AAA级旅游景区；联峰山公园、老虎石海上公园为国家AA级旅游景区；奥林匹克大道公园为“全国十大优秀体育公园”；北戴河湿地为国家湿地公园；碧螺塔酒吧公园为休闲性酒吧主题的海上夜公园；北戴河博物馆、北戴河轮滑博物馆和秦皇岛鸟类博物馆为3个博物馆类景区。长城号游船为海上观光的1个亮点。

【鸽子窝公园】 鸽子窝公园建于1958年，又称鹰角石公园，占地20余公顷。该园是集自然与人文于一体的旅游景观，是“北戴河老24景之一”“爱国主义教育基地”“全国旅游40佳之一”和“国家风景名胜管理园区”，被列为与泰山、黄山、崂山、衡山和西樵山齐名的观日出最佳地，每逢夏暑清晨，纷至沓来的观日出游客数以万计。

公园内因地层断裂形成的临海悬崖上，有一块巨石，形似雄鹰屹立，故名鹰角石。该石高20余米，过去常有成群鸽子朝暮相聚或窝于石缝之中，故名鸽子窝。1937年，“公益会”在海边石崖顶端修建了一座凉亭，取名鹰角亭。鹰角亭匾额是1987年全国人大常委会原副委员长胡厥文题写。1954年夏，毛主席到北戴河，并写下《浪淘沙·北戴河》这一不朽诗篇。为深切缅怀毛主席的丰功伟绩，园内敬立高3.20米的毛泽东主席雕像和《浪淘沙·北戴河》诗词碑。1985年，北戴河区借鉴颐和园和避暑山庄长廊的特点，采用透景、借景的方法，在园内东南临海崖顶处，修建一条长50米的望海长廊。长廊建筑面积180平方米，廊内彩绘100多幅传统壁画。长廊南侧建有书阁，专供名人名家及游客题诗作画之用，书阁上悬挂周谷城题写的《书阁》牌匾。书阁的西侧建有碑廊和碑亭，悬挂方毅题写的《碑亭》牌匾。

鸽子窝景区景点有：

虔赏日出 北戴河的鸽子窝公园是华夏九大赏日出胜地之一，在其他地方赏日出一般都在海边平视，只有在鸽子窝公园却是居高临下的观赏，所以是观赏海上日出的最佳之处。此景名鹰亭迎日，已被评为秦皇岛“十佳”美景之一。

静观大海 鸽子窝的第二大胜景就是观大潮，观海潮和看大海的最佳位置就在这鹰角亭上。鸽子窝公园外大潮坪南北有700多米长，呈外口大内口小状态，这里海潮的潮差不大，多在1米之内，深度比较稳定，素有“沙软潮平”之称。特别是海潮退后，海滩上可以见到波痕、雨痕、龟裂、生物洞的沉积物等构造，构成了一幅难得的、由大自然鬼斧神工创造的美丽图画。

观鸟佳地 中国鸟类有1329种，北戴河就发现了415种，占全国鸟类的34%，占河北省鸟类的43.9%，在中国和日本两国候鸟保护协定中的227种鸟类中，这里就有181种，占协定总数的79.7%，世界上很多稀有

和濒临灭绝的鸟类在北戴河被多次发现，如白鹳、遗鸥等等，北戴河鸽子窝公园这块潮坪及周边湿地是鸟类迁徙的必经之地，在春秋两季鸟类迁徙的季节，这块海滩曾出现过数万只鸟在海空中翱翔的壮观场面。

“灯光秀”展演　2008年，鸽子窝公园启动山体大型探照灯亮化工程，增设32台电脑程控大型探照灯亮化设施，推出大型“灯光秀”夜公园项目。采用新型现代科技，利用声、光、电特效组合，编配以毛泽东诗词《浪淘沙•北戴河》为主题的背景音乐，使探照灯的蓝、白、粉、绿等彩色光柱交相辉映。

【碧螺塔酒吧公园】　位于北戴河海滨最东侧（又名小东山），北临旅游码头和鸽子窝公园，南临金山嘴和老虎石海上公园，东临大海，交通极为便利，园内路域树木丛郁，风光秀丽，是集休闲文化、餐饮文化和演艺文化为一体的休闲性酒吧主题公园。

园内主建筑碧螺塔为海滨东山地区最高点，塔高21米，分7层，是世界上独一无二的海螺型螺旋观光塔，登塔远眺“秦皇岛外打渔船”的海上风光尽收眼底，令人心旷神怡。公园三面环海，形似半岛，陆域面积7.07公顷，海域面积1.50平方千米，适宜浮游生物生长，各种鱼、虾、蟹、海参等海洋生物极其丰富，是天然的垂钓宝地。邓小平曾到此垂钓，园内有“邓小平钓鱼处”纪念碑。

2009年7月，推出大型实景演出《海上生明月》，由著名导演边发吉任总导演。整场演出以自然为依托，以大海礁石为元素，运用声、光、电等高科技手段，以浪漫唯美的表现形式，以现代时尚的表现手法，体现人与自然的和谐相处，创造出天人合一的境界，给人留下气势宏大、场面震撼的艺术享受和唯美的视觉冲击。

【怪楼奇园】　位于北戴河联峰路北侧的百花山上，占地7.39公顷，建筑面积999平方米，建于1991年。该园名由著名漫画家华君武亲笔题名，属国家AA级旅游景区，绿化覆盖率90%以上。景区由怪楼和奇园两部分组成，设置奇景、怪景99处，是北戴河老二十四景之一，有“青年文明号”、河北省“全省旅游景区（点）综合治理达标单位”等美誉。1996年夏，张爱萍将军参观怪楼奇园后，即兴写下《题怪楼》：怪楼却也怪，千姿又百态，飞流下龙宫，夜来放光彩。

【奥林匹克大道公园】　2004年4月，经国家体育总局批准，并征得第29届奥运会组委会奥林匹克公园远景委员会同意，秦皇岛市为迎接第29届北京奥运会，建设滨海大道并冠以“奥林匹克大道”名称，奥林匹克大道位于北戴河旅游度假区的中心地带，南起中海滩的月季园，北至滨海大道的鸽子窝海滩，长3千米、宽90米的步行主体大街，是全国唯一以奥林匹克命名的街道。北戴河区委、区政府决定在奥林匹克大道东侧建设奥林匹克大道公园。

奥林匹克大道公园建成于2005年5月，面积17.32万平方米。公园的设计以科技奥运、人文奥运、绿色奥运为理念，以休闲健身、旅游观光为特色，通过浮雕墙、雕像、喷泉、历届中国奥运冠军手足印等多种形式展现奥运发展史。

园内建有集速度轮滑、轮滑球、花样轮滑、平地花式等国际标准化轮滑场地和适合不同年龄人群活动的各种球类、棋类等体育休闲配套服务设施。以高25米的巨型抽象海鸥造型为标志性建筑，体现了奥林匹克不断进取、永不满足的奋斗精神，园内建有5674.50平方米的京东第一音乐喷泉。2005年，公园被国家园林协会评为“园林金奖”，成功举办了“米高杯”第21届全国速度轮滑、“米高杯”首届全国少年速度轮滑锦标赛等多项轮滑赛事，成功举办了2008北京奥运会秦皇岛赛区火炬传递圣火回收仪式。

2009年，北戴河区投资1600万元对奥运浮雕墙进行完善，增加第28届、29届奥运会内容。奥林匹克大道公园向世人充分展现百年奥林匹克精神，为居民及游客提供了以奥运为主题的全民健身及休闲娱乐场所。

【老虎石海上公园】 建于1994年（此前为开放式），程思远题写园名，位于著名的北戴河风景区中心，占地总面积3.30万平方米。老虎石在北戴河海滨的中海滩，原是海中的一个近岸礁石，由于海岸抬升而卧踞岸边。组成老虎石的岩石为古元古界混合花岗岩，其三组节理均衡发育，经长期风化剥蚀，易形成形状特异的象形石。此石即因其形状似虎而得名。老虎石又泛指北戴河中海滩一带的礁石群，高低错落，成群而立，巍然壮观。

老虎石海上公园，海水水质优良，环境清幽，自然资源得天独厚，是难得的天然海水浴场。完全具备当今国际海岸旅游的海洋、沙滩、空气、阳光、绿色五大要素。园内设有旅游快艇、脚踏游船、水上球类项目，还设有沙滩排球、沙滩足球，是集参与性、刺激性、文化性于一体的娱乐中心。老虎石西有一座小巧玲珑、颇具情趣的亭子，名曰“望龟亭”。这里还是朝看日出，晚看日落的佳处。日升时的辉煌壮丽，日落时的熔金耀眼，与大海、青山、街市相映成画。

【联峰山公园】 联峰山公园是北戴河最大的公园，园内有3座松林覆盖的山峰，最高山峰海拔153米，因山势连缀故有联峰之称，山势远眺又似莲蓬，亦称莲蓬山。

联峰山公园是民国8年（1919），由清光绪举人、民国政府代国务总理朱启钤建立，是秦皇岛地区历史上第一座公园（时称莲花石公园）。1938年的《海滨地方志略》曾集名胜24景，联峰山景区即占14景。自1954年起，这里成为中央领导的暑期办公地。毛泽东、周恩来、刘少奇、朱德、邓小平等老一辈革命家在此留下许多感人故事。

联峰山景区以登山览胜、林中探幽、寻史访踪、氧吧洗肺为特点，是世人瞩目的旅游胜地。公园内有避雨石、瓮石、莲花石、月亮石、狮子石、福地石、试剑石等各有妙趣；古刹“如来寺”“观音寺”“卧佛洞”等古朴壮观；神山景区、百福苑景区、莲花石景区景色迷人。站在主峰望海亭：早看晨辉染海，晚瞧夕阳西下，南眺沧海，北顾青山，东观市貌，西赏村落，居高鸟瞰，美不胜收。

【北戴河集发生态农业观光园】 集发生态农业观光园隶属于北戴河集发农业综合开发股份有限公司，占地面积100公顷，是一座集观、住、吃、购、玩5大功能为一体的生态农业观光园。该园2002年被评为国家级AAAA级农业观光园，2004年被评为“全国农业旅游示范点”，被全国政协等13个部门确定为科技示范、科学引智、科普教育基地。

园内建有世界最长的丝瓜长廊，国内最宽阔的日光温室。植物园可观赏千余种名优花卉，百菜园可感受立体种植、无土栽培等高科技农业的神奇，传统民俗大院再现了二十世纪五六十年代民间生产生活的场景，同时还可在环境独特的农家饭庄品尝原汁原味的农家饭菜。

集发观光园民俗大院占地2.67公顷，包括“院中园”和“室内表演展示”两大部分。“院中园”以雕塑和可参与活动的形式，展现中国北方农村传统的马拉犁杖耕地、播种、收割、拉大据、石匠做活、辘轳井打水等手工业生产加工劳动场景；“室内表演展示”以手工纺线、织布、缝补、织渔网、打铁、做木工活、推碾子拉磨、漏粉条、腌制咸菜和老式桌椅、板凳、餐具、瓷器等家庭装饰及生产、生活用具演示，展现农产品加工及其他传统的手工生产劳动场景，为游客提供亲身体验参与劳动的乐趣，并展出大量的二十世纪五六十年代传统的生产和生活器具实物。民俗大院墙体绘画了24幅中华民族历代尊老、敬老的“煎尝药汤、卧冰求鲤”孝子图解，是教育青少年传承文明、树新风，讲科学，促发展的典型事例。

民俗大院汇集中国北方农村传统的主要农业生产劳动和农产品加工生产场景，创造出一种特殊的环境氛围，让人们重返历史的时空，观赏昔日的农家传统生产、生活情景，品味悠久古朴的农村民俗文化，启迪人们在游乐之中，思源思进，承前启后，勇于创新，建设和谐幸福的生活！

【北戴河奥东农业生态园】 北戴河奥东农业生态园隶属于北戴河农业生态园有限公司，成立于2014年3月31日，总投资3000万元，其中固定资产投资2000万元，是国家AA级旅游景区。生态园位于联峰山北麓，占地面积约8公顷，奥东生态园充分利用原有的自然地貌，得天独厚的地理位置和气候条件适合开展大面积经济林栽培，畜牧业养殖、房车露营及生态旅游开发。奥东生态园以房车露营地开发建设为核心，以引进澳大利亚鸸鹋繁育及观赏为主线，以发展高科技农业生态经济为理念，以建立一个集种植、养殖、生态旅游为一体的复合型农业生态园为目标。

园区建有可容纳50辆房车的露营地及配套设施；有可供出租的单体木屋别墅10栋、室内餐饮及娱乐设施；还有鸸鹋养殖、孵化区、农家观赏动物、可供垂钓的池塘养殖，占地1.67公顷；建设智能温室大棚6栋，种植无公害水果、蔬菜，占地3.33公顷、建有葡萄、桃、李子、山楂、核桃等水果园，占地2.33公顷、建设大型低温冷库2000平方米，贮存水果、蔬菜。

【秦皇岛野生动物园】 建于1995年5月，位于秦皇岛森林公园内，距秦皇岛市中心10千米，是目前中国城市中占地面积最大、森林覆盖率最高、自然环境最优美的野生动物园。1993年，经国家林业局批准立项建设，1995年7月，建成开放，被河北省和秦皇岛市命名为“科普教育基地”。

秦皇岛野生动物园占地334公顷，充分利用林海、绿地为各类野生动物提供休养生息的乐园，模仿各种动物的原生环境，在充分保护和利用现有资源的条件下，将动物分区隔离散放，营造返璞归真、回归自然的氛围，形成人与自然相融的旅游特色。园内主要建有笼养动物区、猛兽区、非洲动物区、猴区、草食动物区、鸟类区、步行游览区7大展区。动物展区建有猩猩馆、鳄鱼馆、小动物馆、象苑、东北虎园、狮园、白虎园、孟加拉虎园、熊园、幼狮园、长颈鹿馆、猴山、动物表演场、鹿苑、孔雀园、雉鸡园、百花园、涉禽湖、游禽湖等动物苑舍，有国家级保护动物和世界珍稀、濒危动物100余种4000余只。游人或与动物直接接触，或乘车穿梭于各类动物生活小区，人在游车上，车在兽中行，十分新奇、刺激。

【北戴河湿地】 2011年3月25日，国家林业局在北纬39°47′58.43″～39°53′40.4″，东经119°24′6.17″～119°32′10.5″，建立了河北北戴河国家湿地公园，湿地公园总面积306.7公顷，湿地面积164.2公顷。北戴河湿地是国内最大的城市湿地，已发现鸟类20个目61个科的415种（中国鸟类共1329种），其中属国家重点保护动物的有68种。2011年，久违的世界珍禽白鹤、丹顶鹤也开始光临北戴河沿海湿地，被誉为“观鸟的麦加”。每到春天，北戴河成为国内外观鸟爱好者的盛会，来自世界各地的观鸟人追随候鸟陆续飞抵秦皇岛。近年来，由于生态环境逐年优化，长期在南方生活的棕背伯劳、中国罕见的欧洲鸟类“剑行鸟”和世界濒危鸟类小杓鹬都可以在北戴河见到。

【北戴河博物馆】 博物馆坐落于联峰路东端滨海大道环岛与刘赤路交接处，占地1.20万平方米，建筑面积3750平方米，是以收藏古代艺术品为主的艺术类博物馆。北戴河博物馆陈列着中国、日本、朝鲜、韩国及中亚、南亚等国家和地区的古代和现当代艺术品近万件，包括陶瓷、青铜器、漆木器、玉器、石刻、书画、杂项等类。

北戴河博物馆与北戴河区文化局联合举办4项陈列展出，由北戴河区文化局主办的基本陈列地“北戴河历史文化展”；由博物馆举办的2个专题陈列“古代陶瓷艺术展”和“古代青铜艺术展”；引进的特展“石头的史诗——汉代画像石展”。

【北戴河轮滑博物馆】 北戴河轮滑博物馆是亚洲第一座轮滑专项博物馆。位于北戴河奥林匹克大道公园内，建筑面积约721平方米，于2008年8月15日正式对社会免费开放。

北戴河轮滑博物馆展出空间分为中央精美厅、世界近现代轮滑发展史、世界现代轮滑发展简史、中国轮滑发展简史、北戴河轮滑风情、轮滑荣誉堂、轮滑运动分项展厅、多姿多彩的轮滑运动等8个陈列厅，该馆收藏近百份珍贵轮滑资料，轮滑展品实物200余件，各类图片500余张。以展览鉴赏、体验交流、研究测评、综合服务为宗旨，集权威性、知识性、学术性、互动性于一体，把收藏、展览、研究、测评和宣传教育功能有机结合，形成基本陈列、专题陈列和临时展览互为补充、交相辉映的陈列体系，是全面了解国内外轮滑发展的一个重要窗口。

北戴河轮滑博物馆还负有促进国内轮滑氛围的引导与文化建设，推进公众对轮滑运动的深入了解、加速与国际轮滑发展接轨的重大使命。

农业和农村经济

综 述

【概况】 2016年，北戴河区加强农业和农村建设，特色农业进一步发展壮大。加快种植结构调整，退出玉米大田作物466.67公顷。以集发园区为核心区、积极发展现代农业园区和新兴农业主体，占地1233.33公顷的省级现代农业园区和以丰硕园区为核心区、规划面积333.33公顷的市级现代农业园区已通过验收。开展新型职业农民培训4期、300人次，发放各类科普宣传活动资料1000余份。支持际牧牛业完成搬迁工作。争取资金2840万元，加快推进以特色小镇、精品村为核心的美丽乡村建设。北戴河村被评为省级旅游精品村和省级精品农宅合作社。

【土地承包经营权流转】 全区家庭承包经营的耕地面积3914.87公顷，家庭承包耕地流转的总面积为971公顷，流转率为24.8%。其中，转包713.93公顷，出租257.07公顷。流转入农户面积445.07公顷，流转入专业合作社面积269.93公顷，流转入企业面积216.67公顷，流转入其他主体面积39.33公顷。

【新型农业主体】 2016年，全区家庭农场有34家，其中，被评为市级示范性家庭农场的4家（秦皇岛市郝立涛家庭农场、北戴河晟发家庭农场、秦皇岛市北戴河区乡下人家庭农场、北戴河秋民家庭农场）。全区农民专业合作社总数为48家，当年新增3家，达到市级以上示范社标准的7家（秦皇岛市北戴河集发农业专业合作社、秦皇岛市冬清水产农民专业合作社、秦皇岛市北戴河苏庄裕旺果品专业合作社、秦皇岛市北戴河裕发蔬菜专业合作社、秦皇岛丰硕蔬菜种植专业合作社、秦皇岛市洪宾小明农机专业合作社、秦皇岛绿鑫农作物种植专业合作社），其中集发、冬清2家合作社达到了省级示范社的标准。

【农业产业化建设】 2016年，全区有市级以上龙头企业7家，其中省级龙头企业2家，农民专业合作社45家。撰写《北戴河区农业产业化调研报告》。组织企业申报农业产业化项目5项，实施农业产业化项目3项，全年完成投资6480万元，其中固定资产投资2700万元，项目已全部竣工。以集发园区为核心区的北戴河现代农业园区为省级现代农业园区，丰硕生态农业有限公司成功申报市级龙头企业。成功申报刘庄村和西古城村为“中国特色村”。

【“美丽乡村”建设】 *省级精品农宅合作社建设* 通过引进艺术机构大力发展北戴河村农宅合作社建设。逐步把戴河镇北戴河村打造成文化旅游目的地、私人订制首选地、设计公司聚集地、大学教学实训地和创新创业孵化地。北戴河村成立“戴河农房农民专业合作社”组织，设立理事会、监事会，探索建立“农户所有、合作社使用、企业经营、政府指导”四位一体的运行机制。该村被评为2016年省级精品农宅合作社。

省级精品旅游示范村建设 按照省级旅游示范村创建标准以及省、市关于打造特色小镇要求，融入休闲旅游和文化艺术元素，打造宜居宜业宜游的美丽乡村。戴河镇北戴河村以文化艺术为着力点，打造“艺术小镇”，已有47家艺术机构成功进驻。费石庄

村依托千亩桃园，挖掘“桃文化”内涵，打造“桃源小镇”，开展桃树众筹项目，引进“传奇文化”的“新桃花源记·世外桃源”项目，重点打造高端民宿、高端餐饮、建设桃木艺术品展示交易中心等7家示范院落，示范引领民宿业向高端发展。西古城村依托集发生态农业观光园和“村企共建”优势，打造“音乐小镇”，完成《北戴河区西古城音乐小镇建设实施方案》。苏庄村、朱庄村与北戴河村连片统筹推进，打造“文化休闲小镇”。杨各庄村作为区级精品村，重点抓好民居建设、饮水安全、厕所改造、特色富民产业等。北戴河村被评为2016年省级旅游精品示范村。

精品村项目建设　杨各庄村12个专项行动已基本完成；狮子河村先后完成了涉及环境整治、民居改造、设施配套、生态建设等14个方面48个建设项目。

推进中心村建设　按照《北戴河区戴河镇拨道洼中心村建设规划》《北戴河区戴河镇拨道洼中心村建设三年实施方案（2015—2017年）》，积极开展中心村建设工作。为拨道洼村争取省级奖补资金，用于安装太阳能路灯、智能监控等。

打造“国际名片”　组织2016美丽乡村文艺复兴与可持续发展论坛。邀请30多位国内外重量级艺术家、学者和知名人士，深入研究探讨文化、艺术、产业、价值观在乡村的融合与发展，形成了一整套相对成熟并可借鉴的研究成果。发起成立“中国美丽乡村发展基金”。新华网和中国文化报等国家级媒体对此进行专题报道。

种植业

【概况】　2016年，农业种植以玉米、水稻、蔬菜为主。总播种面积2806.67公顷，其中，玉米1266.67公顷，水稻686.68公顷，大豆113.33公顷，花生106.67公顷，马铃薯80公顷，甘薯20公顷，蔬菜533.33公顷。总产量4.37万吨。当年收到省级财政资金400万元，根据《北戴河区农业支持保护补贴实施方案》，农作物补贴标准为每亩102.50元。

2016年与2015年北戴河区农作物播种面积对照表

表6　　　　单位：公顷

镇／年份／播种项目	合计			海滨镇			戴河镇			牛头崖		
	2016年	2015年	2016年比2015年±%	2016年	2015年	2016年比2015年±%	2016年	2015年	2016年比2015年±%	2016年	2015年	2016年比2015年±%
农作物播种面积	2842	3769	−24.6	0	6	—	792	1067	−25.8	2050	2174	−5.7
一、粮食作物	2017	2376	−15.1	0	6	—	199	599	−66.8	1818	1157	57.1
其中：稻谷	445	635	−29.9	0	0	—	44	47	−7.1	401	428	−6.2
玉米	1299	1487	−12.6	0	6	—	0	490	−100.0	1299	584	122.4
豆类	114	209	−45.5	0	0	—	114	46	148.3	0	120	−100.0
薯类	122	45	171.1	0	0	—	41	16	157.4	80	25	221.3
二、油料（花生）	125	374	−66.6	—	—	—	60	39	54.7	65	427	−84.9
三、蔬菜	574	1010	−43.2	—	—	—	420	422	−0.4	153	588	−73.9
四、瓜果	10	9	11.1	—	—	—	10	7	49.5	0	2	−100.0

注：2015年省反馈数据中，粮食作物、油料以三季度末秋粮生产情况为准。因年底对区划进行了再次调整，牛头崖镇划出6个村，所以合计数（省反馈）大于三镇之和。

2016年与2015年北戴河区农作物产量对照表

表7 单位：吨

播种项目 \ 年份 \ 镇	合计			海滨镇			戴河镇			牛头崖镇		
	2016年	2015年	2016年比2015年±%	2016年	2015年	2016年比2015年±%	2016年	2015年	2016年比2015年±%	2016年	2015年	2016年比2015年±%
一、粮食作物	15326	17365	−11.7	0	76	—	1181	5048	−76.6	14145	7370	91.9
其中：稻谷	3888	5524	−29.6	0	0	—	396	422	−6.2	3492	3702	−5.7
玉米	9758	10944	−10.8	0	76	—	0	4411	−100.0	9758	3361	190.3
豆类	488	560	−12.9	0	0	—	488	192	154.9	0	268	−100.0
薯类	4711	1685	179.6	0	0	—	1485	116	1178.4	3226	195	1554.4
二、经济作物（花生）	475	1512	−68.6	—	—	—	204	133	53.1	272	1379	−80.3
三、蔬菜	31977	59184	−46.0	—	—	—	23891	25142	−5.0	8086	34042	−76.2
四、瓜果	272	213	27.7	—	—	—	272	140	94.3	0	73	−100.0

注：1.薯类产量按鲜薯计算，上年按同口径调整；

2.粮食产量按原口径计算，薯类按鲜薯五折一计入粮食产量。

3.2015年省反馈数据中，粮食作物、油料以三季度末秋粮生产情况为准。因年底对区划进行了再次调整，牛头崖镇划出6个村，所以合计数（省反馈）大于三镇之和。

【春耕备耕】 春耕期间，全区储备玉米种子11525千克、水稻种子2650千克、大豆种子920千克、花生种子5712千克、化肥420吨、农药8吨、地膜6.25吨、棚膜2.1吨，满足全区农业生产需要。

【种植结构调整】 2016年，全区进行种植业结构调整、提高农业技术服务水平，推广适宜北戴河种植的新品种。在高速引线、西部快速路两侧可视范围内采取植树造林的方式退出玉米大田作物466.67公顷。

【农业项目建设】 *丰硕蔬菜种植专业合作社蔬菜订单配送* 为2016年度市蔬菜龙头企业产销服务体系建设项目。丰硕蔬菜合作社与寻鲜网合作，通过O2O商城电子商务平台，开展蔬菜订单配送。项目总投资23万元，其中市级补助资金5万元。年内，发展订单户350户，销售额近100万元。

利存蔬菜种植专业合作社订单马铃薯种植 2016年，利存蔬菜种植专业合作社与卢王庄村周围7个村的农户签订马铃薯种植回收合同，合同面积近66.67公顷。合作社提供大西洋、荷兰豆2个马铃薯品种170吨给农户，年终合同收购马铃薯1400吨，每斤0.58元，亩销售2000元左右，销售额162.4万元。

戴河镇草莓采摘园建设 2014年起，朱庄村晟发家庭农场在市蔬菜中心及区农牧资金扶持下，开展草莓采摘园建设项目，由于采用高标准种植，果品品质优良，且宣传措施到位，草莓采摘取得了良好的经济效益。带动了戴河镇各村开展草莓采摘园建设的积极性，近年来，戴河镇各村结合费石庄桃花节等旅游项目，共建设草莓采摘温室20余栋，面积2余公顷。

【农产品质量安全监管】 对全区范围内的农资经营单位进行监管，开展种子市场专项检查、农药标签监督抽查、禁用农药百草枯水剂专项检查，全年未发生因销售假冒伪劣农资所造成的坑农害农事件及非法销售禁用高毒农药等违法行为。每月对蔬菜生产企业及蔬菜生产村进行1次安全巡查，包括生产、加工、检测、运输等各个环节，重点检查生产记录填写及投入品使用情况。省级蔬菜质量安全抽检蔬菜样品11个，全部合格。

【农业技术推广与服务】 依托生态循环农业项目推广新型肥料20吨，其中生物有机肥10吨、配方肥10吨。组织开展新型职业农民培训4期300人次。开展农村实用人才统计工作，统计实用人才1089人，科技致富带头人72人。开展优质农产品开发服务工作，上报集发公司15个A级绿色蔬菜品种为名特优新农产品。

【农机管理】 全年完成年检拖拉机17台，新登记注册10台，驾驶员期满换证20本，拖拉机过户1台，新办驾驶证1本。完成3镇43个村的农机安全检查工作。完成全省农机管理联网测试及档案清理工作。2016年，发放农机补贴资金21.15万元。购置大中型、微型农机具44台套。

【植保工作】 在集发果园开展苹果蠹蛾疫情监测工作，安装诱捕器10台，每周调查1次，未发现苹果蠹蛾疫情。9月，开展农业植物检疫集中宣传1次，悬挂宣传标语3条，发放宣传资料400份。

林果业

【概况】 2016年，全区森林总量大幅增加，果品、花卉、苗木等林业主导产业不断做大做强，生态环境得到有效提升。完成人工造林绿化任务346.67公顷，政府采购苗木总计34.34万株，农户自行采购经济林苗木4.5万株，义务植树1.6万株；育苗面积78公顷，产量162万株；果树面积491公顷，品种有苹果、梨、桃、杏、大樱桃、李子、草莓、枣、板栗、核桃、葡萄等，全年果品产量达2892吨；花卉种植面积116公顷，年产盆花180万盆，观赏苗木产量76万株。全部林业产业总产值达17121万元。

【造林绿化】 2016年，北戴河区组织2次义务植树活动，共有区直各单位干部职工、驻区部队官兵、社会团体等1300人参加，植树1.6万株。全区完成造林面积346.67公顷，主要分布在205国道、海宁路、海北路、联峰北路、驼峰路、沿海高速连接线、京哈高速、沿海高速、西部快速路两侧可视范围内。完成通道绿化造林317.43公顷，村庄绿化造林29.2公顷。同时，组织0.67公顷以下小地块栽植经济林、速生杨约53.33公顷，全区实际完成植树造林400公顷。

【花卉生产】 花卉种植面积116公顷，年产盆花180万盆。品种有鼠尾草、孔雀草、石竹、矮牵牛、南非万寿菊、非洲凤仙、长春花、香彩雀、国庆菊、小丽花、小花马齿苋、四季海棠、勋章菊、芙蓉葵、美女樱、薰衣草、金叶薯、堆心菊、马鞭草、松果菊、串红、千日紫、金盏菊、三色堇、垂吊牵牛等。培育中高档林木花卉植物，引进繁育适应性强、花期长、色彩丰富的花卉良种，栽植到全区公共绿地。

【果品安全】 对现有果园进行全面摸底统计，建立管理档案。向广大群众宣传果品安全知识，发放技术资料300余份，培训果农50余人次。定期深入果园指导果农安全使用农药，张贴国家明令禁止的高毒高残留农药名单20余份，悬挂果品安全宣传标语条幅5条。6月，开展果品安全风险隐患大排查行动，违规施用农药等投入品的行为得到有效遏制。在费石庄、崔各庄、拨道洼、甘各庄、东坨头、集发种植园区等，免费发放梨小食心虫1万个，使用说明200余份。全年从水果直销市场和果园2次果品抽样检测全部合格。

【林政管理】 2016年，北戴河区林业局依法办理林木采伐许可证15份，采伐树木1984株，采伐总蓄积416.54立方米。其中，14份为非林地更新采伐，采伐株数为1754株，

2016年与2015年北戴河区水果生产情况对照表

表8　　　　单位：吨、公顷

	2016年	2015年	2016年比2015年±%
一、园林水果产量	2892	2887	0.2
其中：苹果	354	353	0.3
梨	630	644	-2.2
桃	1750	1770	-1.1
二、年末果园面积	416	373	11.5
其中：苹果园	43	42	2.4
梨园	81	79	2.5
桃园	216	176	22.7

采伐总蓄积393.54立方米；1份为规划林地内采伐，采伐株数为230株，采伐总蓄积23立方米。处理乱砍滥伐行政案件1起，罚款5214元。

【打击猎捕行为】 做好鸟类保护工作，成立野生鸟类保护小组，对区内林区、田间及鸟类迁徙地等进行巡查，共销毁粘网7个，当场放飞野生鸟类20多只。

【美国白蛾防控】 在三镇、两街确定53名虫情查防员，负责本区域虫情调查、信息上报和剪除网幕工作。在甘各庄村、草厂村、赍庄村、奥林匹克大道公园设点挂设4盏诱虫灯，监测成虫的发生期和发生量。4月28日，在草厂点首次发现美国白蛾成虫，累计诱集成虫147头，其中雄虫136头、雌虫11头。进行飞防11架次，防治面积1466.67公顷，及时组织技术人员做好雾滴效果检查。为每个街道社区查防员配备高枝剪，在两代幼虫网幕期及时开展疫情调查，发现网幕及时剪除，两代共剪除网幕1000余个。在全区组建10支专业队伍。对学校、无人管护的小区等无防治能力的单位，由区林业局无偿防治，采用生物防治，释放白蛾周氏啮小蜂450万头。

【松梢枯病防治】 2016年，全区油松松梢枯病等林业有害生物防治工作受到国家林业局和省林业厅的高度重视，4月16日，国家林业局在北戴河召开专题会议部署此项工作。根据专家建议，制定采用地面喷药防治油松枯梢病的防治方案。5月25—31日，组织专业防治人员200名，采用消防车配备高压细水雾开展大规模地面防治，防治面积453.33公顷，油松林的林分状况得到了恢复。防治结束后委托河北农业大学每3个月对防治效果进评估。初次评估、防治效果评估和年度评估结果分别为：联峰山油松林的主要虫害松梢螟、松沫蝉、松大蚜等得到了较好的控制，主要病害松梢枯病得到进一步控制；联峰山油松林的长势得到了进一步恢复，主侧枝生长量显著，新梢发病率和折梢率得到了明显控制；调查期内未发现对天敌和鸟类等产生明显影响，长期影响有待进一步观察。本年度的防治在整个林区未产生任何药害现象。

【林业有害生物普查】 于2015年4月至2016年9月在全区开展林业有害生物普查工作。查清区境内主要林业有害生物的种类、发生分布情况、危害程度及寄主种类。全区8条线路、56个调查点，共采集标本有7个目

26个科69种，设立标准地8个，拍摄照片65张。普查结果表明北戴河区林业有害生物发生种类为美国白蛾、微红梢斑螟、果梢斑螟、松沫蝉、松大蚜、松梢枯病、杨树溃疡病、杨树烂皮病、杨树锈病、日本松干蚧、悬铃木方翅网蝽、梨小食心虫等，发生面积2129.73公顷，其中，美国白蛾623.33公顷，松梢枯病333.33公顷，微红梢斑螟333.33公顷，果梢斑螟333.33公顷，松大蚜333.33公顷，杨树烂皮病66.67公顷，杨树溃疡病33.33公顷，桃蚜13.33公顷，桑白蚧13.33公顷。

（郑桂敏 刘 琛 张 磊）

畜牧业

【概况】 2016年，全区畜牧业产值12461万元。肉、蛋、奶产量分别达到3480吨、2602吨和2164吨。生猪存、出栏分别达到1.14万头和2.23万头；肉牛存、出栏分别为0.02万头和0.03万头；羊存、出栏分别为1.03万只和1.86万只；禽存栏36.19万羽（其中蛋鸡存栏34.45万羽），禽出栏95.46万羽（其中肉鸡出栏78.70万羽）。因开展沿河两岸养殖污染治理，至年底奶牛存栏量为零。

【沿河畜禽养殖场污染治理】 按照《秦皇岛市2016年度水污染防治行动实施方案》《秦皇岛市涉水重污染企业退出实施方案》的要求，关闭搬迁际牧牛业。指导养殖场户落实粪污处理设施，压缩养殖规模，严格控制用水等减量减排整改措施。

【动物产品质量安全整治】 做好动物产品质量安全风险监测，抽取兽药样品2批次、饲料样品2批次。累计抽检猪肉、牛肉、羊肉等动物产品292批次，快速检测盐酸克伦特罗、莱克多巴胺、沙丁胺醇残留量，检测结果全部合格。

开展“瘦肉精”专项整治，对全区肉牛、肉羊、生猪养殖户进行拉网式排查，尿样抽检全部阴性。检查养殖场（户）205家，未发现使用、藏匿“瘦肉精”行为。抽样检测暑期供应站储备猪肉144批次，检测克仑特罗、莱克多巴胺、沙丁胺醇等残留全部合格。

加强奶站监管，开展生鲜乳违禁物质专项整治行动。每月对际牧牛业奶站进行6次现场检查和隐患排查，对发现的养殖档案记录不及时等隐患提出整改意见。专项整治期间，检测生鲜乳10批次，全部合格。

动物及动物产品检疫监督，严格执行出栏动物产地检疫与瘦肉精检测同步制度，要求填写《动物“瘦肉精”自检合格报告书》或《未添加使用“瘦肉精”保证书》。全区产地检疫动物182批次401车69.37万头（只、匹），检疫动物产品880千克，全部合格。

开展兽用处方药和非处方药生产、使用环节的专项监督检查。监督检查兽药厂1家、养殖场22家，没发现违规使用处方药行为。

【行业执法】 为确保新年、春节期间畜禽

2016年与2015年北戴河区牧业生产情况对照表

表9

	单位	合计			海滨镇			戴河镇			牛头崖镇		
		2016年	2015年	2016年比2015年±%	2016年	2015年	2016年比2015年±%	2016年	2015年	2016年比2015年±%	2016年	2015年	2016年比2015年±%
一、肉类产量	吨	3480	3299	5.5	27	33	−19.2	511	430	18.8	2943	2836	3.8

二、当年出售和自宰肉猪	头	22340	30450	-26.6	615	558	10.2	1705	2222	-23.3	20020	27670	-27.6
猪肉产量	吨	1675	2283	-26.6	21	32	-33.5	153	176	-13.2	1501	2075	-27.7
三、当年出售和自宰羊	只	18560	7717	140.5	90	65	38.5	4170	3435	21.4	14300	4217	239.1
羊肉产量	吨	250	104	140.4	1	—	—	56	47	19.7	193	57	238.6
四、禽肉产量	吨	1433	825	73.7	1	—	—	242	205	18.3	1190	620	91.9
五、牛奶产量	吨	2164	3260	-33.6	120	138	-13.0	2044	3122	-34.5	—	—	—
六、绵羊毛产量	吨	—	11	—	—	—	—	—	—	—	—	11	—
七、禽蛋产量	吨	2602	2842	-8.4	3	3	18.9	1267	1139	11.2	1332	1700	-21.6
八、大牲畜年末存栏	头	302	1354	-77.7	1	65	-98.5	78	971	-92.0	223	318	-29.9
1.牛	头	200	1270	-84.3	—	62	—	—	898	—	200	310	-35.5
其中：乳牛	头	—	960	—	—	62	—	—	898	—	—	—	—
2.马	头	15	—	—	—	—	—	—	—	—	15	—	—
3.驴	头	87	84	3.6	1	3	—	78	73	6.8	8	8	—
4.骡	头	—	—	—	—	—	—	—	—	—	—	—	—
九、猪年末存栏	头	11360	17190	-33.9	380	368	3.3	880	1032	-14.7	10100	15790	-36.0
十、羊年末存栏	头	10250	3857	165.8	226	375	-39.7	2674	2125	25.8	7350	1357	441.6
十一、家禽年末存栏	只	361900	221500	63.4	1270	700	81.4	107130	87800	22.0	253500	133000	90.6

产品的质量安全，结合畜禽屠宰监管“担当年”和“扫雷行动”，全年共开展监督检查执法15次，出动执法车辆21辆次，执法人员79人次，在公共场所悬挂畜禽屠宰宣传横幅3条，取缔城市区活鸡现场宰杀户2个。

【病死动物无公害处理】 与抚宁区广益畜禽无害化处理厂签订协议，委托其处理全区养殖环节的病死猪，安排1名官方兽医入驻专职做好无害化处理凭证确认、统计工作。全面取消掩埋处理，际牧牛业研繁基地有限公司的病死奶牛以及野生动物园内其它病死动物无害化处理与保险挂钩，必须凭无害化处理厂出具的凭证申报保险理赔，分别以各自企业的名义与抚宁区广益畜禽无害化处理厂签订协议，委托其处理死亡奶牛和其它野生动物。至年底，共计监督无害化处理病死动物3250头，其中，处理病死猪3200头，病死牛50头。对全区动物检疫合格证明、动物检疫标志进行专项清理整顿，不存在不规范出证、非正常出证及违规现象。未发生检疫合格证明遗失、被盗或被损毁事件，不存在官方兽医失职现象。

【特供食品监管】 暑期累计安全供奶63天，供应鲜奶11.73吨，供应鸡蛋2.02吨。

累计检测动物（水）产品16个品种，282批次、1274项次，全部合格。8月初，在全区范围内肉类市场，发放宣传材料100余份，宣传畜禽屠宰管理办法等法律法规。抽取猪、牛、羊肉样品123批次进行风险监测。经盐酸克伦特罗、莱克多巴胺、沙丁胺醇残留快速检测，未发现不合格产品进入肉类市场。

【动物疫病防治】 组织实施春秋两季重点动物疫病集中强制免疫行动。累计注射猪瘟、猪口蹄疫、高致病性猪蓝耳病2.95万头，牛口蹄疫三价苗0.26万头，羊口蹄疫2.31万只，羊小反刍兽疫2.31万只，高致病性禽流感61.09万羽，鸡新城疫61.09万羽。猪、牛、羊、家禽强制免疫密度达到100%，家畜免疫标识佩戴率和免疫档案建档率均为100%，做到了应免尽免、不留空档。做好奶牛场“两病”净化工作，累计检验产奶牛586头，全部合格。加大犬类狂犬病免疫力度，布设犬类免疫点1个，同时加强犬类免疫登记和犬免疫证的管理。

【养殖环境热季大消毒】 全区统一于5月、8月开展热季动物防疫消毒月活动，重点对暑期特供养殖企业、规模养殖场（户）疫病多发区、畜禽交易市场、屠宰加工点、河流、公路沿线等重点区域开展消毒灭源工作。组织专业技术人员指导消毒药品的配制、使用，要求镇、村防疫人员、规模养殖场（户）和散养户，同时开展全方位、大面积集中消毒活动，有效杀灭病原微生物，防止病原传播。全年消毒面积共计21.5万平方米。

水产业

【概况】 北戴河区海岸线长23千米，现有渔业船舶89艘，其中隶属于公司长期在外地停泊作业的捕捞渔船6艘。其余83艘均在本地停泊作业，其中，74艘捕捞渔业船舶，7艘养殖船舶，另有300余艘无证船舶分布在沿海一线。海水养殖面积51公顷；淡水养殖户55家，养殖面积59公顷。2016年，海洋捕捞总产量1280吨。海水养殖总产量10吨，淡水养殖总产量74吨。全区133人加入渔业互保协会，入保率达100%。89

2016年北戴河区渔业生产情况统计表

表10

	单位	2016年	2015年	2016年比2015年±%
一、水产品总产量	吨	1284	1195	7.4
其中：海水产量	吨	1220	1148	6.3
淡水产量	吨	74	47	57.4
（一）捕捞产量	吨	1200	1138	5.4
其中：鱼	吨	640	523	22.4
（二）养殖产量	吨	84	57	47.4
其中：鱼	吨	70	47	48.9
二、养殖面积	公顷	110	90	22.2
（一）海水	公顷	51	51	—
（二）淡水	公顷	59	39	51.3

名渔船船主和3个渔业企业获渔业油价补贴共计190.94万元。

【渔政管理】 全年检验渔业捕捞船舶74艘，其中，新造渔船初次检验24艘、养殖船舶9艘，配合市船检处检验钢质渔船6艘，检验率达100%。休渔期管理和打击违规网具、“三无船”出动海上执法检查行动26次，执法船共巡航约520海里，执法人员登船检查48艘次，驱逐外地违规作业渔船60余艘，没收小拖网16副、罚款5000元，清理区内近岸海域中残留地笼网400余领。检查戴河、新河、洋河河道非法捕捞，没收销毁非法捕捞的网具19领，清除河道内非法设置网具540延长米，没收销毁非法作业工具2具。全年对养殖户鲜水产品检测抽样127个，检测结果全部合格。

【水生野生动物保护】 2016年，共发现11头死亡江豚，全部进行无害化处理。加强对濒危水生野生动物的保护宣传，在浪淘沙公园和海上音乐厅设置2块水生野生动物保护宣传牌。

【水母捕捞工作】 暑期捕捞各类水母30065.6千克，其中，海月水母8558千克，海蜇493.1千克，沙蜇2088.5千克，霞水母18926千克。对比上年同期，水母的捕捞总量提高了5.8%，其中，危害最大的霞水母捕捞量是上年的146倍。旅游旺季未发生严重的海蜇伤害游客情况。

【行业执法】 整治渔船非法载客。与北戴河边防派出所开展13次海上联合执法行动，处理1起非法载客行为，对涉事3人实施拘留。加强渔港噪音治理及封闭戴河口渔港监管，确保掌握渔港内每艘船的实时动态。

（张福林）

水务管理

【概况】 2016年，北戴河区水务工作主要做好防汛抗旱、城市节水、农村饮水、农田水利建设、水政执法、移民等各项工作。

【水利工程】 新河小薄荷寨村段应急处理提升工程 总投资200万元。工程内容包括河道清淤长度366米；河道砌护945米，岸坡景观绿化；干砌石护底579米，格宾石笼护底366米。通过对新河小薄荷寨村段治理，提高现状河道的排水能力，改善河道的生态环境。

谢李庄新河生产桥工程 拆除原有生产桥，重建生产桥1座，解决农民生产出行困难问题。重建桥桥宽7米，2孔，桥长为18米，荷载标准为公路二级折减。5月10日开工，7月1日完工，总投资52万元。

丁庄东水库库区及下游综合治理工程 建设内容包括溢洪道护砌53.3米；铺设混凝土路340米，路面宽4米；库区清淤7500平方米，平均清淤深度0.7米。总投资45万元，改善了该村环境，提升旅游休闲、水库防汛抢险和森林防火功能。

中央维修养护项目 北戴河区2016年水利设施中央补助资金维修养护项目，总投资52万元，主要建设内容为：万博橡胶坝维修配套阀门2个，管理房周围地面采用混凝土砖硬化549平方米，修建围墙103米；戴河管理处泵站新增水泵及附属设备2套，海口橡胶坝更新闸门及启闭机2套。6月20日，开工建设，9月底完工。

老鸦窝村节水灌溉工程 工程由原土渠灌溉型式，改为管灌。新打机井17眼，新建出水口94个，铺设PVC管道5658米。工程实施后可改善灌溉面积33.33公顷。

【防汛抗旱】 完善各种预案，提高应急反应能力，加强防汛预警和值班制度。对区内险工险段、病险水库、危房监护、涉河在建工程及防汛物资储备、抢险队伍落实情况进行全面检查。重点检查区内的2条主要河道、5座中型水闸、6座小水库、8条城市排洪沟、4处居民区。做好防汛物资储备，投资32万元用于及时更新、补充抢险物资，全区储备铅丝2.5吨，编织袋1.20万条，铁锹2000把，抢险车33辆，船6艘，救生衣200套。落实抢险队伍10支，共1000人。汛期紧急转移太平庄村等700余人，确保人民生命财产安全。

【水资源管理】 认真开展水资源费改税工作，完成水资源取用水户取水量“零点行动”，以7月1日为分割线，做好用水单位用水情况抄表计量工作，收缴2016年1月至6月缴费期地下水使用单位水资源费18.13万元，污水处理费3.48万元。核查水资源税纳税人涉税事项，走访用水单位22家，完成水资源税纳税人信息移交工作。按月向水资源税纳税人核发取用水量核定书。

【移民工作】 2016年，全区核定登记移民1909人，分布在三镇各行政村。其中，海滨镇6个行政村28户60人（包括现役军人1人）；戴河镇17个行政村185户428人（包括失踪未证明死亡3人），核减4人（死亡），本市内跨县区迁入1人；牛头崖镇18个行政村1421人，核减569人，其中，本市内跨县区迁出543人（划归北戴河新区代管），农转非3人，死亡23人。发放第一、二季度大中型水库移民后期扶持资金74.31万元。

（郭海旭）

工 业

综 述

【概况】 2016年，全区有规模以上工业企业4家，分别是北戴河聚源铝业有限公司、秦皇岛大开电子有限公司、秦皇岛秦冶焦化设备有限公司、秦皇岛金维达机械有限公司，主要产品有机械设备、阀门法兰、型材铝材、电子传感器等。全区规模以上工业企业累计实现增加值2.77亿元，比上年增长0.2%；完成新增规模以上企业1家任务，即秦皇岛市北戴河供水总公司；无亏损企业。全年工业投资完成18599万元，全部为技改投资，是上年同期的2.47倍。全区16960家民营经济单位累计完成增加值37.15亿元，占全区地区生产总值的70.43%；民营经济实缴税金4.89亿元，占全部财政收入的59.99%；民营经济从业人员达到39317人，占二、三产业全部从业人员的55.49%。

扶持工业企业发展

【全民创业攻坚年活动】 定期督导43个相关部门推进全民创业活动的开展，及时汇总上报区政府。规范文化创意、旅游纪念品2个中小企业创业辅导基地建设。免费提供全民创业咨询指导服务，全年完成各类创业培训3500余人次，认定科技型中小企业15家。新增市场主体2425家，其中企业409家，个体2016家。新增农民合作社7家，家庭农场7家。累计拥有合作社57家、家庭农场174家，其中市级示范社4家，省级示范社2家。新增工业规模以上入统企业1家（秦皇岛市北戴河供水总公司）。城镇新增就业2767人，下岗失业人员实行再就业993人，帮助就业困难人员实行就业426人。减免各项税费2920余万元。

【“精准帮扶”活动】 出台《北戴河区精准帮扶活动实施方案》，确定7家帮扶企业，协调7家金融机构与区相关部门形成7个服务企业帮扶联系组，参与人数30余人。为企业解决涉及环保、人力、税收、融资、基础设施建设等方面问题10件。其中，帮助企业申请上级补贴25万元；组织企业参加产业对接活动1次。

工业企业监管

【融资担保机构监管】 对区鑫龙、鑫融汇2家担保机构进行日常督导检查及年审工作。安排相关检查12次，下达整改通知书11份，报送担保机构情况表12份，出具年审意见1份。

【基层企业调研】 深入大开电子、朗斯科技、恒科科技等多家科技型小微企业调研，对有关微利企业、高新技术企业等优惠政策及各类专项资金申报进行解读宣传，了解企业日常税费负担、企业技改项目未来发展规划，同时与企业就服务、培训、信息化需求等进行对接。

【企业诚信体系管理建设宣传】 深入基层走访北戴河杨氏肠子肉制品有限公司、北戴河玉山肉制品有限公司、北戴河千明食品有限公司等11家食品企业，了解企业生产经营情况、发展现状和面临的困难、问题，向企业发放诚信体系管理建设相关文件和行业标准，消除企业食品质量安全管理的盲点。

（徐月兰）

经济开发区

综　述

【概况】 2016年，北戴河区全年引进内资21.45亿元，比上年增长4.6%，完成目标任务的107.3%；实际利用外资3960万美元，比上年增长95.5%，完成目标任务的116.5%；进出口总额实现336万美元，比上年增长3.4%，完成目标任务的100.6%；各类企业实现税收3.76亿元；实现工业增加值3.24亿元，比上年增长0.2%（其中，规模以上工业增加值完成2.77亿元，比上年增长0.2%）。

开发区工作

【打造能源总部基地】 做好港口资源文章，依托总部大厦，推动与秦港集团的战略合作，搭建能源总部企业平台。参加2017全国煤炭交易会、“互联网+煤炭 2016首届煤炭电商峰会”。组织煤炭企业座谈会，邀请煤炭协会、燕软集团、电商协会、找煤网等协会组织以商招商，赴山西、陕西强化小团组叩门产业链招商，对接同煤集团销售公司，走访山西大同地方铁路总公司、太原铁路局新通公司等。同煤集团煤炭运销公司和国内500强企业东岭能源已落户；中煤集团分支机构项目已报集团待批；伊泰集团、兆宇集团、蒙泰能源、中能源电力燃料等大型能源总部项目进展顺利。

【融入京津冀协同发展】 抓住休疗单位改革和秦皇岛市获批首个国家级生命健康产业创新示范区的机遇，以“第二届中国康养产业发展论坛”为契机，依托休疗康养资源，推进中医健康养生基地、绿色健康农业项目，全力打造北戴河康养产业品牌。参加河北国际经贸洽谈会、京津晋等地招商洽谈会，对数字印刷、影视传媒产业园进行重点推介，围绕电子商务开展有针对性企业洽谈。对全区186家休疗养资源进行全面摸底调查，形成“北戴河会议资源”推介册，着力推进会议、会展产业。“北中国POA医药年会”在北戴河举办，推进“中华医学会”“全国村长论坛”。

【招商成果显著】 推进奥特莱斯、“飞马旅”、光彩集团、中运国际、东胜控股等重点项目，接待富力地产、猪八戒网、德国慕尼黑商务考察团、深圳国金考察团到北戴河实地考察，加强与中国航天科技集团公司合作，推进院士公寓工作，借助软通动力、深圳企业家走进秦皇岛等开展有针对性招商活动，跟踪推进外资企业增资、北京圣格锐与西班牙联合生产亲营养素等外资项目。全年引进企业项目69个，500万元以上总部企业51个，千万元以上企业35个。具有雄厚实力的力达船务、和厚普至贸易公司等总部企业落地。

【开展创新创业】 深入东奥、力量等重点企业开展精准帮扶，梳理解决企业资金、人才、土地等方面问题。继续推进企业与中科院、铁科院等科研院所的合作研发，秦皇岛大开电子有限公司与铁道研究院机车车辆研究所联合研制开发客车行车安全监测系统，兰德科技公司在风洞风压测试、风洞天平测试和声呐放大器专用模块能领域取得新成果，达到国际先进水平。着力培育“科技小巨人”，重点扶持铸业达、大开电子等企业创新升级，打造主业突出、结构合理、核心竞争力强的科技型成长企业。

【整合提升传统产业】 完成现有区域企业调查摸底，研究制定实施现有企业转型升级方案，推进“僵尸”企业嫁接重组、二次招商，盘活闲置厂房，淘汰落后产能，优化产业结构。显星机械、福生源、金程汽车等3家企业成功转型为电商平台、生物科技和汽车检测线，推进众瑞制药与明臣集团、河北眼科医院对接工作。

【整合资源打造发展平台】 以新一轮规划修编和北戴河区行政区划调整为契机，在牛头崖镇积极拓展发展空间，提出扩区选址初步方案，协调352公顷基本农田全部调出并上报国土资源部和省批准。高标准建设总部大厦，旅游控股有限公司已入驻，与秦港、飞马旅创业团队以及光彩集团与软通动力合作项目等洽谈入驻合作。整合利用休疗资源打造总部经济发展新平台，海滨花园酒店已进行政采，租用省总工会北戴河工人疗养院2栋别墅。推进企业面貌提升和污水管网维修、路灯维护修缮等基础设施建设，加强绿化管护，完成康乐西路街景改造工程。

【提升服务管理水平】 推进文化创意产业发展平台，搭建互联网＋文化创意（总部）服务平台，建立招商服务群和企业服务群，通过ISO 9001质量管理体系和ISO 14001环境管理体系认证。落实行政审批制度改革要求，践行项目代办制、服务承诺制、首问负责制，强化领导和部门包企业制度，实施“台账式管理，保姆式服务”，推进保洁专业化管理，购买社会化服务。强化安全生产“党政同责、一岗双责”，开展安全生产大检查，实现安全生产零事故。加强旅游旺季重点部位巡查，推行社会服务“网格化管理”，加强平安建设。坚持环境保护压倒一切，强化环境保护“网格化”工作。

【深化体制机制改革】 制定《关于推进机制体制改革总体方案》，机构设置扁平化，打破身份界限，推进全员岗位聘任和绩效薪酬改革，逐步建立人员能进能出、岗位能上能下、待遇能高能低的科学管理机制。

（王　伟）

商贸流通业

综　述

【概况】　2016年北戴河区有私营企业2042户，注册资本124.02万元。其中，当年注册362户，注册资本31.87万元，主要为批发零售业和租赁、商务服务业。个体工商户14421户，从业人员28750人，主要从事批发和零售业、住宿和餐饮业。全年社会消费品零售总额64.68亿元。强化总部企业招商，实行引进总部企业目标责任制，引进同煤集团运销经营公司等各类总部企业70家。整合海滨花园酒店等休疗资源打造总部平台，建设总部大厦，已入驻或达成意向企业6家。总部经济及文化创意产业税收完成3.09亿元，占全部税收收入的50.8%。

市场建设

【市场管理】　2016年，调查全区市场，掌握市场运行情况，争取上级市场建设资金补贴10万元。统筹协调全区打侵工作，督促各单位按时录入案件。衔接平台录入执法案件143件，待审核2件，处罚案件54件，行政立案调查1件，行政处罚决定案件86件，已结案48件，总涉案金额17.54万元。利用政府门户网站向群众公开各类案件信息33条。

【农村电子商务全覆盖】　制定《北戴河区农村电子商务全覆盖实施方案》，成立领导小组，通过政府采购方式确定农村电商主体企业。至年底，区级服务中心、区级物流配送中心建设完成，相关设备已购置，43个村级服务站全部完成签约。

【安全生产】　建立健全安全生产风险防控体系，签订安全生产承诺书和安全生产责任状11份。下发《安全生产攻坚行动方案》等文件，督导企业排查隐患，落实整改措施。以安全生产月活动为载体，发放宣传材料1100多份，悬挂警示标语、横幅，加强企业员工培训。结合节假日、事故高发期及重要时段，开展“打非治违”“安全生产大检查”专项整治活动。

商贸行业管理

【酒类市场管理】　规范使用酒类流通随附单，做到单随货走，单货相符。加强对酒类流通备案登记表和“禁止向未成年人售酒”标志的管理。全年换发《酒类流通备案登记表》44个。加大市场检查力度，严厉查处无酒类流通随附单批发行为，出动检查车辆7辆次，执法人员23人次，对辖区的酒类经营户进行拉网式检查。

【成品油管理】　落实专项整治行动任务，加大执法力度，出动执法车辆17辆次，执法人员40人次，检查加油站18家。全区18家加油站进油渠道规范，销售国四标准汽油，手续齐全。

（赵文红）

供销合作

【概况】　落实省委省政府、市委市政府关

于供销社综合改革工作文件精神，抓好农民合作社联合社组建工作，9月组建成立了“北戴河区供销农民专业合作社联合社（区级）”和“戴河镇供销农民专业合作社联合社”“牛头崖镇供销农民专业合作社联合社”2个镇级社。2016年1月，完成接收抚宁区供销合作社联合社滨海供销社的人员移交工作，共接收人员83人，其中，在职4人、离退休63人、遗属16人。

【农产品批发市场管理】 搭建良好的农产品交易平台。以市场为依托，为专业社社员、自产菜农提供专门场地，促进了自产菜的销售。做好蔬菜农药残留检测工作，确保市场供应安全。在市场内新安装路灯5个，提高市场照明度。

【食盐专营】 2016年，全社共购进盐总量340吨，其中食盐268吨；销售盐总量382吨，其中食盐303吨；加强与经营网点的联系，通过电话预约订货、主动送货上门等方式，积极做好食盐配送。加强多品种盐宣传与供应工作，满足不同群众的需要。全年送货2000余户次，入口碘盐小包装使用率达到100%。加强盐政管理，防止了私盐和外地盐的流入，确保食盐市场安全稳定。

【为农服务】 与人保寿险北戴河公司合作，推动“供销—人保”合作。举办保险业务培训及产品说介会，全年完成各类保费183万元。与建设银行北戴河支行合作，深入各村基层网点进行调查了解；做好“供销一卡通”发行工作。

【防汛物资储备】 做好防汛物资储备工作，储备草袋、编织袋1万条，锹镐500把，铅丝1700千克，应急灯12盏。多次对防汛物资进行检查，加强汛期值班。汛期中先后为市应急办调运编织袋1000条、海滨镇调运编织袋200条。

（李艳英）

【粮库改造】 4月，利用中央、省专项改造资金56万元，企业自筹14万元，重新硬化了军粮库院内场地、维修了军粮库院内围墙，同时改造了军粮库部分库房，10月，全部完工。

烟草专卖管理

【市场营销】 2016年，烟草业务经营紧紧围绕持续推动经济发展质量和效益上水平为中心工作，扎实推进卷烟结构提升、品牌培育、市场化取向改革等各项工作。至年底营销部销售卷烟20410.7万支，完成全年任务指标22770万支的89.63%，实现毛利3209万元。销售一类卷烟1261.55万支，比重为6.23%；二类卷烟2680.5万支，比重为13.23%；三类卷烟9449.95万支，比重为46.64%；四类卷烟2945.3万支，比重为14.54%；五类卷烟3924.05万支，比重为19.37%。

【专卖市场管理】 延续“APCD”工作法，科学制定零售户守法等级管理标准。开展端午节、暑期、新年、春节等专项治理行动3次，工商联合检查2次。出动执法车辆200余辆次，出动执法人员400余人次。查获涉烟违法案件39起，查获非法卷烟32件，案值合计10万余元。开展零售许可证自查工作2次，对许可证办理和后续监管工作进行梳理，发现问题认真整改。营销部新办理零售许可证72户，变更2户，注销22户，恢复营业97户，停业94户，延续1户。

（赵 辉）

交通·通信

交 通

【概况】 2016年，北戴河区以“保障群众安全便捷出行、打造人民满意交通”为目标，以加强公路建设和运输市场管理为抓手，创新攻坚、务实苦干，统筹推进交通运输各项工作，行业整体服务水平迈上新台阶。

【交通工程建设】 2016年，区交通运输局承担了2条道路大修、3条主要旅游线路的街景提升、3个停车场建设及赤土山大桥安保工程。其中，海宁路、驼峰路路面破损严重问题，取得省厅支持，将2条道路列入2016年省大中修计划，总投资5700余万元，重新铺设沥青混凝土路面，对道路两侧人行道板进行更换，全区交通公路实现沥青全覆盖。省交通厅、北戴河区投资1200余万元对海宁路、驼峰路、108公路绿化进行提档升级，通过种植高档景观树，设计乔灌花草搭配，形成层次鲜明的立体景观效果。

年内，争取省厅投资200余万元对甘各庄村、北戴河村、陆庄村等连村公路及村内主要街道进行硬化；针对牛头崖镇路网条件较差的情况，与镇村干部进行实地踏查，对该镇路网重新设计，项目估算投资9600万元，正逐级上报落实。

在公路建设中，利用驼峰路大修契机，协调市局对崔各庄入村路口进行拓宽改造；在街景提升工作中，为丁庄村修建了直达民宿区的公路，自筹资金为陆庄村整修入村道路，并安装路灯，丁庄村、陆庄村向区交通局赠送锦旗；为张庄村出资整治环境，改善村委会办公条件，并对村内道路进行绿化。

【旅游客运行业整治】 2016年，通过加强外勤稽查，充分发挥综合执法力量，大力整治非法营运行为。暑期中，对违规经营出租车和非法营运黑车，进行从严打击，从重处罚。全年查扣黑车30余辆、违规经营出租车240余辆，查扣数量是上年的两倍多，全部处以停业7—10天处罚，乘客投诉率下降了65%。秦皇岛市电视台《今日报道》《法制民生》栏目对查处模式进行了专题报道。在北戴河火车站出租车场站，开展“港城先锋·红色义工”活动，设立党员示范岗，为乘客提供旅游咨询、急救药品及遗失物品查找等服务。

（李颖杰）

【铁路运输】 北戴河火车站是秦皇岛车务段段管二等客运站，主要担负高铁、普速场的接发列车、客运运输组织工作。2016年，在该站到开的上下行列车共86列（其中，上行37列，下行49列）；车站实现连续安全生产11571天；年内，北戴河火车站客运发人229万人，比上年增长1.33%。

做好安检查危和实名制验证验票。对所有进站旅客严格落实旅客携带品件件过机、人人手检的规定。加强对热门车次检票口复验，杜绝票、证、人不一致及无票旅客进站乘车情况发生。

（刘 蕾）

邮政业

【概况】 中国邮政集团公司秦皇岛市北戴河区分公司于2015年10月19日更名挂牌。

2016年，分公司下设市场部和综合办公室2个管理部门及金融业务部、函件业务部、分销业务部、包裹业务部、发投公司、集邮公司、电子商务班、海宁路支局、石塘路支局和车站支局10个经营部门。共有邮政电子化支局所4个，代办所3个，储蓄网点3个；邮政投递道段14个；邮政车辆6辆，城乡邮政信箱筒24个，报刊亭8个；农村投递线路总长约80千米，邮政投递覆盖面积约120平方千米，服务网络遍布全区城乡。

【邮政业务】 2016年，北戴河分公司实现业务收入1772.82万元，其中，函件、电商、分销、零售、保险、集邮等业务均提前完成全年计划指标，创造完成业务收入进度的历史最好水平。年内，全区邮政储蓄余额达到6亿元，当年净增5400万元，形成保费9844.55万元，发展理财业务12088.66万元；寄递信件22.48万件；收寄包裹2.56万件；订阅报纸325.36万份、杂志10.02万份；国内汇票0.32万笔；收寄特快邮件3.56万件。在分销邮乐购业务上，公司以服务三农为理念，大力发展酒水分销和农资配送业务，全年形成业务收入5.92万元。

【邮政管理】 狠抓人员优化，人财物各项保障到位。完成包裹快递业务营揽投一体化改革。整合包件、投递部门成立了包裹业务部，编制15人，车辆3辆。协调市公司后勤和技术部门，调整配置了专用处理场地和设备设置。为保障金融转型工作的开展，采取人员下沉、优化调整、合理兼职的方式，在区公司层面配备了得力的专职转型督导员，为海宁路、石塘路支局配备了大堂经理和理财经理；为牛头崖支局配备了1名理财经理，1名大堂保安。加大农村电商渠道建设力度。整合电商、分销部门，成立了渠道业务部挂靠市场部，配置3人，做好村邮站建站、维护、业务加载工作。整合车站支局、牛头崖支局投递队伍，调整1名兼职农村电商维护人员，并增配2辆汽油三轮车，为服务村民，做好农资商品配送打下坚实基础。

【金融网点转型】 年初，省公司金融转型工作开展后，区分公司组织班组管理人员、各层级金融从业人员认真学习领会转型思路、方法，从人财物多方面全力支持转型工作的开展。年中的3次局策会审，北戴河分公司局策、点策均得到三方转型专家的认可。8月，在省公司与三方公司联合验收工作中，石塘路营业所顺利通过验收，并得到省公司领导与三方公司领导的一致好评。2016年，3个网点共举办各类沙龙活动93场，客户联谊会22场，金融知识讲座49场，各类爆点活动20场。

【网点标准化建设】 为网点统一配备了服务设施和服务标识，对物品和绿植摆放进行严格要求。制定了《北戴河区分公司窗口工作人员服务规范》，建立了营业柜台基本服务仪态标准和迎送客户礼仪规则，加强全体员工微笑服务及训练，对员工的纪律、服务质量和服务水平提出明确要求。建立网点绩效管理奖惩机制，每季度组织开展规范化服务达标活动，推行网点服务星级动态管理，并实行差异化的奖励措施，将考核结果与单位负责人的绩效奖励挂钩；完善网点日巡查、周值班、月评比、季反馈、年总评等制度，将标准化落到实处。通过现场检查和调阅录像的方式，判断出网点真实的服务管理水平，针对存在问题，限时进行整改。公司全部网点均被省公司确定为五星级服务标杆网点。

【包裹快递业务】 年初，分公司推进了营揽投一体化改革，加强了包裹揽投能力建设。在投递组网模式上改直线投递为网格化投递，调整了考核办法，以揽收为导向，强化了投递人员发展包裹业务的意识，以专职营销及兼职揽投相结合的方式广泛发展客户。暑期，流动邮局上门服务近百次，实现包件业务量55738件，形成业务收入77.06万元。

【安全防范工作】 暑期，成立以分公司经理为组长的安保防恐工作领导小组，建立安全责任网络和值班制度。与发投公司、营业公司等7个部门签订《物品寄递安全责任书》，将责任落实到人。制定确保邮政资金安全的工作方案，将安保工作纳入日常工作范畴；规范押款班，落实制度，严格考核，押款队伍稳定，确保枪支及资金安全。加强对金融从业人员的培训，特别是针对“十条禁令”和屡查屡犯等问题，突出“严、细、实”。年内，对各支局网点开展检查80多次。组织开展消防知识培训及灭火演练活动，全局职工掌握了防火、消防器材的使用及扑救知识。

（王海涛）

通信业

【中国移动通信集团河北有限公司北戴河分公司】 移动北戴河分公司坐落于北戴河区海宁路76号。2016年，公司下设综合部、运维部、市场部、政企部4个部门，其中，市场部下设渠道班、营业班、稽核班3个班组。年内，公司主营业务收入4137万元；被市公司授予“校园营销优秀执行团队”“2016年度先进党支部”称号；被市委、市政府授予“2016年度市级精神文明单位”称号。

市场运营 北戴河分公司主要经营移动电话通信（包括话音、数据、多媒体等）、IP电话及互联网接入服务等业务，客户号码段包括“139”“138”“158”“157”“152”“151”“150”“187”等，营业网点数达90个，城区全部覆盖。为用户提供办理“动感地带”“神州行”“全球通”“动力100”及4G业务。

集客管理 为客户提供话音、来电显示、短信息、彩信、飞信、彩铃、139邮箱、WLAN、手机导航、手机上网、手机阅读、手机游戏、手机报等业务，推广集团行业信息化和办公电话、办公宽带、集团彩铃、专线、物联网、移动OA、车务通和校园、服务器托管等重点行业应用业务，广大客户通过手机即可获得丰富的信息服务。

网络建设 年内，北戴河移动公司在网络容量、网络质量、网络功能（2G/3G/4G）方面的承载能力大幅提升。有线宽带业务已覆盖76个小区，共覆盖用户4万户；无线宽带方面，辖区内移动通信基站数达154个，实现4G网络全覆盖。

服务工作 关注基础服务环节，如短信评价、营业厅投诉预防及排队等候等。通过每日监控常态化推进各项服务提升。窗口执行客户首次反映48小时内解决，提升一次性处理问题能力，通过培训、沟通技巧及业务能力杜绝客户重复投诉，在全市处于领先水平。

（李智勇）

【中国联合网络通信有限公司北戴河分公司】 2016年，联通北戴河分公司以收入提升贯穿全年工作主线，开展联通电视专项营销会战、高端移网客户反请、社会渠道销售竞赛、营业厅炒机炒店常规动作落地、光端口实占率提升等形式多样的专项营销活动，客户规模大幅提升。

通信保障 修订暑期通信保障方案，提前与主管部门沟通，取得技术、人员、物财、备品上的大力支撑；在暑期前进行网络专项优化工作，调整网络参数近百次，基站扩容23次；及时协调相关部门处理通信障碍，保障期间无客户投诉。

强化支撑能力，提升网络水平 全年开通党务网、电子政务网、石油公司、邮政局、财政专项、税务专线等专线297条。FTTH分光器扩容376处，小微工程实施213项，解决装机737部。开通3G、4G基站55个，新建FTTH小区8个，改造楼宇67栋，新增FTTH端口2560线，FTTH端口实占率全市排名第一，北戴河智慧Wi-Fi点位建设71个。

加强投诉处理与服务管理 设立投诉热线，建立管理层直接介入处理的应急响应机制，缩短投诉处理时限，全年无越级投诉，服务质量指标位居全市前列，申诉控制情况县区排名第一。

降本增效工作　2016年开展光纤化改造工作，实现8条主干电缆退铜，铜退共计127吨，占全市30%以上份额。

（袁　江）

【中国电信北戴河分公司】　中国电信北戴河分公司坐落在北戴河硅谷湾11栋东室。2016年，公司下设政企客户部、渠道服务部、宽带部、网运部4个主要部门；有4个自有营业厅、36家代理厅；有CDMA用户4.6万余户、宽带用户2万余户。

网络建设　深化和完善以本地网为中心的网络维护和网络资源集中管理，提升全面支撑和快速响应能力，确保网络安全稳定可靠运行。全区有4G基站100余个，全区域基本实现4G无缝覆盖。完成FTTH光纤入户小区80余个。

品牌建设　2016年，公司推出了“乐享4G”“飞yong”“美乡卡”“百兆光纤宽带”“红包卡”“翼支付”“电信电视”“酒店爱WiFi”等业务，为用户提供更好的品牌体验。

服务管理　公司在自有营业厅、营业点基础上，增设电子缴费点，推进外包建设，增设代办营业网点36个。推介和使用网上营业厅，让用户享受到足不出户的电信服务。

（白立霞）

金　融

银　行

【中国银行股份有限公司秦皇岛市北戴河支行】 2016年，中国银行股份有限公司秦皇岛市北戴河支行实行条线管理，机构设置为对公条线、对私条线，下辖联峰路支行、北岭支行2个机构。

客户规模不断扩大　2016年，北戴河支行新增公司结算帐户95个，完成全年任务的115.00%，对公网银交易客户203个，完成全年任务的119.16% ，新增移动金融客户9200个，完成全年任务的103.60%；新增代发薪客户960个，完成全年任务的175.16%。

存款持续稳定增长　年内，支行人民币时点存款新增1.6亿元，完成全年任务105.00%；日均存款新增7300万元，完成全年任务103.26%。

计费收入稳定增长　2016年，实现计费收入3640万元，完成全年任务的103.26%。

不良资产清收　支行将不良清收工作列为重中之重，成立催收小组，由专人负责，确保完成分行不良贷款压降必保任务，成功催收不良贷款3520.23万元。

加强内控外防　全年未发生任何重大案件事故，在总行、分行的历次内控保卫检查中取得好成绩。

（王　林）

【中国工商银行股份有限公司秦皇岛北戴河支行】 2016年，工商银行北戴河支行辖营业室、海宁支行、西山支行3个营业机构。年内，工行北戴河支行推进经营转型和改革创新，强化精细管理与风险控制，发挥营销考核的价值导向作用，信贷资产质量大幅提高，信贷资产流动性增强、质量控制更加牢固。2016年，实现净利润3470万元，比上年减少825万元，同比下降19.2%。至年末，各项存款余额18.4亿元，较年初增加2.2亿元；各项贷款余额13.7亿元，较年初减少2亿元。

（姚俊合）

【中国农业银行股份有限公司秦皇岛北戴河支行】 2016年，农业银行北戴河支行制定了《中国农业银行北戴河支行2016年扩户提质考核办法》，管户人建立了客户信息档案和维护台账，对大客户落实维护团队，分层级进行维护。年内，新开账户130户；对公存款完成任务的123.11%。支行以柜台发卡、厅堂发卡为主，外拓发卡为辅，提高优质客户贷记卡渗透率，全年新增有效信用卡702张。设立了专职的外呼人员，对大额账单进行外呼作业。7月份，开展了现金分期营销竞赛活动，全年实现分期业务全市排名第一。

至年末，住房贷款完成任务的80%，严格控制不良贷款占比。其中，东奥和博恩两家法人客户不良余额占比较大，是支行资产业务最大的风险点，组织专门人员进行清收。在清收和重组过程中，压缩的同时追加固定资产担保和股东、关系人担保，有效化解了风险。

（侯卫忠）

【中国建设银行股份有限公司秦皇岛北戴河支行】 2016年，中国建设银行股份有限公司秦皇岛北戴河支行设有两部一室两个网点型支行，即综合业务部、综合保卫部、营业室、四中路支行和车站支行。

至年末，支行一般性存款余额164044万元，比年初新增11418万元。其中对公存款余额58903万元，比年初新增5709万元，完成计划的114%；个人存款余额105141万元，比年初新增5709万元，完成计划的82%。各项贷款余额为103906万元，比年初新增35344万元。其中，非贴现类贷款余额为56373万元，比年初新增27237万元；个人类贷款余额为48163万元，全年发放个人贷款17798万元。区域内四行占比50.59%，余额比年初新增8282.83万元，区域内四行增幅占比60.57%，余额及增幅占比均居同业第一位，区域同业比较占据绝对优势。

（柳春欣）

【交通银行股份有限公司秦皇岛北戴河支行】 交通银行北戴河支行位于北戴河区峰路163号（石塘路步行街出口）。2016年，支行实现人民币存款余额5.26亿元；私人银行10户；沃德卡净增35张；交银卡净增116张；贷记卡净增卡385张，借记卡有效发卡2000张。

年内，支行开展个人金融业务：个人本外币储蓄、太平洋卡业务、个人信贷业务、个人理财业务。理财产品主要包括：双利理财、得利宝、开放式基金、外汇宝、圆梦宝。公司金融业务：存、贷款；国际结算；信用证、承兑、贴现和保函等中间业务。电子银行业务：网上银行、手机银行、电话银行、银信通。

（张玉娜）

【秦皇岛银行股份有限公司北戴河支行】 至2016年末，各项存款余额18.55亿元；其中对公6.54亿元，储蓄12.01亿元。贷款余额为2.3亿元，不良贷款率为零。

支行业务品种有短信通、电话银行“96336”、个人、单位网上银行、手机银行、柜面通、公交卡等，贷款业务包括一手房贷款、二手房贷款、个人助业贷款、个人消费贷款、个人商用车贷款、存单质押贷款等。

办卡均免开卡费、免年费、免小额账户管理费、免短信通知提醒费、免ATM跨行取款手续费、柜面通存、取、转账业务免费、免网上银行跨行转账手续费。

公交卡业务可以乘坐市内10余条公交线路，同时票价享8折优惠。

（朱　莉）

保　险

【中国人民财产保险股份有限公司北戴河支公司】 2016年，中国人民财产保险股份有限公司北戴河支公司实现保费收入1800万元，比上年减少14.88%，实现利润200万元。

加快车险龙头险种的发展　加强对车险业务承保端口的管理，对秦皇岛金象雨旅游客运有限公司车队、北戴河北运出租汽车服务中心及渤海出租汽车服务中心进行走访洽谈，经理室依据市场行情及保费目标完成情况合理配置销售费用。与北运公司建立合作关系，收取保费近36万元。

拓展新业务　通过长期努力，成功收取秦皇岛某大专院校的教职员工校园方责任险业务，成为秦皇岛市该领域第一单。

非车非农方面　上半年，续保北戴河区政府车辆的随车行李保险业务，实现保费收入6万元。同时续保北戴河区居民“二元民生保险”，实现保费收入13.81万元，为全区69043名居民承担75.95亿元的风险保障；截至11月10日，北戴河支公司实现货运险保费收入25.05万元，提前51天完成货运险年度保费任务；与外省1家大型物流企业实现合作，形成了新的保费增长点；8月31日，支公司与北戴河区委政法委签订农村治安家庭财产险保单，为全区1.5万户农村家庭提供1.73亿元的家庭财产保险保障，覆盖面达到100%，收取保费6万元，率先在全市完成治安保险保费和覆盖率目标。

稳步推进农险业务发展　3月份，第6年

续保辖区秦皇岛际牧牛业有限公司奶牛养殖险业务，实现保费收入20余万元，承担风险总额达364.56万元。

（刘丽娜）

【中国人寿保险股份有限公司北戴河支公司】 2016年，中国人寿保险股份有限公司北戴河支公司设有经理室、个险销售部、银行保险部、团险销售部、客服中心、综合管理部等部门。年内，北戴河支公司完成保费9861万元，比上年增长21.97%。其中，长期险首年保费4207元，比上年增长18.53%。长期险首年标准保费871万元，比上年增长39.03%；长期险首年期交2105万元，比上年增长53.48%；10年期以上期交1267万元，比上年增长82.83%；短期险保费446万元，比上年增长21%；互动保费335万元，比上年增长43.78%年内，支公司获2016年度秦皇岛分公司“先进单位”、省公司“先进基层党组织”称号。

在二、三季度，公司与国内知名检测机构—达安基因合作，先后为全区近800人提供了基因检测。

2016年，公司赔款总计645笔，金额146.97万元。公司团险为北戴河区5618位老年人提供8427万元保障，理赔金额9.1万元；为该区1654户计生家庭提供7443万元保障，理赔金额6.48万元；为该区5186位学生提供10372万元保障，理赔金额8.54万元；为该区20.5万人次游客提供61.5亿元保障，理赔金额2万元。年内，公司继续承保北戴河新区农村意外险业务，为新区百姓提供保障高达67.2亿元，理赔金额42万元。

北戴河区的保险密度为23%，远高于其他区、县。2016年，公司共给付满期保险1079笔，给付金额4400余万元，其中不乏纠纷客户，公司通过上门服务等方式防范化解矛盾隐患和风险因素，未发生群体性事件。

（杨娜萍）

证　券

【河北财达证券有限责任公司秦皇岛海宁路证券营业部】 2016年，财达证券海宁路营业部完成利润216.92万元；营业部的托管资产为6.30亿元，比上年下降了0.83亿元。营业部组织客户尊享会2次，参加客户人数200余人。营业部新开账户数为2040户，平均每月170户，营业部客户总数达到1.3万余户。

（李　伟）

财税管理

财政管理

【概况】 2016年，北戴河区全部财政收入完成81486万元，完成预算的96.9%，比上年增长3.8%。其中，中央级收入完成21684万元，完成预算的89.4%；省级收入完成7731万元，完成预算的93.1%；市级收入完成7501万元，完成预算的94.5%；一般公共预算收入完成44570万元，完成预算的102.2%，比上年增长9.5%。预算执行中，上级对区税收返还、结算补助、转移支付、上级专款等补助收入48148万元，调入预算稳定调节基金1000万元，调入政府性基金9000万元，上年结转4701万元，上解支出2157万元，2016年全部可用财力为105532万元。一般公共预算支出完成101460万元，其中，区本级支出74195万元，完成调整预算的97.3%；结转下年支出4072万元。当年预算收支平衡。

【财政项目改革】 推进绩效预算改革，以《河北财政管理信息系统》为依托，建立了“部门职责—工作活动—预算项目”三个层级绩效预算管理结构，形成了统一的功能预算和完整的部门预算。按照财政部预决算公开操作规程，全面及时公开预决算信息。探索政府与社会资本合作模式推进项目建设，采用兰炭等离子制气技术实施集中供暖改造试点项目，并取得积极进展。扩大政府购买服务覆盖范围，采取政府购买服务方式组织实施了技术咨询、中介评审、物业管理等15个项目。加强对全区出租出借资产的监管，会同区纪委抽调专人组成检查组开展专项检查，规范闲置资产出租出借行为。国库集中支付电子化改革顺利推进，电子支付系统进入运行调试阶段。公务卡制度实现全覆盖，全区所有预算单位涉及强制结算目录的公务消费全部实现公务卡支付。

【财源建设】 同各征收部门密切协作，依托综合治税平台，加强税收征管，强化调度分析，确保各项税费应收尽收。实行“营改增”和水资源税改革，支持协调国地税整合征管工作。抓好培育财源工作，在扩大税源增量，特别是在扩大总部经济规模上下功夫，开发区管委及相关部门按照区委、区政府引进总部企业目标任务要求，通过洽谈会、小团组招商等多种渠道与相关总部企业沟通对接，引进了同煤集团运销经营公司、金龙地产公司北戴河分公司等总部企业70家，全年总部经济及文化创意产业实现税收3.09亿元，占全部税收的50.8%。

【财政监督】 抓好“一问责八清理”牵头工作，开展财政专项资金、乱收费乱摊派、政府采购及国有资产产权交易等领域专项检查，查找问题，认真整改，并对相关财政财务管理制度进行完善。开展结余结转资金清理、回收、消化工作，全年共收回存量资金3473万元，全部统筹安排用于保工资、保运转和消化暂付款支出。在2016年部门项目支出全部压缩20%的基础上，严格控制和压缩一般性支出和“三公经费”支出，全年“三公经费”支出521万元，比上年下降24.8%。对全区行政事业单位的财务、财产开展全面清查，摸清全区国有资产总额、负债总额、净资产总额等情况。开展部门决算核查工作，按照《部门决算管理制度》要求，以抽查率不低于20%的标准，对20家预算单位2015年部门决算账表一致性进行专项核查。全面推进全区行政事业单位内部控制制度建设。

【改善社会民生】 落实区委重大决策部署，全力筹集资金确保街景改造提升、美丽乡村建设、大气污染防治、河道治理和旅游旺季等重点工作任务高标准完成。把保障民生放在突出位置，全面落实中央、省、市各类社保、惠农政策及补贴资金，保证10件为民实事的顺利实施，全年民生事业方面支出占财政支出的75%。保障公教人员工资、机关运转及区划调整接收人员执行新工资标准等资金及时足额拨付。利用省政府地方政府债券资金置换了商业银行贷款和部分以前年度拖欠工程款8.8亿元，促进实体经济健康发展。

【支持经济发展】 全年拨付产业引导资金4543万元，支持高端旅游、总部经济、文化创意产业发展壮大。到位财政部固定数额补贴资金3000万元，省级街景改造资金2亿元、基础设施及保障能力建设资金5000万元，获批债券资金9.3亿元。申报现代农业园区发展资金、节能环保和大气污染防治资金等上级财政补助资金3755万元。成立融资小组，争取金融支持，利用国开行、农发行政策性棚改贷款，推进赤土山村、拨道洼村、杨各庄村和太平庄村等棚户区改造项目建设。

(周永勃　周慧敏)

国家税务管理

【概况】 2016年，北戴河区国家税务局共组织入库各项税收23764万元，比上年增收755万元，增长3.28%，其中，市、区两级公共预算收入完成7291万元，比上年增收2595万元，增长55.26%。年内，区国税局被秦皇岛市精神文明建设委员会评为“2014—2015年度市级文明单位”；被北戴河区委、区政府评为“2016年度平安建设先进单位”；被市国税局党建工作领导小组办公室评为“全市国税系统先进基层党组织”；获得了2016年全市国税系统“岗位大练兵、业务大比武”集体优胜奖。

【税收征管】 实行按周调度，按旬、月和季度分析的工作制度，对重点税源企业进行动态监控，开展专项评估检查。做好全面“营改增”工作。开展基础信息核查与发票核定发售工作，抓好营改增宣传辅导，举办相关培训13场次，4100多户次纳税人参加了培训。帮助试点纳税人做好财务核算衔接，尽快适应税种转换。“营改增”共接收纳税人4451户（国地共管纳税人502户，纯地税纳税人3949户），占全市户籍信息交接纳税人的17.48%。打造国地税联合办税服务厅，为纳税人提供申报纳税、发票购领、涉税审批、税法咨询、自助办税等一站式、综合性纳税服务。

【依法治税】 加强法治宣传教育，推进“一局一法律顾问”工作。联合区地税局开展税法进校园、进企业等税收宣传月活动。落实税收优惠和结构性减税政策，暂免征收部分小微企业增值税政策优惠全部落实到位，共有214户小型微利企业享受所得税税收优惠，减免所得税107.18万元；6000余户个体工商户和小微企业享受增值税优惠政策，减免税额2589万余元，优惠面达到100%；国家重点扶持高新技术企业1户，减免所得税72.4万元；增值税一般纳税人销售自行开发的软件产品企业2户，办理即征即退142万元；资源综合利用企业1户，办理退税6万元。

【纳税服务】 开展“问需求、优服务、促改革”活动，通过定向走访、税企座谈、电话辅导、电子邮件等方式，完成对1122户纳税人的辅导。推行“网上办税服务厅”、增值税发票自助开票等便民服务，利用微信群辅导增值税小规模纳税人做好季度申报，并在办税服务厅自助办税功能区增设5台办税终端。开发“码”上办税系列二维码，将“营改增”试点纳税人咨询热点及涉税业务网上办理的链接进行全面梳理、整合成为1个集成二维码，内置22个“菜单式”自选子二维码，分为“码”上“导税”、“码”上“查办”和“码”上“诊所”，在全市国税系统获得推广。

(宋　望)

地方税务管理

【概况】 2016年，北戴河区地方税务局下设稽查局、征收分局、税源监控分局以及4个管理分局和6个综合科室，负责全区范围内9363户纳税人的地方税征收工作。该局贯彻“加强征管，堵塞漏洞，惩治腐败，清缴欠税”的指导方针，艰苦创业，开拓进取，连续21年超额完成税收任务，为国家累计征收税款51.97亿元，其中2016年征收税款3.71亿元。年内，被评为“全国税务系统先进集体”“市级实绩突出单位”“市级文明标兵”“区级文明单位”。

【建立国税地税联合办税服务厅】 7月1日，秦皇岛市首家进驻地税的国地税联合办税服务厅在区地税局正式启用。局原办税服务厅改造为各项设施完备、职能全覆盖的国地税综合办税服务厅，该服务厅长35米，宽10米，设地税窗口2个、国税窗口5个、联合办税窗口5个，另设10个网络自助办税服务终端。联合办税首月，通过国地税密切协作，地税窗口征收国税代开发票涉及的地方附加税、所得税等共计128.9万元，比上月增收58.3万元。年内，双方利用共享信息调整定额63户次，交换信息860条，共同审定信息650户次，互认结果80户次，解决了征管基础信息失真等一系列征管难点和税收风险问题。区财政拨付专项资金20余万元，解决办税服务厅门前规划路施工、环境改造、桌椅添置和设备更新的资金问题。

8月1日，受理了水资源税的首笔纳税申报，标志着北戴河区水资源费改税的顺利完成。年内，经过与区水务局协调联动，初步摸清底数、做好业务对接工作；在办税服务厅、居民小区、企业工厂张贴、发放水资源税有关政策内容的宣传资料；利用税企QQ群、微信平台及时发布及深入用水企业讲解水资源税有关政策内容，解答纳税人相关问题；组织全体税务人员集中学习水资源税改革试点工作的相关政策；核查企业用水现状和原水资源费等涉税信息，发放《水资源税纳税人涉税事项调查确认表》，全面摸清了税源底数。

【纳税服务】 年内，区地税局开展“便民办税春风行动”，推行预约服务、跟踪服务、延时服务、限时服务等特色服务，并根据需要开通民宿业“营改增”、水资源税开征的绿色通道。召集15户纳税人代表进行纳税服务税企座谈。

【税收监管】 推进清理“僵尸企业”和非正常纳税户工作，联合区市场监督管理局、区国税局，通过交互数据信息、筛选比对数据、协同信息确认，对该区长期停业未经营的300余户企业进行了核查，并由市场监督管理局对核查确认符合条件的企业，依法吊销营业执照。联合区水务局对系统内水资源税纳税人信息进行全面核对，核实确认23户纳税人取用水信息。对核实后新增的纳税人补缴税款5.39万元，加收滞纳金300元。

(王　敏)

综合管理

发展规划

【国民经济和社会发展计划】 2016年，是“十三五”规划开局之年，更是深入贯彻落实中共十八届五中全会精神，加快实现“两个率先”、打造“国际名片”、全面建设世界名区的关键一年，按照国家、省、市经济工作会议精神，北戴河区将进一步深化落实京津冀协同发展战略，围绕建设国际滨海休闲度假之都目标，统筹推进经济、政治、文化、社会、生态文明和党的建设，努力实现国民经济和各项社会事业快速健康发展。结合区情实际，根据《政府工作报告》提出的全年工作总体思路和各项部署，2016年全区国民经济和社会发展的主要预期目标是：地区生产总值增长9%，其中，服务业增加值增长9.5%。人均地区生产总值增长9%。规模以上高新技术产业增加值增长5%。固定资产投资增长12%以上。社会消费品零售总额增长8%以上。全部财政收入和公共财政预算收入均增长7%以上。常住人口城镇化率达到81%。城镇居民人均可支配收入增长9%。农村居民人均可支配收入增长10%。进出口总值增长5%。实际利用外资增长5%。每万元生产总值能耗降低1.5%；每万元生产总值二氧化碳排放量和每万元生产总值用水量均达到市要求。化学需氧量、二氧化硫、氨氮、氮氧化物排放量分别削减1%、1.5%、1%和1.5%，PM2.5平均浓度下降8%。森林覆盖率达到30.88%。总人口和自然增长率分别控制在10.5万人和6.0‰以内。城镇新增就业人数2120人。城镇登记失业率控制在2.8%以内。参加城镇职工基本养老保险人数增长3%。居民消费价格指数控制在3%以内。

【国民经济和社会发展计划执行情况】 2016年，北戴河区深入贯彻落实中共十八届五中全会精神和省、市、区委全会精神，围绕建设国际滨海休闲度假之都和世界名区目标，统筹推进经济、政治、文化、社会、生态建设，努力实现国民经济和各项社会事业快速健康发展，较好地完成了年初制定的各项指标任务。

经济增速保持平稳，实力不断增强 全年完成地区生产总值52.75亿元，增长6.0%。全部财政收入完成8.15亿元，增长3.8%，完成预算（8.41亿元）的96.9%；一般公共预算收入完成4.46亿元，增长9.5%，完成预算（4.36亿元）的102.2%。固定资产投资完成25.28亿元。社会消费品零售总额完成64.68亿元，增长10.4%，完成年计划的108.7%。城镇居民人均可支配收入35102元，增长7.6%；农村居民人均可支配收入16530元，增长7.7%。

旅游基础设施建设不断增强，旅游经济持续繁荣 全年接待游客793.03万人次，其中国内游客791.55万人次、入境游客14767人，分别增长2.8%、2.8%和27.6%。辖区内各旅游景区（点）接待游客714.8万人次，实现门票收入1.46亿元，分别增长2.3%和7.3%。启动全域旅游示范区创建工作，鸽子窝公园国家AAAAA级、联峰山公园国家AAAA级景区创建工作扎实推进。旅游基础设施建设不断完善，鸽子窝、野生动物园等5家景区投资1600多万元进行绿化提升和基础设施建设。谋划组织淡季旅游活动，打造冬泳文化节、春节灯会等淡季旅游品牌。加强民宿综合管理和服务指导，制定《全面提升民宿业管理水平的实施方案》，集中开展民宿行业培训，引导民宿行业向高端化方向发展。

以总部经济为突破，招商引资力度不断加大　全年引进内资21.45亿元，完成全年目标任务（20亿元）的107.3%；进出口总额完成401万美元，增长4.5%，完成年计划（390万美元）的102.8%。实际利用外资3960万美元，完成年度任务（3400万美元）的116.5%。强化总部企业招商，实行引进总部企业目标责任制，引进同煤集团运销经营公司等各类总部企业70家。积极整合海滨花园酒店等休疗资源打造总部平台，建设总部大厦，已入驻或达成意向企业6家。总部经济及文化创意产业税收完成3.09亿元，占全部税收收入的50.8%。扎实推进供给侧改革，开发区企业加快“腾笼换鸟”，开发区扩区选址谋划启动。

重点项目建设稳步推进，产业支撑作用不断加强　实施省、市重点建设项目4项，全年累计完成投资13.71亿元，完成市定目标计划的182.8%。中俄文化艺术合作产业园项目二期主体完工。完成“14+1”街区景观改造提升工程，实施8条道路的雨污分流建设,对9个村的污水全面收集。永立文化艺术主题酒店项目、协鑫燃气热电联产项目等持续推进。充分利用国家资金支持政策，谋划7个城乡基础设施提升项目，累计获批政策性银行贷款15.1亿元，到位7.61亿元。

强化企业服务工作，推进全区信息化建设进程　规模以上工业企业完成增加值2.77亿元，增长0.2%；综合能源消费量2149吨标准煤，下降12.5%。积极扶持企业技术创新，支持兰德科技公司成立“秦皇岛市智能传感器工程技术研究中心”、铸业达公司成立“秦皇岛市精密铸造工程技术研究中心”。为兰德科技公司太阳能供暖远程监控平台项目申请到工业转型升级专项资金20万元。免费城市Wi-Fi建设工作进展顺利，完成安装AP点位69个，北戴河高速口、部分公共浴场等26处场所具备上网条件。

农业和农村建设不断加强，特色农业进一步发展壮大　不断加快种植结构调整，退出玉米大田作物466.67公顷。积极发展现代农业园区和新兴农业主体，以集发园区为核心区、占地1233.33公顷的省级现代农业园区和以丰硕园区为核心区、规划面积333.33公顷的市级现代农业园区已通过验收。开展新型职业农民培训4期、300人次，发放各类科普宣传活动资料1000余份。支持际牧牛业完成搬迁工作。争取资金2840万元，以特色小镇、精品村为核心的美丽乡村建设加快推进。北戴河村被评为省级旅游精品村和省级精品农宅合作社。

民生工作不断加强，各项社会事业繁荣进步　城镇新增就业2767人，完成目标任务的158%。城乡居民基本养老保险参保率99%。城镇登记失业率控制在2.25%以内。大力推进节能减排工作，制定《2016年节能减排降碳工作要点》《北戴河区水污染防治工作实施方案》，取缔燃煤锅炉31台，PM2.5下降14.3%，空气环境质量持续改善。不断加快科技创新步伐，制定了《推进大众创业万众创新鼓励办法的实施方案》，审核认定15家科技型中小企业，科技小巨人企业1家。持续推进城乡教育事业“均衡·特色·精品”发展，新初中建设前期工作有序推进，投资478万元，以牛头崖片区中小学为重点对全区学校基础设施进行改造提升。对接京津优质教育资源，由“京城教育领军人物”曲建华主持的“名校长工作室”正式落户北戴河区。全面构建现代公共文化服务体系，群众文艺演出异彩纷呈，两节演出活动23场次，各级各类展览40余场次，放映农村公益电影300余场，浪漫之夏文化演出千余场次。成功举办第十二届轮滑节、第十届北戴河铁人三项大赛、首届中国·北戴河冬泳文化节。北戴河村艺创小镇入驻46家艺术机构、院校和艺术家。有序推进县级公立医院综合改革工作，北戴河医院积极与北京301医院和北京医院开展医疗合作。高度重视卫生防疫和疾病预防控制工作，保障全区人民卫生安全。启动实施“全面两孩”政策，促进优生优育。

重点项目建设

2016年北戴河区列入省、市重点建设项目计划4项，总投资18.75亿元，累计完成投资13.71亿元，完成市定全年目标任务（7.5亿元）的182.8%。

2016年北戴河区省、市重点建设项目投资完成情况表

表11　　单位：亿元

项目名称	总投资	完成投资	项目进展情况	备注
中国（北戴河）中俄文化艺术合作产业园项目	10	6.25	一期俄罗斯风情街已建设完成；二期主展馆、中式文化展示交流中心、俄罗斯文化体验区已全部完成封顶，正在进行内外装修。	续建保投产（省重点）
东海岸民宿项目	2.75	1.88	正在进行主体施工。	新开工（市重点）
秦皇岛永立房地产公司文化艺术主题酒店项目（北戴河区）	2	0	已取得工程规划许可证，正在办理施工许可证。	新开工（市重点）
北戴河区2016年街区景观改造提升工程	4	5.88	已完工。	新开工（市重点）

（冯　松）

国有资产管理

【概况】 2016年，国有资产经营公司充分发挥经济部门职能作用，认真履行职责，进一步盘活存量资产，优化资源配置，不断提高国有资产的运营效益，促进全区经济更好更快发展。3月，经区机构编制委员会研究同意公司成立公物仓管理股。年内，公司共设7个科室，分别为办公室、财务室、人事股、产权股、资产经营管理办公室、改制企业管理办公室、公物仓管理股。下属单位4家，分别为市场建设服务中心、金鼎保安公司、海潮投资管理有限公司和旅游开发有限公司。

【贷款管理】 2016年，国资公司承担着全区7家单位44350万元的贷款管理工作。每月主动与银行沟通，仔细核算每笔贷款的应付利息和本金，及时向区政府申请拨付，按时把支付款项拨付到所需单位，全年共向区财政申请拨款1910.26万元。

【项目申报】 公司分别负责美丽乡村提升建设项目、旅游基础设施建设项目、老旧小区基础设施提升改造3个项目申请贷款工作，全力跟进跑办手续，推动贷款融资工作顺利开展。

【贷款平台公司管理】 北戴河区政府先后成立了区旅游开发有限公司、区海潮投资管理有限公司、区新戴建设开发有限公司3家贷款平台公司，由国资公司负责3家公司的运营管理工作。年内，3家公司分别负责向国开行申请旅游基础设施建设项目专项基金5000万元、向农业发展银行申请棚户区改造项目贷款1.4亿元和美丽乡村提升建设项目贷款3亿元。

【公物仓管理】 年末，全区共计27家单位192项出租资产纳入公物仓备案登记管理。公物仓委托评估公司对年内出租到期的73项资产进行租金评估，并办理了续租手续，租金总额为352.84万元，同比之前协议出租，租金总额涨幅达到了23.53%，确保了国有资产的保值增值；对7项闲置资产租赁权组织公开拍卖，成交额19.24万元。

（杨金明）

统计管理

【概况】 全区统计系统工作协调推进，完成2015年年报和2016年定报130多种月、季度和年度统计报表工作任务。完善镇街统计专网联网，夯实镇街基层基础工作。12月，召开农村农业统计培训会议。是月，通过省统计局的2015年度统计业务工作规范化建设省级优秀县的验收，并被河北省统计局评定为“2015年度统计业务工作规范化优秀县（市、区）”。

【统计方法制度改革】 地区生产总值核算方法体系进一步改革，将服务业核算部分一直沿用的加权平均法改为直接采取本区规模以上服务业增速来测算，更加反映经济运行发展的实际情况。全面推进一套表调查单位管理改革，简化审核流程、减少申报材料。

【统计信息咨询服务】 加强经济预警动态监测，准确反映固定资产投资、规模以上工业企业整体运行情况及城乡居民收入等情况。为区委、区政府撰写会议汇报材料提供主要经济发展情况简析60余次；发布年度统计信息资料，先后编发了《2015年北戴河区经济及社会发展情况统计快报》和2015年度《统计年鉴》，全面公布2015年经济、社会发展主要数据；编写10期2016年度《北戴河区统计月报》，分送区级领导和相关部门。在全市各县区统计分析评比中，其中1篇获得二等奖，2篇获得三等奖。

【统计执法】 参加省、市开展的统计执法检查，在执法检查过程中对基层单位统计人员进行法制培训和教育，2016年对没有统计台账的2家企业进行警告，建立行政处罚等行政执法案卷。9月20日，在牛头崖大集开展以“农业普查福到农家”为主题的统计开放日活动。在街头广场、城乡社区开展宣传工作。

【统计信息自动化建设与管理】 完善信息共享平台，加强局内统计专业之间的交流与沟通；推进县（区）、镇（街）两级基层基础建设，完善镇街统计专网联网；推进统计视频会议系统建设工作。

【普查、调查】 2016年，农业普查主要完成了区、镇、村机构的组建、普查小区图的绘制、两员培训、普查宣传、入户摸底、质量抽查等项工作，严格按照普查各阶段的时点完成任务，全区农业普查涉及3个镇43个行政村。农户普查表登记对象1.69万户，规模农业经营户95户，农业生产经营单位84个。全面部署全区人口变动抽样调查工作。在北戴河区共抽取4个调查小区362户871人。完成调查小区地图绘制、人口数据摸底、样本框核实，入家登记和数据上报等工作。完成了劳动力调查样本库的核实和轮换工作。对该区抽中的1个社区和2个村委会的样本库进行重新核实，完成了该区劳动力调查数据的审核、上报工作。

（常 乐）

物价管理

【概况】 2016年，北戴河区物价局（北戴河区物价检查所）严格履行职责，依法行政，维护市场物价秩序。全年出动执法人员230人次，执法车辆72辆次，查处价格违法案件11件，罚款5.35万元；受理价格投诉举报案件85件，退还违法所得690元。

【价格监督检查】 价格专项检查 开展药品价格和医疗收费检查。对全区8家医疗单位与药品经营企业进行监督检查，规范医疗收费行为和药品经营企业的药品价格和明码标价。规范全区中小学、幼儿园等收费和公示情况，未发现价格违规行为。开展节假日市场检查，组织执法人员对家惠超市、艾欣超市等居民消费密集场所的消费品价格、明码标价情况进行检查整顿。

旅游市场价格环境整治 开展停车场收费专项检查，及时打击处理乱收费行为，出动检查人员160人次，执法车辆56辆次。对鸽子窝公园、碧螺塔酒吧公园、老虎石海上公园等景区零售商品的明码标价情况进行专项检查，对明码标价不全的商家进行指导标价，并下达《限期改正通知书》。

价格投诉举报案件查处 发挥“12358”举报电话作用，及时处理消费者的投诉举报，解答消费者的咨询。实行工作承诺制，对受理的案件、咨询必须进行调查、解答、反馈结果；实行专人负责，从受理到查处反馈，确保案件办理的质量效率；实行限时办结制，事实清楚、依据充分的当日查处，当日答复，投诉人不在本地的，3个工作日内反馈结果、征求处理意见。全年受理价格投诉咨询130起，退还消费者价款690元，罚款5.35万元，案件查处回复率和消费者满意率达100%。

【物价管理与价格认证】 停车场收费审批工作 制定《北戴河区暑期旺季机动车停放服务计时收费标准》，对全区35家单位管理的54个机动车停车场收费标准进行批复；与停管办对上述所有机动车停车场重新安装树立停车场收费公示牌。

涉案物品价格认证 对公安机关侦破案件中的非法物资等价格标的实地勘验，进行市场调查，出具价格鉴证报告，配合公安机关办案。出具价格鉴证报告37份，涉案金额24.77万元。

（李 达）

市场监督管理

【概况】 2016年，北戴河区市场监督管理局精心部署，合理安排，完成了承担的食品安全、诚信经营、特种设备监管、市场秩序整顿、消保维权等工作任务。年内，受理各类消费者投诉364件，其中，诉转案5起，罚没款5万元，为消费者挽回经济损失9.19万元，消费纠纷调解成功率99.9%。1月1日，牛头崖工商分局划归北戴河区市场监督管理局管理。自2月开始，历时6个月，完成了对108公路和草厂南路的街景改造工作。清理各类噪音投诉7起，消除噪音污染隐患10余处，驱散人员40余人。对发生在集发圆梦园内的传销活动进行清理整顿，旅游旺季，对该景点进行强制关停。卢志勇、付敏获河北省暑期工作先进个人称号；刘海波获秦皇岛市优秀志愿者、河北省暑期食品安全保障工作先进个人称号。

【诚信经营建设】 制发《北戴河区餐饮行业诚信经营管理办法》，明示不诚信行为及处罚办法。旅游旺季前，先后组织包括全局监管人员和餐饮单位经营者、从业者在内的培训及考试；在旅游旺季，相继7次召开干制水产品生产企业、食品供货商、团餐接待单位的行政约谈会以及餐饮行业诚信经营现场培训会。加大对不合格计量器具的检查力度，做到见称必查，严格落实计量器具定期检定制度，对于利用计量器具进行欺诈活动的一律没收违法计量器具，按相关法律法规进行处罚。在市局开展的计量器具专项检查时，通过现场拆称等办法查验全区重点路段的50余家餐饮经营单位，未发现使用不合格计量器具现象。开展“三无”泳具的专项检查，没收不合格泳圈（具）47个，规范泳圈（具）销售、出租市场。严厉打击仿冒、仿制等商标侵权的违法行为，对涉嫌经营侵权商品的1家门店进行处罚。

对该区17家加油站共计62个批次的油品进行抽检，其中柴油20个批次、汽油42个批次的抽检工作。有2家4个批次不合格，对这2家正在立案处罚中，所有抽检结果在北戴河区政府信息公开平台进行公示。

【食品安全监管】 有针对性地开展监管人员和被监管对象的培训，共5期历时1个多月，涉及全区餐饮服务单位食品安全管理人员500余人次，对全区干制水产品经营家、团餐接待单位、食品供货商的约谈3次，涉及219人次。严格许可证发放，从源头管控食品安全。5月，以87.5分的优异成绩完成省检查组对该区食品安全区创建工作的考核验收。按照证照齐全、“明厨亮灶”“清洁厨房”、后厨硬件设备、公示栏信息公示、各项制度到位等要点，打造保二路“餐饮示范一条街”。

开展“三小”整治工作　对全区小作坊、小餐饮、小摊点等“三小”经营单位进行集中摸查、清理和整治。对需要继续经营且有整改空间的“三小”单位，下达《责令整改通知书》，限期整改。对经营条件差，无整改必要的“三小”经营单位，依法进行取缔。为核查达标的“三小”经营单位，颁发《登记证》。通过整治，全区已取得备案证的291家。

食品、餐具抽检　完成全年240批次的食用农产品抽检和150批次其他食品的抽检任务；对全区重点餐饮单位餐饮器具进行抽检，对餐具不合格的单位，依据相关规定进行处罚。

加强重点单位的监管　加强对重点保障部门的监管。选派2名有经验的监督员参加巡查小组，对餐厅进行巡查，对发现的问题提出整改意见，定期进行复查，落实整改情况。对重点供应单位的食品流通情况选派4人进行驻点监管。全年完成巡查检查348家次，通过快检设备完成1200多批次的食品快检，未发现不合格食品。充分利用“饭点儿”“泳点儿”“购物点儿”等节点时段，对餐饮行业、食品生产经营单位、购物场所以及特种设备使用单位进行监管。成立10支执法队伍，通过落实餐前确认、点菜单倒查、查验计量器具等手段方法进行综合整治。全年共办理不诚信案件19起，责令停业整顿150家，罚款20.8万元，与往年相比，相关案件数量下降70%。

加强团餐单位管理　对区旅游团餐接待单位进行再摸底，严把准入关，对取得食品经营许可的团餐接待单位实行“团餐报备制”；对团餐接待单位进行餐前食品检测，加强团餐接待单位后厨卫生和餐品留样工作督导；制定《食源性腹泻事件应急处置预案》，明确责任和处置程序；对团餐单位进行约谈，与经营单位签订承诺书。共出动车辆99辆次，出动执法人员198人次，检查团餐单位237家次。

试行团餐保证金制度。6月，协调建设银行为团餐单位新开账户，作为食品应急保障金专用账户。每个团餐单位需在指定账户存入20万元保障金，一旦出现食品安全突发事件，将启用应急保障金，保障金将在团餐单位本年度经营结束时退回（保证金的使用情况、有无支出或者扣划等）。

【质量强市】 起草《北戴河区创建全国质量强市示范城市工作方案》，组织北戴河区各景区申报知名品牌示范区。集发生态农业观光园、碧螺塔酒吧公园、费石庄北戴河桃树种植标准化示范区正在申报进行中。

【特种设备监管】 年内核发特种设备使用登记证306个，办理特种设备注销46台，办理特种设备安装改造维修告知202件，核发非重点制造计量器具许可证4个。对辖区内生产企业严格市场准入，建立监管档案，实行网格化管理，严格检查获证企业生产条件，加大执法打假力度，严惩违法行为。暑期，对全区运营的特种设备情况进行大排查，市场、安监、消防、城管、电力、镇街六部门组成3个安全检查组，对重点部门、重点路线、重点区域进行联合排查。对区内的气瓶、电梯（包括食梯）、厂车、压力容器（包括洗衣房、中央空调等）及大型游乐设施等特种设备开展排查。共检查特种设备单位358家次，特种设备268台次，没收不合格气瓶523个，查封特种设备50余台次。

【市场监管】 完成企业信用监管任务 制定可行措施，完成网上公示报送工作。2016年度企业公示率为90.33%，农专公示率100%，个体公示率为48.61%。

市场主体异常名录管理 对被河北省市场名录管理局列入异常名录的215家企业，以挂号邮寄的形式分别报送各企业。开展僵尸户清理行动，第一批清理僵尸户198家。

推动“双随机一公开”工作机制 制定《北戴河区“双随机一公开”联合抽查方案》。抽查总数为220家，其中，企业55家，农专2家，个体163家，按要求完成了抽查计划，并将抽查结果予以公示。

抓好市场主体培育 受理个体工商户各类登记5042家，其中，设立1775家，比上年同期提高28%，变更839家，注销602家。全区共有登记在册的各类企业实体2572家，注册资本799.65亿元。1—10月份，全区共新设立企业经营实体356家，新增注册资本137.06亿元。企业变更登记（含换发一照一码证照）1866家，注销经营实体111家；办理股权质押登记6家，出质股权数额人民币4530万元，担保债权人民币2960万元。完成区内“重点项目提前介入、超前服务、领导帮办”23家，项目投资额6.89亿元。

（王 卓）

审计管理

【概况】 2016年，北戴河区坚持依法审计、客观求实、助推改革、力促发展，以审计区本级预算执行、税收征管、部门预算执行情况为主线，围绕“十三五”发展大局，对重大政策措施落实、财政存量资金、政府投资项目、保障性安居工程、近岸海域综合整治资金进行审计、审计调查，充分发挥审计监督和保障作用。年内，完成审计项目(含以前年度项目)10个，提交审计报告及工作报告10篇，管理不规范资金9302.88万元，提出审计建议7条，编写报送各类专报、信息4篇，被采用4篇。

【财政预算执行审计】 重点审计区财政局2015年度组织区本级财政预算执行情况，对预算执行结果与区人大批准的预算进行认真核实，对财政存量资金、社保基金、稳定民生和社会事业发展资金进行重点检查。对区地税局的税收征管、税收政策执行、依法征税、税务稽查、经费使用等情况及食堂资金账户进行审计，审计部分纳税单位的缴税情况。审计结果显示，税务部门能够按照规定的税率和计税依据，依法进行征缴，较好地完成税收征收任务，共提出审计意见建议7条。

【经济责任审计】 对区体育局、区直属工委、区国资公司和区委宣传部等4个单位4名党政领导干部开展经济责任审计。在审计过程中，除抓好被审单位的财政财务收支审计外，特别注重对领导干部在廉洁自律等方面审计，为区委、区政府使用干部提供依据。

【稳增长惠民生政策跟踪审计】 对全区19个方面、63项政策措施落实情况逐条进行审计，分别对政策措施落实的总体情况、存在问题和出现的新情况、问题产生原因和各部门将采取的措施，进行具体审计并进行归纳总结，出具准确恰当的审计报告。

【城镇保障性安居工程跟踪审计】 对北戴河区2015年度城镇保障性安居工程（包括廉租住房、公共租赁住房和棚户区改造）的投资、建设、分配、运营等情况进行审计，重点对棚户区改造及配套基础设施建设项目、保障性住房分配和管理情况进行审计，发现并提出意见建议3条。

【基建项目审计】 北戴河区投资基建项目审计审结3项，报审造价803.03万元，审定造价632.22万元，审减造价170.81万元。

（贾生臣）

安全生产监督与管理

【概况】 北戴河区认真落实国家、省、市有关决策部署，强化“红线”意识，在全区范围内深入开展了安全生产攻坚行动、隐患排查治理、县域安全监管规范化建设、安全生产责任险等工作，全区安全生产形势持续平稳。2016年，全区各行业未发生生产安全事故。年内，共出动执法人员3411人次，执法检查用车1526辆次，检查企业及重点部位4656家次，排查各类隐患3165处，完成整改3165处，整改率达100%，对存在较大安全隐患的43家企业和商家责令停业整顿。

【安全生产专项整治】 6月27—29日，在北戴河区相关部门配合下，秦皇岛市副市长孙国胜带领市直11个部门，对全区旅游旺季安全生产进行为期3天的拉网式排查，检查企事业单位192家，发现并整改安全隐患312处。旅游旺季，北戴河区安监、城管、市场监管、消防、供电、海滨镇等部门组成2个联合检查组，在全区范围内开展餐饮和人员密集场所拉网式安全隐患大排查大整治活动，共检查各类餐饮场所1242家次，对无证经营存在较大安全隐患的40家餐饮场所责令停业整改。戴河镇会同区安监、市场监管、消防、供电等部门对剑南路两侧500米范围内各类生产经营单位进行安全隐患排查工作，共检查企业297家，发现并整改安全隐患45处，对4家存在较大安全隐患的企业责令停业整顿。

【职业病防治】 年内，出动执法人员126人次，检查企业24家次，针对企业存在的问题，制作了现场检查笔录、责令整改指令书和整改复查意见书共计34份。开展街头宣传活动，组织专家答疑、接受劳动者投诉、发放宣传材料。推进档案标准化和职业病危害项目申报复核工作，全区35家企业完成标准化建档，68家企业完成申报复核。

【隐患排查治理体系建设】 依托市政府智慧安监信息化平台建设系统，建立网络安全隐患排查治理信息平台，企业通过信息平台与监管部门随时沟通上报安全管理情况，及时了解安全监管政策动态，彻底解决了“最后一公里”问题。有65家企业完成企业基本信息录入工作，35家重点企业开展隐患排查治理体系网上上报。

（王子寅）

社会事业

教育事业

【概况】 2016年，北戴河区有公办中小学、幼儿园17所，其中，高中1所、初中4所、小学10所、幼儿园2所；在校生9880人，其中，高中生863人、初中生1747人、小学生5391人、小学附属幼儿园1404人。在职教职工1211人，其中，年龄在40岁以下的有730人，占总人数的60.28%；具有专科学历的189人，本科学历的947人，研究生学历的24人，专任教师学历达标率100%；具有高级职称的219人，中级职称的658人，占专任教师的54.33%。另有秦皇岛广播电视大学北戴河分校1所；教师发展中心1所；青少年校外教育中心1所。民办学校37所，其中，民办幼儿园10所，在校学生4958人，教职工535人。2016年，是贯彻落实“十三五”规划的开局之年，北戴河区教育工作秉承“办好人民满意教育”的理念，以城乡教育事业高品质“均衡·特色·精品”发展为目标，圆满完成各项工作任务。北戴河第二中学、实验小学、育花路小学、蔡各庄小学被评为“秦皇岛市依法治校先进集体”，海北路小学顺利通过河北省依法治校示范校复检。

【教师队伍建设】 组织1397名教师参加国培、全员远程培训等活动；选派市区级骨干教师参加区内外送教送课活动56次。2016年，面向全国公开招聘中小学、幼儿园教师和财会人员95名，其中，50名新招聘人员被派遣到农村学校任教。出台《北戴河区乡村教师支持计划（2016—2020年）实施办法》《关于推进义务教育阶段中小学教师交流工作的实施办法》，2名教师到青龙县支教，2名校级干部、24名学科教师参与区内交流，首次在教师节对247名在乡村从教满10年、20年教师进行表彰。

【学前教育】 继续推进学前教育“三年行动计划”，加大公办园扶持力度，规范民办园管理。对全区各类幼儿园环境建设和常规管理进行专业指导，幼儿入园率达99.6%。

【基础建设】 投资500万元，实施牛头崖片区5所学校旱厕改造、原片区厕所标准提升、一幼屋顶改造工程，新建蒲兰小学操场、卢王庄中学篮排球场，并为各校修缮上下水管道、屋面防水、采购升降式课桌椅、大型玩教具等。投资200万元，为实验小学、北戴河第二中学、牛头崖小学等部分学校更新、添置多媒体设备，更新教师办公计算机63台。协调各相关单位，跑办各种手续，加快新一中建设步伐。

【民办与职业技术教育】 秦皇岛市第一中学与奇石学校签订合作协议，组建北戴河树人中学，实现首年面向全市招生270人，优化了北戴河区高中阶段办学结构。开展成人教育，组织各类社区、单位教育培训活动20余次。

【借力“北京优质资源”】 借力北京优质教育资源，“曲建华名校长工作室”挂牌成立，年内开展活动11次，参与教师360人次。7月，市政府与北京第二外国语学院签约，中美旅游学院项目选址落户北戴河区。

【素质教育】 坚持“立德树人”，开展艺术节、科技节、读书节、体育节等校园常态活动，学生获国家级奖励2人次，省级奖励32

人次，市级奖励27人次；拓展校外教育空间，建立青少年鸟类科普基地，开展“流动科技馆”下校活动，大力推进“北戴河区生态体验教育培训暨优秀传统文化进校园工程”。

【招生与考试】 中考全区报名556人，普通高中升学率60%。有各类升学志愿的考生445人。普通高中录取318人。高中上半年学业水平考试报考科次850科次，其中，文化847科次，实践3科次；下半年学业水平考试报考科次2432科次，其中，文化1806科次，信息技术268科次，实践358科次。

高考全区331名考生中，其中，北戴河中学报名285人，实际参加考试277人，录取267人，总录取率为96.39%，本科提前批16人，本科一批1人，本科二批70人，专科112人，单招68人。

办理自考毕业10人次，办理免考、合档5科次。成人高考共报名279人，其中，高中起点升本科7人，高中起点升专科72人，专科起点升本科200人。教师资格证信息确认2067人次。

【教学改革】 落实国家课程计划，实施海量阅读大语文工程，组织开展优质课、科研成果、论文的评比活动，教师获省级奖励19人、市级奖励46人、区级奖励220人；以四级备课为依托，构建多层次教研网络，全区共在网上晒课311节，教师获部级优质课2节，省级优质课3节。

【平安校园建设】 贯彻落实教育部《依法治教实施纲要（2016—2020）》等重要法律法规，开展法治教育、法治答题及论文教案评比活动。年初与各基层单位签订2016年度安全责任书，各校开展安全教育活动30余次，多次专题部署防溺水、防火和交通安全工作，印发《致家长一封信》6000余封，设置警示牌75个。各校积极组织应急疏散演练和安全隐患排查60余次，协调各单位联合开展校园周边综合治理巡查4次。年内，处理信访和民情问题36件。

（吴　晓）

文化事业

【概况】 2016年，北戴河区加强公共文化基础设施建设，繁荣城乡公共文化，为牛头崖镇争取上级资金21.54万元；投资300余万元，完成对复兴路700延长米的改造提升。年内，共组织业务培训12次，600余名基层群众受益；出台《北戴河区国家公共文化服务体系示范区建设规划（2016—2018）》及《实施意见》，落实全市《关于向社会力量购买公共文化服务实施意见》。编辑出版6本本土文学家散文集6000册。组织公益性文艺演出900场次，其中包括街头音乐文化人、春节灯会演出、文化宫及北戴河村戏剧演出等。承办市级“引进来”活动6场次，其中包括韩国青州书画摄影作品展。北戴河劳动人民文化宫、影谷影院平稳运营，全年放映电影450场次。放映农村公益电影300场次，观影人数达2万人。全年20家民营美术馆、艺术馆、博物馆运营开放，举办各类艺术展览60余场次，全部实行免费对外开放。

【文化市场管理】 召开“北戴河区文化系统安全生产暨文化市场管理工作会议”“迎暑期文化市场安全生产暨法律法规培训会”“文化市场法律法规培训会”“全区文化系统迎暑期动员大会”等专项会议，与各文化经营单位签订守法经营责任状、安全生产责任状，向所有文化经营单位下发关于规范文化市场经营秩序的通知。加强文化市场在岗人员学习培训，采取自学、互帮互学、集中培训等方式开展培训，提高执法队伍素质和执法水平。

组织开展清源、净网、秋风、护苗和打击侵权盗版等专项行动。以安全生产大检查活动为契机，在全行业大力开展安全生产排查和整治活动，坚持每周一次安全生产专项检查，行政执法队对网吧、歌厅、印刷厂等经营场所严格按照《场所安全检查标准》进行全面检查。同时，协调电力公司专业人员，对全区网吧、歌舞娱乐场所电力线路进行检查，确保全区文化企业安全生产无事故。

【文物管理及普查】 完成博物馆展厅设备检修，利用搜集的新资料、新图片，更换部分版面，完成博物馆消防蓄水池及外网建设工程。配合市文物局开展北戴河秦行宫遗址博物馆筹建工作。完成第一次可移动文物普查，强化对文物保护单位的安全检查，发现安全隐患及时整改。对老别墅进行保护性修缮，对顾维钧别墅、狄西叶别墅、何文镜别墅、根纳地夫人别墅、美利德别墅等11处近代建筑，制作档案、填报申请材料，申报为第六批河北省文物保护单位。年内，新增省级非遗项目2个，市级非遗传承人3个。

【文化活动】 *春节灯会演出* 组织实施了春节灯会活动。活动以“传统灯展加主题文艺演出”的形式开展，灯会期间，每天举办以社会主义核心价值观为主题的演出活动，吸引了本地市民和外地游客数十万人观看。

志愿服务活动 组建文化志愿者协会，整合公共文化艺术资源，在海宁路、奥林匹克大道公园、石塘路步行街、平水桥公园等25个重要节点开展音乐、美术文化人等形式多样的文化志愿服务活动，采取街头文艺演出、现场写生绘画等行为形式。活动于5月1日启动，10月8日结束，演出千余场次，吸引观众5万余人。

艺术展览 全区20家各类艺术场馆举办（承接）书法、绘画、雕塑艺术作品展览80余场次。其中，来自美国艺术家朱伟先生的“穿越—从古典到当代”艺术作品展、来自俄罗斯艺术家弗拉基米落芙娜·思维达女士的当代油画作品展和来自奥地利艺术家刘秀鸣女士的个人绘画展，彰显了北戴河艺术展览的国际化趋势。

【文化创意产业项目】 中国电影专题展开幕式在同道电影坊成功举办，活动吸引了万余观众前来参观。中俄文化艺术合作产业园项目一期俄罗斯风情街已建设完成，二期主展馆完成主体建设，俄罗斯风情演出、“一带一路”开馆展、舌尖上的美食节将全面亮相。

打造“7·25”石塘路艺术街区 面向社会公开召集40余位艺术达人，业态涵盖书画、篆刻、手工编织、皮具制作、文玩手做等多种艺术门类，活动贯穿整个夏季，吸引游客近10万人。秦皇岛电视台《今日报道》节目，新华社记者等分别到街区进行采访，播发《北戴河设立“7·25”艺术街区》，该稿件被70余家媒体广泛转载。

艺术村落 至年末，已入驻树梢美术馆、爱淘器设计等40余家艺术机构、院校和艺术家，被中央电视台和人民日报同时集中报道。9月，举办“京津冀文化创意产业博览会”，数万游客走进北戴河村。

【电影放映】 2016年，区文化宫成功接待会议、演出、培训25场次，放映电影60余场，电影放映队为各村免费放映数字电影300场次。

（刘　洋）

卫生计生事业

【概况】 2016年，北戴河区有个体诊所51家，公办医疗机构8所，其中，乡镇卫生院3所，卫生执法监督所1所，疾控中心1所，妇幼保健站1所，区人民医院1所，社区卫生服务中心1所。2015年10月1日至2016年9月30日，共出生802人，政策内出生795人，出生政策符合率99.13%，人口出生率7.79‰，出生统计求实率95%，群众对计生工作满意率达到98%，综合避孕率90.2%，近5年出生人口性别比102.53。6月5日，北戴河医院与北京同仁医院、中日友好医院合作建立北戴河泌尿外科微创治疗中心正式挂牌成立；8月3日，举行北京医院与北戴河医院深度合作签约揭牌仪式。年内，河北省人民政府食品安全委员会办公室授予北戴河区疾控中心先进集体称号；北戴河区妇幼保健站更名为北戴河区妇幼保健计划生育服务中心；北戴河区计划生育服务站更名为北戴河区计划生育宣传站；北戴河区卫生执法监督所更名为北戴河区卫生计生综合监督执法大队。

【优质卫计服务】 年内，完成孕前优生健康检查服务目标人108对，免费生殖健康检查的育龄人数为10372人；为农村1075人、城市397人免费发放叶酸。全年免费婚检333人。农村孕产妇住院分娩补助发放283人，总金额8.49万元；全区助产机构预防艾滋病、乙肝、梅毒母婴传播项目实现产前筛查936人。开展农村和城市低收入患者白内障复明工程，为全区低收入患者实施手术30例，发放补助金3.95万元。

【基本公共卫生服务】 全区人均基本公共卫生服务经费45元，累计建档94311人，累计管理高血压患者8112人，糖尿病患者3251人，重性精神病患者501人，老年人健康管理4562人。年内，组织献血881人次，累计献血195100毫升。全年医疗救治临床用血量86950毫升。

【暑期保障】 高干门诊累计接待195人次，住院9人次，承担34次会议保健，组织大型义诊活动58次。监测就诊腹泻病人1789例，便检598例。诊治海蜇蜇伤患者总计132人次，未发生重症病例。

【妇幼保健】 2016年，北戴河区活产数为778人，其中顺产433人，剖宫产345人；产妇建卡715人，建卡率91.9%。年内，妇幼妇科门诊742人次；B超检查人584次、心电图324人、乳腺扫描75人、妇科理疗91人次，保健12人次；旅游旺季贴敷912人次。7—10月，开展新入园儿童体检897人次，在园儿童体检1031人次，幼师体检224人次。年内，开展儿童门诊281人、听力筛查1908人、视力筛查1941人、微量元素血常规检测635人，骨密度检测1948人、儿童门诊化验192人。

【传染病防治】 汛期，对辖区36个非市政供水行政村发放消毒泡腾片1200千克，敌百虫等杀虫药品350千克。防止介水传染病的发生与流行，在丰、枯水期中采样共119份。对辖区3所预防接种门诊、3所产科医院、2所狂犬病暴露处置门诊发放疫苗专用冷藏柜8台。旅游旺季，完成食源性腹泻事件的流行病学调查12例，采集生物样本12份，检出致病菌4份；留样食品34份，未检出致病菌；收到食源性疾病网络直报病例136例。对全区重点单位乙脑疫苗接种35人次，没有发生乙型脑炎疫情。对区中小学开展消毒工作，共消毒教室48间，面积2880平方米，消耗过氧乙酸原液2千克。

【环境卫生整治】 2016年，累计参加环境卫生整治人员2.86万人次，出动各种车辆1600辆次，清运各种垃圾320余立方米，秋冬共投放鼠药2吨，发放粘鼠板1200张，开展北戴河治理农村面源污染攻坚工作情况通报3期，检查区域涉及全区43个村庄、浴场、重点单位、公路主干道、国、省交通干线。

【卫生计生执法监督】 对各类监管对象实施监督检查3200余户次，审批行政许可服务事项329户次，受理并查处群众投诉举报12起。

【红十字工作】 完成“红十字博爱送万家”扶贫济困活动，向困难群众发放慰问物品92份。开展“博爱一日捐”活动，募捐到社会各界爱心人士善款15余万元。组织2场无偿献血。

【“亲情关爱”行动】 针对全区失独家庭精心打造依托医疗保障、心理服务、农家体验“三位一体”的“亲情关爱”示范基础，在海滨镇计生服务站二楼、朱庄村晟发家庭农场、秦皇岛职业技术学院建立了3个“滨海情港湾”；医院为失独家庭开通看病就医“绿色通道”。组织计生特殊家庭开展农家采摘游、端午节联谊等活动，为全区72户111人送去特殊关爱。

（卢志江）

体育事业

【概况】 2016年，北戴河区体育工作坚持普及与提高相结合，抓基层、打基础，在品牌营造上有新提升，在全民健身活动开展上有新局面，在业余训练发展上有新突破，在基础体育设施建设上有新拓展，实现了群众体育与竞技体育的协调发展和互相促进。连续7年获国家体育总局中国轮滑协会授予北戴河轮滑节“优秀组织奖”。

【社会体育】 第八个全民健身日之际，在奥林匹克大道公园举办“2016秦皇岛市广场健身操（舞、气功）大赛”北戴河区比赛，全区城乡的14支健身队参加。暑期，北戴河区体育局组织的“体育文化人”特色活动，融城市景观与休闲体育于一体，打造动感、健康、时尚体育休闲名城。举办首届中国·北戴河冬泳文化节，全国各地千余名冬泳爱好者参加。

【学校体育】 全区有市级体育传统项目学校4个（海宁路小学、实验小学、育花路小学、海北路小学），业训网点1个（北二中），育花路小学为省级传统项目学校。海北路小学、育花路小学作为首批中国轮滑示范校，全面普及学生的轮滑技能、技巧水平，将《儿童轮滑》定为1~3年级校本课程的必修课，4~6年级学生的选修课。

【赛事】 2016中国体育彩票北戴河铁人三项大赛　作为秋季旅游主题的主要项目，中国体育彩票北戴河铁人三项大赛，已连续成功举办9届，也是国内业余铁人三项积分赛。来自全国各地200余名运动员参加比赛。组织区直机关、学校等单位500人参加“秦皇岛国际马拉松赛”，并派出100名裁判员服务赛事。

“宝狮莱杯”第四届北戴河速度轮滑邀请赛　10月3—5日，“宝狮莱杯”第四届北戴河速度轮滑邀请赛在奥林匹克大道公园轮滑场开赛，来自北京、天津、河北、山东、浙江、辽宁、黑龙江等省、市的25支代表队近200名运动员参赛。该赛事是继“五一”轮滑节全国少年轮滑赛后又一项在该区举办的全国赛事，参赛组别、人数均较往年有所增加，随队家属近千人观看比赛并旅游观光。

秦皇岛市首届青少年轮滑锦标赛暨北戴河区中小学生秋季轮滑比赛　该赛事在北戴河区尚属首次，来自全市各县区的10支代表队近200名运动员参加。

【体育健身业管理】 对全区群众喜闻乐见、基础较好的篮球、乒乓球、冬泳等项目继续开展比赛活动并形成届制。根据行业特点，分别不同层次组织机关、企事业单位、社区、学校、农村、老年人等类型的体育活动，年内举办并支持协会举办区内特色体育赛事（包括长跑、篮球、健走、登山、轮滑、跆拳道等项目）活动40余次，实现月月有活动、季季有高潮的目标。先后为南店子、戴河镇、河北省军委疗养院等提供健身路径、篮球、羽毛球等健身设施72套（件）。

【第十二届轮滑节】 4月30日至5月2日，第十二届轮滑节暨第十届全国少年速度轮滑锦标赛在北戴河碧螺塔酒吧公园举行。赛事由国家体育总局社会体育指导中心、河北省体育局、中国轮滑协会主办，北戴河区人民政府、秦皇岛市体育局承办。轮滑节期间，举行了轮滑赛事、时尚活动、商品展销、培训研讨、全国少年速度轮滑改革发展研讨会、海岸星空露营大会、轮滑美食节、创意征集等活动。首次承办规模性国际轮滑赛事—首届北戴河国际速度轮滑公开赛，来自新西兰、德国、法国及国内省、市的13支轮滑队伍，近百名职业选手参赛。5—12月，相继举行了全国速度轮滑及自由式轮滑等级教练员、裁判员培训班、河北省第二届轮滑锦标赛、秦皇岛市第三届轮滑锦标赛暨高校自由式轮滑友谊赛等系列活动。本届轮滑节首次引进市场化运作，实行轮滑节总体冠名招商，并通过置换赛事冠名权的方式，对全国少年速度轮滑锦标赛、自由式轮滑公开赛、花式刹停赛实行市场化运作。

【竞技体育】 元旦期间，在北戴河老虎石浴场举行“地质杯”第二十一次全国元旦冬泳日暨北戴河第十届新年冬泳表演大会。来自秦皇岛365健身俱乐部、秦皇岛汤河冬泳队、昌黎冬泳队、北戴河冬泳队的120余名冬泳队员参加。2月，组织全区干部职工举行2016“体彩杯”迎新“沙滩跑”活动，来自全区30个机关单位的400余名职工参加。3月，北戴河区中小学生春季轮滑比赛在奥林匹克大道公园轮滑场开赛。来自北戴河区8所中小学120多名轮滑运动员，分别参加了小学甲组、小学乙组、小学丙组（为新设立项目）、初中组共计24个单项的比赛。4月，第三届北戴河少年速度轮滑集训交流赛在奥林匹克大道公园轮滑场举行。来自北京、天津、河北、辽宁以及北戴河当地轮滑俱乐部在内的10多支队伍、百余名队员参加。7月9—13日，“2016年北戴河区中小学生篮球比赛”在秦皇岛职业技术学院篮球场举行。全区2所中学和6所小学的16支代表队、200余名队员参加。10月13—18日，在育花路小学举行“2016年北戴河区中小学生足球比赛”，共有12支足球队110名运动员参赛。12月14—18日，由区体育局主办的“2016年北戴河区乒乓球比赛”在北戴河高中体育馆举行，比赛分职工组、小学组2个组别，共有20支代表队、100余名运动员参加。

【北戴河籍运动员在国家级以上赛事中获奖情况】 轮滑项目在各项国家级比赛中获得5金6银3铜，省级比赛中获得5金2银3铜，在全国邀请赛中获得5金2银，市级比赛获得8金9银6铜。该区输送到国家队的轮滑运动员张弛，在2016年世界速度轮滑锦标赛上，战胜来自40多个国家的60余名选手，夺得场地赛青年男子组1000米比赛冠军，是中国队在该比赛中获得的唯一一枚金牌，也是中国速度轮滑男选手第一次获得世界冠军，张弛也成为北戴河区第一位获得世界冠军的运动员。

（杨　丽）

广播电视

【概况】 2016年，北戴河区广播工作，充分发挥舆论引导凝聚作用，于暑期前开通了“社会主义核心价值观”频道，18档栏目精彩呈现，弘扬正能量。加强对全民洗城、防汛度汛、城市文明以及服务旅游等中心工作的宣传和对上报道。播发新闻稿件2100余篇（条），在上级媒体播发稿件420余篇（条）。其中，《北戴河武警民警合力救助溺水儿童》等8篇稿件在央视播发；《北戴河最美“撑伞哥”》等40篇稿件在省电视台播发。审看播出弘扬核心价值观主题电视剧70部次共2200集次，电影1095部次；制作了23集《北戴河·唱响我们的价值观》大型系列公益宣传片，制作播发“文明祭扫”“城市名片”等公益宣传短片3000多条次，微信资讯600余条。

年内，城市宣传片《还看今朝》获第九届中国优秀旅游电视节目评选最佳作品奖；作品《核心价值观系列短片》获河北省21届奔马奖一等奖（省级），另有6件作品分获省、市重要奖项。

【开通“社会主义核心价值观频道”】 于6月8日开通“核心价值观频道”。全天从5：50至16：50，从18：30至凌晨2：30，共播出11小时。设有《我们的价值观·新闻广场》《北戴河·唱响我们的价值观》《纪录·社会主义核心价值观》《“一带一路——丝绸之路”》《诗意中国·北戴河》第二季、《老子道德三百问》《寻找最美北戴河人》《我们的价值观·影视剧场》等18档栏目。

【新闻宣传】 2016年，《北戴河新闻》围绕全区重点亮点工作，开设街区景观改造提升、美丽乡村、寻找最美北戴河人、创城进行时、全民洗城行动、对接京津冀协同发展、双违治理、城市管理、河道治理、街景改造等20余档新闻专栏，2100余条新闻全方位多角度内外联动宣传北戴河，60余期专题紧抓全区重点工作、民生热点，营造发展强势氛围。

【专题节目】 在做精做强原有精品专题栏目《北戴河视角》的基础上，于暑期增设了《创城进行时》《文明大家议》2档特色专栏，助推北戴河区创建省级文明城区工作。累计制作播出《北戴河视角》47期、《创城进行时》4期、《文明大家议》10期等专题节目。

【对上发稿】 2016年，在市电视台以上媒体发稿共420余篇、专题4期，其中《北戴河武警民警合力救助溺水儿童》《外国人过中秋》等8篇稿件在央视播发；《北戴河最美“撑伞哥”》等40篇稿件在省电视台播发。384篇稿件在市电台、电视台播发。同秦皇岛电视台今日报道栏目共同采制了10分钟专题节目《“7·25”石塘路艺术街区》，自采的《让我们的城市更完美》《校园贼影》《今天我们说疫苗》等专题被《今日报道》栏目采用。

【制作公益节目】 拍摄制作《北戴河·唱响我们的价值观》系列短片，于3月31日在《北戴河新闻》中开播，共对100多人进行了采访，制作播出了21集。同时，《文明城市公益宣传短片》《核心价值观公益宣传短片》《政府公益广告》《北戴河欢迎您》等3000多条次公益宣传短片每天循环播放。在《北戴河新闻》后的重要时段开设了《旅游公共服务信息》专栏，每天播发天气、日出时间、潮汐预报信息、公交车首末班时间、列车时刻表、航班班次、“12315”消费维权电话及海蜇蜇伤防治知识等服务信息。

【影视剧】 审看播出弘扬社会主义核心价值观主题电视剧70部次共2200集次，电影1095部次，《复兴之路》《筑梦中国》《记住乡愁》《暑假去游学》《水脉》《中国之路》等纪录片173集。

【“北戴河微视听”微信公众号】 “北戴河微视听”微信公众号，每天播发至少3条以宣传社会主义核心价值观、旅游动态、康体养生等内容为主的新闻，与电视媒体形成合力，利用新媒体实现《北戴河新闻》二次传播。

（李菲菲　姜昶鑫）

【河北广电网络集团秦皇岛有限公司北戴河分公司】 河北广电网络集团秦皇岛有限公司北戴河分公司隶属于河北省委宣传部，负责北戴河区范围内广播电视网络的规划、设计、施工、维护等工作，开展广播电视网络传输基本业务和付费电视、高清电视、数据专线、广电宽带等增值业务。分公司下设综合部、工程部、运维部、市场部、技术部5个部门。

2016年，北戴河区有线电视城乡居民数字电视用户29689户，比上年增长3.69%，互联网用户2360户，比上年增长108.85%。年内，新建管道4.2千米，铺设光缆30千米，铺设电缆干线15千米；新建光节点8个；网络维护更换光节点箱10个；调试双向光节点30个。新开通2个双向小区，其中，浪淘沙小区230户，华贸二期996户；完成林海度假村有线网络升级改造。光纤入户试点推广开通大薄荷寨村、单庄村北新区、费石庄村、乔庄村。

落实ISO 9000国际质量管理体系，加强网络安全维护，完成春节、两会、暑期、阅兵等重要保障期间安全传输工作。至11月30日，共接到“96888”维修派工单和用户通过其它方式报修4800多起，安装、开锁1210户，日故障率保持在0.02%左右，始终位于全市最低，服务用户满意率、安装维护满意率均为100%，服务及时率100%，突发事故处理及时率达到100%。

（轩　飞）

社会生活

人力资源和社会保障

【概况】 2016年，北戴河区人力资源和社会保障工作牢牢抓住“民生为本、人才优先”的工作主线，突出抓好就业促进、社会保障、人事人才、劳动关系调整等重点工作，多项业务跻身省市领先行列。

【就业】 2016年，全区新增就业2767人，完成全年目标任务1750人的158%，其中，城镇失业人员实现再就业993人，完成全年目标任务850人的117%；就业困难人员实现就业426人，完成全年目标任务350人的122%，农村富余劳动力转移就业962人，完成全年目标任务100人的962%，全区城镇登记失业率控制在2.3%以内。

开展就业服务专项活动　开展全区性的“春风行动”“就业援助月”“民营企业招聘周”“就业服务宣传月”等公共就业服务专项活动。累计印发各类政策宣传材料4000余份，发布岗位信息1000余条，提供免费职业指导、职业介绍340余人次，为340余人进行了求职登记，举办专场招聘会4场，共有178名求职者与区内58家用人单位达成了就业意向。

推进基层劳动就业社会保障服务所、站示范级达标建设　5个所、17个站已经完成基层人力资源社会保障公共服务平台达标建设，英才社区等2家社区被评为“省级充分就业社区”。

完善市场服务功能　利用镇街社区基层劳动保障服务平台，进行求职和用工信息发布，全年共发布用工信息1000条。通过就业推荐、专场招聘等形式及时满足了部分单位的用人需求。

开展高校毕业生就业见习　共征集就业见习岗位68个。通过双向选择帮助57名高校毕业生与34家见习单位实现了成功对接。

加大创业扶持工作力度　组织开展以领取失业金人员为主的创业培训，引导有能力、有意愿的人员自主创业，68名参加培训人员全部取得培训合格证。推进小额担保贷款审批发放工作，共为83名创业人员发放小额担保贷款750万元。

开展就业困难人员帮扶工作　累计发放社会保险补贴和岗位补贴290.8万元。其中，灵活就业社保补贴108.29万元，大学生创业补贴1万元，公益岗96.27万元，见习岗85.24万元。面向全区机关、企事业单位、人民团体开发公益性岗位，安置就业困难人员173人。

【社会保障】 养老保险　至年末，全区企业养老保险覆盖总人数18738人，其中，在职14454人、离退休4284人，年基金收入8586.5万元，完成年度目标任务的107%，基金支出10732.6万元，新增参保职工974人，完成全年目标任务600人的162%；机关事业养老保险覆盖总人数为6875人，其中，在职4791人、离退休2084人，年基金收入10687.2万元，基金支出11834.2万元。城乡居民养老保险参保35711人，其中，缴费20738人，参保率和缴费率分别达到99%和91%，超过省级预定目标9%和1%；60周岁以上领取养老金的人数12529人。各项养老金及时足额发放率达100%。

医疗保险　至年末，全区城镇职工参保12210人，其中，新增832人，完成年度目标任务100人的832%；城镇职工基本医疗保险费完成收入5056.26万元，完成年度目标任务4200万元的120.39%，其中，统筹基金收入2890.83万元、个人账户收入2165.43万元。医疗保险基金支出4092.22万元。至年末，全区生育保险参保8208人，实现收入223万元，完成目标任务200万元的112%；支出生育保险费170万元。

失业保险　至年末，全区失业保险参保单位347家，参保人员9630人，完成年度目标任务9600人的100.3%，其中，扩面新增参保单位46家、新增参保人员693人，完成年度目标任务500人的138.6%。失业保险基金收入551.05万元，完成年度目标任务480万元的114.8%。领取失业保险待遇人员1000人次，失业保险支出285.68万元。

【劳动关系调整】　开展专项监察、日常巡察和举报专查，发放劳动法律法规宣传单6000余份，指导用人单位健全劳动规章制度150次；检查用人单位353家次，涉及劳动者0.9万人，责令补签劳动合同1100余份。完善劳动保障监察预警制度，全面排查辖区范围内因劳资纠纷(欠薪、逃匿)或可能引发的群体性事件，全年共检查重点单位45家次，对其中6家企业实施了重点监控，依法将1起欠薪案件移送公安机关，涉及劳动者416人，金额649万余元。依法受理劳动保障监察、仲裁举报投诉案件125件，立案125件，涉及劳动者149人，涉及金额584余万元，结案124件，结案率99.2%。

【人才交流服务】　2016年，全区新增人事代理档案222卷。其中，单位集体户4家，代理人事档案56卷；个人人事代理档案166卷。开展人才交流服务活动，年内共征集教师、工程师、医护医师等硕士、本科、专科学历用工岗位67个，协助引进人才56人。

【工资福利】　1月1日，遗属生活困难补助每人每月500元，涉及区直29家机关事业单位的156人次。同时，新增审批遗属8人次；调整区直机关事业单位退休人员基本养老金，机关单位调整退休人员463人，人均增加基本养老金217元，事业单位调整退休人员1573人，人均增加基本养老金238元。7月1日起，调整区直机关事业单位工作人员基本工资标准和增加机关事业单位离休人员离休费，其中，机关单位工作人员586人，人均增加工资318元；事业单位工作人员1732人，人均增加工资366元；离休人员37人，人均增加工资500元。年内新增劳务派遣企业3家。

【基金监督】　4月29日，北戴河区人力资源社会保障局与秦皇岛市公安局北戴河分局建立北戴河区查处和防范社会保险欺诈工作联席会议制度。6月20日，北戴河社会保险监督委员会正式成立，办公室设在人力资源社会保障局基金股。

（孙国全）

民政工作

【概况】　2016年，全区民政工作深入贯彻落实习近平总书记系列讲话精神，创新发展思路，解决突出问题，办好民生实事，充分发挥民政在社会建设中的基础作用。

【基层政权建设】　加强社区建设工作　筹划建设的车站社区服务中心，总建筑面积1000平方米，主体建设已经完工，预计2017年初正式投入使用。宁馨苑社区服务中心改造工程全部完成，现已投入使用。接收开发商提供社区办公用房6处。指导街道办事处制定社区工作者考核方案，完成社区两委班子及成员考核工作。组织社区工作者参加全市社区干部培训。做好全省和谐社区建设示范城区、示范街道、示范社区的创建申报工作。

加强农村基层政权建设　指导村务公开民主管理工作，指导村监会、村代会发挥监督和参政议政作用，每年两次开展村民“民主议政日”活动。起草北戴河区关于“村改居”实施方案，拟将“村改居”工作按照先试点再推广的步骤分三步开展，到2020年完成符合条件的18个村的“村改居”工作。区成立“村改居”工作领导小组，小组办公室设在区民政局。

【社会组织管理】 对民间组织申请登记的各项材料，逐一审查，严格登记程序，及时完善各种手续。对全区23家社会团体、42个民办非企业单位进行年检，撤销3家不合格的社会组织。全面部署民间组织与行政机关脱钩工作。成立北戴河区养老院党支部，加强了民间组织党建工作。

加强社会工作人才队伍建设　动员社区工作者参加全国社会工作者职业水平考试，集中做好考试报名宣传和组织工作，2016年4人通过考试，全区共11人取得社会工作者资格。

【惠民工程】 保障困难群众基本生活　再次提高城乡低保标准，城市低保保障标准由每人每月450元提高到500元，农村低保保障标准由每人每年2500元提高到3000元。截至2016年12月，全区共有城市低保对象244户385人，累计发放低保金185.44万元；农村低保对象215户361人，累计发放农村低保金72.31万元。协调电力、自来水、广电、房产、教育等部门给予低保家庭费用减免照顾，为5492户低保户发放用电补4.58万元，为246户发放取暖补15.99万元，为高校毕业生提供困难家庭证明188人次。

提高兜底救助合力　出台《关于建立北戴河区社会救助联席会议制度的通知》，健全城乡社会救助体系，完善政府领导、民政牵头、部门配合、社会参与的社会救助工作机制。出台《关于组织开展全面提升救助工作水平实施精准兜底扶贫活动的实施方案》，全面复核城乡低保家庭，全面推行按户施保政策和低保金据实发放，确保精准救助。自2016年1月起，北戴河区农村低保月人均补差标准由原来的133元提高到182元，做到了低保线与扶贫线“两线合一”。

做好医疗救助和临时救助工作　加强与“一站式”开发公司及北戴河区定点医院联系，随时解决系统异常及关于扣除大病补偿金额的操作问题，确保“一站式”即时结算系统正常运行。累计提供医疗救助50户次10.32万元，对因突发事件导致基本生活受到影响的家庭个人及时开展临时救助，临时救助18户次4.35万元。

严格救助审批管理　坚持季审、年审，根据低保对象家庭收入变化进行重新申报、审核、审批，2016年共清退不符合低保条件的城保12户16人，农保11户23人，实现了动态管理下的应保尽保、应退尽退。

农村五保（城市“三无”）、精简退职人员工作　全区现有五保老人223人，集中供养33人，分散供养190人，城市“三无”人员4人。分散供养标准为每人每年6120元，集中供养为每人每年6600元（实际达到每人每年2.04万元）。年内，发放供养资金211.50万元，资助233名五保对象3.50万元参加新农合，为12名精简退职人员发放补贴2.62万元。

【社会福利工作】 加强福利企业监督管理　注销1家社会福利企业——显星机械设备有限公司。为福利企业纸箱厂职工发放全年养老保险和医疗保险金27.38万元，为该厂9名退职职工发放生活补助金3.50万元；为福利企业印刷厂职工发放全年生活补助金32.10万元；发放2015年度福利企业独生子女父母退休奖励金1.50万元。

落实孤儿福利政策　按每人每月700元标准，为全区5名孤儿发放全年生活补助费3.64万元。对农村留守儿童、困境儿童情况进行了详细的摸底调查。全区有留守儿童12人，已将相关信息上传至留守儿童信息系统。

残疾人补贴发放工作　出台《关于全面建立困难残疾人生活补贴和重度残疾人护理补贴制度的实施意见》，对符合条件的困难残疾人按照每人每月55元、重度残疾人护理补贴50元的标准，实行季度发放。全年累计为困难残疾242人及重度残疾773人发放生活补贴资金及护理补贴资金61.15万元。

慈善协会工作　区慈善协会根据市民政局、市慈善协会开展大病救助活动的相关要求，为3名患大病人员争取到慈善救助资金9000元。

【养老服务】　在牛头崖镇新建幸福院2所，至此已完成幸福院建设任务16所。加强对养老机构支持和管理，为老年生态颐养中心、君颐安老院和松鹤苑老年公寓等3所养老院申请运营及建设补贴11.06万元。完成现有5所养老机构的年检工作。制发《北戴河区养老机构日常管理须知》，本年度对养老机构进行日常检查12次，为本辖区符合条件的3家养老机构投保责任保险，投保床位数373张，投保金额3.73万元，未发生养老机构出险理赔事故。全年为2602名80周岁以上老人发放高龄补贴199.43万元，办理老年优待证1200个。重阳节期间上门慰问4位百岁老人，送去慰问金及鲜花蛋糕等慰问品，为328名90岁以上老人送去节日蛋糕。

【双拥优抚安置工作】　落实优抚安置保障政策　“八一”慰问驻区军事单位10家，送去慰问资金16万元。为1~6级伤残人员办理医疗保险手续；制发《1~6级伤残人员医疗费报销明白卡》。与北戴河医院签订“一站式”报销协议，录入全区优抚对象人员信息。全区有各类优抚对象731名，发放医疗补助资金、优待金、抚恤金等455万元。做好义务兵家庭优待，组织45名涉核人员体检，办理多名转移、新增伤残、涉核人员审批手续。核查优抚对象领取退休金或城镇职工养老保险金情况。

退伍安置工作　接收2015年秋冬季退役士兵档案，办理退役士兵党组织关系提档手续，起草《2015年秋冬季退役士兵安置方案》，召开安置会，组织退役士兵签订协议，发放自主就业、自谋职业补助资金。全区2015年底军休人员接收安置情况，办理第七批无军籍职工参保手续，将军工交镇、街管理，完成无军籍职工一镇两街的档案、工资及相关服务管理工作的交接工作。将落实军休干部的“两个待遇”作为日常工作的重点，为军休干部发放增资款约88万元，补发遗属生活费增长部分1.10万元；报销上半年离休干部医疗费13万元。制作《军休干部服务卡》，让军休干部对自己享受的待遇、报销流程及注意事项一目了然。将高龄、空巢、重病、失能的军休干部列为重点服务对象，为他们提供特殊和个性化服务。做好节日慰问、福利发放及日常走访工作。组织军休干部，参观了李大钊同志纪念馆、李大钊同志故居，“八一”建军节召开了座谈会，观看电影《开国大典》等，组织好军休干部一年一度的体检及疗养工作。

【社会管理和服务工作】　区划调整工作　履行区划调整领导小组办公室职责，做好收尾督导工作，汇总各相关单位在接收工作中遇到的问题，向区、市两级进行汇报。接收完毕后，制作新的《北戴河区区划地图》。

婚姻登记工作　开展婚姻登记机关标准化创建，对婚姻登记员进行业务培训，规范婚姻登记档案，实现了电子档案和纸质档案“双套制”保管。为新婚夫妇提供有关婚前医学检查的咨询服务，全年办理结婚登记883对，离婚登记358对，补办婚姻登记证159对，为群众提供查阅婚姻档案服务230人次。做好新接收的牛头崖镇居民的婚姻登记工作。北戴河新区没有实行婚姻登记联网，婚姻登记处代为办理划归北戴河新区居民的婚姻登记。全年办理弃婴收养登记1个。

强化殡管服务　按照市政府关于农村私埋乱葬治理和公墓建设的有关要求，实地调研、统计坟头数量、起草北戴河区的建设及治理方案，转发市政府《关于加强农村公益性公墓建设和管理的意见》，督导镇政府开展农村公墓建设，争取上级建设资金。殡仪馆全年365天对外服务。春节、清明节、寒衣节期间，延长工作时间，应对祭奠高峰。馆内原有木质存放架老旧、破损严重，申请财政资金45万元更换不锈钢存放架18组，存放位1500个，通过区电视台滚动播发、张贴明白纸等方式告知群众开展骨灰移放工作，全年移放骨灰盒600个。

流浪乞讨人员救助和地名管理工作　全年劝解自行返乡的流浪乞讨人员20人，救助26人，提供救助金1304元。办理地名命名、变更手续1560人次，完成新命名的道路标志牌制作安装工作。

【救灾应急工作】　接收市局发放的米、面、油等救灾物资及慰问物资，于2016年春节前发放给需要救助的困难群众。救灾储备点2个，储存了手电筒、帐篷、棉衣被等各类救灾物资，做到“有灾时救灾、无灾时备灾”。对救灾物资储备库和救灾物资安全管理工作进行了全面排查，强化岗位职责，消除事故隐患。7月20日和8月19日出现暴雨大风等强对流天气，造成洪涝灾害，受灾区域为戴河镇和牛头崖镇。主要为农作物受灾，严重损坏房屋3户7间，一般损坏房屋16户35间，无人员伤亡发生。洪涝灾害发生时迅速、及时、准确做好报灾、核灾工作并上报区政府及市局救灾科。灾后布置镇街做好因灾受损住房统计工作，开展受损房屋重建和修缮工作。利用1个月的时间集中力量开展冬春灾民生活状况调查，基本摸清灾民需救济情况。

（杨　宇）

残疾人管理

【概况】　2016年，全区有残疾人2407人，其中，视力残疾206人，听力残疾137人，言语残疾20人，肢体残疾1594人，智力残疾197人，精神残疾117人，多重残疾136人。做好残疾人基本生活保障、残疾人医疗康复和残疾预防、农村贫困残疾人扶贫、残疾人就业培训、残疾人及其残疾人子女教育资助、残疾人托养、残疾人无障碍服务、残疾人文化体育、助残环境工作。撰写《残联信息》35期，中残联网站录用34期，省残联网站录用35期。

【“一站式”走村入户扶残】　4月中旬，以牛头崖镇贫困重度残疾人为重点，以区残联工作人员为主体，开展入户办证、入村体检、无障碍改造筛查、扶残政策宣传等为主要内容的“一站式”综合扶残活动。为牛头崖镇新办残疾人证180个，为重度残疾人免费体检110人，开展残疾人家庭无障碍改造筛查10户次，解答残疾人关于重残补贴等优惠政策相关问题400余次。

【“演讲式”残疾人典型表扬】　5月13日，成功组织召开“残疾人自强模范、和谐家庭表扬暨事迹演讲会”，以树立残疾人典型、弘扬助残精神为主要内容，共表扬10名残疾人自强模范和12户残疾人和谐家庭，演讲7个典型事迹。通过电视、网络等宣传媒体，深入宣传残疾人事业，营造良好扶残氛围。

【“菜单式”实用技术培训】　以有就业需求的适龄残疾人为重点，创新开展“菜单式”实用技术系列培训。改变培训项目单一的固定形式，变成“区残联搜集就业信息，制定培训清单，镇（街）残联对辖区内残疾人开展调查，将受欢迎的热门项目作为培训主题”的灵活形式，出台《残疾人实用技术培训制度》。全年共开展培训5期，涉及互联网操作与淘宝店开设、甜点制作，西红柿、生姜和大白菜的种植技术及病虫害防治等方面内容，共有数百名残疾人参加培训。

【“延伸式”残疾人免费体检】　秦皇岛市部分行政区划调整后，北戴河区现有残疾人2407人，全区残疾人免费体检工作涉及人数较2015年大幅增加。在牛头崖镇、戴河镇等偏远、不通公交的村，采用流动体检车的形式，送体检入村。全年有575名残疾人完成体检。

【残疾人组织建设】　加强残协组织管理，开展肢残人协会和残疾人专职委员培训活动。为54名《残疾人证》申请者开展集中鉴定活动3期。全年办理发放第二代残疾人证

427个，注销119个，超额完成办证任务。提前完成全国残疾人基本服务状况和需求信息数据动态更新工作。

【残疾人维权】 做好特殊群体维稳工作，营造和谐残健关系，全年无越级上访事件发生。完成15户肢体残疾人家庭无障碍改造工作。为牛头崖镇24名听力、视力残疾人发放无障碍用品用具。完成政协提案回头看工作。认真开展市长热线等来电来访回复工作。

【残疾人扶贫】 为贫困残疾人发放每人每月100元的重残生活补贴，惠及746人，共计82.47万元；对已参加基本养老保险且符合条件的贫困残疾人，发放个人缴纳养老保险金部分50%的补贴，惠及45人，共计14.56万元；对城镇三、四级持证残疾人基本医疗保险个人应缴参合费用实施报销，惠及70人，共计1.49万元；为3名贫困精神残疾人发放每人每月500元的住院补贴，共计8500元。完成2016年残疾人居家托养补贴发放工作，惠及76人，共计8.80万元；完成2016年农村特困残疾人扶贫金发放，惠及120人，共计6万元；完成残疾人"两项补贴"复审工作。

【残疾人康复】 为4名贫困残疾人安装大、小腿假肢；为39名贫困精神病患者免费提供每人每年500元的药物补贴（其中自筹资金1.20万元）；为3名贫困精神残疾人提供每人每年4000元的住院补贴；为78名残疾人免费发放轮椅、拐杖、手杖等各式辅助器具；在牛头崖大集开展"爱耳日"免费发放助听器及义诊宣传活动，为牛头崖镇12名成年重度听力残疾人和1名残疾儿童免费发放助听器。配合区红十字会，对全区16名残疾儿童开展救助活动。为8名脑瘫、智力残疾、孤独症儿童免费提供康复训练。为2名残疾儿童免费发放儿童轮椅。完成2016年残疾人康复体育进家庭项目器材发放工作，惠及42人。为85名残疾人及残疾人工作者开展服装捐赠活动。为海滨镇卫生院配发康复器材22件，价值3万元。

【残疾人教育就业】 对10名2016年考入中高等院校的残疾学生和残疾人子女给予一次性资助，共计金额2.50万元；对5名考入本区高中的残疾人子女免收学费等5种费用；对12名处于义务教育阶段的在校残疾人子女减免教辅费。对全区注册企业进行年审，共收缴残保金218万元。

（葛　宇）

镇·街道

北戴河区海滨镇

【概况】 海滨镇位于北戴河区南部，东、南两面环海，地处全区中心最繁华地带。辖区总面积9.17平方千米，海岸线15千米，辖丁庄村、陆庄村、河东寨村、草厂村、刘庄村、单庄村和赤土山村等7个行政村，总人口13768人。北海山线公路横过其境，驼峰路、剑秋路、滨海大道等近20条硬化公路纵横交错境内，交通线路四通八达。农用地面积128.6公顷，其中，耕地面积31公顷，人均占有耕地0.034亩。

【特色产业】 通过加强与旅游网络平台对接，加大特色民俗推介力度，破解低价恶性竞争，规范民宿行业标准，提升全镇民宿产业竞争力。以民宿经营准入审批为突破口，综合考量安监、规划等因素，统一标准、规范程序，结合星级民宿评比，推进民宿审批管理工作。加大各村特色民宿区打造力度，确保民宿产业在风格各异、价位合理、品牌过硬的基础上实现良性发展。

开展植树造林及养殖区清理工作，优化乡村环境加快产业转型。利用村内闲置土地，完成丁庄村、陆庄村停车场建设。加快农村基础设施改造，完成丁庄自来水管网改造工程，对老驼峰路南段道路进行修缮并设置路灯。

【社会事业】 加强海滨镇政务服务中心建设，为群众提供信访接待、党组织关系接转等20余项服务，办理便民事项2万余件；依托海滨镇综合文化站及各村文艺队的资源优势，举办了新年文艺演出、正月十五秧歌拉街等多场文艺演出；全镇有26人被评为“为北戴河添光彩”先进个人；做好城乡低保的动态管理、保障性住房、弱势群体帮扶、临时救助、双拥优抚等工作，发放五保金、低保金、医疗救助金等各类补贴资金512人、121.7万元；做好双节慰问、重度残疾人生活补贴、医疗保险、养老保险补助、残疾人子女入学补助、无障碍改造、假肢装配等工作，发放各类补贴资金41.4万元，惠及205名残疾人；严格落实计划生育奖励帮扶政策，全年新出生123人，出生政策符合率95.12%；发放独生子女父母奖、救助公益金、奖扶特扶金等计135.6万元；完善社会保障体系，全镇城乡居民养老保险参保7147人，其中1890人已享受每人每月60元补助金，并向各村发放社会保障卡7867张。已对企业职工养老保险资格认证783人，城乡居民养老保险资格认证1801人，转移农村劳动力405人次，协助办理失业登记175人，落实灵活就业人员社保补贴150人；做好征兵工作，输送合格兵员。

【社会治安综合治理】 党委班子成员实行信访案件包案责任制，根据职能分工和包村任务将每个信访问题的解决和信访人的稳控明确到人。协调区内各职能部门，及时解决村内基础设施老化、自来水水压不足等涉及群众切身利益的问题。全年未发生进省、进京非访。

【村镇基础设施建设】 多措并举整治“双违” 通过科级干部带队逐村巡查，及时发现并制止违法建设行为，对全镇现有违建“做减法”。对新老驼峰路沿线、丁庄排洪沟、北六路、单庄北新区、草厂北新区、刘庄北里等重点位置的近300处“双违”建筑进行定点拆除，拆除面积达1.2万平方米。

保洁市场化运营　引入衡水远大保洁公司，以市场化运作方式清运村内垃圾。经前期试运营，于9月份顺利完成全镇各村环卫保洁工作的交接。落实镇、村“河长制”，确保镇内新河、戴河流域环境整洁有序。

沿街摊位管理　加强监督“门前五包”责任落实情况，取缔露天炭火烧烤，规范路边摊位摆放；在陆庄村、河东寨村开辟村民农贸市场，通过采取吸收摆摊散户、合理分配摊位、明确管理方式等举措，从村民经营实际需要出发，提升周边环境卫生与旅游接待能力。

赤土山村征建工作　赤土山村房屋征收、拆除、建设工作取得长足进展，已完成共计676户的房屋征收工作，占全村总户数的75.4%。并陆续对已征房屋进行拆除，安置旅馆房建设同步动工。

【辖村简介】　刘庄村　位于北戴河旅游区中心位置，地理条件优越。全村共有1135户2612人，党员127人，农业用地面积24公顷，其中耕地面积4公顷。村“两委”班子成员7人，支委7人（其中大学生村官2人），村委3人，交叉任职3人。村集体收入299万元，主要来源于红石路市场和北里市场商铺租金等。村民主要从事旅游、餐饮及旅馆服务业。

草厂村　位于北戴河旅游区核心，靠山近海，交通消费便利，地理条件优越，村内基础设施完善。全村共有1483户3186人，农业用地面积30.67公顷，无耕地。旅游业为主要经济产业，村民大部分从事餐饮、旅馆服务业。

陆庄村　位于北戴河旅游区西侧，靠山近海，地理条件优越，新驼峰路贯穿村庄。全村共有360户1007人。农业用地面积24公顷，其中耕地面积6.33公顷。村民主要从事种植、养殖、渔业捕捞等。家庭旅馆业持续开展并小有收入，村民从事乡村游的积极性增强，继续扩大家庭旅馆区域。

丁庄村　位于北戴河旅游区西侧，靠山近海，新驼峰路贯穿村庄。全村共有601户1536人，农业用地面积36.6公顷，其中耕地面积5.33公顷。村民收入来源于农业，从事种植、养殖、渔业捕捞等。

河东寨村　位于北戴河旅游区西侧，靠山近海，新驼峰路贯穿村庄。全村共有510户1130人。村民收入来源于农业，从事种植、养殖、渔业捕捞等。

单庄村　位于北戴河旅游区东侧，与各休疗养院毗邻，村内基础设施完善。全村共有780户1635人。村民主要从事餐饮、旅馆服务业、渔业捕捞等。村集体收入主要来源于集体企业五建、东山房地产。

赤土山村　位于北戴河旅游区东侧，滨海大道从村东经过，地理条件优越，村内基础设施完善。全村共有890户2526人，农业用地面积23公顷，其中耕地15.33公顷。村民主要从事旅馆服务业、种植、养殖、渔业捕捞等。

（赵　丹）

北戴河区戴河镇

【概况】　戴河镇位于北戴河区西北部，北临北戴河火车站。境内京秦、京哈铁路，205国道、108公路及京哈高速公路北戴河引线经过，交通发达，客运、货运便利。常年气候温和，冬暖夏凉，被誉为北戴河区的“北部门户”。下辖18个行政村，2个社区居委会（宁馨苑社区、车站社区），1个家委会（5711家委会）。面积36.4平方千米，农用地面积1448.6公顷（其中，耕地面积781.07公顷，园地面积347.53公顷，林地面积301.07公顷，养殖面积18.93公顷），人口27980人（其中，农村人口24184人，社区人口3796人）。有6个党总支委员会、35个党支部委员会，共有党员1647人。镇域内有3座水库2条河流。

2016年，西古城联村党总支被中共中央评为“全国先进基层党组织”；西古城村被中国村社发展促进会特色村工作委员会评为“中国特色村”；戴河镇人民政府被中共河北省委办公厅、河北省人民政府办公厅评为“河北省‘7·19’抗洪抢险救灾工作先进集体”；北戴河村被省防范办评为“省级无邪教创建示范区”；费石庄村党支部被中共秦皇岛市委组织部评为“全市基层党建示范点”；戴河镇工会被秦皇岛市总工会评为“秦皇岛市先进职工之家”；费石庄村被秦皇岛市妇女联合会评为“2016年度美丽庭院示范村”。

车站村党支部书记李成被河北省委评为“全省优秀党务工作者”；2016年8月，张少军被河北省暑期工作领导小组办公室、中共河北省委组织部、河北省人力资源和社会保障厅评为“2016年度河北省暑期工作先进个人”，并给予三等功奖励。

【基层党建工作】 提升党员干部素质　采取建设党章党规党纪漫画长廊、党章《三字经》、微信公众号、党支部微信群、党建网络E支部等形式，对全镇党员进行“智能式”“覆盖式”教育。建立党员亮身份挂牌承诺机制，全镇党员统一佩戴党徽、悬挂党员户牌，并结合岗位职责、自身特长和群众需求，作出党员“一句话承诺”，承诺事项1500余项。结合“3612”党员为民做好事和“港城先锋·红色义工”志愿服务活动，在各村、居设立民调治安、绿化护路等岗位，组建老党员、环境卫生等志愿服务队。推行农村“五规范一创建”管理体系和农村党建“五位一体”责任体系，举办全镇村居干部和基层党务工作者培训班，组织村“两委”成员参加省农村干部“万人示范培训”，组织各村书记赴邢台、邯郸学习先进经验。加强分类指导，大力培树典型，打造七彩阳光党建工程、“一强双带”致富工程等“一村一品”特色党建品牌。

党风廉政建设　组织戴河镇党政班子、各村“两委”班子、党代表及人大代表集体观看《镜鉴》《警钟》。制定《领导干部“八小时以外”监督管理办法（试行）》《村级财务管理补充规定》等15项廉政规章制度；加大对“三公”经费、农村“三资”、重大工程项目的监督力度。践行“第一种形态”，履行“一岗双责”，将党风廉政建设与业务工作同研究、同部署，制定《2016年党风廉政建设任务及分工》《反腐败工作实施方案》。

【项目建设】 车站片区住宅安置房　已取得土地证、用地规划许可证和工程规划许可证。组织完善火车站片区改造相关拆迁补偿、工程建设等资料，争取“16+3”项目市级债券资金2.2亿元。

太平庄村住宅安置房　村庄共规划39栋住宅，6栋车库，2栋商业楼，1栋办公楼、开闭所和换热站。目前34栋住宅、车库（其中4#车库完成2/3）、商业、开闭所和换热站已全部竣工验收。村委会办公楼处于装修阶段。外网（雨污水、采暖、有线电视、天然气、通信、电力、临时给水）工作基本完成。在公证处监督下，完成安置房分配返迁工作；就自来水配套工程建设事宜督导协调区住建局，已完成相关手续办理。

车站社区服务中心建设　车站社区服务中心项目选址海北路以东、交警五大队三中队以南、海北路小学教师家属楼以西、5711家属区以北，规划建设4层1000平方米。1月，通过公开招标方式选择秦皇岛市第三建筑工程公司为施工单位，3月，开工建设，主体建设及内外装修全部完成，水、电、暖、气、通信等配套基础设施建设，以及室外硬化、绿化、亮化等相关工作正在协调推进。

【产业发展】 特色农业　发展“一村一品”特色农业，打造甘各庄村樱桃、蓝莓采摘基地，扶持费石庄村桃果、朱庄村草莓采摘等特色种植产业；扩大高附加值种植项目，全年退出大田作物191.33公顷。完成农业支持保护补贴数据统计，应享受补贴面积约733.33公顷。继续发展家庭农场2家（丰盛源家庭农场、晟发家庭农场），农村经济合作社2家（秦皇岛市北戴河区合阳农业种植专业合作社、秦皇岛市泽然种植农民专业合作社），新建温室大棚12个共3公顷；利用“农业科技多媒体信息阅览系统”，发布政策法规、三农宣传等信息220条。

特色乡村旅游　以北戴河村、朱庄村、苏庄村、费石庄村、乔庄村、甘各庄村、东坨头村等7个村为重点，连片打造，大力实施民居改造、绿化美化、道路硬化、改水改厕等基础工程，“美丽乡村”创建取得实效。依托集发生态农业观光园，将草莓、樱桃、蓝莓、桃果等蔬果采摘作为特色旅游项目，辐射带动西古城村、西坨头村、费石庄村、崔各庄村等村发展民宿经营。举办桃花节、采摘节、“民宿特色百家宴”等活动，发展特色采摘、婚纱摄影、民宿等产业。加强民宿户网络营销培训，推行“互联网+旅游”、微营销等现代经营模式，开展民宿星级管理工作。西古城村被评为“中国乡村旅游模范村”。全镇年内共办理民宿421户，1.22万张床位，从业人员844人，年接待24万余人，收入2208.76万元。

特色文化产业　北戴河村“艺术村落”、创意市集和费石庄村“桃源小镇”初具规模，2016秦皇岛·京津冀文化创意产业（交易）博览会、河北省文化产业发展工作现场交流会在北戴河村举办。

【社会事业】　计划生育　定期对育龄妇女及流动人口进行普查管理，落实计生奖补政策，按时发放奖扶、特扶资金180余万元。

社会保障　参加城乡居民养老保险15203人，参保率78%。发放拥军优属、五保敬老、城乡低保、大病救助、残疾人帮扶、移民等各类补贴110余万元。落实国家惠农政策，做好粮食直补、小额贷款贴息补助资金发放等工作。

政务服务　细化《戴河镇政务服务中心工作制度实施细则》等一系列规章制度，发挥镇村两级群众工作站室作用，年内为群众办理各类事项2145件，各村便民服务室为村民代办事项11615件。

财政惠农　及时发放良种补贴、农机购置补贴、大中型水库移民后期扶持资金、造林补贴等多项涉农补贴资金467.43万元；控制行政开支，降低行政成本，2016年，“三公”经费支出比上年下降45%。

【村镇基础设施建设】　推进落实河道“河长制”管理，制发《戴河镇人民政府关于加强村级河长巡查的通知》，镇、村河长为第一责任人，明确镇、村级河长工作职责和奖惩制度，坚持每周不少于4次巡查所辖河道、沟渠及支流，发现问题，及时整改；同时将河道保洁纳入临河村保洁范围，组建河道应急清捞队伍，对河道内漂浮物及时清捞；对河岸养殖户进行分类施策，配合政府职能部门，督促协调养殖户搬迁。年内共组织1039人次，出动车辆307辆次，共清理垃圾、浮萍4.9万立方米；拆除沿河厕所、封堵所有污水直排口，在河道两侧空闲地栽植苗木1万余株。

【社会治安综合治理】　综治工作　与辖区内的18个村、2个社区签订社会治安综合治理目标责任书，全镇共划分为126个服务网格，设置网格长126名、楼（户）长434名、信息员126名、网格管理员27名。年内共排查化解各类矛盾纠纷230起，及时劝返群众集体访4起，协助整改治安隐患及复杂场所1处，清理收缴违禁宣传品130余份，协助有关部门完成了敏感时期关键节点的重点人稳控、邪教防范、重点部位值守、铁路护路等中心工作。利用民贸集市开展普法宣传2次，下发《普法星火月刊》及宣传单、宣传册5000余份，接待群众法律咨询200余人次，书写宣传标语30余幅。组织法治讲座3场，普法文艺下乡和法律知识竞赛1场。车站村被评选为“国家级民主法治示范村”。先后从车站派出所、海宁路派出所、区社区矫正办公室接收矫正对象137人，占全区矫正人员总数的50%。已有107名矫正人员顺利解矫，现有在矫对象32名。所有矫正对象全部纳入有效管控，7名社区戒毒人员也正式入矫纳入管控。

安全生产　加强企业基本情况的摸排工作，完成重点监控企业信息采集，建立了“一企一档”档案，按照标准化要求完善全镇安全生产档案；组织多部门工作人员开展为期3个月的暑期联合大检查活动，共检查280余家生产经营单位、400余家民宿，下达整改通知书，对整改情况进行督导检查；加大安全生产法律法规、用电用气安全知识宣传，张贴悬挂宣传标语40余条，印发宣传资料5000份。

森林防火　安排39名防火巡查员24小时值班备勤，出动宣传车辆50辆次，发放《森林防火条例》等宣传单4000份，签订防火责任状20份。督促各村对联峰山、尖山、马鞍山、青龙山附近可燃物进行清理，打通防火道2万平方米。在崔各庄村、太平庄村、杨各庄村等重点村开展“五清”（清坟头、清地边、清林地、清路边、清隔离带）可燃物工作。

防汛抗旱　成立戴河镇防汛抗旱领导小组，对辖区2条主要河道、3座小水库及行洪河道、低洼易积水地区、道路行洪区域进行排查梳理，并安排12人全天候蹲守；安排9人对桥梁涵洞实时监控。提前储备铁丝50千克、编织袋1000条、铁锹50把、防汛专用车2辆、抽水机2台、装载机2辆、应急发电机1台等防汛物资，建立22支共200余人的应急抢险队伍。

动植物防疫　与各村签订《美国白蛾防治工作责任状》，对15名美国白蛾查防人员进行技术培训，配备防害工具，会同区林业局逐村对林木进行药物防治15次。针对各村一些庭院绿化和行道树遭到天幕毛虫的侵害，镇农办工作人员到各村讲解天幕毛虫防治办法，发放宣传单2000份。

食品安全　拉网式排查辖区内266家食品生产经营单位，建立安全台账。开展“食品安全宣传周”“清死角、打窝点”等专项行动。

【辖村简介】　北戴河村　史称“北戴家河庄”，全村共1049户2385人，2016年人均年收入1万元。占地总面积240公顷，其中居住占地40公顷，可耕地200公顷。土地平整肥沃，水源充足，是从事蔬菜生产的传统特色村。在上级政府的支持下，制定了“水岸田园、艺术村落”的发展定位，以文化艺术产业带动乡村旅游业发展，创意创业产业园已初具规模。

西古城村　西古城村坐落于北戴河区西部，西依戴河，东临联峰山，北靠国家AAAA级旅游景区——集发生态农业观光园。全村共441户1012人，村庄面积23公顷，耕地面积51.53公顷。该村以民宿产业为主导产业，2016年，村民人均收入3万元。

车站村　车站村建于1895年，是国内为数不多的因车站而生、以车站命名的自然村。北临北戴河火车站，南与联峰山遥遥相望，东临戴河，西近牛头崖集贸市场。全村共1200余户3000余人（其中村民486户1076人），占地65.33公顷，其中耕地面积18.67公顷。村集体经济以小城镇建设和房屋租赁为主，村集体资产8600万元，年人均收入2万元。产业结构主要以站前商品批发零售业、宾馆饭店服务业、交通运输业以及特色种植业为主。

拨道洼村　位于205国道南侧，东接北戴河经济技术开发区，西临北戴河火车站，地理位置优越，交通便利。全村共1098户2721人，农用地面积111公顷。近年来，拨道洼村开展拆迁改造和招商引资项目，村集体主要收入来自拆迁及征地。根据村集体收入情况，每年发放村民福利，2016年村民人均收入8550元。经过拆迁改造，拨道洼村建成安置楼40余栋。

杨各庄村　地处戴河东岸，西邻北戴河火车站，南至拨道洼村，北至京山铁路，北戴河火车站以东800米，海宁路北段从村中穿过。村域面积8公顷，全村共347户885人。村民主要收入来源是第三产业务工及经商，2016年人均收入1万元。2010年5月，开始新民居建设规划，现建成杨各庄新城一区二区。

太平庄村　位于北戴河火车站正南2.5千米，村庄有海北公路、驼峰北路和京哈高速公路北戴河引线3条主要交通要道，村庄距高速引线出入口500米。村西1千米处有戴河穿过，河东岸长1.5千米。全村共517户1205人，村域面积133.33公顷，以花卉苗木种植为主，同时从事经商、个体营运等副业，人均年收入2万元。经过拆迁改造，已建成安置房42栋分配入住。

谢李庄村　位于205国道南侧，京山铁路北侧，东与蔡各庄村接壤，正对面是河北环境工程学院。全村共235户583人，共有农业用地35.33公顷，其中，耕地5.33公顷，园地0.67公顷，林地29.33公顷，全村经济收入以建筑业、工商业以及养殖业为主，餐饮业、零售业为辅，2016年人均收入约9000元。已完成11栋安置房分配入住。

朱庄村　位于北戴河火车站北侧1.2千米处，东邻戴河与北戴河村，西邻京哈高速引线。全村共73户173口人，占地16公顷，其中，村庄占地3.33公顷，耕地12.67公顷。朱庄村是蔬菜种植特色村，全村有80%的村民从事蔬菜种植，2016年人均收入1万元。

苏庄村　村庄北临戴河，东临北戴河村，西与秦皇岛开发区交界。苏庄村有土地约78.87公顷，其中，耕地49.2公顷，村域6.87公顷，林地22.8公顷。全村共166户381人。该村以农业种植为主导产业，村民主要种植蔬菜、大棚油桃，村内有大棚约150个，农作物播种面积17.07公顷，2016年新栽植优质桃13.33公顷，村民人均收入1.06万元。

乔庄村　村庄南临京哈高速引线，背倚青龙山，北与拨道洼村、东与费石庄村相邻。全村共85户212口人，农用地面积16.6公顷，建设用地5.33公顷，村庄面积3.93公顷。2016年，村出租移动塔，集体收入1.4万元。村民主要以外出务工及特色种植业、养殖业、运输业、建筑业为主。

费石庄村　位于北戴河区中部，东邻崔各庄村，西与乔庄葡萄酒堡相接，南邻联峰山，北邻北戴河火车站。村庄桃林环绕四周。全村共286户686人，村庄总土地面积116.67公顷，其中耕地面积73.33公顷，村民以种植果树为主要经济来源，重点以桃树为主，还有经商、务工、养殖等行业。全村66.67公顷桃园种植有京红、庆丰、早凤王、白凤、久保、绿化九、京艳等20多个品种，年产桃果2千余吨。2016年人均纯收入1.6万元。费石庄村每年举办场面盛大的“桃花节”和欢庆丰收的“采摘节”。结合互联网+、农村电商、众创众筹探索美丽乡村建设新模式，《秦皇岛市北戴河区费石庄村戴河岸边觅桃源》在《河北日报》刊发。并在民宿的基础上，推出以“八碟四碗”为主的特色餐饮。

西坨头村　东靠海北路，西临集发生态农业观光园，北沿戴河，紧邻京哈高速公路引路与海北路的交叉口。全村共254户635人。现村民主要开发农家别墅游、沿河垂钓、联合运输、花卉苗木四大新兴产业，2016年村民人均纯收入1.1万元。目前，共建成居民住宅楼30栋，双拼和联排别墅及门市117户。

东坨头村　位于北戴河区西部，205国道南侧，京哈高速公路引线北侧，西邻海北路。全村共260户570人，村域面积80.25公顷，其中农用地58.81公顷，建设用地18.67公顷，沟边未利用土地2.77公顷，村民经济收入以农业和外出务工收入为主，2016年人均纯收入9000元。

蔡各庄村　位于京山铁路北，205国道南侧，村域面积300公顷，耕地面积280公顷。全村1300户3995人。村民主要收入来源为种植果树、外出务工和经商，2016年人均收入6000元。

大薄荷寨村　东临赤土山村，海宁路从村东穿过，北临小薄荷寨村，西临崔各庄村，南面是联峰北路。村域面积90.5公顷，农业用地30公顷。全村共851户1930人。村民收入来源主要以经营民宿、贝壳手工艺品加工、个体经商和务工为主。2016年村集体经济收入126万元，人均收入9000元。2016年，大薄荷寨村共有民宿126家，暑期累计接待游客2.8万人，实现收入150万元。

小薄荷寨村　位于北戴河中部，地处海宁路与108公路交界，南与大薄荷寨村、西与崔各庄村接壤。全村共816户1930人，村庄农用地面积139公顷。村民以经营蔬菜大棚为主要经济来源，经商、务工、养殖等各种行业均衡发展，2016年人均纯收入6000元。

甘各庄村　位于北戴河区北部，南邻205国道，北与抚宁区接壤，东与海港区接壤，西与北戴河村相邻，村域面积20公顷，耕地86.53公顷。全村共300户892人，村民以种植业和外出打工为主要经济来源。

崔各庄村　东与小薄荷寨村毗邻，南邻108公路和京沈高速公路引线以及联峰北路，西与费石庄村接壤，北邻城市西部快速路和环城绿化带，村庄紧邻海滨旅游城区。全村共1082户2498人，村庄农用地169.6公顷。村民以民宿经营、运输、种植、养殖、经商、外出务工为主要经济来源，2016年人均纯收入5700元。

车站社区　戴河镇车站社区成立于2002年，辖区面积19平方千米，东起拨道洼村，南至西古城村，西临车站村，北至朱庄村，由道南居委会和道北居委会整合而成。包括12个行政村和教师楼、天洋万科、站前巴黎3个小区，辖区有戴河镇政府、交警三中队、车站派出所等行政机关，辖区共1700户2700余人。车站社区服务中心项目于2014年启动，2016年12月竣工且投入使用。

宁馨苑社区　戴河镇宁馨苑社区成立于2015年1月，位于北戴河开发区宁馨苑小区院内19栋3层，社区于2015年10月开始改建，12月底改建基本完成。社区管辖面积约18平方千米，各类企事业单位46个，6个行政村，6个封闭式小区，1所驻地武警支队，辖区共有居民638户1058人。

5711家委会　秦皇岛中航航空零部件有限责任公司5711家委会简称5711家委会，位于北戴河海北路152号，距北戴河火车站1千米。东临拨道洼村，北临交警三中队，南邻东坨头村。占地9.47公顷，常住人口504户1800余人。

（李晓卓）

北戴河区牛头崖镇

【概况】　牛头崖镇地处北戴河区西部，东倚戴河，东北方与市开发区相邻，西临洋河，至抚宁区留守营镇，南与北戴河新区南戴河旅游区交接，北与抚宁区榆关镇接壤。交通线路四通八达，京哈铁路、102国道、205国道和京沈高速、沿海高速、津秦客运专线、沿海高速北戴河联络线在境内穿过。镇域中心距北戴河火车站1.5千米，距北戴河新机场25千米。

牛头崖镇辖区行政区域面积39.55平方千米，辖牛头崖、南新庄、南甸子、狮子河、卢王庄、蒲兰、桃园、满井、岭上、柏新庄、北坊、沙坡张庄、马庄、贲庄、老鸦窝、渠子口、大泥河和小泥河18个行政村。2016年末，全镇总户数10669户，人口26891人，其中，农业人口24987人，城镇人口1904人。全镇耕地面积2522公顷，其中，基本农田面积1273.2公顷，一般农田面积1248.8公顷；林地面积78.13公顷。镇党委共有党支部24个，其中，农村支部18个，党员1372名。2016年全镇累计完成营业收入18605万元，增加值4610万元，利润总额1196万元，从业人员1459人。全镇有市级农民专业合作社33家，家庭农场9家。

副镇长许秋峰被河北省综治委铁路护路联防领导小组授予“2016年河北省暑期铁路护路联防工作先进个人”称号。镇党委副书记、副镇长李爽，镇党委副书记吴铁被河北省暑期工作领导小组办公室授予“2016年度河北省暑期工作先进个人”称号。

【农业】　牛头崖镇农业以种植业、畜牧养殖业为主。2016年，主要作物有玉米、水稻、蔬菜、花卉等，粮食播种面积1737.73公顷，产量13485吨，蔬菜播种面积153.4公顷，产量8086吨。畜牧养殖业主要是生猪、肉牛、羊及禽类养殖，生猪存栏1.01万头，出栏2万头；肉牛存栏200头，出栏364 头；羊存栏4350只，出栏14300只；肉鸡存栏12.9万只，出栏70.46万只；肉产量2941吨，禽蛋产量1332吨。全面贯彻落实国家、省、市、区关于农业“三项补贴”改革相关政策，做好农业支持保护补贴工作，全镇共计补贴面积1897.38公顷，补贴金额291.72万元。

【社会事业】　民政工作　贯彻落实低保、五保制度。2016年，发放农村低保金141户236人共43.35万元，城镇低保金13.38万元，五保金94户96人58.75万元，优抚对象定期定量补助款354人120.4万元，高龄补贴597人46.88万元；为10户低保户完成房屋维修；发放北戴河区临时救助资金6000元，北戴河区城乡医疗救助资金8169.49元。发放大中型水库移民后期扶持结余资金（项目扶持）118户共53.10万元，大中型水库移民后期扶持资金540户1421人85.74万元，大中型水库困难移民资金213人10.65万元。

残疾人工作　落实残疾人各项补贴政策，2016年发放困难残疾人生活补贴76人4.90万元，重度残疾人护理补贴293人16.23万元，北戴河区重度残疾人生活补贴32.90万元。双节慰问残疾人资金4.65万元；为残疾人居家托养发放1.44万元的物资；发放残疾人专职委员补贴3.24万元，残疾人燃油补贴2664元。

劳动保障工作　做好企业退休人员的管理服务工作，及时与区劳动保障部门保持联系并反馈退休人员的状况。2016年，本地退休人员生存认证647人，异地认证500余人。为“4050”人员办理就业认定、就业困难养老补贴25人，办理就业失业证81份。为46名失业人员进行签到并提供相关服务，拓展剩余劳动力的就业空间。完成全镇18个行政村的养老保险邮储存折的办理和发放工作。全年新参保163人，到龄人员527人，发放养老金5147人。填办社会保障卡信息采集表9500余份，发放2015年办理的社保卡520张。全面完成2016年养老保险收缴和新农保专网的导入工作。

计生工作　至9月底，全镇共出生237人，其中，男孩116人，女孩121人，政策内230人，符合政策生育率为97.05%。出生性别比为95.9，人口自然增长率3.6‰，出生率为9.07‰。办理生育登记卡233个，生育证2个；办理独生子女父母光荣证94户；办理独生子女中高考加分84人次，其中，中考56人，高考28人。全面落实各项奖励，全镇共有享受奖扶对象1418人，其中，特扶47人，新增奖扶223人，特扶2人，发放奖扶资金156.53万元。发放独生子女父母奖金19.87万元，涉及1443户2318人。建立独生子女伤残死亡家庭档案28户，其中，独生子女死亡17户，伤残11户，公益金一次性救助已全部发放到位。落实计划生育家庭新农合优惠政策，有6059户确定为优惠对象；发放城乡居民养老保险优惠金4人共计480元。发放单独开放二胎的新政策宣传品5000份，健康检查宣传资料1000余份。

新型农村合作医疗工作　2016年，参合人数为20913人，民政资助人数为228人，参加其他保险人数2850人，参合率达95%。全镇住院报销1176.56万元，门诊报销45.71万元，办理慢性病115例。

【基层党组织建设】　健全完善《村级组织工作制度》《机关干部管理制度》等，落实“三会一课一服务”（定期召开支部党员大会、支部委员会、党小组会和定期上党课）制度；严格发展党员程序，对入党程序、离退休党员组织关系变动等严格把关，2016年度全镇共发展预备党员10名，转正24名。

以“两学一做”“三严三实”等学习教育活动为依托，发放学习资料3000多册、《学习日志》600本；组织高学历、年轻党员与老党员结成帮学对子52对，对行动不便党员送学上门100余人次。加强“学习型、创新型、效能型、服务型、廉洁型”的“五型”机关建设。对全镇党总支、党支部在2008年4月至2015年12月所交党费情况进行全面排查，共排查党员1346名，632名党员补交党费12.83万元，共收缴党费14.10万元，做到足额缴纳。

结合“接力沈汝波·为民做好事”活动、“3612”党员为民做好事制度，建立党员联系服务群众长效机制，制定联系服务群众计划。全镇注册志愿者116名，年内开展各种志愿服务活动11次，创建旅游高峰期党员志愿服务示范点8个。

【社会管理】 司法综治管理　做好排查社会不安定因素和调解社会矛盾纠纷工作。坚持司法所、派出所、法庭三方联动调解，做到情理上分析，法理上威慑。动员各级力量，深入开展以法治实践、道德教育紧密结合的法制宣传教育。做好社区矫正工作。2016年，司法所共接收社区矫正人员34个，与社区矫正人员签订社区矫正责任书、宣告书、手机定位承诺书等，定期与社区矫正人员所在村、家属了解社区矫正人员工作、生活、思想动向等，完善社区矫正人员档案，补充细化更新，严格定期报到制度，做到周闻其声、月见其人，严防脱管、漏管情况发生。

暑期工作　开展“暑前两大排查整治活动”，发现31起矛盾纠纷和治安隐患，采取稳控措施，逐一登记造册，建立台账，落实包案领导责任制。加强群防群治工作，加强基层治保会、民调会建设；加强治安巡防队建设，组建20人的治安巡防队；加强村义务巡逻队和人民调解组织建设；集中组织平安志愿者佩戴“红袖标”，进行治安巡防活动。为确保“两会”和暑期关键时期铁路安全，成立由215人组成的专职护路大队，进行全天候巡护。全镇5个示范村全面开展辖区内人口信息摸底工作，建网格、建立人口信息册信息，采集率均达到95%以上。加强反邪教工作，加大对非法宣传品收缴清理力度。

信访工作　落实矛盾纠纷和信访隐患问题调处工作包案责任制度，加大调处工作力度。抓重点稳控，对排查出的不稳定因素全部逐人落实稳控措施，包案到人。对诉求合理的解决到位、对要求过高的教育到位、对无理纠缠的稳定到位、对触犯法律的处置到位，对有非正常上访苗头的重点对象实行“人盯人”稳控，做到24小时不失控。成立30人应急队伍。年内，共接待群众来访80余次，排查出信访案件80件，其中，集体访39件，个体访41件，化解16件。

【安全生产】 开展元旦至“两会”期间安全生产大检查活动，共检查加油站点6家、燃气销售企业3家、企业13家、超市2家、其他生产经营单位20家。开展春节期间烟花爆竹专项执法检查活动，对存在隐患的3家销售点提出现场整改要求。开展民宿、餐饮等人员密集场所大检查活动，共检查61家餐饮单位，签订承诺书61份。完成“安全生产月”宣传工作，11月15日至12月15日，开展安全生产大检查活动，对镇所有重点部位、重点行业领域进行全面的安全生产检查，特别是对镇农用机井进行全面摸排，发现隐患17处，全部采取安全措施。

防火工作　印发《牛头崖镇农作物秸秆禁烧和综合利用工作实施方案》，明确镇各所站及包村包片领导职责，做好全镇秸秆禁烧工作。年初，工作人员巡查约20次，制止秸秆焚烧现象40多起，对50多户村民进行教育，避免30多起焚烧秸秆。

食品安全　积极构建“分区划片、包干负责、责任到人、全面覆盖”的社会监督网络，建立“六员联防”制度。以“三无”食品为重点积极开展校园及周边食品安全专项整治，共出动检查人员9人次，对4所学校的周边食品经营单位进行检查，发放食品安全宣传材料200余份，检查食品经营户15家次，其中商店超市小卖部9家次，幼托机构食堂、餐饮单位6家次，发现隐患问题并下达整改通知书1份，并现场监督整改。在全镇范围内开展“清死角、打窝点”食品安全专项整治行动，拉网排查食品生产经营单位和个人231家。9月下旬起，在全镇范围内开展1次食品安全监管底数调查活动，共调查统计275家食品经营单位和个人，其中，生产加工企业小作坊37家，流通单位152家，餐饮服务单位86家。推进食品小摊点备案工作，接受食品小摊点备案申请63家，对符合备案条件的59家小摊点核发备案卡，其中，食品销售类39家，餐饮服务类20家。在宣教活动中，共悬挂宣传条幅6幅，展示宣传展板4块，发放宣传材料2000余份。

【基础设施建设与环境管理】 对辖区内650家商铺门店进行摸牌、调查和登记造册，并与门店责任人签订“门前五包”责任书。整治店外经营、露天烧烤、马路市场、沿街商贩、车辆乱停乱放等违法违规现象，规范广告牌匾和经营秩序。2016年，清理店外招牌352块，清理马路小市场2个，店外经营280余家，清理占道经营32处。对辖区内18个行政村、铁路沿线、公路沿线、沿海高速、公路连接线两侧可视范围内的环境进行彻底治理，全年清理生活垃圾2.6万余吨、建筑垃圾1.1万余吨，填埋土方6800余立方米。开展“全民洗城”活动42次。

【“双违”整治工作】 鉴于辖区违法用地的高发态势，国土监察加大巡查力度，对违法用地做到“早发现、早制止”，出动巡查524次，960人次。对2016年度部级卫星遥感发现的违法用地，配合区国土分局进行整改查处。配合区综执办针对2015年卫星图斑全部进行拆除，共拆除违建14处，面积1.8万平方米。拆除205国道违建10处，面积1000平方米。拆除抚南路等违建8处，面积2800平方米。拆除其他违建4处，面积约900平方米。

【创建文明城市】 广泛开展创城宣传，发放创城宣传资料共7000余册（份），制作创城广告牌19处135块；制作创城公益广告11块，悬挂张贴社会主义核心价值观展板、文明用语提示牌50余块；在宁海道制作、修复建筑围挡宣传广告共计300平方米；在宁海道公交站亭橱窗制作宣传画80幅。全镇18个行政村广泛运用广播进行创城宣传，同时为各村分别制作安装各类公益广告15块，共计270块720平方米。

组织人员及车辆对镇域宁海道、205国道两侧的垃圾、杂物、卫生死角、小广告、沿街胡同可视区垃圾等进行集中彻底清理，共出动人员1556人次，清理各类垃圾杂物180车420余立方米，白色垃圾118袋，清理小广告3500余张。粉刷205国道、宁海道及沿街胡同墙面1000平方米，清理乱张贴乱涂写880处，铲除杂草、垃圾1600平方米，清除废弃电线杆2根、乱拉线缆1000延长米。

【辖村简介】 牛头崖村　牛头崖镇人民政府驻地所在村，东临戴河，205国道穿村而过。行政区划面积359.65公顷，共有1280户3544人，耕地面积135.32公顷，2016年集体总收入36.81万元。全村共有党员135名，村“两委”干部10人。产业以农业种植、养殖业为主，有市级家庭农场2家。

狮子河村　位于牛头崖镇人民政府驻地西南1千米处，205国道贯穿村庄。行政区划面积136.76公顷，共有439户1067人，耕地面积83.13公顷，2016年集体总收入14.38万元。全村共有党员52名，村“两委”干部7人。产业以蔬菜种植、农业种植、畜牧养殖业为主。

南甸子村　位于牛头崖镇人民政府驻地南偏西500米处，宁海道西侧。行政区划面积142.59公顷，共有270户679人，耕地面积47.13公顷，2016年集体总收入3.94万元。全村共有党员38名，村“两委”干部6人。产业为蔬菜种植、农业种植业为主，有市级农民专业合作社1家。

南新庄村　位于牛头崖镇人民政府驻地南1千米处，紧邻南甸子村。行政区划面积242.73公顷，共有593户1569人，耕地面积73.4公顷，2016年集体总收入19.64万元。全村共有党员76名，村“两委”干部7人。产业以农业种植、养殖业为主，有市级农民专业合作社3家。

卢王庄村　位于牛头崖镇西部，紧靠洋河，沿海高速、津秦客专穿村而过。行政区划面积726.99公顷，共有1763户4853人，耕地面积51.93公顷，2016年集体总收入12.25万元。全村共有党员191名，村党支部成员7人。产业以农业种植为主，有市级农民专业合作社8家。

桃园村　位于牛头崖镇西部，西靠洋河，村北有桃孟干渠。行政区划面积265.67公顷，共有586户1578人，耕地面积184.27公顷，2016年集体总收入9.94万元。全村共有党员77人，村“两委”干部6人。产业以农业种植、养殖业为主，有市级农民合作社2家，家庭农场1家。

蒲兰村　位于牛头崖镇西侧，含蒲兰及杨各庄2个自然村，村内蒲河流经，京山铁路、津秦客专在杨各庄南穿过。行政区划面积525公顷，共有1052户3085人，耕地面积365.6公顷，2016年集体总收入5.77万元。全村共有党员130名，村“两委”干部9人。产业以农业种植、养殖业为主，有市级农民专业合作社5家，家庭农场2家。

岭上村　位于牛头崖镇北部，村西蒲河流经。行政区划面积170.71公顷，共有344户905人，耕地面积118.2公顷，2016年集体总收入3.25万元。全村共有党员53名，村“两委”干部6人。产业以农业种植、养殖业为主。

满井村　位于牛头崖镇北部，村东为京沈高速公路北戴河出口。行政区划面积166.56公顷，共有367户933人，耕地面积101.2公顷，2016年集体总收入4.08万元。全村共有党员57名，村“两委”干部3人。产业以农业种植、养殖业为主，有市级农民专业合作社2家，家庭农场1家。

沙坡张庄村　位于牛头崖镇西北部，村西蒲河。行政区划面积73.66公顷，共有167户399人，耕地面积57.33公顷，2016年集体总收入2.54万元。全村共有党员21名，村“两委”干部6人。产业以农业种植、养殖业为主，有市级农民专业合作社1家，家庭农场1家。

马庄村　位于牛头崖镇西北部，村西蒲河。行政区划面积63.90公顷，共有141户357人，耕地面积48.73公顷，2016年集体总收入3.9万元。全村共有党员26名，村“两委”干部5人。产业以农业种植、养殖业为主。

柏新庄村　位于牛头崖镇西北部，蒲河流经村东，村西为沿海高速。行政区划面积131.62公顷，共有256户653人，耕地面积88.73公顷，2016年集体总收入2.37万元。全村共有党员39人，村“两委”干部6人。产业以农业种植、养殖业为主，有市级农民专业合作社2家。

贡庄村　位于牛头崖镇北部，蒲河流经村东，村西有桃孟干渠，村南是沿海高速北戴河联络线。行政区划面积81.83公顷，共有158户458人，耕地面积51.07公顷，2016年集体总收入6.33万元。全村共有党员37人，村“两委”干部5人。产业以农业种植、养殖业为主，有市级农民专业合作社1家。

北坊村　位于牛头崖镇北部，村西北为沿海高速公路。行政区划面积77.86公顷，共有203户514人，耕地面积58.13公顷，2016年集体总收入2.04万元。全村共有党员31名，村“两委”干部5人。产业以农业种植、养殖业为主，有市级农民专业合作社1家。

老鸦窝村　位于牛头崖镇北部，含大老鸦窝、小老鸦窝、邓家洼3个自然村。行政区划面积171.29公顷，共有280户815人，耕地面积123.33公顷，2016年集体总收入3.13万元。全村共有党员45人，村“两委”干部5人。产业以农业种植、养殖业为主，有市级农民专业合作社3家。

渠子口村　位于牛头崖镇北部，含渠子口、朝阳庄2个自然村，东北紧邻经济开发区。行政区划面积180.61公顷，共有372户981人，耕地面积144.47公顷，2016年集体总收入25.20万元。全村共有党员52人，村“两委”干部6人。产业以农业种植、养殖业为主，有市级农民专业合作社1家。

大泥河村　位于牛头崖镇西北部，村北有蒲河流经，村西为抚南路。行政区划面积246.89公顷，共有415户1416人，耕地面积

193.2公顷，2016年集体总收入5.37万元。全村共有党员37人，村“两委”干部6人。产业以农业种植、养殖业为主，有市级农民专业合作社2家。

小泥河村　位于牛头崖镇西北部，村南有蒲河流经，村北为102国道。行政区划面积190.81公顷，共有408户1181人，耕地面积146.93公顷，2016年集体总收入7.17万元。全村共有党员37人，村“两委”干部6人。产业以农业种植、养殖业为主，有市级农民专业合作社1家，家庭农场1家。

（张立杰）

北戴河区东山街道办事处

【概况】　东山街道办事处地处北戴河区东半部，所辖范围海宁路、保二路以东至海宁路与剑南路交点沿剑南路向北以东，辖区面积7.95平方千米。所辖3个社区居委会：育花路社区、东山社区、东经路社区。根据第六次全国人口普查结果，街道总户数5821户，人口14095人。

2016年，围绕创建全国文明城市的总体要求，继续坚持“114”工作思路（一个中心，围绕区委、区政府中心工作；一条主线，以街道社区党建工作为主线；四项重点工作即综治维稳、环境整治、为民服务、队伍建设），高标准完成各项工作任务。年内，东山街道被评为“省级文明单位”；东山社区、育花路社区被市委宣传部评为“最美社区”；红石园文化广场被市委宣传部评为“最美文化广场”；育花路社区被市文明办、市志愿服务基金会评为“秦皇岛市优秀志愿服务社区”；东山社区被评为“秦皇岛市优秀群众文化活动场所”“北戴河区旅游旺季先进集体”；东山社区艺术团被评为“秦皇岛市五个一批优秀文艺社团”；东山社区居民王慧远家庭被全国妇女联合会授予全国“最美家庭”、第十届全国五好文明家庭称号；乔海龙被授予2016年度河北省暑期工作先进个人，并给予嘉奖奖励；东山街道办事处被北戴河区委组织部评为全区网宣工作先进单位、被北戴河区旅游协会授予第四届北戴河春节灯会“百姓灯展”优秀组织奖。

【社区建设】　社区硬件设施及规章制度建设　3个社区均实现集一站式办公服务、老年日间照料、居民文化休闲于一体社区，达到了民政部精品社区和标准化社区标准。建立健全社区居委会各项规章制度，坚持公平、公正、公开的办事程序，让群众放心、使居民满意。3个社区为民服务形成“一区一品”主题突出的社区品牌：育花路社区突出网格化管理，“一网五服务、平安惠民生”，使老旧小区焕发了新的生机；东山社区依托“一统四联”共驻共建模式，使驻区几十家休疗单位党组织与社区党支部融为一体；东经路社区以“阳光照料助老梦，养老服务夕阳红”为主题，开展养老助老活动，满足社区老人日间活动需求。

志愿服务工作　东山街道以基层和群众满意不满意为标准，创新探索“三看三增强四帮扶”工作，通过街道、社区、志愿者三方帮扶，对重残、一户双残和孤残户以及空巢老人进行特别关爱。在河北志愿服务网上实现街道机关全员注册，定期发布招募信息，开展志愿服务活动。

社区文娱活动　3个社区文化活动室均达到国家示范标准，为社区居民提供舞蹈、唱歌、棋牌、书画、图书阅览、台球、乒乓球等文体服务。每个社区都设有图书室，图书均达到2000册以上。街道组织社区骨干参加区文化馆、体育局组织的音响技术培训、舞蹈培训和音乐创作、诗歌朗诵等培训。开展2016年春节百姓灯展活动，居民自己动手制作了近百盏彩灯。东山社区“金色年华”合唱队和舞蹈队、育花路社区腰鼓队、东经路社区广场舞队参加元旦、春节联欢、秧歌拉街、拥军晚会、反邪教宣传等各类文体活动。

【社会事业】　民政残联工作　实施“双关爱”活动。组织志愿者144人次，对重残户（人）、空巢老人全年开展关爱帮扶；社会救助覆盖广泛。完成40户低保的自查工作和低保证年检工作。为194户残疾人、空巢老人和困难家庭送去米面油慰问品、办理大病医疗救助，发放分类施保金、残疾人代步车燃油补贴费、居家养老补贴、医疗保险和养老保险金，开展市残联困难残疾人生活补贴、重度残疾人护理补贴双摸底和关爱贫困母亲救助活动。

劳动保障工作　建有一站式便民服务大厅100平方米，并设置了就业服务、企退服务、社会保险等服务窗口。开展失业人员登记，开发公益性岗位。

计划生育工作　人口出生率为6.05‰，出生政策符合率100%。发放独生子女父母奖金3.34万元，小组长补贴3.17万元，发放特别扶助金8.16万元。完善计划生育目标管理责任制，执行“一票否决”制。综合治理流动人口，登记流动人口总人数210人，流入人口163人。

【城市管理】　环境卫生整治　结合“创建文明城市”“全民洗城”“双违整治”“门前五包”等工作，张贴“门前五包”责任牌177张，签订责任书。组织人员1200余人次，出动车辆180辆次，对居民小区楼前楼后、小街小巷、小区绿地、排水沟等周边进行环境整治，共清除垃圾90余吨。制作社会主义核心价值观、精神文明建设、善行功德榜等宣传展板165块。制作宣传图册15套，300册。

红石路北段、育花支路街景改造提升　街道承办的红石北路（含育花支路）街景改造提升工程全部完成。包括人行道路铺砖9000平方米，安装蘑菇石墙面3000平方米，木质栅栏180延长米，沿街绿化4200平方米，安装商户牌匾950平方米，制作艺术墙30米等。

“双违”整治　自3月下旬集中开展“双违”治理以来，针对侵街占道、影响消防通道通行、影响居民出行以及新建的违章建筑进行拆除。在动员自拆和强制拆除的同时，跟踪后续管理，及时清除拆除后的建筑垃圾，对拆除后的用地进行了硬化、绿化和美化。共强拆3户，自拆或助拆74户，拆除面积2807平方米。

安全生产工作　完善安监站规范化建设，街道严把部署、排查、措施、整改、反馈关口，力保安全生产不出纰漏。在雨季切实做好防汛保障工作。通过拉网式巡查，对辖区内的沟口、渠口、排水口及易受灾地段进行防范治理。

【精神文明建设】　举办2016年度“社区之星”表彰活动，评选出社区各方面的先进个人，大力宣传和表彰他们的先进事迹。收集汇总各项资料信息和图片，完善街道志愿服务、市民学校、家长学校等各项活动资料，制作社会主义核心价值观、中国梦、秦皇岛人文明公约等展板，做到档案资料齐全，设施完备。

【社会治安综合治理】　延续网格化管理　街道工委确定了以“网格化管理”为主要内容的综治维稳机制，3个社区均建立社会治安防控网格化管理数字平台，43个网格坚持日汇报、周调度、月分析制度，网格管理人员对辖区做到底数清、情况明，动员全社会力量，预防和控制违法犯罪。

群防群治，保障公交站点安全　动员广大居民积极参与反恐防暴群防群治工作，整合街居干部、平安志愿者以及“六支队伍”。发放安全员红袖标500余份；设立公交站点执勤点43个，布置安全员90人，全天执勤。

排查矛盾纠纷，加大人民调解力度　根据实际情况对辖区的矛盾纠纷及社会不安定因素开展矛盾纠纷大排查。确立各调解委员会每月25日上报调委会工作情况。共调解矛盾纠纷57起，调解成功54起。

推进防范工作　将防范处理邪教工作列入重要议事日程。迎接浙江台州反邪教协会参观东经路社区；明慧网举报签名筛查；中央防范办陈敏处长及省、市防范办领导到育花路、东经路指导工作；推广省、市两级反邪教微博、微信，复印了二维码，组织59人关注。

做好信访工作　在各级“两会”、G20峰会、旅游旺季期间制定“五包一”责任制、安排监控，做好重点人的稳控。实现了无一人上访、越级访、进京访、到重点部位访事件的发生。

【社区居委会简介】　育花路社区居委会　育花路社区辖区总面积4平方千米，人口3670户9332人，有党员170名。辖区与海滨镇刘庄村、赤土山村交叉，有驻区休疗养院20家，驻区单位32家，各类经营门店213家。

东山社区居委会　东山社区位于北戴河区最东端，面积4.5平方千米，鸽子窝公园、奥林匹克大道公园等旅游景点位于该社区，人口1300余户3300余人。辖区内有全国人大北戴河培训中心、国务院机关事务管理局北戴河服务局、全国政协北戴河培训中心、中央纪委北戴河培训中心、河北省北戴河管理局等休疗单位70余家，成片区家属院17家，社区居民80%为休疗单位职工和家属。

东经路社区居委会　东经路社区辖区总面积2.5平方千米，人口630户1500人，辖区居民居住分散，属典型的老旧小区。辖区内有全国总工会疗养院、中国作家协会北戴河疗养院、广电总局培训中心、华北电力等休疗单位30余家。

（李丹丹）

北戴河区西山街道办事处

【概况】　西山街道办事处位于北戴河区西部，所辖范围海宁路以西，联峰北路以南，西海滩路以北，辖区面积14.51平方千米，常住人口1.1万户2.4万人，辖英才、安居、剑秋路、西山、平安路5个社区居委会及河北外国语职业学院家属委员会。2016年，西山街道办事处深入贯彻中共十八届五中、六中全会精神，坚持“夯基础、重民生、优环境、保稳定、强素质、促发展”方针，以加强基层党组织建设为核心，切实增强科学发展能力；以加大民情工作力度为突破，努力提升综合管理水平；以促进街居和谐发展为主线，不断丰富为民服务内涵；以维护社会安全稳定为目标，继续抓好治安防控工作；以增强国防后备力量为基础，充分发挥人武工作作用；以弘扬社会主义核心价值观为重点，着力提升街居文明形象。

年内，被秦皇岛市精神文明建设委员会办公室、市志愿服务基金会评为“志愿服务工作先进单位”；被共青团秦皇岛市委评为“五四红旗团委”；被北戴河区委、区政府评为“暑期安保维稳先进单位”；被北戴河区委组织部评为“优秀科级领导班子”“网宣工作先进单位”。

【基层党建】　在“两学一做”学习教育中，开展了“手抄党章一百天”“笔录党章书法笔记作品展”“两学一做知识竞赛”“最美党员讲美丽故事”等一系列学习教育活动；以项目化管理为抓手，统筹推进党建品牌创建工作，形成了“六化六型”“七彩课堂”等党建品牌；立足党员奉献在社区，积极创建服务型党组织，推行“3612”党员为民做好事制度和“六个日”主题教育活动，在春节、“七一”“八一”期间对辖区低保户、困难户、残疾人开展送温暖活动，并与青龙县茨榆山乡尖山子村5户10人结成帮扶对子，开展精准帮扶；结合“基层党建提升年”活动，创建“基层党建示范点”市级2个、区级3个；开展党员组织关系集中排查、党费收缴核查和非公有制企业“两个覆盖”工作。

【社区建设】　社区办公用房及服务用房　安居、英才社区办公用房和服务用房均达到300平方米，平安路社区、剑秋路社区办公和服务用房均为240平方米，西山社区目前是租用200平方米办公用房。

社区干部队伍建设　西山街道下辖11个基层党组织（其中1个机关党支部、3个社区党总支、2个社区党支部和5个非公企业党支部），共有党员804人，机关、社区干部56人。

社区志愿服务及文化建设　向社区居民提供政务服务之窗、市民救助、法律咨询、婚育培训、养老托幼、康复娱乐等较全面的社区服务系统。抓好社区志愿者队伍和专业服务队伍建设。动员有特长的人员加入志愿者和专业者队伍中，吸纳各界成员特别是下岗职工和专业人员参与社区服务，社区志愿者人数达300余人。抓好社区文化建设。以社区中文体活动爱好者为骨干，组织秧歌队、合唱队、舞蹈队、书画组、晨练队等。利用文化书廊、楼院小报、墙报、板报、图书室，开展群众性文化、教育、科普等活动。

【社会事业】　计划生育工作　全年办理第一个子女生育登记卡119个，第二个子女生育登记卡49个，再生育审批3个，均为三胎生育，合格率达到100%。落实各项奖励政策，审核区属改制企业职工独生子女父母退休一次性奖励核实13人，审核城镇职工独生子女父母退休3000元一次性奖励74人。发放无业居民独生子女父母奖金517人，金额3.11万元。开展生殖保健和优生优育优教知识为主要内容的宣传活动，人口学校配备教学设施及计生图书阅览角，在主要街道设置计生公益广告牌和标语。春节、“三八”妇女节、母亲节、“5·29”协会纪念日、“7·11”世界人口日开展上街宣传、文艺演出等主题活动。亲情关爱行动中，为3户新增独生子女死亡、伤残特扶家庭建立档案，累计建立享受特扶待遇人员家庭档案36人。关爱困难女孩活动中，慰问贫困女孩家庭5户，金额1000元。组织58对夫妇参加待孕夫妇免费孕前优生健康检查。做好人口计生信息化工作，利用信息系统规范全员人口、流动人口、避孕药具的管理。开展孕前优生健康检查、优生优育和出生缺陷干预知识普及教育。

民生环境工作　街道、社区通过宣传板报、宣传单、宣传条幅、微信公众号及走访沿街商户等形式，在辖区范围内广泛开展环境保护宣传活动。组织机关干部、社区工作人员、保洁员、志愿者对包片社区进行清理，并到环境卫生情况相对突出的小区进行集中清理。利用雨水冲刷、浸泡时机，组织志愿者对辖区路面进行冲洗，擦洗垃圾箱、栏杆，清除水箅子上堵塞垃圾。至年末，共清理包括老八栋小区、新三建小区、辰光小区、安居小区、海建小区等10个小区，铲除楼体上小广告8000多条，清理生活垃圾240吨、建筑垃圾90.5吨。开展“双违”整治工作，全年共拆除违建116处，面积3050平方米。

文化体育工作　街道利用现有资源与场地，成立6个文化活动室和街道文化超市，室内有电视机、电脑、音响、投影、图书柜等配套设施。居民可以在文化超市创作、交流、展示作品。活动室制度上墙，管理规范，组织开展各类文艺演出和文体活动。依托海岳艺术团、西山街道合唱团、社区腰鼓队、社区秧歌队等13个文体组织，在春节、元宵节、母亲节、“七一”等节点组织开展文艺活动300余次。开展“喜迎新春”书画摄影展。以“全民健身”活动为契机，举行了健走、爬山、趣味运动会等群众广泛参与的社区体育活动。

民政工作　2016年，街道共有低保户78户119人，全年发放低保金49.7万余元。低保工作实行动态管理，共注销17户，调整7户，同时新增1户；年内为低保户发放电费补5803.2元，暖气补5.1万元。为1位原低保人员办理三无人员，并已申请入住集中供养中心。医疗救助及临时救助工作。年内为6位低保家庭中重病人员办理医疗救助，为因突发事件导致家庭生活困难的1户办理临时救助。做好双拥工作。街道办事处共有军烈属、老红军、“两参”等人员12人。“八一”为5位军烈属发放米面油等慰问品及慰问金5000元，春节为“两参”及军烈属发放米面油12份及慰问金5000元。街道现有90岁以上老人57人，年内新增12人，80岁以上老人595人，年内新增61人。于重阳节慰问90岁以上老人58人，每人送1个蛋糕。6月，对享受老龄补贴人员共553人进行了认证工作。

劳动保障工作　全面调查掌握辖区劳动力基本情况和就业需求，认真做好企业、城镇失业人员及应届毕业生的求职登记工作，建立下岗失业人员、“4050”人员等10余种工作台账和个人信息资料库。与辖区内各用人单位联系，收集用工信息，设立专门的服务窗口，为失业人员提供政策咨询、信息发布、职业指导、推荐培训等“一条龙”服务，重点对就业困难人员，提供优先的“送岗位、送政策、送技能”就业援助服务。为4名未就业高校毕业生提供见习岗位，为2名就业困难人员申请公益岗。加大就业和再就业优惠政策的宣传落实。做好领取失业金人员的跟踪管理服务，为52名领取失业金人员办理签到登记，为43名灵活就业人员申请发放社会保险补贴17.9万元。推进城乡居民基本养老保险参保工作，通过张贴通知、发放宣传手册、开通热线电话等形式宣传动员，居民明了缴费与收益、选择档次与政府补贴的关系及养老金计算方法，使符合条件的居民全部参保。对到龄人员及时帮助申报待遇，对缴费人员做好公示，对注销人员做好核实，为待遇领取人员做好认证，并为行动不便的老人提供入户认证。年内办理新参保登记7人、新增待遇3人、注销19人、账户封存5人、补缴保费4人、催缴保费17人，累计参保缴费118人，为189名待遇领取人员发放养老金共计18万元。

残疾人工作　为45名重度残疾人办理了贫困重度残疾人生活补贴，每人每年1200元。新年、春节前为40人申请了节日慰问补贴，为5位残疾人申请了居家托养补贴，共计3000元。下发残疾证3本。组织各社区214位残疾人进行免费体检。为17位参加职工养老保险和23位轻度残疾人参加医疗保险的居民办理了报销申请。助残日活动中2人被评为自强模范，2个家庭被评为和谐家庭。年内新增民政部门对困难残疾人生活补贴、重度残疾人护理补贴2项救助工作，共为42人申请生活补贴,86人申请护理补贴。

安全生产及防汛防火工作　街道对辖区180余家门店、50户出租房屋和44家民宿进行了消防、用气、用电等安全专项联合检查，发现并整改隐患20处，发放安全生产宣传单2万余份；旅游旺季，落实防汛应急值班制度，建立防汛应急队伍122人，24小时领导带班值班备勤；开展冬季火灾防控攻坚战行动，整治火灾隐患重点部位，发放冬季安全宣传单500余张。

【精神文明建设】　党风廉政建设　全面落实“两个责任”。明确工委书记为第一责任人，与各科室签订2016年度党风廉政建设目标责任书，形成一级抓一级工作格局；纪工委履行监督责任，协助工委将党风廉政建设与街道重点工作同研究、同部署；全年召开“三重一大”工委会会议5次。开展廉政教育。以“两学一做”学习教育为契机，组织6次党性党风党纪主题教育活动；转变工作作风。街道纪工委不定期对机关工作人员进行效能督查，完善考勤制度；开展“懒政怠政不作为不在状态”“一问责八清理”专项行动；运用监督执纪“四种形态”，召开民主生活会，班子成员在会上开展批评与自我批评；全年开展谈心提醒15人次，签订廉洁自律承诺书134份。

精神文明创建　组织全体街居党员干部开展“继承弘扬长征精神·新长征路上艰苦奋斗”，向郭成志、杨双牛学习等各类宣教活动。加强志愿服务队伍建设，开展党员“微心愿”、爱心驿站、上门理发、义诊等活动；推行“3612”党员为民做好事制度和“六个日”主题教育活动。开展评选“西山好人”“最美北戴河人”和宣传“最美共产党员”事迹等活动培树“微典型”，并利用社区宣传栏、“北戴河西山街道”微信公众号、《魅力西山报》等平台全面宣传、营造氛围。

【社会治安综合治理】　年内，做好全国两会、G20峰会、中共十八届六中全会等重要时点维稳工作，全年排查矛盾60起，依法化解59起。暑期，组建党员志愿巡逻队和红袖标治安志愿者巡防队300余人，设立4个党员志愿服务台和27个公交站点值勤岗，做好人好事8件，协助公安人员查获外地上访人、可疑人员9人，解答游客咨询4000多人次。组织督导各社区智能网格建设，配置手机终端43部，录入网格事件522件，辖区刑事案件发案率得到有效遏制。推进无邪教创建工作，全年收缴非法宣传品80余份，建立防范警示教育阵地5个，在河北省反邪教协会现场会中，作为示范点进行经验介绍和典型发言，接待了浙江台州、内蒙古反邪教协会参观学习。加强社区矫正人员管理，接收社区矫正人员47人，解矫39人，安置帮教人员17人。开展“六五”普法和特色法律关爱活动，推行“一社区一法律顾问”制度，共发放宣传单2万份、普法星火月刊1500册，组织法律、安全防范培训4次。

【群团工作】 工会工作　推进辖区建会企业开展工资集体协商，指导企业与职工签订工资集体合同，组织开展栈道健走、登山比赛、合唱比赛和广场舞大赛等活动，做好困难职工核定工作，开展送温暖帮扶工作，2名职工获得区级好商户称号，街道被授予职工文化工作先进单位，连年获先进职工之家称号。

妇联工作　组织开展“贫困妇女儿童帮扶行动”“三新”现代女性大讲堂、“百善孝为先”系列讲座、“妇女之家”及“最美家庭”评选活动；推进“妇女创业促进行动”，开展“巾帼文明流动岗”示范竞赛活动。举行妇联换届选举，成立西山街道办事处第二届妇女联合会执行委员会，设执委9人。

【社区居委会简介】 剑秋路社区居委会　有2025户4860人，面积0.9平方千米。2016年，剑秋路社区居委会以服务居民为重点，围绕创建和谐平安社区的目标，加强社区服务，繁荣社区文化，美化社区环境，关心居民生活，不断提高社区科学的管理水平。

英才社区居委会　有4036户7090人，面积2.2平方千米。2016年，英才社区以社区党建为龙头，以社区建设为基础，以社区服务为核心，不断加强和改进社区工作，全面带动了社区综合治理、计划生育、民生保障和其他社会事业的发展。

安居社区居委会　有3587户6447人，面积0.51平方千米。2016年，安居社区居委会以构建和谐新安居为主线，为辖区居民营造了“居住安心、娱乐开心、安全放心、管理顺心、服务暖心、生活舒心”的和谐环境。

平安路社区居委会　有755户1601人，面积0.23平方千米。2016年，平安路社区居委会以全面提高辖区居民的自治意识和能力为工作目标，努力建立自我管理、自我教育、自我服务、自我监督的社区体系和工作机制。

西山社区居委会　有773户1578人，面积3.7平方千米。2016年，西山社区居委会结合社区实际，以创建“五个好”党组织及和谐社区为重点，克服人员少，场地小、任务重等困难，扎实开展各项工作。

河北外国语职业学院社区家属委员会　有742户3077人，面积0.35平方千米。

（高　婧　于雯雯）

人 物

港城楷模

【未淑云】 未淑云是北戴河区住建局退休干部。她热心公益事业，把“爱”撒满人间，在“希望工程”“扶贫济困”“母亲工程”和赈灾救灾等各项活动中，积极捐款捐物奉献爱心。作为工薪阶层的她，省吃俭用，30多年来，在公益事业等各项活动中累计捐款40余万元、捐赠实物价值5万余元。她组织成立了道德模范志愿者队伍，在环境建设、秩序维护、关爱弱势群体等方面默默奉献着自己的光和热，曾经荣登“中国好人榜”，获得“全国优秀志愿者”称号。

2017年，在中共秦皇岛市委宣传部组织的“港城楷模”评选活动中，经过基层推荐、专家评审等环节，被评为首批“港城楷模”。

【任广振】 任广振是北戴河区西山街道英才社区退休老党员。他始终践行着共产党员的神圣使命，坚持为群众做好事。1996年，他承诺工作之余为小区居民免费提供维修。20多年里，不管白天、晚上，只要打个电话，他随叫随到，为居民免费维修服务上千次，从未收过一分钱。他资助贫困学生，帮助贫困家庭，为他们捐款捐物。2007年“七一”前夕，他和老伴签下了捐献眼角膜志愿书，为党的生日献上一份特殊的礼物。

2017年，在中共秦皇岛市委宣传部组织的“港城楷模”评选活动中，经过基层推荐、专家评审等环节，被评为首批“港城楷模”。

公务员风采

【胡建伟】 胡建伟是交警五大队二中队中队长，中共党员，二级警督。

旅游旺季前，交警支队和五大队提出对刘庄旅馆区道路两侧的违法停车行为“做足工作、做好准备”的要求。交警五大队协调北戴河区政府利用刘庄的一块空地开辟了1处免费停车场，可以停放500辆汽车。胡建伟逐门逐户对道路两侧的商家和刘庄旅馆进行走访，建立了一个刘庄旅馆微信群，方便了解各个旅馆游客车辆并及时对车主进行停车教育，为旅游旺季解决道路两侧违法停车阻碍交通的问题奠定了基础。

在治理石塘路市场和刘庄旅馆区违法停车的过程中，二中队除了加强巡逻和夜间值守外，还一边加大对违法停车的处罚力度，一边协调有关部门对商家门市外面的空地实施划停车区，使刘庄旅馆区的交通秩序得到明显改善。

在旅游旺季川流不息的人流、车流中，交警除了指挥和疏导交通，每天还会遇到众多的游客问路和咨询。生长在这里，又在这里当交警，他对北戴河旅游区的道路了如指掌。为了适应秦皇岛市旅游区道路管理模式的转变，胡建伟把二中队中熟悉北戴河区基本情况的交警放在汽车站岗、刘庄环岛岗、大薄荷寨岗，通过培训把这3个岗建成北戴河的“迎宾岗”，它们是外地车辆的服务岗、接警点，也是“活地图”和“灯塔”。

据不完全统计，7月份，这3个岗的执勤交警共接受群众咨询约6700次，为游客办好事120余件。

在旅游旺季，胡建伟几乎每天以队为家，同事笑称，他的“坐骑”白天只有开会和吃饭才在队上，晚上不到半夜不会回队部。每天早上5点半，胡建伟都会准时驾车上路，在辖区各条道路上巡视。按照规定，他每隔1天需要值1个夜班，但实际情况却是他整个7月份几乎都吃住在队部。8月1日，胡建伟和辅警杨绍峰开车去执行勤务。在路上，杨绍峰发现胡建伟的一只手在开车时不停地抖动，气色也很难看。经过崔各庄环岛后，杨绍峰发现胡建伟口唇发紫，几近昏厥。他赶紧停车施救，并通知副中队长找人补岗。车辆回返的路上，胡建伟口中还在不停地念叨：“上岗，上岗。”闻讯后，交警支队政治处主任王跃以及五大队领导尚永利、吴宏远先后赶到医院询问病情。医生说，胡建伟患有高血压，近期睡眠严重不足、压力过大导致他出现这种状况。

中学时代他是北戴河中学足球校队的左后卫，曾经的运动健将由于忘我的“拼命”工作，导致他在近几年中发生3次昏厥，他认为只要自己还“撑得住”，就会想方设法上岗。他说“职责记心间，奔忙在路上”“交警工作标准不能低，只能高”“在路上，要自觉树立共产党员和人民警察的形象”“工作就是工作，队伍管理严是爱，松是害”。这次昏厥造成他一只脚被卡在座位下严重扭伤，实在无法继续站岗，被领导“责令休息”。

他先后获个人嘉奖3次、秦皇岛市公安局先进个人6次、河北省交管局先进个人2次、市公安局三等功2次。

【宗晓静】 宋晓静是北戴河区信访局主任科员。她凭借扎实的业务水平和接地气的工作作风，以女性坚韧不拔、善良细心、勇于担当的精神，践行着“为党分忧，为民解难”的信访工作宗旨，赢得了信访群众的普遍认可。

在责任单位的眼里，宗晓静爱较真儿，办事雷厉风行，说话一针见血；在同事的眼里，她工作要求标准高，做事追求完美，像刚上过发条一样，身上总有使不完的劲儿；在信访群众的眼里，她讲原则、讲道理、负责任，因长久的声带疲劳，她得了咽炎，但说起话来总是掰开了、揉碎了、不厌其烦。近年来，宗晓静共接待信访群众1700余批7000余人次，促进了数百件信访事项妥善解决。

宗晓静常说：“有问题不能拖、不能捂，事情越拖越大，群众的怨气越捂越炸，我们是愿手举炸药包，还是想办法解决问题，换一方平安呢?”

残疾人代步车营运是很多城市的顽症。今年全市开展了“三车”集中整治，北戴河区对从事非法营运的残疾人代步车进行了查扣。残疾人车主三三两两地来访，主要诉求是政府不应该对他们“动真格的”。宗晓静从情理到法理，从生活困难到谋生之计，从自立自强到依法守规，对信访人进行疏导，对其违法行为进行批评教育，信访人心服口服，主动写下了深刻的保证书，愿意接受处罚，全区专项整治取得明显成效。同时，代步车也及时返还到残疾人车主手中。

北戴河区信访局接待大厅挂着1面锦旗，是北二区居民高作山送来的。2015年5月，高作山等居民反映自家小区一棵大树长到了楼根儿，越长越大，树枝快伸进了家中，跟整栋楼东南角的阳台和楼体“亲密拥抱”，居民雨天怕招雷电，晴天怕招虫，地基也被树根拱起，看着干着急不知道怎么解决。宗晓静当天下午便组织相关单位现场办公，位于近3米高楼基上的“肇事树”3天就被清理了。事后，高大叔笑呵呵地来到信访局，拿出了1面锦旗，上面写着：心系百姓，为民解忧。

围绕依法办事，宗晓静在接访人员中开展了学法用法，争做解决信访问题“专家”的活动。大家有的侧重劳资问题、有的侧重农村矛盾、有的侧重民政救助、有的侧重《河北省信访条例》。接访之余，她执笔起草了《关于维护区政府综合办公楼办公秩序加强对信访人员分流处置工作的意见》《北戴河区关于进一步规范和加强信访工作的意见(试行)》，组织人员整理了《信访工作文件汇编》。为了让信访群众依法信访、理性维权，宗晓静亲自撰写脚本、找资料，设计制作宣传展牌12块，宣传引导群众依法逐级走访。

她针对初信初访提出“百分百化解，严格控制积案增量”的目标。宗晓静在联合接访中心增加了心理咨询、法律咨询、预约接访等服务，还开设了姐妹谈心室，专门接待“要面子”的女信访人。信访渠道充分敞开，公开接访与相对封闭接访相结合，逐案逐人说理讲法、进行风险评估后对相关单位进行风险提示或提出工作建议，每日亲自把关起草报送《信访专报》，区领导第一时间作出批示，助推信访事项解决。细致的工作流程，给每个信访事项加上了“保险”，确保矛盾不激化、群众不越级，让群众生气来、笑着走，给信访事项画上了圆满的句号。

多年来，宗晓静不断对信访工作中的经验和心得进行总结，作为区委党校的师资库成员，她曾数次为全区基层干部、妇联、信访工作者等近400人次进行授课，传播做好信访工作和群众工作的重要性和方法。

2011年，宗晓静被评为河北省信访工作先进个人，2015年，被评为河北省暑期先进个人。

荣誉专版

2016年北戴河区获省部级以上集体荣誉一览表

表12

单位名称	荣誉名称	授予单位	授予时间
北戴河中学	全国中小学节约型校园建设示范校	中国教育装备行业协会	2016年1月
北戴河区	全国绿化模范县区	全国绿化委员会	2016年2月
北戴河区总工会	河北省县级工会规范化建设优秀单位	河北省总工会	2016年3月
共青团北戴河区委员会	“从我做起 文明出行”全国少年儿童交通安全教育活动优秀组织单位	中国少先队事业发展中心	2016年3月
北戴河区实验小学	河北省素质教育示范校	河北省教育厅	2016年6月
北戴河区海北路小学	河北省素质教育示范校	河北省教育厅	2016年6月
北戴河区戴河古城联村党支部	全国先进基层党组织	中国共产党中央委员会	2016年7月
北戴河火车站警务站	集体二等功	河北省公安厅	2016年7月
北戴河区暑期供应站	2016年暑期食品安全保障工作先进集体	河北省人民政府食品安全委员会办公室	2016年8月
北戴河区疾控中心	先进集体	河北省人民政府食品安全委员会办公室	2016年8月
北戴河村	省级无邪教创建示范区	中共河北省委防范和处理邪教问题领导小组办公室	2016年
北戴河村	全国创建无邪教示范村	国务院防范和处理邪教问题办公室	2016年9月
北戴河联峰山警务组	暑期安保工作先进集体	河北省公安厅	2016年9月
北戴河中海滩派出所	暑期安保工作先进集体	河北省公安厅	2016年9月
北戴河公安分局	集体二等功	河北省公安厅	2016年9月
北戴河莲蓬山派出所	集体二等功	河北省公安厅	2016年9月
北戴河治安大队	集体二等功	河北省公安厅	2016年9月

续表12

单位名称	荣誉名称	授予单位	授予时间
秦皇岛边防支队北戴河边防派出所	暑期安保工作先进集体	河北省公安厅	2016年9月
北戴河区委宣传部	在省委宣传部2015年度工作考核中获“优秀”等次	河北省委宣传部	2016年10月
北戴河区戴河镇人民政府	河北省“7·19”抗洪抢险救灾工作先进集体	中共河北省委办公厅、河北省人民政府办公厅	2016年10月
刘庄村	中国特色村	中国村社发展促进会	2016年10月
西古城村	中国特色村	中国村社发展促进会	2016年10月
北戴河区体育局	2016年北戴河轮滑节优秀组织奖	中国轮滑协会	2016年12月
北戴河区旅游局	全国旅游系统先进集体	中华人民共和国人力资源和社会保障部、中华人民共和国国家旅游局	2016年12月
北戴河区统计局	2015年度县级统计业务规范化优秀单位	河北省统计局	2016年12月
北戴河边防派出所	基层建设先进单位	河北省公安边防总队	2016年12月
北戴河区供销合作社	食盐专营工作模范单位	河北省供销总社	2016年
北戴河区护路办	2016年河北省暑期铁路护路联防工作先进集体	河北省综治委铁路护路联防领导小组	2016年
秦皇岛市国土资源局北戴河区分局	河北省国土资源局管理系统先进集体	河北省国土资源厅	2016年
北戴河区西古城村	省级示范妇女之家	河北省妇女联合会	2016年
北戴河区北戴河村	省级示范妇女之家	河北省妇女联合会	2016年
北戴河区刘庄村	省级示范妇女之家	河北省妇女联合会	2016年
北戴河区委农工委	全省农业（农工）系统先进集体	河北省农业厅（河北省委、省政府农村工作办公室）、河北省人力资源和社会保障厅	2017年1月
北戴河区委办公室	河北省党委系统信息工作2016年度优胜单位	河北省暑期工作领导小组办公室	2017年2月
北戴河区地税局	全国税务系统先进集体	国家税务总局	2017年2月
北戴河区	2013—2016年度群众体育先进单位	国家体育总局	2017年8月
北戴河区	河北省和谐社区建设城区	河北省民政厅	2017年2月

2016年北戴河区获省部级以上个人荣誉一览表

表13

姓　名	单　位	荣誉名称	授予单位	授予时间
左立功	北戴河区人民法院	全省法院司法警察技能大训练活动先进个人	河北省高级人民法院	2016年1月
王惠远家庭	北戴河区东山社区居民	“第十届全国五好文明家庭”和“全国最美家庭”	全国妇女联合会	2016年5月
史凤娟、祖纪红	北戴河区第二中学、西山小学	在教育部2015年“一师一优课、一课一名师”活动中，获部级优课2节	教育部	2016年6月
侯亚平、宫建月、田鍌	北戴河区育花路小学、实验小学、第二中学	在教育部2015年“一师一优课、一课一名师”活动中，获省级优课3节	教育部	2016年6月
李　成	北戴河区戴河镇车站村	全省优秀党务工作者	中共河北省委	2016年6月
王怡光、潘　实 李　健	北戴河公安分局	个人二等功	河北省公安厅	2016年7月
李　罡	北戴河区政府办公室	2016年度暑期工作先进个人	河北省暑期工作领导小组办公室、河北省委组织部、河北省人社厅	2016年8月
李智勇	北戴河区暑期供应站	暑期食品安全保障先进个人	河北省人民政府食品安全委员会办公室	2016年8月
黄　巍	北戴河区暑期供应站	河北省暑期工作先进个人	河北省暑期工作领导小组办公室、中共河北省委组织部、河北省人力资源和社会保障厅	2016年8月
尚勇利	秦皇岛市公安局交通警察支队五大队	河北省暑期工作先进个人	河北省暑期工作领导小组办公室、中共河北省委组织部	2016年8月

续表13

姓　名	单　位	荣誉名称	授予单位	授予时间
孙先亮、胡玉海 卢　陈、杨建军 张　洪、刘　军 韩　利、万　东 焦建伟、李军斌 王　新、冯长新 雷春华、邸建飞 黄　磊	秦皇岛市公安局交通警察支队五大队	河北省暑期工作先进个人	河北省公安厅交通管理局	2016年8月
张少军	北戴河区戴河镇人民政府	河北省暑期工作先进个人，并给予三等功奖励	河北省暑期工作办公室、河北省委组织部、河北省人力资源和社会保障厅	2016年8月
刘海波	北戴河区市场监督管理局	河北省暑期食品安全保障工作先进个人	河北省食品安全办公室	2016年9月
许秋峰	北戴河区牛头崖镇人民政府	2016年河北省暑期铁路护路联防工作先进个人	河北省综治委铁路护路联防领导小组	2016年9月
穆兴驰、丁宝芳	北戴河公安分局	模范共产党员	河北省公安厅	2016年9月
肖　政、白云皓 张海峰、赵志文 王魁营、段守志 高　跃、陆义涛 梁　普、曹国瑞 杨宇生、焦锡武	北戴河公安分局	个人二等功	河北省公安厅	2016年9月
韩建明、赵　伟	北戴河公安分局	暑期安保工作先进个人	河北省公安厅	2016年9月
岳旭光、王　冰	秦皇岛边防支队北戴河边防派出所	暑期安保工作先进个人	河北省公安厅	2016年9月
刘　帅	秦皇岛边防支队北戴河边防派出所	个人三等功	河北省公安厅	2016年9月
宫传宝	北戴河区委办公室	河北省暑期先进个人	河北省暑期工作领导小组办公室	2016年12月

续表13

姓　名	单　位	荣誉名称	授予单位	授予时间
李　爽	北戴河区牛头崖镇人民政府	2016年度河北省暑期工作先进个人	河北省暑期工作领导小组办公室	2016年12月
吴　轶	北戴河区牛头崖镇人民政府	2016年度河北省暑期工作先进个人	河北省暑期工作领导小组办公室	2016年12月
乔海龙	北戴河区东山街道办事处	河北省暑期工作先进个人，并给予记嘉奖奖励	河北省暑期工作领导小组办公室	2016年12月
卢志勇	北戴河区市场监督管理局	河北省暑期工作先进个人	河北省暑期工作领导小组办公室	2016年12月
付　敏	北戴河区市场监督管理局	河北省暑期工作先进个人	河北省暑期工作领导小组办公室	2016年12月
骆亚洲	北戴河区戴河镇人民政府	论文《乡镇食品安全法制建设能力分析及对策研究—以秦皇岛市北戴河区戴河镇为例》，在法治政府建设理论研讨会征文中获得省级三等奖	河北省人民政府法制办公室	2016年12月
商汝刚	北戴河区戴河镇人民政府	论文《戴河镇关于维护社会稳定工作情况的调研报告》，在法治政府建设理论研讨会征文中获得省级优秀奖	河北省人民政府法制办公室	2016年12月
吴洪远	秦皇岛市公安局交通警察支队五大队	二等功	河北省公安厅	2016年
王　丰、胡亚男	北戴河区委办公室	河北省党委系统信息工作2016年度先进个人	中共河北省委办公厅	2017年2月

附 录

2016年北戴河区环境质量公报

2016年，北戴河区认真贯彻执行中共十八届五中、六中全会精神，实践习近平总书记关于生态环境保护工作的重要指示，以生态良性循环、资源合理利用、环境质量良好、城市优美洁净为工作目标，全面加强环境监督管理，维护人民群众的环境权益，确保全区环境质量保持良好水平。

2016年，实施新河湿地环境治理工程，近岸海域综合治理，取缔燃煤锅炉综合整治行动等大气污染防治工作，不断加大环境监管力度，着力解决突出环境问题，推进环境网格化管理模式，有序推进生态文明建设，广泛开展环保宣传、教育，传播生态理念，提高全民环保意识。全区整体生态环境建设水平及生态环境质量得到明显提升。

大气环境

【状况】 全年环境空气质量有效监测天数为362天，达标天数为284天，达标率为78%。其中一级优的天数为97天，二级良的天数为187天，三级轻度污染的天数为52天，四级中度污染天数为18天，五级重度污染天数为8天。比上年达标天数增加了15天。

环境空气中二氧化硫（SO_2）平均浓度为26微克/立方米（二级标准≤60微克/立方米），比上年下降44.7%。

二氧化氮（NO_2）平均浓度为39微克/立方米（二级标准≤40微克/立方米），比上年上升2.6%。

可吸入颗粒物（PM10）平均浓度为72微克/立方米（二级标准≤70微克/立方米），比上年下降7.7%。

细颗粒物(PM2.5) 平均浓度为42微克/立方米（二级标准≤35微克/立方米），比上年下降14.3%。

一氧化碳（CO）日均值第95百分位数浓度值为3.1毫克/立方米（二级标准≤4毫克/立方米），比上年下降3.1%。

臭氧（O_3）日8小时滑动平均第90百分位数浓度值152微克/立方米（二级标准≤160微克/立方米），比上年上升19.7%。

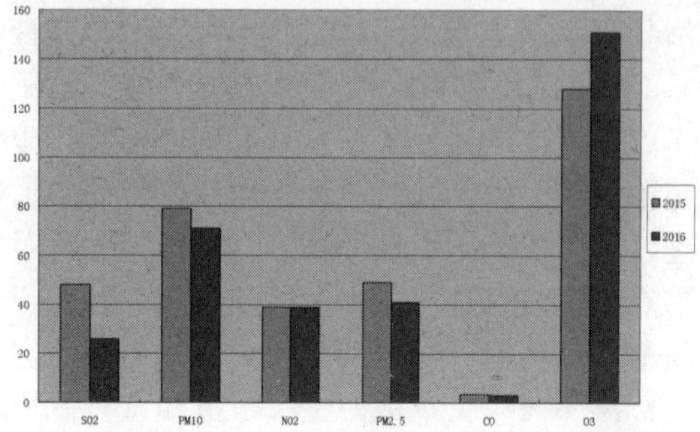

2016年与2015年主要污染物浓度对比

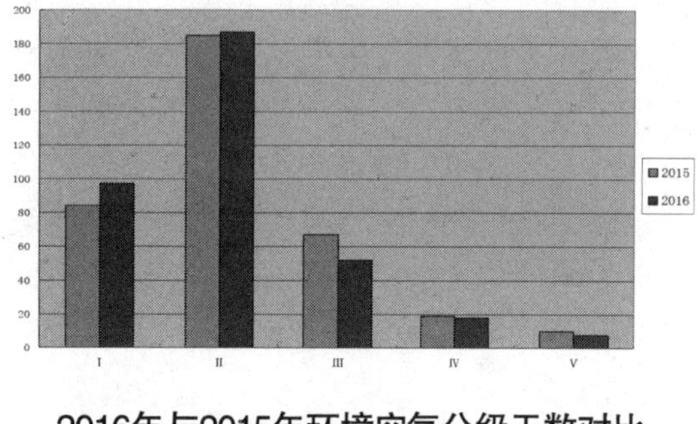

2016年与2015年环境空气分级天数对比

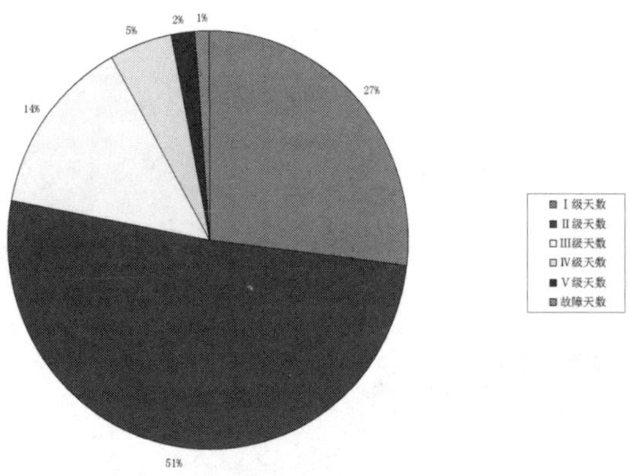

2016年环境空气质量各级天数

行动与措施

一、切实加强大气污染防治工作。一是开展燃煤锅炉综合整治。针对北戴河区2016年取缔燃煤锅炉目标任务，制定了周密细致的整治方案。先后召开书记办公会、党政联席会和全区燃煤锅炉整治攻坚大会专题研究部署。通过更换清洁能源等方式，完成年度18台17.9蒸吨燃煤锅炉取缔和2台6蒸吨的整治任务，另外还取缔计划外燃煤锅炉13台8.3蒸吨，年度共取缔31台26.2蒸吨，超额完成市下达的目标任务。二是集中开展扬尘整治专项行动。狠抓建筑工地和道路扬尘治理，深入各施工工地现场进行检查督导，对重点干道进行适时洒水，冲洗作业，延长道路清扫保洁时间，坚持暑期城乡街道保洁卫生标准不减，持续保持主次干道和重要区域保洁质量。机械化清扫率达到60%以上。三是强化餐饮业油烟治理。开展环境综合整治执法检查，对影响大气环境质量的餐饮单位已明确要求在开业之前，必须安装高效油烟净化设施，不安装不准开业运营、不予办理卫生许可证或予以取缔，逐步实现餐饮单位高效油烟净化设施全域覆盖。四是加强煤炭管理与清洁能源供应。严格控制煤质，全面提高煤炭质量和清洁利用水平，区热力公司推广使用洁净煤5.5万吨。新上耗煤项目严格实行煤炭减量和等量替代。五是扎实开展秸秆禁烧。加大宣传巡查力度，从严控制焚烧落叶、垃圾、杂草、秸秆及烧荒行为，印发《焚烧秸秆的五大危害》宣传单2万份。完成辖区内7家企业VOCs（挥发性有机物）的调查任务，并录入河北省重点行业VOCs污染防治综合管理系统。

二、推进天然气进城工程。2016年新接收小区8个，接收民用户1319户，点火3548户，改线86户。接收公福户18个，接收中压管线80211.09米，接收低压管线157940.56米。

水环境

【状况】

一、海水浴场

2016年监测数据显示，海水浴场水质符合国家海水水质二类标准，达标率100%。

二、戴河

2016年，戴河主要水质类别符合《地表水环境质量标准》（GB3838-2002）中Ⅲ类水质，水质状况良好，与上年相比较，水质明显好转。

2016年，戴河总体满足Ⅲ类(指定水体功能)水体功能要求。戴河主要污染因子五日生化需氧量浓度平均值3.3mg/L,符合国家地面水Ⅲ类标准,比上年降低0.7mg/L；化学需氧量浓度平均值18mg/L,符合国家地面水Ⅲ类标准,比上年降低5mg/L；高锰酸盐指数浓度平均值4.7mg/L，符合国家地面水Ⅲ类标准，比上年降低1.6mg/L；氨氮浓度平均值0.323mg/L，符合国家地面水Ⅱ类标准,比上年降低0.087mg/L。总磷浓度平均值0.119mg/L，符合国家地面水Ⅲ类标准，比上年同期降低0.011mg/L。

戴河口、尼龙坝、北戴河村三个断面水质均为Ⅲ类水质。

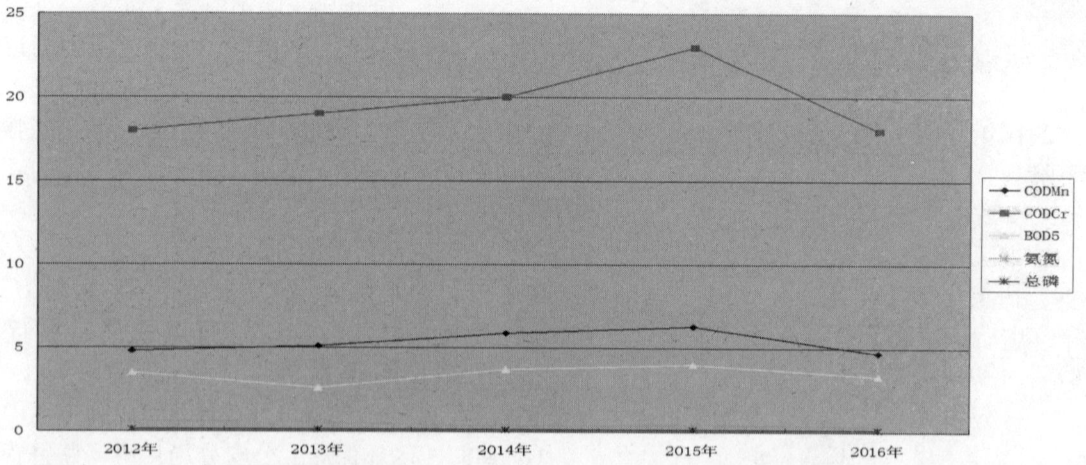

2012年—2016年污染物浓度年度变化

行动与措施

一、努力提升水环境质量。一是全面落实“河长制”管理，强化推进水环境改善。2016年4月，区委区政府印发《北戴河区河长制管理实施方案》，明确了区级“河长制”管理负责人，确保每条河、每个河段、每米河道都有人管护，实现全覆盖对接、无死角。全区明确6名区级河长、11名镇级河长、47名村级河长、49名巡查员。确定河长制参谋部门及工作任务，制定北戴河区河道巡查、督察制度。集中开展清底行动，清理河道及支流垃圾5.67万立方米；整治拆除河道周边违章建筑12处；加大污水直排治理力度，大力推进污水管网建设，集中整治河道雨水排放口。二是加强污水管网建设和重点水利工程建设。总投资7000余万元连续实施水系治理工程，对戴河、新河及其14条支流和排洪沟进行清淤、护岸、护底、景观绿化。投资300余万元建设新河小薄荷寨村段应急处理提升工程、谢李庄新河生产桥工程、丁庄东水库库区及下游综合治理工程。三是加大河道捞漂保洁力度。制定完善《北戴河区河道保洁实施方案》，严格落实沿海沿河排水沟管理责任分解要求，要求戴河7个河段、新河6个河段清捞队伍、巡查船只、运载车辆全部到位。

二、突出重点，深度治理，提升海域环境质量。一是建立动态巡查机制。定期巡查全区海岸线及近海海域的沿海环境状况和陆域环境保护情况进行，暑期实行每天两次动态巡查，发现油污上岸立即启动应急机制，要求各责任单位及时清理，防止二次污染。协调农牧部门做好渔船管理，防止渔船漏油造成海水污染。建立群众联防网络，发现问题及时上报处置。二是加强城区七条泄洪沟管理。每天对七沟进行清理保洁，沟内流水直接截入污水管网，不在沟内留存，大雨、暴雨后及时清理沟内垃圾及漂浮物，保证排水正常。三是加强新河沿岸企业管理。对存栏量超1000头奶牛的际牧牛业养殖场启动搬迁措施，异地安置。督促各养殖企业建设完成粪尿隔离筛网、污水处理设施和封闭式应急污水收集池等环保设施，要求企业及时清理储粪池，防止异味产生。四是伏季休渔，实施“封海”行动。出台《北戴河区退出筏式海水养殖补偿办法》，在辖区内海域全部退出筏式海水养殖。每年6月1日至9月1日在辖区海域范围内，与伏季休渔期同步实施“封海”行动，除经有关单位允许出海的船只外，其余一切船只均不得进入“封海”行动划定的区域，严禁从事违法盗采海砂、违法占海养殖、违法捕捞、违法渔船载客等“四违”活动。

声环境

2016年，全区声环境质量与上年相比有所下降。

一、城市区域环境噪声

城市区域环境噪声等效声级平均值46.4分贝，比上年降低2.5分贝，城市区域环境噪声环境质量评价等级为好。

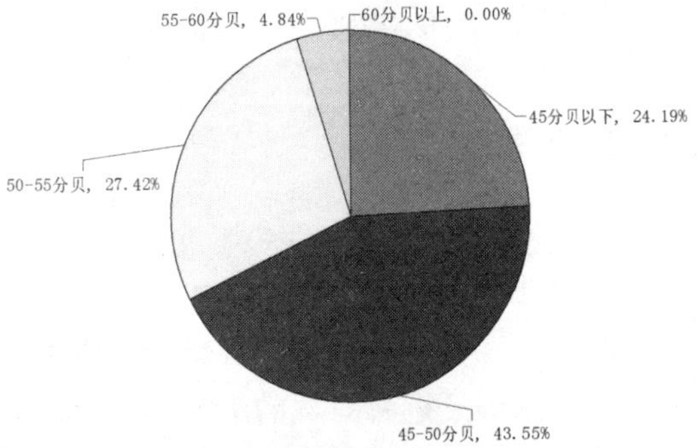

暴露在不同声级下的面积分布（百分比）

二、道路交通噪声

城市主要交通干线噪声等效声级平均值62.6分贝（国家标准70分贝），比上年升高6.2分贝，城市道路交通噪声路段达标率100%，道路交通噪声质量评价等级为好。

行动与措施

一、加强噪声监测

对功能区噪声每季度监测1次。监测点设在中共中央直属机关事务管理局北戴河服务局，每次24小时连续监测，共测4次。对城市区域噪声每年秋季监测1次，全区设62个点位，主要干道交通噪声10个点位。暑期对重点区域加强噪声监测与监管。

二、减轻交通噪声

采取禁止机动车鸣笛，严禁农用车进城，设置特殊敏感区禁行限行路段，柏油路面逐步取代水泥路面，绿化带立体种植等方式减轻交通噪声污染。

三、强化施工噪声监管

采取规定作业时间，向施工工地附近居民公告，增加检查频次，与相关部门联查建筑工地，严禁晚间10：00后施工等措施强化施工噪声监管。暑期，除区政府特批的项目外，其余施工工地全部停工。

四、强化社会噪声管理

以排污申报为依据，对企业产生噪声的设备设施进行排查摸底，督促企业采取降噪措施。强化部门联动，在“五一”“十一”、旅游旺季、高考、中考期间，区环保局、公安分局、市场监督管理局、文广新局等部门，采取24小时轮班执勤方式开展噪声控制工作，严查文娱、建筑施工等噪声扰民行为，加大餐饮业及娱乐业噪声扰民的整治力度；“12369”电话受理居民区噪声投诉，及时查处，降低社会噪声扰民。年内累计发放北戴河区旅游旺季噪声污染防治告知书550份，检查952次，查处违法违规行为32次。

固体废弃物

【状况】 2016年，产生医疗废物180吨；清理生活垃圾4.91万吨。

【行动与措施】 采取对危险废弃物建档、重点监管、集中处理等措施，保证环境安全。城市区实行分离储存、密闭化管理，农村生活垃圾实行定点堆放，统一清运，建筑施工垃圾实行定点准运。北戴河区在全市率先实施城乡环卫一体化，区环卫处每天出动29辆垃圾运输车对城乡200余家企事业单位、休疗养院和87座垃圾收集站、576个铁桶和17个散点产生的生活垃圾进行收集和运输至108中转站，8辆垃圾压缩车将压缩后的垃圾运至中节能秦皇岛环保有限公司集中处理；1辆医疗垃圾运输车将城区各大医院产生的医疗垃圾运至徐山危险品处理厂；3辆餐厨垃圾运输车将93家酒店、单位产生的餐厨垃圾运至宏图餐厨垃圾处理厂，确保日产日清。

生态环境

【状况】 北戴河是驰名中外的海滨休闲旅游度假区及国家级风景旅游区，2007年北戴河区被命名为国家级生态示范区。

监测数据显示，浴场空气中负离子浓度平均2000~6000个/立方米，西山最高多达14000个/立方米。

区内具有森林、湿地、水生等多种类型的生态系统，各类生态系统结构和功能完善，生物多样性高。

辖区内海岸线23千米，其中沙滩海水浴场7.7千米，相关评价表明，北戴河浴场沙滩为中国北方最优质沙滩。

区内有著名的“北戴河湿地”赤土山中心湿地，两个森林公园，全区森林覆盖率28.78%。

北戴河鸟类资源丰富，被中外的观鸟爱好者誉为“观鸟的麦加”。共有鸟类种类20个目61个科415种，约占全国鸟类资源的34%。其中，候鸟列入《世界濒危野生动植物物种国际贸易公约》的14种，国家一级保护鸟类12种，二级保护鸟类49种。

近海海域水质良好，生物多样性高。

【行动与措施】

一、继续实施防护林建设和绿满北戴河建设工程

2016年，全区新增绿地5.08万平方米，全区森林覆盖率28.78%，绿化覆盖率57.44%，绿地率53.725%，人均公共绿地面积53.9平方米。栽植乔木35.15万株，花灌木9695株，造型、宿根花卉、草坪、月季2.18万平方米，草花64万株，垂直绿化3.50万株，观赏草组合9.60万盆。

二、统筹城乡，积极开展农村生态保护工作

一是开展美丽乡村建设工作。加大对农村环境的整治力度，2016年美丽乡村全区涉及北戴河村、苏庄村、朱庄村、费石庄村、西古城村、东坨头村、甘各庄村7个村。费石庄村已建污水处理设施，其余4村均入城市污水管网。二是开展农村连片整治工作。制定《北戴河区农村环境连片综合整治示范区项目实施方案》，总投资400万元。完成全区农村垃圾治理长效机制建设，海滨镇、戴河镇已建立“户分类、村收集、镇组织、区转运”的城乡一体化垃圾收运处理模式；牛头崖镇、海滨镇实行向社会购买服务的市场化垃圾处理模式。4月起，全区将辖区内铁路沿线环境整治工作作为农村环境提升的重点工作。铁路沿线已完成垃圾清底工作，共清运各类垃圾1.08万余吨，补植树木5600余株，移植花卉900余平方米。三是出台《北戴河区畜禽养殖禁养区、限养区划分方案》。对处于禁养区、限养区内的养殖企业限期搬迁、关停。11月底，际牧牛业养殖场全部搬迁完毕。

环境管理

【污染减排】 开展节能减排和污染物总量控制工作。一是健全节能减排体制机制。严格落实排污申报制度、排污许可证制度、排污收费和年度环境统计制度，建立动态管理系统，全面掌握各企事业单位的排污现状及污染物排放总量情况。2016年完成排污申报登记单位146家，排污权核定16家，核发排污许可证23家，征收排污费56万元。二是开展工程减排。实施崔各庄村污水入网工程，村内生活污水集中收集排入秦皇岛市第二污水处理厂，削减化学需氧量31.5吨，氨氮3吨；实施邵艳菊养鸡场清洁养殖工程，配套建设固体废物和废水贮存处理设施，削减化学需氧量6.3吨，氨氮0.46吨；全区继续推进燃煤锅炉取缔工作,确保上级下达的减排目标任务。取缔燃煤锅炉18台17.9蒸吨，削减煤炭量2千

吨，削减二氧化硫17吨，氮氧化物8吨。

【项目审批】 2016年，审批建设项目45个，按照《建设项目环境管理名录》的要求，编制报告表39个、登记表6个，无擅自降低评价标准的项目，无越权审批的项目，环境影响评价率达到100%。根据河北省环保厅《关于进一步深化环保审批制度改革的意见》要求，对于45类项目实行豁免制度，办理豁免审批项目6个。另根据河北省环保厅《关于严肃查处违法违规建设项目的通知》要求，对23个未批先建项目进行查处并要求整改，整改达标后补办相关环保手续，其中对18个项目进行现状环境影响评价进行备案登记，完善环保手续，另外5个项目停产。全区建设项目"三同时"环保验收19个，无越权验收的项目，"三同时"执行率100%，验收合格率100%。

【放、辐射及危废环境管理】 加强放射源和危险废物的管理工作。一是监督辐射风险源企业。加大对放射源和危险固废的管理力度，全区4家涉源单位全部完善规章制度，签订安全承诺书。节假日及暑期重点射源单位北戴河兰德科技有限公司执行日报告制度。二是加强市重点危险废物企业管理。要求北戴河聚源铝业有限公司建立并完善危废台账、管理制度，企业产生的煤焦油，全部送至石家庄翔宇环保技术服务中心处置，处置率100%。三是强化医疗废弃物管理。区内4家医疗机构的废弃物全部交由有资质的单位处理，处理单据凭证齐全合规，防止医疗废物非法外泄。

环境监察

【征收排污费】 全年征收排污费63.3万元。执行排污费征收程序，严厉查处拒不缴纳排污费的违法行为，开展涉VOCs行业的排污收费工作。年内对际牧牛业研繁基地有限公司拒缴排污费问题立案查处，2015年三、四季度排污费和滞纳金强制执行到位。

一、完成年度现场检查计划，防范各类违法排污行为

实行污染源"双随机"抽查机制，每季度至少对重点污染源检查1次、一般污染源按照1:10比例抽查、特殊污染源适度提高抽查比例。监督排污单位落实环境管理制度、完善环境影响评价、执行排污许可、防治环境污染和守法经营的情况。年内，完成抽查72次。

二、"利剑斩污""零点行动"和打击涉危险废物环境违法犯罪行为专项检查

区环保局、区公安分局加强协作配合，开展"利剑斩污"联合检查33次，出动检查执法人员64人（次），检查企业28家。"零点行动"突击检查3家单位，热力公司下属供热站未及时苫盖储煤场问题由区环保局依法立案查处，执行到位。完成北京军区北戴河疗养院等6家医疗机构、3家印刷企业、1家有色金属加工企业危险废物环境安全排查10余次。要求相关单位完善处置台账，建立转移档案。

三、强化畜禽养殖污染防治，改善农村环境

以《畜禽规模养殖污染防治条例》为依据，开展规模以上畜禽养殖场环境监管。秦皇岛际牧牛业研繁基地有限公司距新河支流约50米，未报批环境影响评价文件，存在新河污染隐患。环保部门除实行行政处罚外，依法建议政府关停，6月，该公司主体搬离，11月，全部搬迁完毕。全部搬离前，区环保局严密监督该企业养殖废水排放情况，要求由吸污车清运、不得向环境排放；暑期执法人员多次于夜间和汛期突击检查，加强废水和粪便环境监管。未发生养殖废水随雨水河道倾泄的环境事件。

【环境信访工作】 确保群众举报问题整改落实到位。中央环保督察组交办北戴河区2件举报问题，秦皇岛金程自动车工业有限公司于2012年停产并于2013年注销，厂区内无生产行为，生产车间闲置。秦皇岛市北戴河

聚源铝业有限公司通过环评验收，取得排污许可证，市、区环保局执法人员多次检查非法排放有毒有害气体问题，未发现有刺激性难闻气体排放；7月委托第三方监测公司对企业周边空气环境进行7天不间断采样监测，未测出污染物超标；本案实行领导包案制，加强中期督察和后督察，一旦发现反弹，严肃追究责任。

严格执行《关于依照法定途径分类处理环境信访问题的实施意见（暂行）》，推进“法治信访”建设。推行“责任信访”，建立了环保局长接访日和信访责任制，真正落实领导接访、包案、带案下访制度。强化信息公开，推进“阳光信访”建设，依托国家环境信访信息系统、“12369”环境信访信息系统、“12369”环保微信举报平台，完善河北省环境投诉受理系统，实现业务流程标准化、处理过程透明化、统计分析智能化。全年共查办信访案件73件。

环境监测

开展大气、城市噪声、污染源例行常规监测工作。大气常规监测，包括降尘、硫酸盐化速率。硫酸盐化速率测西山、水电部2个点位，降尘测西山、水电部、环保局3个点位，每月1次，共取得监测数据60个。戴河、新河地表水监测每月配合市环境监测站进行常规监测。从7月中旬，每两周对戴河水系的入海口、集发尼龙坝、北戴河村3个点位，新河水系的108公路桥、新河口2个点位进行采样，并对水样的pH、氨氮、化学需氧量等指标进行分析化验，发现超标现象及时上报相关部门，为戴河、新河水的治理决策提供数据支撑。对区域噪声进行监测，每年秋季监测一次，全区共设62个点位，每个点位测经纬度、网格覆盖人口总数、噪声等数据。交通噪声另加道路长度、宽度与车流量等数据。开展企业污染源、建设项目验收监测，对聚源铝业、吉马包装有限公司等5家市重点企业每月进行水、气、声的采样监测，对其它28家非重点企业每季度监测1次。2016年共编发环境质量季报、海水浴场水质状况报告等各类专报65期。

环境宣传与教育

2016年，北戴河区以“改善环境质量，推动绿色发展”为主题，围绕服务暑期、污染减排、生态文明建设等重点工作，在三角地广场、汽车站等地开展环保集中宣传，共悬挂条幅28条，参加单位16家，设置展牌13块，发放宣传资料2000份、宣传购物袋1000个，接受群众咨询13件。

【公众参与】 建立健全区网格化环境监管体系，全区共建立一级网格1个、二级网格6个、三级网格51个。利用网格体系开展了拉网式信访排查，未发现环境信访苗头隐患。发挥12369环保热线作用，环境监察24小时人员值守，做到热情接访，妥善答复，息诉罢争。2016年，处理有效环境信访投诉26件，群众投诉案件结案率为100%。通过电话反馈回访，群众满意率为100%。

稿件来源：北戴河区环境保护分局

北戴河区2016年
国民经济和社会发展统计公报

2016年，在区委、区政府正确领导下，面对经济下行的巨大压力和繁重的发展任务，全力稳增长、调结构、优环境、惠民生，实现了“十三五”良好开局。

一、综合

全区实现生产总值52.75亿元，比上年增长6.0%。其中，第一产业实现增加值2.01亿元，比上年增长1.9%；第二产业实现增加值8.29亿元，比上年增长3.8%；第三产业实现增加值42.45亿元，比上年增长6.6%。三次产业之比为3.8：15.7：80.5。

全年全部财政收入完成81486万元，比上年增长3.8%，其中区级公共财政预算收入44570万元，比上年增长9.5%。全部公共财政支出完成101460万元，比上年增长2.2%。

二、农林牧渔业

2016年，粮食播种面积2017公顷，油料播种面积125公顷。全年粮食总产量实现15326吨、油料类总产量475吨、肉类产量3480吨、禽蛋类总产量2602吨、蔬菜产量31977吨、奶类总产量2164吨、水产类产量1284吨。农村用电量9913万千瓦时，农业化肥施用折纯量1525吨。

三、工业和建筑业

实现全部工业增加值4.12亿元，比上年增长0.9%。其中，规模以上工业企业实现增加值2.77亿元，增长0.2%；累计实现利润1.16亿元，比上年下降39.8%。

全社会建筑业实现增加值41779万元，比上年增长5.2%。资质等级以上建筑业企业房屋施工面积157028平方米，比上年增长216.9%，房屋竣工面积50757平方米，比上年增长2.4%。

四、交通运输、邮电和旅游

全年公路客运量完成249.1万人次，客运周转量完成4485.7万人千米，全年公路货运量完成166万吨，公路运输周转量完成4150.7万吨千米。

邮电通讯业务收入完成8659万元，比上年下降4.7%。接入互连网的计算机年末达到26890台，比上年增长25.9%。移动电话年末达到97342部，比上年增长2.6%。

全年共接待中外游客793.03万人次，比上年增长2.8%，其中入境游客1.48万人次，比上年增长27.6%；辖区景点门票收入14644万元，比上年增长7.3%，其中区属景点门票收入6869万元，比上年下降3.0%。

五、固定资产投资

全年全社会固定资产投资完成25.67亿元，比上年下降46.8%，其中固定资产投资完成25.28亿元，下降46.3%。

六、国内贸易

随着城乡居民生活水平不断提高，居民消费升级步伐加快及旅游业日渐成熟，旅馆饭店等服务性行业市场稳步增长，全年实现社会消费品零售总额64.69亿元，比上年增长10.4%。

七、内引外联

全年批准内资项目69个，累计引进内资21.45亿元，比上年增长4.6%；实际利用外资3960万美元，比上年增长95.5%；进出口总额完成401万美元，增长4.5%。

八、金融

金融市场运行平稳。至年末，全区金融机构各项存款余额130.20亿元，其中，城乡居民储蓄存款余额98.96亿元，分别增长17.6%和16.2%。各项贷款余额38.14亿元，下降4.0%。

九、科技和教育

科技工作不断创新。2016年度，获得省级科技计划项目立项1项，争取省级资金支持70万元，市级立项16项；2个科技成果获市科技进步奖二等奖。组织推荐认定河北省科技型中小企业15家（其中，9家企业已通过科技型中小企业认定，另有6家企业待审核），科技小巨人企业1家。

年末，全区共有公办幼儿园2所，在园儿童1892人。公办小学10所，在校学生5381人。公办中学5所，在校学生2577人。

十、文化体育和卫生

全年举办各级各类艺术展览40余场次、放映农村公益电影300场，累计观影人数达2万人。截止到2016年底，全区有线电视数字用户29689户，比上年增长3.7%。

运动品牌走出国门，承办首届北戴河国际速度轮滑公开赛。举办了首届中国•北戴河冬泳文化节，承办了第十届中国体育彩票北戴河铁人三项大赛。北戴河区运动员在省级以上各类比赛中获金牌15枚，银牌10枚，铜牌6枚。

全部药品（不含中药饮片和颗粒剂）实行零差价销售，北戴河医院与北京医院开展深度合作，促进了全区医疗卫生事业的快速发展。2016年，全区参合人数51830人，参合率96.84%。

十一、人口、人民生活和社会保障

至年末，全区户籍人口95862人。全年出生人口802人，出生率为7.79‰，自然增长率为2.90‰，符合政策生育率为99.13%。常住人口116233人。

据国家统计局河北省调查总队和省市统计局反馈的资料显示，2016年全区城镇居民年人均可支配收入35102元，比上年增长7.6%；农村居民年人均可支配收入16530元，比上年增长7.7%。2016年，全区新增就业2767人，其中，城镇失业人员实现再就业993人；就业困难人员实现就业426人；全区城镇登记失业率控制在2.3%以内。

截至2016年末，全区企业养老保险参保覆盖人数18738人，机关事业养老保险参保覆盖人数6875人，城乡居民社会养老保险参保人数35711人。城镇职工基本医疗保险参保12210人，生育保险参保8208人。失业保险参保人员9630人。全区企业职工养老保险、机关事业养老保险、城乡居民养老保险基金征缴分别达到8587万元、10687万元和1627万元；城镇职工基本医疗保险、生育保险基金征缴分别为5056万元和223万元；失业保险基金征缴达到551万元。

十二、城市建设、环境保护和安全生产

完成“14+1”街区景观改造提升工程，改造道路总长28.2公里。实施海宁路、驼峰路大修工程，在全市率先实现交通公路全部“白改黑”（水泥路面铺设沥青）。对海二路中段、育花路、黑石路等6个路段实行单行管理，进一步畅通了中心城区内循环。

全区环境空气质量检测有效总天数362天，其中一级优的天数为97天，二级良的天数为187天，优良天数共计284天，优良天数占检测总天数的78%，比上年优良天数增加15天。颗粒物PM2.5浓度为42微克/立方米，比2015年降低7微克/立方米，下降率为14.3%。单位地区生产总值能耗降低率4.35%。

全区范围内深入彻底地开展了安全生产领域打非治违专项行动和安全生产大检查、安全生产攻坚等一系列活动，安全生产形势保持了持续平稳的发展态势。

注：公报中生产总值、各行业增加值、总产值指标绝对数按当年价格计算，增长速度按可比价格计算。

稿件来源：北戴河区统计局

2016年北戴河区规范性文件一览表

文号	文件名称
北发〔2016〕1号	关于加强区镇人大工作和建设的意见
北发〔2016〕3号	印发《关于进一步加强少年儿童和少先队工作的实施意见》的通知
北发〔2016〕5号	关于推进供销合作社综合改革的实施意见
北发〔2016〕6号	关于在全区公民中开展法治宣传教育的第七个五年规划（2016—2020年）》的通知
北字〔2016〕1号	印发《关于运用法治思维和法治方式化解社会矛盾纠纷的实施方案》的通知
北字〔2016〕2号	关于进一步规范和加强信访工作的意见（试行）
北字〔2016〕5号	印发《关于落实农村基层党建工作责任制实施办法》的通知
北字〔2016〕6号	关于表扬2016年度全区农村（社区）“最美共产党员”的决定
北字〔2016〕7号	印发《关于在全区党员中开展“学党章党规、学系列讲话，做合格党员”学习教育实施方案》的通知
北字〔2016〕8号	关于全面推进智慧网格建设的实施意见
北字〔2016〕9号	关于印发《北戴河区全面推进智慧网格建设实施方案》的通知
北字〔2016〕10号	关于表扬2016年度旅游旺季工作先进集体和先进个人的决定
北字〔2016〕11号	关于表扬2016年度旅游旺季一线优秀共产党员的决定
北字〔2016〕12号	关于表扬北戴河区教育系统先进个人和优秀支教单位的决定
北办发〔2016〕1号	关于印发市委书记孟祥伟在北戴河区党政领导班子成员述职考评工作会上讲话的通知
北办发〔2016〕2号	关于加快构建现代公共文化服务体系的实施意见
北办发〔2016〕3号	关于印发《北戴河区党委（党组）意识形态工作责任制实施细则》的通知
北办字〔2016〕2号	关于科级及以上领导干部外出、休假有关事项的通知
北办字〔2016〕3号	关于印发《北戴河区“一问责八清理”专项行动实施方案》的通知
北办字〔2016〕4号	关于调整《北戴河区县级领导和区直单位包村（社区）工作安排表》《北戴河区县级领导和区直单位包牛头崖镇所属村安排表》的通知
北办字〔2016〕5号	关于印发《北戴河区集中整治违法用地违法建设专项行动实施方案》的通知
北办字〔2016〕6号	关于印发《北戴河区城市环境容貌片长路长责任制工作方案》的通知

文号	文件名称
北办字〔2016〕7号	印发《关于进一步加强流动人口和出租房屋服务与管理工作的实施意见》的通知
北办字〔2016〕9号	转发《关于营造党员干部干事创业良好环境建立容错免责机制的实施办法（试行）》的通知
北办字〔2016〕10号	关于印发《北戴河区河长制管理实施方案》的通知
北办字〔2016〕11号	关于印发《2016年北戴河区农业农村工作安排》的通知
北办字〔2016〕12号	关于分解落实2016年全区农业农村工作重点目标任务的通知
北办字〔2016〕13号	关于印发《北戴河区精准脱贫结对帮扶工作实施方案》的通知
北办字〔2016〕14号	印发《关于进一步改进和加强关心下一代工作的意见》的通知
北政发〔2016〕1号	关于进一步强化重点项目建设工作的意见
北政发〔2016〕2号	关于印发《第四届北戴河春节灯会活动实施方案》的通知
北政发〔2016〕3号	关于2016年春季森林封山防火的决定
北政发〔2016〕4号	关于印发《鸽子窝公园创建国家5A级旅游景区的实施方案》的通知
北政发〔2016〕5号	关于印发《北戴河区“门前五包”责任制管理办法（试行）》的通知
北政发〔2016〕6号	关于做好承接市政府下放行政权力事项的通知
北政发〔2016〕7号	关于表彰2015年度民兵工作先进个人、征兵工作先进个人的通报
北政发〔2016〕8号	关于印发《北戴河区2016年民兵整组工作实施方案》的通知
北政发〔2016〕9号	关于2015年度安全生产目标管理考核结果的通报
北政发〔2016〕10号	关于印发《北戴河区暑期人员聚集场所反恐防暴工作方案》的通知
北政发〔2016〕11号	关于成立国有独资有限公司的决定
北政发〔2016〕14号	关于印发《北戴河区创建“全国质量强市示范城市”工作方案》的通知
北政发〔2016〕15号	关于印发《北戴河区全面提升民宿业管理水平的实施方案》的通知
北政发〔2016〕16号	关于印发《打通消防车道“畅通生命通道”专项治理实施方案》的通知
北政发〔2016〕17号	关于建立北戴河区社会救助联席会议制度的通知
北政发〔2016〕18号	关于印发《北戴河区2016 年旅游旺季噪声污染综合治理实施方案》的通知
北政发〔2016〕19号	关于印发《北戴河区海水浴场管理办法》的通知

文号	文件名称
北政发〔2016〕20号	关于进一步加强门牌字匾设置管理工作的通知
北政发〔2016〕22号	关于转发《秦皇岛市人民政府关于进一步做好防范和处置非法集资工作的实施意见》的通知
北政发〔2016〕23号	关于印发《北戴河区全面建立困难残疾人生活补贴和重度残疾人护理补贴制度的实施意见》的通知
北政发〔2016〕24号	关于印发《北戴河区国家公共文化服务体系示范区建设规划（2016–2018）年》的通知
北政发〔2016〕25号	关于印发《北戴河区2015年秋冬退役士兵安置方案》的通知
北政发〔2016〕26号	关于印发《北戴河区畜禽养殖禁养区限养区划分方案》的通知
北政发〔2016〕27号	关于转发市政府《关于加强农村公益性公墓建设和管理的意见》的通知
北政发〔2016〕31号	关于印发《北戴河区工商资本租赁农地监管和风险防范办法（试行）》的通知
北政发〔2016〕32号	关于印发《北戴河至北戴河机场快速通道项目（北戴河段）征拆工作实施方案》的通知
北政发〔2016〕33号	关于印发《北戴河区全民健身实施计划（2016—2020年）》的通知
北政发〔2016〕34号	关于印发《拉动北戴河淡季旅游工作实施方案》的通知
北政发〔2016〕35号	关于北戴河区东山、西山街道老旧小区基础设施提升改造项目有关事项的通知
北政发〔2016〕36号	关于增加政府向社会力量购买服务指导性目录内容的通知
北政发〔2016〕37号	关于印发《北戴河区国有企业职工家属区“三供一业”分离移交工作方案》的通知
北政发〔2016〕39号	关于变更区国有资产经营公司法定代表人的决定
北政发〔2016〕41号	关于加快推进企业上市工作的实施意见
北政发〔2016〕42号	关于印发《北戴河区非法挤占河道管理范围退出实施方案》的通知
北政字〔2016〕48号	关于印发《北戴河区取缔城区道路“三车”非法营运、规范行业“三车”营运专项行动方案》的通知
北政办发〔2016〕1号	关于印发《北戴河区实施行政许可和行政处罚等信用信息公示工作方案》的通知
北政办发〔2016〕3号	关于印发《北戴河区2016年烟花爆竹禁限放工作方案》的通知
北政办发〔2016〕5号	关于转发《秦皇岛市人民政府办公厅关于印发关于推进财政资金统筹使用的实施意见的通知》的通知

文号	文件名称
北政办发〔2016〕6号	关于印发《北戴河区2016年春运工作实施方案》和《北戴河区2016年春运应急预案》的通知
北政办发〔2016〕7号	关于印发《北戴河区2016年度造林绿化工程实施方案》的通知
北政办发〔2016〕9号	关于印发《北戴河区城市环境卫生精细化管理工作实施方案》的通知
北政办发〔2016〕10号	关于印发《北戴河区"多规合一"工作实施方案》的通知
北政办发〔2016〕11号	关于开展2015年度土地卫片执工作的通知法监督检查
北政办发〔2016〕12号	关于印发《北戴河区餐饮行业诚信经营管理办法（试行）》的通知
北政办发〔2016〕13号	关于做好上级下放行政权力事项承接落实工作的通知
北政办发〔2016〕14号	关于印发《北戴河区"拒绝野外用火全民大签名"活动实施方案》的通知
北政办发〔2016〕15号	关于转发《秦皇岛市政府系统网站整合实施方案》的通知
北政办发〔2016〕16号	关于印发《北戴河区农村电子商务全覆盖实施方案》的通知
北政办发〔2016〕17号	关于印发《北戴河区2016年工业企业污染物达标排放专项整治行动方案》的通知
北政办发〔2016〕19号	关于印发 《北戴河区闲置土地处置专项行动方案》的通知
北政办发〔2016〕20号	关于印发《北戴河区乡村教师支持计划（2016—2020年）实施办法》的通知
北政办发〔2016〕21号	关于印发《北戴河区涉水重污染企业退出方案》的通知
北政办发〔2016〕24号	印发《城乡居民基本医疗保险一体化改革工作实施方案》的通知
北政办发〔2016〕25号	关于印发《北戴河区互联网金融风险专项整治工作实施方案》的通知
北政办发〔2016〕26号	关于做好国务院取消国务院部门行政许可事项和第二批中央指定地方实施行政审批事项衔接落实工作的通知
北政办发〔2016〕27号	关于印发《北戴河区2016年度燃煤工业锅炉改造行动实施方案》的通知
北政办发〔2016〕28号	关于深入开展简化优化公共服务流程方便基层群众办事创业工作的通知
北政办发〔2016〕29号	关于做好国务院、省政府第二批清理规范行政审批中介服务事项衔接落实工作的通知
北政办发〔2016〕30号	关于印发《2016年区政府系统承办人大代表建议政协提案工作要点》和《2016年区政府系统人大代表建议政协提案办理要求》的通知
北政办发〔2016〕31号	关于印发《北戴河区创建"国家食品安全城"工作方案》的通知

文号	文件名称
北政办发〔2016〕32号	关于印发《北戴河区2016年简政放权放管结合优化服务工作要点》的通知
北政办发〔2016〕33号	关于开展公共服务事项清理规范工作的通知
北政办发〔2016〕34号	关于转发《秦皇岛市人民政府办公厅 关于印发秦皇岛市城乡居民基本医疗保险实施办法的通知》的通知
北政办发〔2016〕35号	关于印发《北戴河区森林防火“五清”专项行动实施方案》的通知
北政办发〔2016〕37号	关于印发《北戴河区2016年度大气污染防治行动实施方案》的通知
北政办发〔2016〕38号	关于印发《北戴河区2016年洁净型煤推广工作实施方案》的通知
北政办发〔2016〕39号	关于印发《北戴河区开展双随机部门联合抽查工作推进方案》的通知
北政办发〔2016〕40号	关于做好省政府部门再取消下放一批行政权力事项衔接落实工作的通知
北政办发〔2016〕41号	关于印发《北戴河区推进国家重点生态功能区县域生态环境质量监测评价与考核工作实施方案》的通知
北政办发〔2016〕42号	关于进一步加强对宣传条幅管理的通知
北政办发〔2016〕44号	关于转发《秦皇岛市人民政府办公厅关于印发秦皇岛市全面治理拖欠农民工工资问题实施办法的通知》的通知
北政办发〔2016〕45号	关于做好省政府部门取消一批行政许可中介服务事项衔接落实工作的通知
北政办发〔2016〕47号	转发区文广新局等部门《关于向社会力量购买公共文化服务实施意见》的通知
北政办发〔2016〕48号	关于印发《北戴河区政府部门和镇街公共服务事项清单及办事指南》的通知
北政办字〔2016〕1号	关于成立北戴河区机关事业单位养老保险制度改革领导小组的通知
北政办字〔2016〕3号	关于转发《秦皇岛市政府系统网站整合实施方案》的通知
北政办字〔2016〕8号	关于印发《北戴河区互联网金融风险专项整治工作实施方案》的通知
北政办字〔2016〕11号	关于落实降低实体经济企业成本有关政策的通知
北政办字〔2016〕12号	关于推进水资源税改革试点工作的通知
北政办字〔2016〕13号	关于转发《秦皇岛市人民政府办公厅关于推广使用公章刻制业治安管理信息系统的通知》的通知
北政办字〔2016〕14号	关于转发《秦皇岛市市长热线承办工作问责办法（试行）》的通知

目录索引

D

E

F

G

H

J

K

L

M

N

P

Q

R

S

T

W

X

Y

Z

表格索引

图书在版编目（CIP）数据

北戴河年鉴.2017/秦皇岛市北戴河区地方志编纂委员会办公室编.—北京：方志出版社，2019.1

ISBN 978-7-5144-3575-7

Ⅰ.①北… Ⅱ.①秦… Ⅲ.①区（城市）—秦皇岛—2017—年鉴 Ⅳ.①Z522.24

中国版本图书馆CIP数据核字（2019）第035330号

北戴河年鉴（2017）

编　　者：秦皇岛市北戴河区地方志编纂委员会办公室
责任编辑：梅中英
出 版 人：冀祥德
出 版 者：方志出版社
地址：北京市朝阳区潘家园东里9号（国家方志馆4层）
邮编　100021
网址　http://www.fzph.org
发　　行：方志出版社图书经销中心
电话（010）67110500
经　　销：各地新华书店
印　　刷：秦皇岛市佳泽文化传播有限公司
开　　本：889×1194　1/16
印　　张：16.25
字　　数：442千
版　　次：2019年1月第1版　2019年1月第1次印刷
印　　数：001～500册

ISBN 978-7-5144-3575-7　定价：200元